Anonymous

Memoriale an eine hohe allgemeine Reichs-Versammlung

in Betreff der von dem Kaiserlichen Reichshofrath wider das Domkapitel zu Speyer erlassenen Urteil

Anonymous

Memoriale an eine hohe allgemeine Reichs-Versammlung
in Betreff der von dem Kaiserlichen Reichshofrath wider das Domkapitel zu Speyer erlassenen Urteil

ISBN/EAN: 9783742897299

Hergestellt in Europa, USA, Kanada, Australien, Japan

Cover: Foto ©Suzi / pixelio.de

Manufactured and distributed by brebook publishing software (www.brebook.com)

Anonymous

Memoriale an eine hohe allgemeine Reichs-Versammlung

MEMORIALE

an

Eine hohe allgemeine Reichs- Versammlung

in Betreff
der von dem Kayserlichen Reichshofrath wider das
Domkapitel zu Speyer erlassenen Urtheile, und Straf-Gebote

In Sachen

des Herrn Fürst-Bischoffen zu Speyer

gegen

erwähntes Domkapitel

Puncto

vorgeblich anfechten-wollender
Landesherrlicher und Geistlicher Gerechtsamen.

Des heiligen römischen Reichs
Churfürsten, Fürsten und Stände

zu gegenwärtiger allgemeiner Reichsversammlung bevollmächtigte vortrefliche Räthe, Bottschafter und Gesandte!

Hochwürdig= Hoch= und Wohlgebohrne,
Hochedelgebohrne, und Hochgeehrte, Großgünstige
Hoch= und vielgeehrte Herren!

Wie sehr das Domkapitel zu Speyer auf Veranlassung seines eigenen Herrn Fürst=Bischofes unter dem abgeborgten, in dem Verfolg selbst aber durchaus ungegründet befundenen Vorgeben von Eingriffen in ihre landesherrlich= und geistliche Gerechtsame durch zerschiedene

dene reichshofräthliche Erkenntniſſe von ſeinen uralt-hergebrachten reichsgrundgeſätzmäßigen Vorzügen und Zuſtändigkeiten auf einmal herabgeſetzet, und durch welchen Weg endlich daſſelbe zu einem unbedingtem Gehorſam gebracht worden ſey: ſolches wird Euer Hochwürden, Excellenzien, Hoch - und Wohlgebohrnen, auch Hochedelgebohrnen ꝛc. ꝛc. die angebogene Geſchichts-Erzählung, worauf man ſich Kürze halber lediglich bewirft, umſtändlich zergliedern.

Gedrungen, mußte ſich erſagtes Domkapitel in dem unſeeligen Augenblick, da die Vollſtreckung der ergangenen Erkenntniſſe, ſelbſt ſeinem hohen Gegentheil, anheimgegeben bleiben ſollte, ſchon gefallen laſſen, die Noth, als ein Geſetz der Zeit, zu betrachten, und ſich der gegebenen Vorſchrift zu fügen, ſo wenig es auch die Ueberzeugung ablegen konnte, daß dadurch die bishieher veſt beſtandene körperliche Verfaſſung denen äußerſten Beſorgniſſen widriger Folgen bloßgeſtellt worden ſeye.

Indeſſen glaubte daſſelbe, der Sicherheit ſeiner Kirche, und dem Ruf ſeiner dabey all zu ſehr mitbefangenen Ehre noch die lezte Pflicht ſchuldig zu ſeyn, jener Unterwürfigkeit wenigſtens die Verwahrung anzuhängen, daß es erlaubt ſeyn werde, dieſer allgemeinen hohen Reichsverſammlung die nun urplötzlich abgeänderte dom-

domkapitlische Verfassung zu näherer Wissenschaft vorlegen zu dörfen.

Allerdings muß ermeldtes Domkapitel forthin dafür halten, daß seine Zuständigkeiten und Gerechtsame in den vorzüglichsten Reichsgrundsatzungen gewurzelt seyen, an deren Entstehung nebst dem allerhöchsten Reichs Oberhaupte das gesammte Reich gleichen Antheil hatte; Daß Satzungen dieser Art nur eben so, und nicht anderst, als durch ein gemeinsames Einverständniß entweder gemindert, oder wohl gar aufgehoben werden mögen; Und daß mithin Zernichtungen solcher Satzungen wenigstens noch einen unschuldigen Vorbehalt zuläßig machen.

In dieser vollkommenen Ueberredung siehet daher das Domkapitel zu Speyer sich veranlasset, bey dieser allgemeinen hohen Reichsversammlung gegen das drückende reichshofräthliche Benehmen die kräftigste Verwahrung einzulegen, — Euer Hochwürden, Excellenzien, Hoch= und Wohlgebohrnen aber gehorsamst und dringend zu bitten, solche, da es hier um keine Rechtssache, sondern um Gegenstände zu thun ist, die in die mitwürkende Gesätzgebungs=Macht, folglich ihrer Natur und Eigenschaft noch in dem STATUM IMPERII PUBLICUM einen wesentlichen Einfluß haben, denen Reichstags=Protocollen zur künftigen Nachricht einverleiben zu lassen.

In

In welcher vollen Zuversicht daſſelbe mit der ſchuldigſten Verehrung geharret

Euer Hochwürden, Excellenzien,
Hoch- und Wohlgebohrnen
auch Hochedelgebohrnen

gehorſamſt, ergebenſte, auch
dienſtbereitwilligſte
Probſt, Senior und Kapitularen des Domſtifts zu
Speyer.

Aechte
Geschichts-Erzählung

wie das

Domkapitel zu Speier

in dem,

von seinem

Herrn Fürst-Bischofe

bey dem Kayserlichen Reichshofrath angesponnenen Prozeße

sub rubro:

Die anfechten-wollende Landesherrliche und Bischöfliche
Gerechtsame betreffend,

von Anbeginn bis zum Ende behandelt worden sey.

Faſt ſollte das Domkapitel zu Speier glauben, daß des jetzigen Herrn Fürſt Biſchofes Hochfürſtliche Gnaden ſchon in den erſten Tagen nach ihrer Berufung zu Stab und Inſel ſich mit dem Plane beſchäftiget haben müſſen: die uralte Verfaſſung der Speieriſchen Cathedral-Kirche aus ihren Grundlagen zu heben, — allen Domkapitliſchen Einfluß auf die Seite zu ſchaffen, und, frey von jedem Verband, das Vermögen und die Gerechtſame der Kirche nach ihrem alleinigen Gutbefinden zu verwalten.

Lange ſtund es wenigſtens nicht an, daß Höchſtdieſelbe zur thätigen Durchſetzung ſothaner Abſichten fürgeſchritten ſind.

Ohne ſich der geringſten Anmaßung ſchuldhaft gewußt zu haben, und ohne alle vorherige Warnung (ſo hoch auch dieſe jedem Kirchen-Vorſteher zur Pflicht gerechnet ſind)
Cap. 15. Cauſ. 2. Quæſt. 7.

hatte das Domkapitel aus einer unerwarteten Reichshofräthlichen Verfügung (Zifer 1.) auf einmal wahrzunehmen, daß es bey Kaiſerlicher Majeſtät von ſeinem Herrn Fürſt-Biſchofen in geheimen Anzeigen mancher Vor-und Eingriffe in die landesherrliche — und (welches dahin gar nicht gehörte) in die biſchöflichen Gerechtſame beſchuldiget worden ſey, und daß bey ſolchen Beſchuldigungen der jüngſte biſchöfliche Wahl-Vertrag eine ganz beſondere Rolle vertretten haben müſſe. | Zifer 1.

Zwar konnte der Rückhalt ſolcher Anzeigen, die Geheimhaltung ihres weſentlichen Innbegriffes, der gewählte Weg der Beſchleichung, die dreiſte Vermengung pur geiſtlicher Gegenſtände: lauter Dinge, die mit jener Ermahnung GREGORII in moralibus Lib. 23. Cap. 7.

Non feſtinet Epiſcopus aſpere dominando inflectere.

abermal und durchaus unvereinbarlich ſind, das Domkapitel zum Voraus errathen laſſen, daß, ſo unerweislich auch immer am Ende der Aufklärung, die Vorwürfe der angefochtenen Landesherrlichkeit bleiben würden, dennoch dabey aus einem Ton geſprochen worden ſeyn dörfte, welcher etwa für ſich allein fähig genug wäre, auch in einem andern Geſichtspunkt annoch Eindrücke von der widrigſten Gattung zurück zu laſſen.

Dem jedoch allem ohngeachtet, ſetzte ſich daſſelbe durch das Bewußtſeyn eines ohnverfänglichen Betragens über alles hinaus, was es einſtweilen, als leere Beſorgniſſe betrachten zu können, glaubte; und es begnügte ſich ſomit lediglich, durch die ergänzte Vorlegung des abgeſotterten Wahl-Vertrags, nur mit Beyfügung eint und anderer Anmerkungen, ſeinen tiefgewurzelten Gehorſam zu bezeichnen, den Erfolg jener Anzeigen hingegen unter dem wärmſten Vertrauen auf die genaue Einhaltung der gerichtlichen geraden Ordnung, und auf das Gleichgewicht der Gerechtigkeit ruhig zu erwarten.

Wie groß mußte nicht aber deſſen Erſtaunen werden, da ihm das — unter dem Zifer 2. Zifer 2. angebogene viel-bedeutende Reichshofräthliche Konkluſum mit dem unbegränzten Befehl der Unterwerfung urplötzlich verkündet wurde!

Durchaus ungehört, und zu der — in dem Recht der Natur liegenden Vertheidigung wider Aufgerufen, — noch zugelaſſen, von aller Beſchuldigung der eingeklagten Maſſen gewagten Re-

A 2

glerungs-Eingriffe, welche gleichwol nach dem aufgestellten Rubro des Meinigen Werksatz seiner Fürst-Bischöflichen Anzeigen ausmachten, vollkommen frey gesprochen;

membr. II. Conclusi

Ja noch endlich gar durch das Allerhöchste Kaiserliche Wohlgefallen über das enthaltsame Betragen währender letzten Sedisvakanz gedeckt,

membr. III. Concl. Lit. A.

soll demnach das Domkapitel sich nun für alle Zukunft gefallen lassen, in der Allgemeinheit und ohne alle Mäßigung seine Senats-Rechte vertilget, seine Grund- und Erbherrschaft aufgehoben, seine Regierungs-Befugnisse zur Zeit des erledigten, oder behinderten Bischöflichen Stuhls bis auf die seltenen Fälle einer auf dem Verzug haftenden Gefahr, oder eines besorglichen unwiederbringlichen Schadens abgewürdiget, und folglich sich von all seinen Vorzügen unverschuldeter Dinge herabgesetzt zu sehen.

Solche Ketten verdient zu haben, welche sich nur für wahre Mißbräuche schicken, konnte das Domkapitel zu Speier sich unmöglich überreden. Und um so unbedenklicher griff Selbes eben darum nach jener Art von Rettung, wodurch sich insgemein die Beschleichungen zu entwickeln pflegen.

Eigentlich wußte zwar Selbes in Ermänglung der ihm gegen die klare Weisung der Reichs-Hofraths Ordnung tit. II. §. 4.

sollen den mandatis, rescriptis, und andern Prozessen die Narrata supplicationis ganz, und weder weniger, noch mehr einverleibt werden rc.

stets unsichtbar gebliebenen Fürst-Bischöflichen Anzeigen, den Schwung nicht zu ergründen, der den Kaiserlichen Reichs-Hofrath bewogen haben mag, außer den Gränzen der eingeklagten und verworfenen Anfechtungen landesherrlicher Rechte, sich von Amts wegen in ganz andere Gegenstände zu vertiefen. Indessen glaubte es doch in der besagten respect. Parisions-Anzeige und Berichts-

Zifer 3. Erstattung unter dem Zifer 3. eine Richtung genommen zu haben, in welcher es denen Einleidungen seines Herrn Fürst-Bischofs ziemlich nahe beygekommen dörfte.

Unglücklicher weise wollte der Kaiserliche Reichs-Hofrath aber auch darinn nichts bewegendes, nichts überzeugendes finden, so ihn auf eine mildere Behandlung zurückführen möchte.

Dem Domkapitel blieb durch eine nachgefolgte Paritori-Urtel vom 30. April 1784.

Zifer 4. (Zifer 4.) nach, wie vor, zur Zeit der Sedisvakanz mehr nicht, als eine — von Kaiserlicher Majestät demselben belassen: Potestas vicaria & nude administratoria, und auch diese nur unter den ehevorigen Beschränkungen eingeräumet; die Behauptung der Senats-Rechte, ohne alle Modifikazion verworfen; der Namen und Gebrauch einer Erb- und Grundherrschaft auch in dem gemäßigten Verstand auf ewig niedergeleget; die Ruckerstattung der bezogenen Interregnums-Gelder sehr ernsthaft eingebotten; auch so gar das, was es an seinen Herrn Fürst-Bischof ohne Zwang gesonnen, und dieser in seinem Wahl-Vertrag freywillig zugestanden hat, zur Sünde gerechnet und ausgemustert; endlich aber auch all dieses mit den bittersten Ausdrücken und Drohungen besteglet.

Hier lag nun alles zu Boden, was diesem sittlichen Körper durch eine Reihe von Jahrhunderten unendlich schätzbar seyn muste; was bisher, und eben so lang alle übrige Domkapitel als eine Grundveste der kirchlichen Verfassung betrachtet haben; was von Kaisern, dem gesammten Reich, und auswärtigen Kronen immer Gut geheissen, und durch geschriebene und ungeschriebene deutsche Gesäze stetshin gebilliget worden ist.

Aber auch bey diesem Sturz verzweifelte doch das Domkapitel zu Speier an der Wiederaufrichtung seiner gebeugten Rechte noch nicht gänzlich, weil es ihm unglaublich scheinen wollte, daß die zum Grund der ganzen Entscheidung gelegte Privatmeinung eines v. Ickstatt in Disquil. de Orig. & Progres. Capitul. neben so vielen andern ungleich wichtigern Gründen die Wagschale jemals halten könne.

Von

Von diesem schmeichlenden Gedanken, zugleich aber auch durch eine weitere Sammlung faktischer Umstände ermuntert, welche bisher unbekannt, und zum Theil als überflüßig, nicht benutzet waren, wählte das Domkapitel den gesezmäßigen Weeg der Wiederherstellung, den es bei dem Erfund neuer Urkunden, bei der deutlichen Vorsehung des westphälischen Friedens, bei der allgemeinen Sprache des ält- und jüngern Reichs-Herkommens, und bei der damit übereinstimmenden Analogie des deutschen Staats-Rechts (wie die Anlage unter dem Zifer 5. bewähret) für Zifer 5. unfehlbar zu halten Ursach hatte, seine bekümmerte Vorrechte wieder aufleben zu machen.

Doch vergeblich, durchaus vergeblich war auch dieses Bestreben. Ein unterm 11. August dieses Jahrs anderweit ergangenes Reichshofräthliches Konklusum (Zifer 6.) verwirft platthin Zifer 6. das Restitutions-Gesuch, als unerheblich.

Das nemliche nochmals zu sagen, was schon der Restitutions-Libell enthält, ist hier überflüßig; und eben so überflüßig möchte es auch ferner seyn, sich in jenes, was annoch hie und da zu sagen seyn dörfte, tiefer einzulassen, da einer hohen allgemeinen Reichs-Versammlung die genaueste Kenntnisse der Reichs-Gesäze, ihres ächten Verstandes, und ihrer richtigen Anwendung, so, wie der Umfang und die Gränzen eines beständigen Reichsherkommens ohnehin ganz eigen und bekannt sind.

Immittelst mag es gleichwohl dem Domkapitel zu Speier verzeihlich seyn, wenn es lediglich in der Absicht alles zusammen liefert, um seine Bekränkungen desto geschwinder überschauen zu können.

Das Empfindlichste unter allen solchen ist die bis auf einen nichtsbedeutenden Namen herabgesezte Domkapitlische Zwischen-Regierung zur Zeit des erledigten oder behinderten Bischöflichen Stuhls.

Diese soll nemlich für jezt und in Zukunft schlechterdings nur eine — von Kaiserlicher Majestät als Allerhöchsten Lehens-Herrn demselben belassene potestas vicaria seyn, und nebst deme sich nicht weiter als auf solche Handlungen erstrecken, aus deren Verschub entweder dem Hochstift oder dessen Unterthanen ein wesentlicher und unersezlicher Schaden verursachet, die Justiz-Administration gehemmet, und die allgemeine Ruhe und Sicherheit gestöhret werden könnte, oder, welche propter imminens Damnum irreparabile schnelle Vorkehrungen erfordern dörften.

Im Grunde betrachtet, wäre somit das Domkapitel mehr ein bloßer Zuschauer, als Verwalter: Eine Maschine ohne Bewegung, oder doch gewiß nur eine solche Maschine, die sich nicht eher bewegen darf, bis das Schlagwerk eine Gefahr auf den Verzug verkündet: Ein Körper mit gebundenen Händen, der seine Auflösung, seine Thätigkeit, und die Grade derselben einzig und allein einem höhern Wink zu verdanken haben soll.

So enge hat aber der westphälische Friede die Domkapitlische Zwischen-Regierungs-Rechte nicht eingeschlossen.

Die Verwaltung und Ausübung der bischöflichen Gerechtsamen, welche den Domkapiteln pro more (Consueto scilicet) ohne Begränzung zustehet,
Instit. Pac. Osnab. art. 5. §. 17.
Ihr unbedingtes Stimmrecht auf allen allgemeinen und besondern Reichsversammlungen,
art. 5. §. 21.
Die ihnen gelegenheitlich der in den Erz- und Bisthümern Bremen und Verden vorgegangenen Aenderungen ex natura privationis, welche zu folge gesunder Begriffe einen untrüglichen Habitum unterstellt; eingeräumte Gubernatio terrarum ad hos Ducatus pertinentium.
Art. 10. §. 7.
Und das Regimen Episcopatus, dessen sich die Domkapitel zu Halberstatt de Consensu statuum Imperii begeben mußte,
Art. 11. §. 1.
wollen ungleich mehr, und ohne Zweifel so viel besagen, daß das domkapitlische Zwischen-Regie-

rungs-Recht ein von all anderweitem Belassen, oder nicht Belassen unabhängiges, und von Kaiser und Reich zu allen Zeiten anerkanntes eigenes Recht sey. — Ein Recht ohne Maas und Stümmlung. — Ein eben so ausgebreitetes Recht, wie es ein jeder Fürst-Bischof bei dem wirklich Besitzen bischöflichen Stuhl auszuüben befugt war;

Cit. Art. 5. §. 21. in fin.

und also, im Ganzen genommen, ein Recht, von dessen unbeschränktem Gebrauch das Domkapitel eben so wenig, als ein anderer Stand des Reichs von seiner Hoheit, Würde, Macht, und Gewalt ohne Begnehmigung des Reichs

Capit. noviss. Art. 1. §. 2. & 3.

ausgeschlossen, oder welches gleichviel ist, in dessen Ausübung demselben kein einbringendes Ziel vorgeschrieben werden kann.

Dies war immer die laute Sprache der Domkapitel im Angesichte des Reichs. Sie behaupteten bei jeder Gelegenheit zur Zeit der Sedisvakanz die völlige Landes-Regierung ohne Vorbehalt, unwidersprochen; und Niemand zog diese Wahrheit in Zweifel.

Dies war selbst die Sprache der Kaiser in den oben angedeuteten Stellen des Osnabrücker Friedens, und bereits vorher bei der Domkapitlisch-Speierischen Regierungs-Verwaltung gegen die Reichsstadt Speier;

Man sehe darüber den merkwürdigen Innhalt des Ziser 18. zur Restitutions-Schrift.

Dies war schon die Sprache Carl des Sechsten, da er gelegenheitlich des ob feloniam erledigten Bistums Camin die Administration des Landes und der Regalien, welche er bereits einem andern übertragen hatte, dem Domkapitel in Gefolg des Herkommens überlassen musste;

MENCKEN in script. rer. Germ. Tom. III. Diplomataria Caroli IV. pag. 2023. n. 21. & 22.

Dies war die Sprache der, zur Abfassung einer perpetuirlichen Osnabrückischen Kapitulation ernannten Kaiserlichen Plenipotenziarien, und der, ex Collegio Deputatorum ad punctum Amnestiæ & Gravaminum von beeden Religions-Theilen abgeordneten Gesandten:

v. MAYERN Act. Execut. Pac. Tom. II. pag. 534. & 541.

eine sehr merkwürdige Sprache, weil eben dieser Wahl-Vertrag in die Zahl der Reichs-Gesäze erhoben worden ist.

Dies war die Sprache der vorsitzenden Kaiserlichen Kommissarien auf dem Reichstage, da sie unbedenklich erklärten:

„Es wäre wohl zu beklagen, daß man ab Seiten Ihrer Kurfürstlichen Gnaden zu „Trier In statu tam turbido sacri romani Imperii dem Hochwürdigen Domkapitel „zu Maynz, dem Seine Kaiserliche Majestät selbst, als des Reichs aller-„höchstes Oberhaupt deßfalls nichts disputirten, seine Jura, Regalia, und „Prärogativen in Zweifel zöge, welche harte Begegnung allen andern Dom-„kapiteln künftig sehr schwer fallen, und ein unwiederbringliches Nachtheil gebähren „würde.

Kur-Maintzisches Legations Protokol vom 7. Okt. 1679.

Dies war nicht minder die Sprache des Oesterreichischen Direktoriums bei eben jenem Anlaß auf dem öffentlichen Re- und Korrelazions-Saal:

„Daß es auf den Kur-MaintzischenAnsaz Zettel in allwege Folge leisten würde, indem „das Jus Archicancellariatus und andere davon dependirende Regalien „dem Hochwürdigen Domkapitel als Administratorn und Kollatorn der Kur-Maynz „kompetire, und kein Jus personale seye.

Reichs-Tags-Diarium vom 12. Dezemb. 1678.

Und wer mag wohl immer an der Unfehlbarkeit dieser Sprache noch zweifeln wollen,

da

da sie durch so viele andere, schon in dem Restitutions - Libell bemerkte Vorgänge bis auf den höchsten Grad der Ueberzeugung aufgekläret, und ausserdem Reichs- offenkündig ist, daß aus den nemlichen Gründen zur Zeit der Sedisvakanz das Domkapitel zu Bamberg im fränkischen Kraise,

  Receſſ. Circuli francon. vom 21. Dec. 1748. §. 48.
  Moser in den Sammlungen der Fränkischen Krais-Abschieden pag. 1554.
  Select. jur. publ. Tom. XIV. pag. 1.
  Tom. XV. pag. 78.

das Costanzer im Schwäbischen,
  Mosers Anmerkungen in den kleinen Schriften Th. 6. pag. 168.
  Idem in der deutschen Krais-Verfassung Cap. 6. pag. 174. & 228.

das Salzburger im Collegio Principum,
  ZALLWEIN Princ. J. E. Tom. IV. Q. 4. cap. 3. §. 7.
  DANIEL HOFFMANN in Diſſert. de Capit. Salisburg. sede vacante Collegium Princip. dirigente.

und das Maynzer Domkapitel in dem Niederrheinischen Kraise
  Litt. Caroli VII. Imp. vom 11. April 1743.
  Moser in der Reichsſama part. IV. pag. 696.

zu allen Zeiten das Krais - Direktorium ungestöhrt vertretten, und alle damit verbundene landesherrliche Rechte nec Caesare nec Imperio contradicente ruhig besorget habe.

Hat ein vollgültiges Herkommen, und also auch dieses, da es durch die Länge der Zeit, durch die Einförmigkeit, und durch das ausdrücklich- und stillschweigende Gutheissen des Gesätzgebenden deutschen Körpers ausgezeichnet ist, mit dem geschriebenen Gesätze gleiche Wirkung;

  Mosers erste Grundlehren Cap. 2. §. 2.
  Schmaus Akademische Vorlesungen über das deutsche Staats-Recht: Lib. 1. Cap. 1. §. 7.
  MASCOV Princ. jur. publ. Germ. Lib. 1. Cap. 7. §. 6.

so hat das Domkapitel zu Speier schon aus diesem zweifachen Rechte zwei für einmal Ursache, eine, von jeder andern Willkür abhängende, und noch über dieß ad solos Casus imminentis Damni vel periculi angesetzte Zwischen - Regierung sich sehr angelegentlich zu verbitten.

Diesen geschrieben und ungeschriebenen Gesätzen stehet zugleich die Analogie des deutschen Staatsrechts zur Seite.

  Auch die Reichs-Vikarien sind bloße Provisores, Verweser, und Tutores viduati Imperii. Würden aber diese wohl jemals zugeben, wenn ihre Macht, die sie nun schon viele Jahrhunderte hindurch aus der guldenen Bulle, aus einem der vornehmsten Reichs - Gesätze, unwiederruflich erhalten, und durch ein unverrücktes Herkommen bevestiget haben, in eine willkürlich belassene Macht umgeformet, und wenn ihre Verwaltungs - Rechte in den schmalen Umfang jener Fälle, wo Gefahr auf dem Verzuge haften sollte, eingeschlossen werden wollen?

Würden sie nicht mit gutem Grunde und Anstand behaupten, daß ihre Verwesungs-Rechte ex Legibus Imperii ihre eigenen Rechte geworden seyen? Daß diese Verwesung mit einer andern gemeinen Uebertragung gar nichts ähnliches habe? daß ihre Handlungen quoad jura praesentandi ad Beneficia, recolligendi reditus, investiendi de feudis, recipiendi Vice & Nomine sacri Imperii Juramenta Fidelitatis, und was ihnen sonst aus dem unverrückten Herkommen noch immer eigen seyn mag, von dem erwählten Thronfolger eben so wenig geändert, als ihre Gewalt in Justizsachen begränzet, und auf den Fall eines gefährlichen Vorzugs herabgesetzt werden könne?

Gewiß, Niemand würde solchen Behauptungen widersprechen; denn sie sind durch die deutlichen Worte der guldenen Bulle:

  B 2   Qua-

Quæ omnia per Regem postea electum innovari *debebunt.*
Cap. 5. §. 1.

und durch die feyerlichste Verheissung in den Kaiserlichen Wahl-Verträgen,
„Gleichergestalten wollen wir nicht nachgeben, daß die Vikarien und ihre Jura
„samt was demselben anhängig, von jemand disputirt und bestritten, oder restrin-
„girt ꝛc. auch ihre Gewalt, im Reich Recht zu sprechen, nicht blos auf solche
„Rechtssachen, wobei die Gefahr einer Unruhe, oder Thätlichkeit abzuwenden ist,
„eingeschränkt werde ꝛc.
Cap. nov. art. 3. §. 15. 16.
viel zu weit über eine jede Bezweiflung hinausgehoben.

Sind gleich die domkapitlische Verwaltungs-Rechte weniger bedeutend, als jene der
Reichs-Vikarien: so sind doch erstere von letzteren, in Ansehung der Aehnlichkeit der Gründe
gar nicht unterschieden.

Der westphälische Friede bestätiget die hergebrachte Domkapitlische Verwesung der erledigten
Erz- und Domstifter pro more ohne Beschränkung und Ausnam.

Unwidersprechlich wiegt diese bestätigte Gewohnheit, — dieses ex mutua pacis & amicitiæ
Lege den Domkapiteln eigen gewordene Recht, eben so schwer, als alle andere hergebrachte Domka-
pitlische Vorrechte, welche bis hieher alle Kaiser am Reich vestiglich handhaben zu wollen,
eidlich versicherten.
Capit. Josephi I. art. 18.
Josephi II. art. 14. §. 1. 3.

Um wie vielmehr sollten also nicht die Domkapitel sich die nachdrückliche Handhabung
ihrer unbegränzten Verwaltungs-Rechte versprechen können, da diese nicht sowohl aus der Quelle
der Kaiserlichen Machtsvollkommenheit, als vielmehr aus einer gemeinverbindlichen Uebereinkunft
erwachsen sind, woran kundbarer Dingen ohnehin mit Vorbeigehung gesammter Stände
Rath und Vergleichung auf Reichstagen von den Reichsgerichten nichts einseitig verdoll-
metschet, weniger abgeändert werden soll.
Capit. nov. art. 2. §. 4. & 5.

Noch mehr analogische Beweise liefern die vormundschaftliche Regierungen in den Tagen
minderjähriger weltlicher Fürsten.

Nie hat es einen Anstand gehabt, sagt
Moser in der deutschen Kraisverfassung Cap. 6. pag. 230.
daß ein Vormund denen Krais-Ausschreib-amtlichen Verrichtungen sich unterziehen möge; und
eben so wenig (sagt derselbe ferner)
im deutschen Staatsrecht part. 6. §. 45.
kan dem Vormund eines minderjährigen Kurfürsten, gleichwie sonst allenthalben, also auch die
Vertretung der Erzamtlichen Obliegenheiten erschweret werden.

Aeltere und jüngere Beyspiele verbürgen auch wirklich das Richtige dieser Wahrheiten:
Denn so hat Pfalzgraf Johann zu Zweybrücken im Jahr 1612. ohne den geringsten Widerspruch
das kurpfälzische Erzamt versehen; und der Vormund Seiner jetzt regierenden kurfürstlichen
Durchleucht in Sachsen nicht nur circa res politicas durantibus Comitiis adornandus, sondern
auch in Conventibus Corporis sic dicti Evangelicorum das Direktorium ausgeübet.
Moser cit. Loc.

Erstreckt sich die Gewalt der Vormünder, nebst den aus der Landeshoheit fliessenden
Regalien sogar auf Rechte, welche, in gewisser Art betrachtet, weit eher zur Klasse der persönlichen
Rechten, (wie solches Neureuter, Prætorius und Ickstatt doch ohne Beyfall behaupten wollten)
gezälet werden können; was soll wohl die Domkapitel hindern, die unbedingte Verwaltung
der Landesherrlichkeit mit dem ganzen Complexu regalium, von welcher ihr offenkundiger Besitz hin-

In Difquif. de Orig. & Progr. Cap. §. 50.

und mit solchem

Paul Joseph Riegger in Inftit. Jurispr. Eccl. Part. III. §. 230.

so viel nachgeben:

„Aliud dicendum est de Juribus, territoriis adnexis, quæ realium jure haben-
„tur, & a Capitulis Sede vacante tutorio nomine adminiftrari & exerceri
„in comperto eft, & quotidianus ufus teftatur."

ſtandhaft zu fordern? Da unter ſolchen die meiſten, vorzüglich aber das Domkapitel zu Speier, nicht nur aus unzähligen Urſchriften alter Schankungs-Diplomaten, ſondern, ſogar aus den Lehensbriefen ſelbſt unverneinlich zu erweiſen vermag, daß die Hochſtiftlichen Rechte zu keiner Zeit perſönliche Rechte ſeiner Biſchöfe, ſondern, neben dieſen, Rechte des Stifts und der Kirche geweſen ſeyen.

Gründe von ſolchem Gewichte, bey welchen Analogie, Reichsherkommen und Geſäze vollkommen harmoniſch zuſammenſtimmen, werden doch ſo leicht nicht trügen können.

Was indeſſen das Anſehen der Staatsgelehrten zu ihrer mehrern Aufklärung noch etwas beytragen, ſo hat es auch hieran keinen Mangel.

Ganz energiſch und paſſend drückt ſich ſeiner Gewohnheit nach hierüber Pfeffinger ad Vitriar:

Lib. IV. tit. I. §. 21. not. A.

folgendermaßen aus:

„Juxta Confuetudinem Imperii Capitula defuncto Epiſcopo Jurisdictionem Re-
„galia, & Superioritatis territorialis jura OMNIA exercent, iis duntaxat
„exceptis, quæ ſpecialiter Perſonæ Epiſcopi inhærent.

Selbſt dem, den Domkapiteln ſo gehäſſigen von Iſtatt ſagte die Ueberzeugung in verſchiedenen Stellen das nemliche Zeugniß ab, da er ſchon in proemio ſeiner Disquiſition überlaut erklärt:

„Cum Sede Archi- vel Epiſcopali vacante aut impedita ex antiquiſſima ob-
„ſervantia Legibus & Sanctionibus Imperii publicis roborata, Suffraganti
„etiam Canonum jure, Capitulis Jurium Territorialium & Regalium Admini-
„ſtratio competat, non minus Secularia Territorii, quam Eccleſiaſtica Dioe-
„ceſeos Jura, & Jurisdictionem ad Sedem usque repletam exercent.

und an einem andern Orte (§. 50.) nochmal wiederholte:

„Si Jura illa ſeu Prærogativæ ipſi Epiſcopatui magis, quam Perſonæ Epi-
„ſcopi conceſſa fuerint; hoc Caſu, quo minus Capitula eadem cum reliquis
„Juribus exerceant, nil obſtat.

Eben ſo ſehr eifert für die freye Domkapitliſche Regierungs-Verwaltung der gelehrte Sündermahler in Differt. de Tutela Epiſcopi impub. §. 16. dum ait:

„Sicut aurea Bulla Vicariis Imperii Sede Imperiali vacante Proviſionem &
„Adminiſtrationem Reipublicæ addicit; ita & Capitulis Pacis Weſtphalicæ
„Inſtrumentum Sede Epiſcopali vacante liberam Epiſcopatus Adminiſtrationem
„jure Canonico & antiqua Germaniæ Obſervantia ſtabilitam diſſertis verbis
„confirmat.

Noch beſtimmter ſpricht hievon Moſer in der Reichs-Fama
Parte IV. pag. 695.

„Es kommt darauf an, ob, und wie fern ein Kurfürſtliches Domkapitel Sede va-
„cante nach dem Reichsherkommen in andern Fällen einen Kurfürſten repräſentire?
„Da iſt nun in alle Wege gewiß von keinem geringen Gewicht vor das Domkapitel
„daß es doch Sede vacante befugt iſt, nicht nur die Landesregierung zu
„übernehmen, ſondern daß es auch undiſputirlich auf Reichs-Krais- und
„Kollegial-Tägen in dem Kurfürſten-Rath ad votum & ſeſſionem zugelaſſen
„wird,

„wird, welches sich daraus klar zu Tage legt, weil der Gesandte, der das Votum
„fortführen will, dazu vorher von dem Domkapitel legitimirt und bevollmächtigt
„seyn muß.

Ludewig über die güldene Bulle, und SPENER in jur. publ. germanico sprechen hievon
noch dreister, da ersterer

T. II. pag. 589.

Fonte Archicancellariatus Moguntini explicato, beysetzt:

„Daß solches Erz-Amt dem Stift Maynz an sich, und nicht Kaiserlicher
„Gnade halber zukomme ꝛc.

Letzterer hingegen

Lib. IV. Cap. II. pag. 437.

behauptet:

„Maynz hatte nunmehro ein hohes Reichs-Amt bey und von dem Reich,
„doch zugleich *jure proprio*.
„Diese Würde ist mit der Kur Maynz zum ewigen und eigenem Recht verbunden.

So, und nicht anderst lauten die Meinungen der Lehrer über das teutsche geistliche Recht.
Man sehe dißfalls (um nicht weitläufig zu werden) nur einen Paul Riegger in Inst.: Jurispr.
Eccles. Part. III. §. 230. ubi ait:

„Capitulum itaque ex canonicis & *Imperii Legibus Principatus & Territorii
„immediati* tutor & administrator constituitur &c.

sodann Anton Schmidt in Instit. Jur.Eccles. germ. Part. II. Cap. I. Sect. VII. §. 178. wo er meldet:

„Nisi hanc rem multum ad Litem de nomine detorquere velis, sufficit splen-
„dori Capitulorum, *Jura statuum illis exercenda Legibus ipsis Imperii stabilita*,
„neque pro libitu ab Imperatore hac in re quidquam derogari posse.

Doch, was bedarf es viel solcher einzelnen Meinungen, da selbst der ganze Kaiserliche Reichs-
Hofrath noch in den jüngern Jahren der nemlichen Meinung gewesen seyn muß.

Auch der unmittelbare Regierungs-Vorfahrer im Hochstift Speyer, des in Gott ruhenden
Herrn Kardinals von Hutten hochfürstliche Eminenz beschuldigten in einer, bey gedachter höchsten
Gerichtsstelle unterm 8. Jänner 1759. eingereichten Anzeige just eben so, wie es Sr. jezt regierenden
Hochfürstlichen Gnaden gefällig war, das Domkapitel, daß es bey der vorigen Sedisvakanz in dem
Kabinet und den Kanzleyen die Briefschaften und Protokolle, aus ungleichen Absichten durchzuwühlen,
die Räthe zu mißhandeln, neue Diener auf- und anzunehmen, auch die allgemeine Landesverordnungen
eigenen Gefallens aufzuheben, und dagegen neuere zu befassen unternommen habe ꝛc. und baten
sofort, von Allerhöchsten Amts wegen in Casum Sedis vacantiæ solche Verfügungen zu treffen,
wodurch das Hochstift von Schaden, und die Minister, Räthe, und Bediente gegen alle Mißhand-
lungen sicher gestellt werden möchten.

Aber auch noch im nemlichen Jahr entwickelte das Domkapitel in einer gründlichen Gegen-Anzeige den ganzen Inbegriff jener Beschuldigungen.

Es widersprach, was entweder gar nicht, oder nicht angebrachter Massen geschehen ist,
und behauptete, sonderheitlich in dem zwölften Absatz mit einer ganz offenen Freyheit:

„Daß, gleichwie ein zeitlicher Fürst-Bischof sich weder von seinem Vorfahrer,
„noch von seinem Domkapitel zur künftigen Regierung die Hände binden lasse:
„also auch von ihm dem Domkapitel die Art der Zwischenregierung zum Vor-
„aus nicht vorgeschrieben, weniger beschränkt werden könne.
„Daß sowohl nach den kanonischen Satzungen, als auch der, auf den ausdrück-
„lichen teutschen Fundamental-Gesätzen ruhende Universal-Gewohnheit des heiligen
„Römischen Reichs jedes Kathedral-Kapitel berechtiget seye, eben so, wie ein
„weltlicher Bischof Sede repleta, also auch nach seinem Tode Sede vacante, die
„Reichs-

„Reichs- und Krais-Angelegenheiten zu besorgen, die Gerechtigkeit zu verwalten,
„unnöthige oder untaugliche Räthe, Beamten, und Diener besonders in wichtigen
„Dingen nach abzuschaffen, andere taugliche und getreue hingegen, in so weit
„es nöthig, anzunehmen, nach eingeholten Gutachten der betreffenden Stellen, in
„das Land-Verordnungen zu erlassen, und überhaupt alle Gewalt, wie der
„Regent selbst, ohne Begränzung auszuüben.

Welch-allem endlich dasselbe noch die ganz angemessene Bitte beygefügt:
„Auf dergleichen, weder erwiesene noch zur gerichtlichen Diskussion gehörige, oder
„admißible Insinuationen allergerechtest nicht zu respectiren, sondern das Domkapi-
„tel bey seinen wohlhergebrachten Gewohnheiten, Gerechtsamen und Freyheiten,
„auch deren possessione vel quasi kräftigst zu schützen.

Zifer 7.

War die Gewalt der Domkapitel von jeher nur das, was sie nach den Eingangs gedachten
jüngern Reichshofräthlichen Strafbefehlen für die Zukunft seyn soll: so muß die ganze Welt nicht
mißkennen, daß es damals, wo die Uebergriffe noch neu, und die Uebergreiffende noch bey Leben
waren, ungleich schicklicher, als dermalen, wo von dem nemlichen Interregnum das nemliche gesagt
wurde, gewesen seyn würde, das nemliche allerhöchste Amt mit dem nemlichen Nachdruck eintreten zu lassen.

Es hat aber noch damals der Kaiserliche Reichshofrath, obgleich durch die Fürst-Bischöfliche
Anzeige sein Amt aufgefodert war, an solchen Domkapitlischen Behauptungen weder etwas Anstößiges noch verwerfliches gefunden, vielmehr gab er ihnen, da er gebetener maßen auf jene Beschuldigungen keine Rücksicht genommen hat, den stillen Beyfall.

Immer unbegreiflich muß es bleiben, wie man aus einem vierzigjährigen Vorgang, welcher
schon so lange zur Reichshofräthlichen Wissenschaft gerichtlich gekommen ist, nun erst den Anlaß
entlehnen mögen, die Domkapitlische Zwischen-Regierungs-Rechte für die Zukunft so weit herab zu
würdigen? Aber noch unbegreiflicher bleibt die Abwürdigung dieser Rechte selbst, die in einem
unfürdenklichen Reichsherkommen gegründet, durch die vorzügliche Reichsfundamental-Gesätze
gutgeheissen, mit der Analogie des deutschen Staats-Rechts vollkommen übereinstimmend, und
durch unzählige Begnehmigungen der Gesätzgebenden Macht von allen Seiten her gedeckt sind.

Noch erinnert sich das Domkapitel zu Speier mit dem wärmsten Dank kner Reichsväterli-
chen Ermahnung Kaiser Karl des VIten an den verlebten Herrn Fürst-Bischof Damian Hugo
von Schönborn.

Zifer 8.

Dort waren seine wohlhergebrachte Gewohnheiten, Gerechtsame und Freyheiten,
des in den kaiserlichen Wahl-Verträgen eidlich zugesicherten Schutzes annoch würdig. Dort
hielt man noch die einzelne Beeinträchtigung solcher Gerechtsamen wegen der Nachfolge und
der daraus erwachsenden allgemeinen Beschwerde für bedencklich; und dort glaubte man
noch, nicht gedulten zu dörfen, was die allgemeine Gewohnheit des deutschen Vaterlandes durch-
löchern, und die darauf beruhende Domkapitlische Verfassung stören könnte.

Hier soll aber das Domkapitel zu Speier ohne das geringste Verschulden, nun über einmal
das Mißvergnügen empfinden, den edelsten Theil seiner, selbst unter dem Siegel der feyerlichsten
Verträge und Gesätze, sorgfältigst verwahrten Gerechtsamen eingestürzt zu sehen; Hier ist für seine
Vorzüge kein Schutz mehr; Hier heissen die Behauptungen, deren sich erwehntes Domkapitel
ohne Widerspruch und Ahndung in den vordern Zeiten öffentlich bediente, Reichs-Gesätzwidrige,
verwerfliche Grundsätze ꝛc. Die aus der Wurzel des Domkapitlischen Systems hergeleitete
Folgerungen: vermessene Ausleg- und Beschränkungen der Kaiserlichen Obristrichterlichen
Befehlen, und die darnach abgemessene Erklärungen: gefliessentliche Widersetzlichkeit, sträfliche Impatision und Verwegenheit, welche nebst der Kaiserlichen Ungnade, noch endli-

 (12)

zur die Sperre sämtlicher Temporalien, und sonstige derbe Bestrafungen zu erwarten haben soll.

So sehr veränderlich sollte man sich fürwahr den Lauf der Zeiten, und in so kurzen Zeiten die Zerschiedenheit der Sprache nicht vorstellen können.

Gilt der trockene Buchstabe des Westphälischen Friedens nicht mehr, was er in Hinsicht auf die teutsche Domkapitel gelten soll, und was er nach einem ohnunterbrochenen Reichsherkommen in Gefolg der geheiligten Wahlkapitulazionsmäßigen Verheissungen immer gegolten hat: So mag eben wohl eine ganz gleiche Besorgniß die Gerechtsame der Höchst- und Hohen Stände heut oder morgen treffen.

Aber auch diese allgemeine Besorgniß ist nicht die einzige, welche des allgemeinen Nachdenkens werth seyn dörfte.

Der Fall ist möglich, daß eine Domkapitlische Stimme zur Zeit des erledigten Bischöflichen Stuhls in wichtigern Reichsangelegenheiten, bei getrennten Meinungen den Ausschlag geben könne. Hängt aber das Domkapitlische Zwischenregierungs-Recht, und folglich auch das daraus resultirende Stimm-Recht von dem Oberherrlichen Belassen oder nicht Belassen ab: so denke man sich nur auf einen Augenblick all das Mißliche, was eine ruhende, oder, welches in gewissen Betracht noch etwas mehr sagen will, eine so sehr abhängige Reichstagsstimme gebähren könnte; Und es muß augenfällig werden, daß es hier nicht blos um die Erniedrigung eines Domkapitels, dem das eigene Ansehen ohnedin nicht so sehr, als das Recht der Kirche an das Herz gewachsen ist, sondern vorzüglich um die Aufrechthaltung teutscher Grundgesäze, und eines höhern Verbandes zu thun sey.

Einmal und allezeit glaubt das Domkapitel zu Speier sich in diesem Belang durch seine vorige Parizions-Anzeige schon zu allem möglichen verstanden zu haben, und daß eine jede weitere Zumuthung offenbarer Tort für seine Zwischen-Regierungs-Rechte seyn würde.

Erbote sich ja dasselbe sogar schon zum Voraus die Allerhöchste Kaiserliche Willensmeinung, Kraft welcher es (ausser den kaum nennenswerthen Trauergeldern) durchaus nichts zur Belohnung für die vervielfältigte Interregnums-Belästigungen zu beziehen haben soll, so sehr auch die natürliche Billigkeit dagegen spricht, zur Bezeugung seiner ganz reinen Uneigennützigkeit und geringen Anhänglichkeit an Geld-Vortheil, für die Zukunft als ein unverbrüchliches Gesäz verehren zu wollen; obgleich demselben eine uralte Gewohnheit hierunter zur Seite stund; obgleich die Konradinische Succeßions-Ordnung vom Jahr 1140.

Zifer 19. zur Restitutions-Schrift.

für dasselbe das Wort sprach, und obgleich das Domkapitel sicher darauf zählen mochte, daß an ihm nie mißbilliget werden könne, was Kaiser und Reich in jener perpetuirlichen, der Zahl der Reichs-Gesäze einverleibten Wahlkapitulation, an dem Domkapitel zu Osnabrück in einem weit höhern Maaße gebilliget haben.

Dennoch aber blieben die theilhabenden Kapitularen nach, wie vor, zum Ersatz der erhobenen Interregnums-Gelder verurtheilet, so wenig auch solche mit jenen alten Plünderungen der Bischöflichen Privat-Verlassenschaft zum Nachtheil ihrer Intestat-Erben, in ein richtiges Parallel gesetzet werden mögen.

Denn wenn die Kirchen-Geschichten von verdammlichen Spolien sprechen: (wovon hier die Frage seyn soll) so verstehen sie darunter eigentlich nur jenen Raub, welcher an dem Privat- und Patrimonial-Vermögen der Bischöfe mit Hindansetzung ihrer Intestat-Erben begangen wird.

So waren hievon die Begriffe der Väter bey den Kirchen-Versammlungen zu Antiochia, Chalcedon und Toledo beschaffen; und dieses Vermögen war es, welches sie gegen einen jeden unregelmäßigen Einfall gesichert wissen wollten.

Auch nur dahin zielt die bekannte Satzung Otto des Vierten, wodurch das, aus dem erlehnten Grunde eines juris supremi in Ecclesiis eingeschlichene Jus Regaliae, (oder wenn man

sich

ſich des eigentlichen Ausdrucks bedienen darf) die indebita Vexatio Hæredum & Succeſſorum Episcopalium wieder aufgehoben, und das Mobilar-Vermögen der Biſchöfe ihren Nachfolgern überlaſſen worden iſt.

Hat nun das Domkapitel zu Speier die Privat-Verlaſſenſchaft ſeines verlebten Fürſt-Biſchoffes ganz unbetaſtet belaſſen, und hat es nur aus dem beträchtlichen Vorrathe der Hochſtifts-Einkünfte zur Vergeltung der läſtigen Zwiſchen-Regierungs-Verwaltung jenen Theil ſich beygelegt, wozu ſchon Conrad der Zweite die biſchöfliche Brüder ermächtigte: ſo fällt alles hinweg, was nach dem Sinn der angedeuteten Kirchen-Verſammlungen den gehäſſigen Spolien-Namen verdienen könnte; denn auſſer den fürſtlichen Spielgeldern bleibt eine jede Kaſſen-Erſparniß ein Eigenthum des Stifts,

„Quæcunque enim facta ſit (ſagt van Eſpen Jur. Eccleſ. uni. Part. II. tit. „32. Cap. 6. §. 21.) Bonorum Eccleſiaſticorum per Partitionem inter Epi„ſcopum & Capitulum Diviſio: hoc unum contigit, ut Diſpenſatio tandem „ad ipſos particulares tranſiret, manente ipſa bonorum Eccleſiaſticorum na„tura & Conditione invariata.

und von dieſer Erſparniß ſind die Domkapitel, ſelbſt nach der Ottoniſchen Begebungs-Urkunde, in der Eigenſchaft interimiſtiſcher Regierungs-Nachfolger, wofür ſie von ihrem ſonſt abgeneigten

v. ICKSTATT §. 41. pag. 18.

erkannt werden, vorzüglich alsdann, wenn eine Vergeltungs-Urſache mit eintritt, nicht ausgeſchloſſen.

Wenigſtens muß hieraus immer ſo viel wahr bleiben, daß eine Beſchuldigung von Spolien auf den untergebenen Fall gar nicht paſſe.

Nicht minder ſonderbar iſt es ferner, daß der Kaiſerliche Reichs-Hofrath ſich entſchlieſſen mögen, die Ruckerſtattung der bezogenen Interregnums-Gelder ungebeten zu verordnen.

Handelt ſe ein Domkapitel zur Zeit des erledigten Stuhls, mithin zur Zeit, ubi non eſt, qui Jus Eccleſiæ tueatur.

Cap. 1. ne Sed. vacante

wieder Gebür und Ordnung: ſo iſt die Abſtellung deſſen lediglich die Sache des neuerwählten Biſchofs:

In Judicio Epiſcopi erit conſtitutum. Cauſ. 12. Quæſt. 2. Cap. 42.

Seine Hochfürſtliche Gnaden zu Speier machten jedoch in einem eilfjährigen Zeitraum ihrer Regierung zur Ruckerſtattung der Interregnumsgelder, die Sie als vormaliger Domdechant (aller — nach dem Ausdruck zweyer Urtheil — Aktenwidriger Vorſtellungen ohngeachtet) gut geheiſſen, und als Fürſt-Biſchof benutzet haben, nicht die geringſte Mahnung; und noch weniger dachten Sie je daran, zu deren Erſatz den ſtarken Richterarm auffodern zu wollen.

Dennoch wurden Sie mit denen übrigen Theilhabenden und noch im Leben befindlichen Domkapitularen gegen die ganz gemeine Regel:

„quod ultra id, quad in Judicium deductum eſt, Judicis Poteſtas ex„cedere non poſſit,

blos von Amtswegen, obgleich der Richter ſein Amt auſſer ſehr wenigen, hieher nicht anſchlagenden Fällen unaufgeruffen nicht zu verwalten hat,

L. 4. §. 8. ff. de Damn. infect.

und zwar aus dem irrigen Grund des geſchwächten fundi feudalis, da das radicale feudi dabey durchaus nichts gelitten, und die Interregnumsgelder, ceu fructus feudales, ſchon längſt die Natur des Eigenthums angenommen haben, mithin unter das Lehen nicht mehr gerechnet werden können,

Landfriede vom Jahr 1522. Art. 28. 2. ſeudor. 45. Cap. 1.
MYNSINGA. Cent. 6. Obſ. ult. n. 3. ſeq.

D   Me-

Mævius part. 6. Dec. 353. n. 8.

zur Restituzion verurtheilet, demnalen jedoch, ohne sich um den geschwächten fundum feudalem zu bekümmern, dem Herrn Fürst-Bischofen die willkürliche Verwendung jener Gelder überlassen, die Erben der verstorbenen übrigen Kapitularen hingegen, als wenn die Actio in factum contra Hæredes, in quantum ad eos pervenit,

L. 1. §. fin. ff. de rei vind.

ganz ausgemustert wäre, von allem Ersaz stillschweigend losgezählet.

Nothwendiger Dingen mußte bey dieser Loszählung der Verstorbenen allerwenigstens bona fides, den sie auch ohne die geringste Wiedererstattung durch den Tod besiegelt haben, unterstellt werden.

Was konnte demnach wohl hindern, auch bey den Lebenden, die sich von aller widrigen Ueberzeugung mittelst Eides zu reinigen erbotten, — die das Herkommen: ein, durch Urkunden und Gesäze an sich gebilligtes Herkommen, vor sich haben, — und die mithin nicht einmal mit einer Scientia simplici, zu geschweigen, mit einer Scientia qualificata cum Scientia possessionis injustæ belaben seyn konnten, woraus allein mala fides kennbar wird, eben so viel Treu und Glauben zu unterstellen?

Beede waren in dem nemlichen Falle. Und haben gleich die lebende Kapitularen über das mildere Schicksal der Verstorbenen keine Rechenschaft zu fordern: so muß ihnen doch wenigstens erlaubt seyn zu sagen, daß das Recht der Natur im menschlichen Leben Gleichheit verlange.

L. ult. Cod. Commun. utriusque

Inzwischen aber ist dies nun eine geschehene Sache.

Ungleich mehr, als hieran, ist demselben an dem Recht des Fürst-Bischöflichen Senats in Vorfallenheiten von einem wichtigern Belang gelegen, welches nun zum drittenmal in einer ganz unbestimmten Allgemeinheit als ungegründet verworfen worden ist.

Albereit enthält der Restituzions-Libell auch in diesem Betref schon so viel Aufklärung, als für eine ohnehin schon vollkommen aufgeklärte Stelle nöthig gewesen seyn mag.

Unläugbare Wahrheiten werden es nemlich immer bleiben, daß in den ältesten Zeiten die Bischöfe mit dem Presbyterio eine wahre Rathsversammlung ausmachten; Daß in den Plaz dieses alten Presbyterii seu senatus Ecclesiastici mit der Zeitfolge die Kapitel der Mettropolitan- und Kathedralkirchen eingetretten seyen; Daß sie sich incontradicte bis auf die neueste Zeiten bey diesem Prädikat, und dessen thätiger Ausübung in geist- und weltlichen Angelegenheiten majoris momenti erhalten haben; und daß sie dafür von aller Welt unbedenklich erkannt worden seyen.

Für das eine und andere leisten noch weitere Zeugnisse vom ersten Gehalt die volle Gewährschaft.

„Hic Confessus Ordinis (sagt Böhmer in Jur. Ecclef. Protest. Tom. III. Lib. III.
„Tit. 9. §. 2. in fine)
„unacum Episcopo Concilium quoddam seu peculiare Collegium con-
„stituebat, quod instar Senatus Ecclesiastici erat.

Diesen Coetum Presbyterorum nennt Hieronymus apud Gratianum Cap. 7. Cauf. 16. Quæst. 1. Senatum
und Basilius Epistola 319. Synedrium Presbyterii Civitatis.
Wovon ein gelehrter van Espen P. 1. T. 8. C. 1. §. 1. folgendes anführt:

„Primis nascentibus Ecclesiæ sæculis Presbyteri & Diaconi in Civitate
„Episcopali Curam gerentes unum cum Episcopo Corpus quasi consti-
„tuebant, & Senatum formabant, quos idcirco B. Ignatius Martyr, in
„Epistola ad Trallianos, Consistorium Sacrum, Consiliarios & Assessores
„Episcopi vocat, &c.

Eben

Eben so deutlich drükt sich derselbe für die Domkapitel an dem angedeuteten Orte aus, wenn er §. 2. & 3. fortfährt:

„Subsequentibus enim Sæculis paulatim Presbyterorum numero crescente
„cœperunt Episcopi a Clero quosdam eligere, sibique propius assignare,
„quorum Consilio & opera Dioecesin regerent, quos posterior Aetas
„Canonicos Cathedrales, tanquam Capitulum Cathedrale, vocavit. Porro
„quemadmodum antiquitus Presbyteri & Diaconi Civitatis Episcopalis
„Senatum Episcopi, atque unum cum Episcopo Corpus formabant : sic
„Capitulum Cathedrale, quod huic Presbyterorum Cœtui successit, Sena-
„tum Ecclesiæ, & unum cum Episcopo Corpus constituere dicitur.

Welches denn auch Thomasius in vetere & nova Ecclesiæ Disciplina P. 1. L. 3. Cap. 9. & 10. §. 6. unter dem namentlichen Ausdruke:

Senatus natus

ex multis Conciliorum Decretis bestätiget.

Dabey blieb es auch wirklich bis jezt, wo man hie und da gegen die domkapitlische Verfassung anderst zu denken anfängt.

Unter tausend Fällen wird man nicht einen aufzuweisen haben, wo es den Bischöfen erlaubt war, die Einwilligung, oder pro Re nata die Rathserholung ihrer Domkapitel in Negotiis arduis zu umgehen. Und diese Fälle haben schon vorlängst unter der ausdrüklichen und stillschweigenden Begnehmigung der Kaiser und des gesamten Reichs ein allgemeines Herkommen gebildet: — Ein Herkommen, welches sich durchgehends, auch in jenen Zeiten, wo die Bischöfe schon mit besondern Raths-Dikasterien versehen waren, fortgepflanzt hat.

Selbst ein feindseliger von Jtstatt erfordert §. 24. in Negotiis gravioribus das Domkapitlische Mitdelieben, und noch mehr erfordert er solches alsdann, ubi Capitulis amplior in regimine territoriali potestas adscribenda est ex *Observantiis dimetienda*.

Allerdings lächerlich, und wie es ihm mehrmal ergangen, widersprechend ist es demnach, wenn er kurz zuvor behauptet:

„Quæ olim enim & eousque, dum primum Canonicorum Institutum floruit,
„optime dicta fuere, illa nunc forte nonnisi inane Nomen resonant &c.

Wer nach dem Herkommen das Recht hat, zu den Handlungen seines Fürst-Bischofen Ja, oder Nein zu sagen, der gehört doch ohne Zweifel in den grösern Rath;

Steubens Nebenstunden 1. Theil, Abhandlung 1. pag. 102.

und ergiebt sich gleich hiezu nicht Tag für Tag der Anlaß, weil eben nicht alles äusserst wichtig seyn kann: so ist doch gewiß dies kein Grund, die Domkapitlische Senats-Rechte bis auf einen leeren Namen herabzustimmen.

Die Kurfürsten des Reichs wurden eben so in der güldenen Bulle geheime Kaiserliche Räthe genannt, weil sie von den Kaisern in den ältern Zeiten mehr, als dermalen, zu Rath gezogen zu werden pflegten. Hören sie aber, da es nun weniger geschieht, darum auf, Räthe des Kaisers zu seyn? Und wer wird es wagen, zu behaupten, daß heut zu Tage dieser Name, den sie gewiß als die innersten Glieder und Hauptsäulen des heiligen Reichs, selbst nach den allerhöchsten Kaiserlichen Aeusserungen, verdienen,

Cap. noviss. Art. III. §. 1. & 3.

nichts mehr bedeute?

Nie hat das Domkapitel zu Speier Anstand genommen, sich in Gefolg dieser unverwerflichen Gründe als den Bischöflichen Rath öffentlich hinzustellen, gleich es dann noch in den jüngern Zeiten, und namentlich in der schon oben erwehnten Gegen-Anzeige vom Jahr 1759. (Ziffer 7.) frey, und ohne was widriges zu besorgen, erkläret hat:

„Daß es Sede non vacante in allen wichtigern, das Hochstift betreffenden Din-

„gen und Angelegenheiten, nach deutlicher Vorschrift der canonischen Saz- und
„Ordnungen um Rath gefragt werden müsse, und daß ohne dessen ausdrücklichen
„Konsens und Einwilligung ab Episcopo in gravioribus nichts Verbindliches
„geschlossen werden könne.

Unerinnert und ohngeahndet ließ der Kaiserliche Reichshofrath diese Behauptung, auf ihrem vollen Werth beruhen; vermuthlich, weil damalen die Besorgnisse noch eines besondern Nachdenkens würdig waren, daß Hochstifts-Lande ohne Domkapitlische Berathungen in rebus arduis ungleich weniger gesichert, und ungleich mehr gefährdet seyn würden, als alle andere Staaten, in welchen entweder durch einen agnatischen oder landständischen Einfluß jeder widrigen Ereigniß vorgebogen ist.

Mit welchem Bestand hätte aber wohl daran etwas widersprochen werden können, da eben das besagte höchste Reichsgericht so gar noch währendem Lauf deses Rechtsstreites (wie die Anlage unter dem Zifer 9. und das membrum VI. n. 4. Conclusi vom 30. April 1784. bewähret,) nicht nur bloß in canonischen Veräußerungs-Fällen, sondern wo es um Regalien und andere Gegenstände von höherem Belang zu thun wäre, das Domkapitlische Mitbelieben, als eine wesentliche Bedingniß, erfodert, und dessen Verabsäumung gegen den Herrn Fürst-Bischoffen geahndet, ein Gleiches auch schon Joseph der Erste an dem Kurfürst Joseph Clemens zu Cölln wegen den ohne Domkapitlisches Vorwissen, und gegen dessen treuherzige Warnungen unternommenen Werbungen in der bekannten Achts-Erklärung vom 29. April 1706. öffentlich mißbilliget hat.

Ziffer 9.

Durchaus unvereinbarlich ist es also, daß auf einer Seite der Domkapitlische Konsens ohnumgänglich nöthig, auf der andern aber das aufgestellte Principium Senatus ganz ungegründet seyn soll; oder man muß zugeben, daß ein geheimer logomachischer Streit darunter verborgen sey, dessen Auflösung jedoch abermal Pflicht des Richters ist;

„Si enim ex Sententia possunt produci diversi Effectus, tunc Judex Causam
„exprimere debet, ne Sententia indefinite lata noceat.

BRUNNEM. ad L. 9. ff. de Except. rei jud. n. 2.

Dahin sind eben wohl die höchste Gerichtsstellen vorlängst durch den Visitations-Rezeß von 1562. und dem nachgefolgten Reichs-Abschied vom Jahr 1570. §. 80. nachdrücklich angewiesen:

„Daß sie ihre Decrets dermaßen begreiffen, damit der Supplikant, woran der
„Mangel seye, abnehmen möge 2c.

Ruhet etwa das Ungegründete des aufgestellten Principii nur darin, weil das Domkapitel sich den Gebohrnen Senat des Hochstifts nannte: so ist doch darum das Principium Senatus an, und für sich selbst noch nicht gänzlich, wie sich das Reichshofräthliche Rescript vom 28. Aug. 1781. ausdrückt, ungegründet; denn bleibt es in rebus arduis der gesäzmässig höhere Rath seines Herrn Fürst-Bischofen: so kann es endlich noch wohl auf die terminologie der Geburt verzeihen.

Dieses gesäzmäßige Recht eines höheren Bischöflichen Raths (man heiße ihn nun gebohrn, oder ungebohrn) dieses Kleinod wesentlicher Vorzüge, dieses in geistlichen Staaten äusserst nothwendige Zusammenhaltungs-Mittel ist es, was die Domkapitel im Reiche zu behaupten immer für Pflicht gehalten haben.

Einmal sind ihre Senats-Rechte schon durch eine Reihe von Jahrhunderten zu einem Reichs-Herkommen erwachsen. Kaiser, Kurfürsten, Fürsten und Stände des Reichs haben bei all- und jeden Handlungen mit den Erz- und Hochstifts-Vorstehern vest darauf gehalten; wie weit also den Reichs-Gerichten zustehe, eigenen Gefallens hierunter Aenderungen zu treffen, darüber mag der jüngere Reichs-Abschied §. 105. den Ausschlag geben.

Bey der jetzigen Lage der Umständen scheint dem Domkapitel zum Theil nichts übrig bleiben zu wollen, als sich auf die Reinigkeit seiner Gesinnungen in allen seinen - In dem Verhältniß mit Ihro Hochfürstlichen Gnaden bishero vorgenommenen Schritten zu beweisen, und

nur

nur noch in dieser Hinsicht beyzusetzen, daß es ihm - ohngeachtet aller unangenehmen Vorgängen, niemals an Muth gebrechen werde, denjenigen zur Seite zu stehen, welche um Gerechtigkeit fruchtlos flehen werden, und daß es sich zur unabänderlichen Gewissens-Pflicht rechne, zur Aufrechthaltung der Justiz und zur Abhaltung aller Bedrückungen, als das vorzüglichste im Hochstift Speier befindliche Corpus die nachdrücklichste Sprache an höheren Orten in nothwendigen Fällen nach dem Wink allerhöchster Verordnungen standhaft zu führen. Indessen behält sich dasselbe noch auf einige Zeit bevor, dem allerhöchsten Reichs-Oberhaupt hiervon das nöthige in geziemenden Offizial-Anzeigen vorzutragen, und es wird sich vermüßigen, sowohl in diesen - als zukommenden Zeiten die Wahrheit seiner Aeusserungen vor aller Welt öffentlich sichtbar zu machen.

Nicht weniger beschwerend und äusserst nachtheilig ist es für das Domkapitel ferner, daß ihm der Ausdruk der Erb- und Grundherrschaft in Kaiserlichen Ungnaden verwiesen, und dessen künftiger Nichtgebrauch ernstgemessen eingebotten werden will.

Nie hat dasselbe neben seinem Herrn Fürst-Bischofen ein Koimperium, oder eine sonstige Gattung des Kondominats verlangt, sondern behauptet, daß die Hochstiftischen Güter und Gerechtsamen ein ursprüngliches Eigentum der Speierer Kirche seyen; daß die nachgefolgte Sönderung der bischöflichen Tafel an dieser Eigenschaft nichts geändert habe; daß neben dem Bischof auch das Domkapitel die Kirche mitrepräsentire; daß jene ohne dessen Vorwissen und Mitbelieben von dem kirchlichen Eigentume nichts veräussern könne, und daß in diesem Verstande eine Domkapitlische Miterb- und Grund-Herrschaft nicht wohl bestritten werden möge.

In diesem Verstande haben die Domkapitel zu allen Zeiten, vor aller Welt, sogar bey denen zu Münster und Osnabrück gepflogenen Friedens-Unterhandlungen, wo des allgemeinen Mißtrauens halber jedes Wort die strengste Kritik auszuhalten hatte, sich als die Erb- und Grundherren der Erz- und Hochstifter öffentlich hingestellt; und in diesem Verstande haben weder Kaiser und Reich, noch die mittransigirende Kronen je daran etwas anstößiges gefunden.

Kürze halber bewirft sich das Domkapitel zu Speier auch hierinfalls auf den Entwurf seines Restitutions-Gesuchs, und die darinn angezeigte offenkündige Thatsachen.

Dort hat es schon aus der Geschichte der meisten Stifter erwiesen, daß sie sich immer ohne Scheu für die Erb-Herrn des Landes ausgegeben haben. Aehnliche Beyspiele liefern Lünig im Reichs-Archiv Spicil. Ecclef. part. II. pag. 1005. von Würzburg, — und Struben in der Abhandlung von der teutschen Domkapitel Erb- und Grund-Herrschaft pag. 96. & seq. von Hildesheim, Bremen, und Werden in der Menge.

Dort hat es ferner aus der Geschichte des westphälischen Friedens erwiesen, daß Kaiser und Reich von der Eigenschaft dieser Domkapitlischen Erb- und Grund-Herrschaft vollkommen überzeugt gewesen seyn müssen, da die Behauptung derselben in ihrem Angesichte den Domkapiteln von Maynz, Magdeburg und Halberstatt nicht nur ganz unwidersprochen dahin gegangen, sondern sogar durch die, über die Kapitulazion Erzherzogs Leopold Wilhelm von Ferdinand dem Zweiten und Dritten ausgestellte Assekurazions-Akte, wo nicht ausdrüklich, wenigstens doch gewiß implicite genehmiget worden ist.

Die Ausdrüke dieser Assekurazion sind viel zu bedeutend, als daß sie nicht hier eine besondere Stelle verdienen sollten. Darinn heisset es nemlich, da vorher gedachter Erzherzog verbindlich zugesichert hat:

„Daß alle Offizianten auch dem Domkapitel, als Erbherrn, in Loco Capitulari mit Eid und Pflichten sich verobligiren sollen ic.

ganz allgemein, und nichts ausgenommen:

„Lezlich und vors 8te solle die hierüber gefertigte Kapitulazion von Uns und „unsers Sohns Liebden, wie von Alters herkommen, unterschrieben, versiegelt, „und vollzogen, auch in Allen Punkten und Artikeln von Uns allergnädigst „und gütigst observiret, gehalten, und anderst nicht, als was unsere Kaiserlich-

C „und

„und Königliche Worte mit sich führen, und bringen, in hohe Obacht ge-
„nommen werden, alles bey Verlust ihrer Liebden im Stifte erlangten Titels
„und Rechte ꝛc. welches Alles stet und vest zu halten, Wir bei unseren
„Kaiserlich - und Königlichen Würden und Worten versprochen und zugesagt,
„auch Uns in dem Allem nicht schützen noch aufhalten wollen, ganz treulich,
„sonder einig Gefährde.

v. MAYERN act. Pac. Tom. IV. pag. 261.

Dort hat dasselbe nicht minder aus den Reichstags-Verhandlungen erwiesen, daß sämtlicher Kurfürsten, und Ständen Gesandte, denen man doch ohne allen Zweifel die genaueste
Kenntniß der Staats-Verfassung zutrauen muß, das Domkapitel von Trier für die ungezweifelte Erbherren des Erzstiftes erkläret haben.

Dort hat es endlich aus der eigenen Geschichte des Hochstifts Speier bewiesen, daß weder
Ferdinand der Dritte, noch andere Kurfürsten und Stände demselben den Erbherrlichen
Karakter bezweifelt; daß sogar Kaiser und Reich auf den Münsterischen Kongreß die domkapitlische Mitgrundherrschaftlichen Rechte gegen die Ansprüche des Königlich-Französischen Hofes auf
die Festung Philippsburg, standhaft verfochten; daß noch in diesem Jahrhundert Carl der VI.
davon eben diese, und keine andere Begriffe gehabt; mit einem Worte, daß bis hieher Niemand die Domkapitlische Miterb-und Grundherrschaft verkannt habe. Selbst in den reichshofräthlichen Akten-Stücken müssen sich Zeugnisse genug noch aus dem laufenden Jahrhundert von
der Unverfänglichkeit, von der Richtigkeit der Domkapitlischen Erb-und Grund-Herrschaft, ja
von jener des speierischen Domkapitels namentlich finden lassen.

Schon in denen-allda zwischen des abgelebten Herrn Kardinalens von Schönborns Hochfürstl. Eminenz, und dem ersagten Domkapitel im Jahr 1728. gepflogenen Verhandlungen trug
letzteres kein Bedenken, sich in der 11ten Beschwerde folgender maßen auszudrücken:

„Gleichergestalten denen Hochstiftischen Dicasteriis nicht zu gestatten, in Fällen,
„da selbige sich gegen ein Hochwürdig Domkapitel oder dessen Angehörige einige
„Befugnüß zu haben vermeynen, sich selbst per facta unter Androhung unbe-
„fugter Arresten in propria Causa Recht zu sprechen; sondern dieselbe fürder,
„samst mit allem Ernst zu mehrerem Respekt gegen dasselbe, als des Hochstifts
„und ihre Grundherrschaft anzuweisen ꝛc.

Ferner in der 12ten Beschwerde:

„Worab sich ohnschwehr urtheilen lasset, ob des Herrn Kardinals Hochfürstl.
„Eminenz in dieser-obgemeldte schädliche Folgerungen unausbleiblich nach sich
„ziehenden, und das ganze Systeme des Hochstifts alterirenden Sache also
„simpliciter inconsulto Capitulo verfahren, oder diesem, als des Hochstifts
„Erb-und Grundherrschaft verübtet werden könne ꝛc.

Nicht nur damalen, sondern auch noch in der Folge
Man sehe auf den Zifer 7. zurück.
blieben dem Domkapitel diese Caractèren vor Gericht, und von dem Gericht ohnwidersprochen,
welch gleichgültige Zulassung den höchsten Grad richtiger Wahrheiten auszeichnet.

So war dies Recht in den vordern Zeiten beschaffen. So ohnbestritten war es immer, daß
die den Erz-und Hochstiftern Deutschlands beigelegte Güter, Herrschaften, Gerechtsame, und
Regalien nicht an die Bischöfe, sondern an die Kirchen übertragen, und durch diese Uebertragung, da die Domkapitel nebst dem Bischofe die Kirche vorstellen, ein gemeinschaftliches Eigentum
beeder Theile geworden seyen, doch so, daß jene sich darüber Sede repleta kein Kollmperium
herauszunehmen haben.

Aus diesem Grunde stellte Carl der Vierte im Jahr 1366. das Domkapitel zu Speier in
Zifer 10. einer Erneuerungs-Urkunde dem Bischofe an die Seite.   Zifer 10.

Aus

Aus diesem Grunde werden die Stifter mit dem Bischofe über die Weltlichkeiten belehnet, und aus dem nemlichen Grunde nahm sogar Kurfürst Felderich der Erste von der Pfalz im Jahr 1412. den Anlaß, dem Domkapitel zu Speier einen Fehde-Brief zuzusenden.

Kremers Geschichte dieses Kurfürsten in den Urkunden n. 86. pag. 276.

Hat die allgemeine Meynung, quam quotidie (wie sich Ulpianus ad Sabinum ausdrukt) increscere & invalescere videmus, schon so viel zum Voraus, daß sie schlechterdingen nicht umgangen werden mag: um wie vielmehr muß selbe nicht in Hinsicht auf die Domkapitlische Erb- und Grund-Herrschaft forthin bestehen, da bei so manchen öffentlichen Vorgängen die Begnehmigung der deutschen Gesetzgeber annoch hinzugekommen ist? Man müßte denn nur erst jetzt behaupten wollen, daß ein allgemeiner Irrtum vorhin alle Welt benebelt habe.

Dazu gehört jedoch noch etwas mehr, bis es sich wagen läßt, Kaiser und Reich eines solchen Versehens beschuldigen zu können.

Die Domkapitlische Erb- und Grundherrschaft (in dem obigen Verstande betrachtet) ruhet also in der ältesten Kirchlichen Verfassung, die, der aufgehobenen Gemeinschaft zwischen dem Bischof und seinen Brüdern ohngeachtet, dennoch im Wesentlichen niemal aufgehoben worden ist. Sie ruhet zugleich auf einer mehrfach verjährten deutschen Gewohnheit, die sich schon vorlängst ohne Widerspruch an dem Platz eines vollgültigen Gesätzes hingeschwungen hat; und noch mehr dörfte sie durch ein, nicht eben ganz verwerfliches Analogisches Verhältniß wider die Anfälle neuerer Zeiten gedecket seyn.

Auch das Eigentum an der Majestät und den davon abhangenden Rechten in einem Reiche, welches kein Patrimonial-Reich ist, gehört nicht so wohl dem Regenten und seiner Familie, als vielmehr dem gesamten Reich und dem Könige.

Zum wenigsten, wenn nicht die so gewöhnliche Formeln: Kaiser und Reich ganz ohne Bedeutung seyn sollen, so muß von dem deutschen Reiche selbst wahr seyn, daß von dem Eigentume der Reichs-Regalien das eigentliche Subjekt Kaiser und Reich seyen.

Imperatori & Regno, schrieb Pabst Pascalis in jenem merkwürdigen Dekrete bei Goldast. in Constit. Imp. Tom. I. pag. 257.

„Regalia illa dimittenda præcepimus, quæ ad *Regnum* pertinebant tempore „Caroli &c.

Se omnia, sprach eben damals Heinrich der Fünfte von dem Vorhaben des Pabsts an die Reichsstände,

„hæc cum Justitia & Authoritate *Ecclesiis* auferre, Nobisque & *Regno* cum „Justitia & Authoritate reddere &c.

und daß der Pabst befehlen würde: „ut dimittant Regalia *Regno*, quæ ad *Regnum* pertinebant; wie dann der gelehrte Pütter in Instit. jur. publ. §. 129. hierüber anmerket:

„Pro indole Monarchiæ electitiæ *Proprietas jurium*, quæ vel a Solo Cæsare „exercetur, proprie penes *Imperium* est; unde & passim Imperii potius, „quam Cæsaris adhibetur nomen, velut in feudis, & Judiciis Imperii &c.

Gelten die Schlüsse noch heut zu Tage vom Großen ins Kleine: so muß ein Gleiches von der Domkapitlischen Erb- und Grundherrschaft gesagt werden können.

Ueberaus seltsam muß es demnach immer bleiben, wie der Kaiserliche Reichs-Hofrath nun auch erst jetzt hierinfalls die Hände von Amts wegen einschlagen mögen, die es bei dem Bewußtseyn des vorliegenden Herkommens, und noch in den jüngsten Jahren, da das Domkapitel zu Speier vermög der schon angedeuteten Gegen-Anzeige vom Jahr 1759. sich in dessen Angesicht als den Grundherrn des Hochstifts ohnbedenklich hinstellte, ganz ruhig in den Schoos gelegt hat.

Jener bekannte Denkspruch:

„Distingue tempora, & concordabis Scripturas.

E 2 ist

ist bei dem Verlust des Erb- und Grundherrlichen Karakters nichts weniger als ein hinlänglicher Trost, das Domkapitel zu beruhigen; denn ob es sich zwar ex Consilio generali Romano 1216. zu bescheiden weiß:

„Quod reprehensibile judicari non debeat, si secundum Varietatem tempo-
„rum statuta quoque varientur humana &c.

oder wie sich Justinianus in L. 21. de furt. & serv. corr. ausdrükt:

„Quod foedere nostro ex tempore conquiescere possint, quae prisca jura in-
„troducebant &c.

So glaubt es doch immer, daß nach dem vernünftigen Beysaz Innocentii des Dritten dazu erfordert werde:

„Si urgens Necessitas & evidens utilitas id exposcat.

und es glaubt ferner, daß teutsche Gewohnheiten, welche durch die Länge der Zeit, und durch den Beyfall des vereinigten Staats-Körpers schon einmal die Natur der Gesäze angenommen haben, auch alsdann, wann bringende Noth und augenscheinlicher Nuzen eine Abänderung erheischen, doch nicht anderst, als mit eben jener allgemeinen Beistimmung aufgehoben werden können.

Scheint gleich der Gebrauch oder Nichtgebrauch weniger Worte eben wenig auf sich zu haben: so dörfte doch die Folge davon äusserst bedenklich werden.

Liegt der Name einer Domkapitlischen Erb- und Grundherrschaft einmal zu Boden: so stehet das teutsche Lehen-Recht auf den Punkt, einen unheilbaren Riß zu bekommen. Die geringste Felonie würde den Heimfall öfnen, der sich nie ergeben konnte, so lange die Domkapitel auf die Ritterb- und Grundherrschaft eigen Anspruch zu machen hatten. Und dagegen sollten doch fürwahr selbst alle Vorsteher, die für das Wohl ihrer Kirche einiges Gefühl haben, mit vereinigten Vorstellungen sich sezen, obgleich von ihnen kein solcher Fall jemals denkbar seyn mag.

Aber auch an alle dem wollte der Kaiserliche Reichs-Hofrath sich noch nicht beruhigen.

Der in Restitutorio beigebrachten wichtigen Gründe und Urkunden ohngeachtet, wodurch die — von Seiner Hochfürstlichen Gnaden zu Speier selbst eingesehene Billigkeit, und höchstdero ganz ungezwungene Bewilligung, mithin just alles das, was von der Landesherrlichen Willkür abhangen soll, hell ausgezeichnet wurde, blieben dennoch der schon durch das Konklusum vom 28. Aug. 1781. verworfene XIX. und XX. Artikel des jüngsten Fürst-Bischöflichen Wahlvertrags nach, wie vor, schlechterdings zernichtet: von Amts wegen, ohne Kläger, und wider den eigenen Willen des hohen Gegentheils zernichtet.

Das Nähere davon hat bereits die Restitutions-Schrift entwickelt, und es bedörfen mithin auch diese Gegenstände neben dem - in der Reichshofräthlichen Entscheidung selbst aufgestellten Grundsaz:

„Daß solche Dinge lediglich der Landes- und Lehenherrlichen Willkür anheim
„gegeben seyen c.
dahier keiner fernern Beleuchtung.

Wie aber alsdann die Kaiserliche Wahlkapitulazionsmäßige Zusage:

„Wir wollen weder denen Reichs-Gerichten, noch sonst jemand, wer der auch
„seye, gestatten, daß denen Ständen in ihren Territoriis in Religion- Politi-
„schen- Justiz- Kameral- und Kriminal- Sachen sub quocunque Praetextu
„wider die Reichs-Gesäze oder aufgerichtete rechtmäßige und verbindliche Pacta
„vor- oder eingegriffen werde c.

Capit. nov. Art. 1. §. 8.
und die erwähnte Reichshofräthliche Bemengung ausser Kontrast zu sezen seye? bleibt Liefern Einsichten überlassen.

Auf eben eine so seltsame Weiß ergieng es dem 20ten Artikel der Fürstbischöflichen Wahl-
Kapitu-

Kapitulation in Ansehung deren, alljährlich an das Domkapitel auszuliefernden Kameral- und Landschafts-Rechnungen.

Auch in diesem Belang hatte besagtes Domkapitel aus dem Membr. IV. Conclusi vom 28. August 1781. ad Art. X. lit. d. und in der nachgefolgten paritoria plena Membro VI. n. 4. das höchste Richterwort vor sich, daß ihm die erwehnte Rechnungen zur Einsicht und beständigen Verwahrung ausgefolget werden sollen. Und dennoch gilt dieses heilige, dieses homologirte Wort, dieses ex Re judicata dem Domkapitel irretractabliliter eigen gewordene Jus quæsitum dermalen durchaus nichts mehr. Nun hat selbes, weil die Ausfolgung der Rechnungen seinem Herrn Fürst Bischof unter dem erborgten ungleichen Vorgeben, daß ohnehin eine Kapitular-Deputation der Abhör (wobey jedoch lediglich nichts, als die entworfene Supernotamina erschöpft werden) beyzuwohnen pflege, nicht gefällig ist, sich mit der blosen Einsicht zu begnügen. Nun ist die Aushändigung der Rechnungen zur beständigen Aufbewahrung, wie es die Erkänntniß vom 28. August ausdrücklich haben will, weder billig, noch räthlich; Kurz: nun ist dem Domkapitel ohne Rückfrage mit einer Hand wieder entzogen, was ihm die andere kaum gegeben hat.

So viel über einmal hat der Kaiserliche Reichshofrath dem Domkapitel zu Speier entrissen, jener vielen Punkten nicht zu gedenken, die dasselbe ihres mindergewichtigen Gehaltes wegen in der vorderen Parizions-Anzeige de præs. 7. Maji 1782. bereits nachgegeben hat.

Von allen Vorzügen durch solche Befehle verdrungen; von allem Einfluß in das Wohl des Stifts ganz entfernet; konnte dem Domkapitel etwas auffallenderes nicht wiederfahren.

Gedrängt von Besorgnissen widriger Folgen blieb ihm also, nach denen bereits durchloffenen vorzüglicheren Wegen der Vorstellungen, nichts mehr, als die Hofnung, den höchsten Richter durch eine nähere Parizions-Anzeige zu besänftigen, und durch ein damit verbundenes Erläuterungs-Gesuch wenigstens auf einige Modifikazionen hinzuleiten, annoch übrig.

Zifer II.

Wenigstens glaubte dasselbe noch immer, daß, da seine Zuständigkeiten und Gerechtsame in denen Westphälischen Friedenstafeln, und einer eben dadurch gutgeheissenen unfürdenklichen Gewohnheit unläugbar gegründet sind;

Da eben dieser Friede mehr, als deutlich verordnet:

Contra hanc Transactionem, ullumque ejus Curriculum (folglich auch gegen das unbegränzte Regimen Episcopatus) nulla mandata, decreta, rescripta, inhibitiones admittantur. Art. 17. §. 3.

Da Kaiserliche Majestät selbst in Ihrem beschwornen Wahlvertrag zu versicheren pflegen:

Gegen den Münster- und Osnabrüggischen Frieden kein Rescript, Mandat, Komission, oder etwas anderes beschwerliches, so wenig provisorie, als sonsten, ausgehen zu lassen. Art. 16. §. 9.

Da dem Kaiserlichen Reichs-Hofrath zur Pflicht gerechnet ist, alles, was je dagegen unterfangen werden sollte, geziemend zu erinneren;

Project der perpetuirlichen Wahlkapitulazion, Art. 16.

Da derselbe ferner zur genauen Einhaltung dieser Pflicht durch den ermeldten Frieden öffentlich aufgerufen ist:

Sit hæc Transactio pragmatica Imperii Sanctio, tam Cæsareis, procerumque Consiliariis & Officialibus, quam Tribunalium omnium Judicibus & Assessoribus tanquam Regula, quam perpetuo sequantur, præscripta, &c.

Und da endlich jene Pflichten einer heiligen Beobachtung eben sowol auf die ungeschriebene Gesäze, das ist, auf die eingeführte Gewohnheiten namentlich erstrecket werden,

Instr. Pac. Art. 9. §. 4.   Wahlkapit. Art. 14. §. 1.
Reichs H. R. O. Ferdin. tit. 1. §. 15.

einige Mäßigungen statt finden sollten.

Allein auch hierinfalls hat sich das Domkapitel mit leeren Erwartungen genähret.

Beylagen.

Ziefer 1.
Veneris 7. Augusti 1778.

Zu Speyer Herr Bischof und Fürst contrà das Domkapitel daselbst, die anfechten wollende Landesherrliche und Bischöfliche Gerechtsame betreffend:

Absolvitur Resolutio & Conclusum:

1mo.) Wird implorantischer Herr Fürst in Ansehung der, der eingereichten Klage mit eingemischten ad mere Spiritualia gehörigen Objectorum hier Orts abgewiesen.

2do.) Rescribatur dem Herrn Fürst-Bischoffen, und dem beklagten Domkapitel jedem in separato: nachdem Kayserliche Majestät von demjenigen, was des Kaysers Leopoldi Majestät glorwürdigsten Andenkens, in Ansehung der Wahlkapitulationen der geistlichen Fürsten des Reichs verordnet, nicht abzugehen gemeinet seyen, und daher vor Ertheilung Allerhöchst Dero Obristrichterlichen Entschliessung auf die von dem Herrn Fürst-Bischoffen eingereichte Beschwerden nöthig erachten, die bey der Wahl des Herrn Fürst-Bischoffen errichtete Wahlkapitulation einzusehen: Als habe Herr Fürst-Bischoff, und respective beklagtes Domkapitel solche in termino duorum mensium in forma probante an Kayserliche Majestät einzuschicken. ꝛc.

Ziefer 2.
Martis 28. Augusti 1781.

Zu Speyer Herr Bischoff und Fürst contrà das Domkapitel daselbst, die anfechten wollende Land-sherrliche und Bischöfliche Gerechtsame betreffend:

Publicatur Resolutio Cæsarea:

Ihro Kayserliche Majestät haben dero gehorsamsten Reichshofraths allerunterthänigstes Gutachten allergnädigst begnehmigt, deme zufolge haben Kayserliche Majestät auf die sämmtliche Anzeigen des Herrn Fürst-Bischoffen zu Speyer, und die von dem Domkapitel daselbst eingereichte Vorstellung, auch die allerhöchst Ihro vorgelegte Wahlkapitulation des besagten Herrn Fürst-Bischoffen, folgende allerhöchste Entschliessung gefasset:

I. Ponantur des Herrn Fürst-Bischoffen anderweite allerunterthänigste Litteræ humillimæ ad Imperatorem de præsentato 6. Julii, 9. — & 26. Octobris anni elapsi ad acta.

II. Nachdeme beklagtes Domkapitel, in Ansehung derienigen Vorstellungen, welches dasselbe respective unterm 25ten April, und 15ten May 1777. ihme, Herrn Fürsten, puncto quartæ Coloniæ, dann in causa Angelo und Venino, contra die Fürstliche Hofkammer, puncto der Abzugs-Gelder übergeben hat, eines Eingriffs in die Fürstliche Landesherrliche Gerechtsame, und davon abhangende Justiz-Administration nicht beschuldiget werden kann; Herr Fürst auch die von dem Kapitel begangene Verunglimpfungen seiner Person, und Aufhebung seiner Fürstlichen Dienerschaft, und worinn die nachtheilige Vota, so die individua Capituli ad Protocollum Capitulare abgegeben haben sollen, nicht erwiesen hat, und im übrigen das von dem Domkapitel in dem Kapitular-Schreiben vom 15. May 1777. aufgestellten gänzlich ungegründeten Principii des sogenannten gebornen Staats, weiter unten Verordnung ergehen wird; als haben die sämmtliche von dem Herrn Fürsten obgedachter Gegenstände halber gestellte petita sowohl, als das fernere so unschickliche, als ordnungswidrige Gesuch, die in aliis Causis erstattete Berichte, zur gegenwärtigen Sache zu ziehen, nicht statt; gleichwie aber

III.

III. dem Kapitel, ob daſſelbe ſchon bis zur Beſetzung des Biſchöflichen Stuhls, die innerliche und äuſſerliche Regierungs-Geſchäften allerdings zu beſorgen hat, dennoch keineswegs gebühret, die demſelben während der Sedisvacanz, von Kayſerlicher Majeſtät als obriſten Lehenherrn belaſſene Poteſtatem Vicariam & nudè adminiſtratoriam weiter als auf ſolche Handlungen zu erſtrecken, aus deren Verſchub, ſo viel die Interna Principatus betrift, dem Hochſtift oder deſſen Unterthanen ein weſentlicher und unerſetzlicher Schaden zuwachſen, die Juſtiz-Adminiſtration gehemmet, oder ſonſten die allgemeine Ruhe und Sicherheit geſtöret; quoad Externa aber die Reichs- und Kreis-Geſchäfte bey den Reichs- oder andern Ständiſchen Gerichten anhängigen Prozeß- oder andern dergleichen Angelegenheiten, ein Aufenthalt verurſacht werden könne, auſſer dem aber alle, nicht ſolchergeſtalt gearteten Regierungs-Geſchäfte, lediglich dem zukünftigen Regenten zu überlaſſen ſind; So hat es zwar, ſo viel die von dem impetrantiſchen Herrn Fürſt-Biſchoffen angezeigte Mißbräuche, und hierunter.

A.) die Abänderung Landesfürſtlicher Geſetze, und ſonſtiger Verordnungen betrift, Kayſerlicher Majeſtät zu allerhöchſtem Wohlgefallen gereichet, daß Capitulum, nach dem eigenen Zeugniß des Herrn Fürſt-Biſchoffen, dergleichen Abänderung bey dem letzten Interregno nicht unternommen hat; Gleichwie aber Kayſerliche Majeſtät dennoch aus der erſten berichtlichen Anzeige des Herrn Fürſt-Biſchoffen wahrgenommen haben, welchergeſtalt daſſelbe bey der vorletzten Sedisvakanz aus dem in allem Betracht ungegründeten, ſomit gänzlich verwerflichen Principio einer Erb- und Grund-Herrſchaft, und Kraft ſolcher ſich zur Ungebühr arrogirten plenitudine poteſtatis eine von dem Herrn Kardinalen Schönborn, in Betreff des den Domkapitliſchen Beamten unterſagten Ankaufs der Bauern-Güter, erlaſſenen Landesfürſtlichen Verordnung eigenmächtig abzuändern ſich unterſtanden haben; Als befehlen Kayſerliche Majeſtät demſelben, ſich dergleichen Abänderungen für die Zukunft gänzlich zu enthalten, am allerwenigſten aber ſich der, der Landesfürſtlichen Macht allein zuſtehenden Errichtung neuer Landes-Verordnungen, es ſeye dann, die Umſtände machten eine gähtlinge proviſoriſche Vorſehung bis zur Wahl eines neuen Regenten unumgänglich nothwendig, auf einige Weiſe anzumaſſen.

Auf gleiche Art unterſagen Kayſerliche Majeſtät anduch

B.) In Anſehung der bey Abſterben eines Fürſt-Biſchoffen vorhandenen geſamten fürſtlichen Dienerſchaft Capitulo ernſtgemeſſen, unter denen von einem zeitlichen Fürſt-Biſchoffen nachgelaſſenen Miniſtern, Räthen, oder ſonſtigen Dienern, auſſer in Caſibus imminentis Damni irreparabilis, die mindeſte Aenderung zu treffen, denſelben an ihrer Beſoldung, Gnadengehalt, oder ſonſtigen Prärogativen, etwas zu mindern, oder zu mehren, oder ſolche gar abzuſchaffen, oder neue aufzunehmen.

C.) Verordnen Allerhöchſt Ihro Kayſerliche Majeſtät, daß hinfüro ſogleich nach dem Abſterben eines Fürſt-Biſchoffen die, im Fürſtlichen Kabinet, oder ſonſten in der Reſidenz befindliche Scripturen, mit Zuziehung der Landesfürſtlichen Regierung, à Capitulo ohne Unterſchied unter Obſignation gelegt, darüber ein vollſtändiges Inventarium errichtet, dieſem vorgängig eine Separation vorgenommen, und dasjenige, was hierunter zu den Privat-Geſchäften des abgelebten Fürſten zu rechnen iſt, deſſen Anverwandten ausgehändiget, die übrige das Hochſtift angehende aber nach derſelben Beſchaffenheit in die Hochſtiftiſche Archive und Regiſtraturen hinterlegt werden ſollen.

D.) Wird Capitulo der, von dem Herrn Fürſten angezeigte, und durch den, der Domkapitulatiſchen Vorſtellung ſub Nro. 15. angebogenen Extractum Protocolli Capitularis de 25. Aprilis 1770. ſelbſten einbekannte vermeſſene Eingriff in die Hochſtiftiſche Revenüen, wodurch Capitulum unter dem Vorſitz des Herrn Fürſt-Biſchoffen, als Dombechant, die beträchtliche Summe von 50000. fl. unter ſich auszutheilen beſchloſſen hat, hiemit in Kayſerlichen allerhöchſten Ungnaden verwieſen, und quoad præteritum

imo.)

1mo.) ihme Herrn Fürst-Bischoffen anbefohlen, längstens in termino duorum mensium Kayserlicher Majestät bescheinigter anzuzeigen, auf was Art er den, in der Eigenschaft eines Domdechanten genossenen Antheil, wie er in seiner Anzeige vom 30. May behauptet, der fürstlichen Hofkammer ex propriis ersetzet habe.

2do.) Hat gleicher Gestalt ein jeder der annoch am Leben befindlichen Kapitularen seinen Betreff in eodem termino, unter anzonsten zu erwarten habenden Sperrung der Temporalien, zur Fürstlichen Hofkammer zu restituiren; Herr Fürst-Bischof aber Kayserlicher Majestät unausbleiblich darüber zu berichten, wie diesem Ernstgemessenen Kayserlichen Befehl von sämmtlichen, an diesem Spolio betheilten Domkapitularen die allerunterthänigste Folge geleistet worden seye.

3tio.) Bleibet dergleichen allen Rechten zuwider lauffende, und zur Schmälerung des Reichslehnbaren Fundi Episcopalis gereichendes, auch durch keinerley Observanz gerechtfertiget zu werden vermögendes sträfliche Unternehmen, somit durante Sedisvacantia aller Bezug an Geld und Naturalien, oder sonstige Zuwendung einiger Utilitäten dem Kapitel, unter der Verwarnung des doppelten Ersatzes, auch anderer der Beschaffenheit der Umstände angemessenen Obristrichterlichen Vorkehrungen, anduch ein für allemal verbotten. Dagegen aber

4to.) Allergnädigst gestattet, daß zur Prägung der gewöhnlichen sogenannten Sterb-Münzen eine Summe von 1500. fl. verwendet; wie auch

5to.) einem jeden Domkapitularen 100. Reichsthaler Trauergelder von der Fürstlichen Hofkammer verabfolget werden mögen.

6to.) Sind einem jeden der beeden von dem Kapitel erkiesenen Statthaltern, für die während der Sedisvakanz obhabende Bemühungen bey diesem Hochstift, ausser den obgedachten Trauer-Geldern, noch besonders 600. fl. zu passiren.

7mo.) Wollen Kayserliche Majestät den zeitlichen Statthaltern nicht nur alle mögliche Ersparnis der nur administratorio Nomine besorgenden Einkünften des Hochstifts in allem und jedem anempfohlen, sondern auch anduch zur künftigen unabweichlichen Richtschnur vorgeschrieben haben, daß nach geendigter Sedisvakanz dem neuerwählten Fürsten, so bald als möglich, und längstens innerhalb Jahr und Tag, von dessen Regierungs-Antritt zu rechnen, von der Statthalterschaft sowohl, über die geführte Interims-Administration, und ganze Verwaltung der pflichtschuldige Bericht erstattet, auch über den sämmtlichen Aufwand behörige Rechnung abgelegt werden solle.

IV. In Betreff der Fürstlichen Wahlkapitulation lassen es Kayserliche Majestät zwar ad Articulum V. bey der von dem Herrn Fürsten ertheilten, und respective zugesicherten Confirmation der bereits vorhandenen, und etwa in Zukunft nützlich zu errichtenden Kapitularischen Statuten, jedoch anderst nicht, als daß dieselbe immer Ihro Kayserliche Majestät zur Bewilligung und Bestättigung vorgelegt werden sollen, auch Allerhöchst-Ihro und des Reichs Gerechtsamen tam pro præterito, quam futuro in Allem unnachtheilig, bewenden.

Ad Art. VII. Hat Herr Fürst-Bischof und Kapitel über den eigentlichen Gegenstand des Stadt Speyerischen Oberkämmerer-Amts sowohl, als über die Beschaffenheit der angeblichen Observanz, wornach zu denen Probsteyen der drey Nebenstiftern præcise ein Domkapitular zu erwählen seyn solle, nebst Vorlegung der vier unter angeblich vorhandenen päpstlichen Privilegien, Kayserlicher Majestät in Termino duorum Mensium umständlichen Bericht zu erstatten.

Ad Art. X. wird

a.) Capitulo der in diesem Artikel vorkommende Ausdruk, einer sich zur Ungebür beygelegten Grund- und Erb-Herrschaft hiemit in Kayserlichen Ungnaden verwiesen, und daßelbe sich

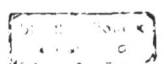

vergleichen, es sey bey was immer für einer Gelegenheit fürohin gänzlich zu enthalten, ernstgemessen erinnert.

b.) Erklären Kayserliche Majestät die, in diesem Artikel anmaßlich stipulirte Einholung des
Domkapitlischen Consenses, so viel die Reichs- und Kreis-Præstanda, als eine durch den
Reichs- und Kreis-Schluß circa quæstionem an & quomodo schon an sich entschiedenen
Sache betrifft, für gänzlich überflüßig, und unstatthaft.

c.) Können Kayserliche Majestät der Eigenschaft der Sache entgegen, die hierinn bedungene
Vereinbarung der Landschafts- und Kammer-Kasse keineswegs gestatten, sondern befehlen
andurch, daß solche für die Zukunft, so wie es in Ansehung der zu führenden Rechnungen
bedungen ist, gänzlich von einander separiret werden sollen; Hingegen finden Allerhöchst
Dieselbe in alle Wege billig und räthlich, daß

d.) dem Domkapitel nach vorgenommener Rechnungs Abhör, sowohl von ein- als anderer Art
Rechnungen ein Exemplar zur Einsicht, und beständigen Verwahrung eingehändiget werde.
Im übrigen aber gewärtigen

e.) Allerhöchst Dieselbe binnen Zeit zweyer Monate des Herrn Fürst-Bischoffen, und des Kapitels gemeinsamen ausführlichen Bericht, über die Art, wie und von wem das Kollektations-
Wesen der Landessteuern in den Hochstiftischen Landen bishero behandelt worden, auch wie
die Observanz beschaffen sey, wenn die einfache Schatzung zu Bestreitung der ordinari
Reichs- und Kreis-Præstandorum nicht hinreiche, und aus was für Gründen endlich Capitulum sich ermächtiget halte, die Fürstliche Hofkammer in diesem Falle zur Uebernahme des
Abgangs, wie solches in diesem Artikel geschehen ist, verbinden zu können.

Ad Art. XIII. Nachdem der Natur der Sache, und dem hierauf sich gründenden, von Kayserlicher Majestät begnehmigten Vertrag de Anno 1760. ad grav. 13. nach, die Gegenwart
eines Domkapitlischen Deputati bey der Verpflichtung der Fürstlichen Ministern, Räthen und
Beamten, in der alleinigen Rüksicht einer Sedisvakanz, ausser welcher kein Fürstlicher Diener
dem Domkapitel verpflichtet ist, von Kayserlicher Majestät bewilliget worden ist; als können
zwar Allerhöchst Ihro die in diesem Artikel festgesetzte Inserirung der Domkapitlischen
Pflichten in die jeweilige Bestallungsbriefe geschehen lassen, jedoch ist solche namentlich nur
auf die in solum casum Sedisvacantiæ den Fürstlichen Dienern aufliegende Pflichten gegen
das Domkapitel auszudrucken.

Im übrigen sehen Kayserliche Majestät auch darüber, ob es bis anhero, und allenfalls seit
wann? üblich gewesen sey, die Hochstiftische Oberämter an Niemand anderen, als Adeliche
zu vergeben, dem forderstamten Bericht entgegen.

Ad Art. XIV. Lassen es Kayserliche Majestät bey dem wirklichen Inhalt dieses Articuli bewenden; Hingegen wird Capitulo die in dem Allerhöchst Ihro in Exhibito de præsentato
31. May 1779. allerunterthänigst vorgelegten sogenannten rechtlichen Anmerkungen ad Capitulationem intendirte widerrechtliche Erstreckung dieses Artikels auf die von der bloßen
Willkühr eines zeitlichen Regenten abhangende Verschickungen in Reichs- und Kreis-Ge-
sandtschaften, auch Reichs-Beschickungen, hiemit ernstlich verwiesen.

Ad Art. XV. Haben Kayserliche Majestät bey dieser nach der Vorschrift des §. 12. des Vertrags
de 1760. von dem Herrn Fürsten ad dies vitæ beschehenen Bewilligung nichts zu erinnern.

Ad Art. XVII. Hat Herr Fürst und Kapitel binnen zwei Monaten Kaiserlicher Majestät diejenige Gründe vorzulegen, wodurch dieselbe bewogen worden sind, in Ansehung der ordinari
Kollekten in den Domkapitlischen Vogteilichen Ortschaften in dem 1771er Vertrag von demjenigen abzugehen, was sich dießfalls in dem 1760er von Kaiserlicher Majestät bestättigten
Vertrag disponirt befindet.

Ad

Ad Art. XVIII. Hätten sich Kayserliche Majestät billig von dem Herrn Fürsten erwartet, daß er Allerhöchst Ihro als obristen Lehenherrn, von der in diesem Artikel zu Gunsten des Domkapitels stipulirten Subinfeudation mit der Reichslehenbaren Territorial-Obrigkeit in Bauerbach seiner geleisteten Lehenspflicht nach, sofort die schuldige Anzeige zu machen, nicht würde unterlassen haben.

Ad Art. XIX. Da die in diesem Artikel festgesetzte Befreyung der Domkapitlischen Offizianten von allen Personal-Präsationen, und diesfallsige Gleichstellung mit denen Fürstlichen auf den nichtigen Grund der Domkapitlischen vorgeblichen Erb- und Grundherrschaft beruhet; Als wird nicht nur dieser Artikel gänzlich aufgehoben und annulirt, sondern auch dem Herrn Fürst-Bischoffen in Kayserlichen Ungnaden verwiesen, daß er sich nicht entsehen habe, mit Hindansetzung seiner gegen Kayserliche Majestät tragenden Pflichten diese grundlose, der Kayserlichen Majestät Allerhöchsten Obrist-Lehenherrlichen zu nahe trettende, in allem Betracht verwerfliche, und daher von Allerhöchst Ihro Vorfahren am Reich durch mehrfältige Erkenntnisse nachdrüklich improbirte Domkapitlische Erb- und Grundherrschaft in diesem Artikel selbsten anzuerkennen.

Ad Art. XX. Wird auch dieser Artikel, in so ferne er die Einziehung der Hochstiftischen feudorum infeudari solitorum betrift, hiemit aufgehoben, und des Herrn Fürst-Bischoffen Landes- und Lehenherrlichen Willkur lediglich überlassen, derley Lehen wieder zu verleihen; jedoch verordnen Kayserliche Majestät in solchem Falle, daß zuvorderst das heimgefallene Lehen nach Landesbrauch taxirt, und dem Neovasallo auferlegt werde, den dritten Theil des pretii Taxati zu bezahlen, welches sodann nach Ermäßigung eines zeitlichen Regenten zu Nutzen des Hochstifts zu verwenden ist.

Ad Art. XXVI. Lassen es Kayserliche Majestät, in so weit dieser Artikel den vorgelegten Verträgen gemäs ist, dabey bewenden.

Endlich wird, so viel den Schluß der Wahlkapitulation belanget, die der Landesfürstlichen Gewalt äusserst präjudizirliche, somit allenthalben nichtige Klausul, wodurch Capitulum sich unterstanden hat, den Herrn Fürst-Bischoffen, zur unumschränkten Begnehmigung aller tempore interregni geführten Protokollen, und sonsten von dem Kapitel durante Sedisvacantia unternommenen Handlungen zu verbinden, anmit gänzlich cassirt, und annullirt, und nicht nur Capitulo dergleichen widerrechtliche Zudringlichkeit für die Zukunft auch auf das schärfste untersagt, sondern auch dem Herrn Fürst-Bischoffen das allergerechteste Kayserliche Mißfallen und billige Befremdung darüber zu erkennen gegeben, daß derselbe, anstatt die in diesem Schluß enthaltene, ob zwar schon an sich unverbindliche, und mit den Pflichten eines gewissenhaften Regenten zu vereinbarende eidliche Zusicherung von sich zu geben, seiner Reichsständischen Obliegenheit nach, Kayserliche Majestät sofort von dieser Zudringlichkeit, und in so vieler Rucksicht anstößigen Kapitulazion die Anzeige zu machen, unterlassen hat.

V. Wird sowohl der Herr Fürst-Bischof, als das Domkapitel hierauf ver- und respective zu deren gemessenen Befolgung angewiesen.

Johann Peter Söhngen.

Ziefer 3.

Allerdurchlauchtigster, Großmächtigster, und unüberwindlichster Römischer Kayser, auch in Germanien, Ungarn, Böheim, und zu Jerusalem König.

Allergnädigster Kayser, König und Herr!

Die allerhöchste Resolution, welche Eure Kayserliche Majestät unterm 28ten August vorigen Jahrs in der auswärts bemerkten Sache publiciren zu lassen, allergnädigst geruhet haben, und

(34)

die hiemit Ihrem ganzen Inhalt nach in der Anlage wieder mit vorgelegt wird, hat unterzeichneten Anwalds hohe Prinzipalschaft, nämlich das Hochwürdige Domkapitel zu Speyer mit allertiefester Verehrung aufgenommen.

Was nun dasselbige hierauf theils im Wege einer alleruntertänigst-gehorsamsten Anzeige, theils zu Rettung seiner in der Sache überhaupt mitverfangener mannigfaltiger Rechte vorzustellen verpflichtet ist, dieß geruhen Eure Kayserliche Majestät aus dem nachfolgenden Inhalt, und nach Verschiedenheit mehrerer zur gegenwärtigen Sache mitgehörender Materien allergnädigst zu vernehmen.

§. 1.

Der erste Hauptgegenstand, worüber die Eingangs gedachte allerhöchste Resolution ausgeflossen ist, sind mannigfaltige Beschwerden, welche Seine nun regierende Hochfürstliche Gnaden zu Speyer gegen das dortige Domkapitel angebracht haben, und die eigentlich darinn bestehen: das beklagte Domkapitel habe sich bey Gelegenheit sicherer in Sachen Angelo und Venino Puncto Juris Detractus, dann anderer Puncto Quartæ Colonicæ übergebener Vorstellungen eines Eingriffes in die Fürstlich-Landesherrliche Gerechtsame, und davon abhangende Justizadministration schuldig gemacht; so weiter auch die Fürstliche Dienerschaft verhetzt, und durch Verunglimpfungen sich sogar an der hohen Person Seiner Fürstlichen Gnaden vergangen.

Hierüber haben nun Eure Kayserliche Majestät folgender Maßen allergerechtest entschieden:

„Nachdem beklagtes Domkapitel in Ansehung derjenigen Vorstellungen, welche dasselbe "respective unterm 25ten April und 15ten May 1777. ihm Herrn Fürsten Puncto Quartæ "Colonicæ, denn in Causa Angelo und Venino contra die Fürstliche Hofkammer, puncto "der Abzugsgelder übergeben hat, eines Eingriffes in die Fürstlich-Landesherrlichen Gerecht-"same, und davon abhangende Justizadministration nicht beschuldigt werden kann; Herr "Fürst auch die von dem Kapitul begangenen Verunglimpfungen Seiner Person, und Auf-"hetzung seiner Fürstlichen Dienerschaft, oder worinn die nachtheiligen Vota, so die indivi-"dua Capituli ad protocollum Capitulare abgegeben haben sollen, bestanden, nicht erwiesen "hat; und im übrigen wegen des von dem Domkapitul in dem Kapitularschreiben vom "15ten May 1777. aufgestellten gänzlich ungegründeten Principii des sogenannten gebohrnen "Senats, weiter unten Verordnung ergehen wird; als haben die sämmtlichen von dem Herrn "Fürsten obgedachter Gegenstände halber gestellten Petita sowohl, als das fernere so unschick-"lich als ordnungswidrige Gesuch, die in aliis Causis erstatteten Berichte zur gegenwärtigen "Sache zu ziehen, nicht statt."

§. 2.

Aeußerungen, die entweder ganz wörtlich, oder doch wenigstens im Grund so viel sagen: ein Domkapitel wisse nicht in den Grenzen der ihm angewiesenen Rechtszuständigkeiten zu verbleiben, sondern wage übermüthige Eingriffe in die Regentenrechte; dasselbe habe die Maßregeln des Respects vergessen, welchen es seinem in geistlichen und weltlichen Dingen vorgesetzten Fürst-Bischoffen schuldig ist; es verunglimpfe desselben hohe Person, und verhetze die Fürstliche Dienerschaft, sind ihrer ehrenrürigen Verhältnisse wegen allerdings solche Vorwürfe, die einem aus Reichsgrafen und Freyherren bestehenden teutschen Domkapitel sehr empfindlich fallen müssen.

Und nachdem Se. Hochfürstliche Gnaden zu Speyer solche Vorwürfe gegen Ihr Domkapitel vor dem allerhöchsten Gerichtshof Eurer Kayserlichen Majestät gemacht, und solche nach einer ganz nothwendigen Schlußfolge, zur Notorietät des ganzen Reichs verbracht haben, ohne jedoch im Stand zu seyn, den Grund davon auch nur im mindesten zu bescheinigen, noch weniger vollständig zu beweisen: so gründet sich schon von daher die Gerechtigkeit des Antrags, den man dieser beleidigenden Ausdrücke wegen auf eine zureichende Genugthuung stellen wollte.

Allein das hochwürdige Domkapitel zu Speyer hat andere Rücksichten, als daß es so etwas bezielende, wiewohl ganz gerechte Gedanken, bey sich hätte aufnehmen können, wenn nur das

Fürstliche

Fürstliche Verhalten in den Gränzen einer wiewol grundlosen Anzeige, und damit verknüpft gewesenen Klagführung stehen geblieben wäre.

So ist aber im mittelst eine Erscheinung erfolgt, welche die erst angezeigte Gränze weit übersteigt. Se. Hochfürstliche Gnaden haben nämlich für gut befunden, jene allerhöchste Resoluzion, durch welche sämmtlich, auf widerrechtlichen Eingriff in die Fürstlich-Landesherrliche Gerechtsame, Verhehung der Fürstlichen Dienerschaft, und Verunglimpfung der hohen Fürstenperson vermeintlich gebauten Petita als unstatthaft erkläret worden, ihrer Dienerschaft mittelst eines Abdruckes zu verkündigen; sofort diesem Abdruck noch einige andere, die theils ein Kommentar über die allerhöchste Resoluzion, theils eine besondere Verordnung für die Fürstlich-Speyerische Dienerschaft, theils eine Schutzschrift für Se. Hochfürstliche Gnaden selbst, gegen einige Ihnen unangenehm gefallene Kayserliche Verweise seyn sollten, anzufügen.

Sämmtliche Stücke wurden zusammen in ein Heft gebracht, darauf jedem Hochstiftsdiener, das ist, dem letzten Dorfschultheißen, und Schloßthürhütter auf dem Lande eben so, wie dem ersten Diener in der Residenzstadt sorgfältig mitgetheilt, auch an die Reichsstadt Speyer, an mehrere Fürstliche Höfe im Reich, und an die da aufgestellte Dienerschaft abgeschikt; gleich nach dem Eingang dieses merkwürdigen Abdruckes heißt es also:

„Bekannt ist es, und unläugbar, daß eines jeden Regenten unausgesetzte Bemühungen dennoch unfruchtbar werden, wenn ein Theil seiner Dienerschaft zum voraus auf die Seiten furchtsam gemacht wird, wo der Landesherre weder Unterstützung noch Beistand leisten kann, welche Furcht sich dadurch vermehrt, da leyder! es an Beyspielen nicht gemangelt hat, daß auf eines Fürst-Bischoffen Ableben, während der jeweiligen Sedisvakanz Anlaß genommen worden, mit einem oder dem andern Fürstlichen Diener, der vorhin seine Pflichtschuldigkeit in strenger Nachlebung seines Herrn Befehlen, ohne Hinsicht auf die Zukunft vollzogen, und dadurch seinen Pflichten ein Genügen geleistet hat, rechtswidrig, und aus einer sich eingebildeten Erb- und Grundherrschaft, auch gleichsam ex plenitudine potestatis, wie sich ein Domkapitel auszudrucken angemasset, und im Jahr 1777. als den gebornen Senat (von welch unschicklichem Ausdruck ein in unsern Diensten stehender unruhiger Kopf, aller Vermuthung nach, der Urheber ist,) angegeben hat, zu verfahren: wenn einem Theile von Dienern nicht verborgen bleibt, daß ein Domkapitel sich nicht scheue, dreist hinzuschreiben, daß es die Unordnungen seines Fürst-Bischoffen auf seine Lebenszeit nur einschränken wolle: wenn ein anderer Theil aus der Fürstlichen Dienerschaft durch mündliche Unterredungen von einem oder dem andern Domkapitularen schüchtern gemacht, zur Widerspenstigkeit angefrischet, oder in dieser Absicht wirklich bedrohet wird:"

§. 3.

Was nun die in angezogener Stelle vorkommenden Ausdrücke von dem gebornen Senat, und von einer eingebildeten Erb- und Grundherrschaft der Domkapitlen anlangt, hierüber wird Anwalds gnädige Prinzipalschaft ihre eben so allerdevoteste als gerechte Erklärung unten in den §§. 6. 7. 8. 13. 14. & 20. nachtragen, hingegen den Gehalt übriger damit verwandter Sätze, welche zu Schimpf und Unehre des Domkapitels zu Speyer ihre Einrichtung so empfangen zu haben scheinen, geruhen Eure Kayserliche Majestät allergerechtest sogleich zu bemeßen.

1.) Ausdrücke, welche Gedanken von einem Domkapitlichen Verfahren gegen die Fürstliche Dienerschaft, ohne Hinsicht auf Recht oder Unrecht, von einer dabey auch zur Zeit der Zwischenregierung statthaft seyn sollenden plenitudine potestatis &c. erwecken, haben weder bey dem dermaligen Domkapitel zu Speyer im Ganzen, weder bey einigen Mitgliedern desselben insonderheit, jemals Gebrauch gefunden. Nein, der Gebrauch dieser Worte: ex plenitudine potestatis, welchen Se. Hochfürstl. Gnaden anjetzo erst, nach einem Zeitlauf von beynahe 40. Jahren so sehr zu erheben wissen, ziehet sich zurück auf die im Jahr 1743. nach Ableben des Speyerschen Fürst-Bischoffen und Kardinalen von Schönborn fürgeweßne Zwischenregierung, wo nämlich, unter

Bewerfung auf dieselbigen Ausdrücke, der Domkapitularischen Dienerschaft die Erlaubnis, in den Hochstiftsländen Bauerngüter anzukauffen, ertheilt, und zugleich die vormals dagegen bestandene Fürstl. Landesverordnung aufgehoben ward.

Immittelst ist die Zeit oder die Gelegenheit nicht anzeigbar, wo die jetzt lebenden Domkapitularen zu Speyer eine ähnliche Handlung, oder die dabey gebrauchten Ausdrücke sich eigen gemacht hätten; vielmehr und im Gegentheil haben sie im Jahr 1760, die erstgemeldte Ankaufs-Erlaubnis, mittelst einer mit dem dortigen Hochstifts-Regenten Herrn Kardinalen von Hutten getroffenen Vereinigung, wieder aufgehoben, sofort auch ipso facto die Bedeutung und Brauchbarkeit dieser Ausdrücke, als woraus allein in vorigen Zeiten die Ankaufs-Erlaubnis geflossen war, für sich selbst verkennt.

Die Worte der Vereinigung, welche noch überdies in erstgemeldtem Jahre von Kayserlicher Majestät bestätiget worden, sind folgende:

„Sollen sich die Domkapitularischen Beamte und Bediente künftighin, wie die Hochstifti-
„schen, der ergangenen allgemeinen Verordnung zufolge (welche eben die befragte Erlaub-
„nis des Güterankaufs betrifft) um den diesfälligen gnädigsten Konsens des Hochstiftischen
„Landes-Regenten behörig supplicando melden, und das Weitere sodann abwarten."

Vid. allegata transactio de anno 1760. ad gravamen 20num.

Dem ungeachtet erlauben sich Se. dermalen regierende Hochfürstliche Gnaden zu Speyer ganz unbestimmt, mit Weglassung der Zeit, und übriger das Wahre in der Sache eigentlich kennbar machender Umstände, in die Welt hinein zu schreiben:

„Es habe leider! an Beyspielen nicht gemangelt, daß auf eines Fürst-Bischoffen Ableben
„der Anlaß genommen worden, mit einem oder dem andern Fürstlichen Diener rechtswidrig,
„und gleichsam ex plenitudine potestatis, wie sich ein Domkapitul auszudrücken angemaßet,
„zu verfahren &c."

Und gleichwie sich unter hohen und niedern Lesern sehr wenige finden, welche anderswoher den Schlüssel zur Erklärung dieser Stelle haben, oder haben können: so ist nichts natürlicher, als daß die Mehresten veranlaßt, theils durch die dermalen im ganzen Reich herumlaufende Klaggeschichte Seiner Hochfürstlichen Gnaden gegen ihr Domkapitel, theils und noch vielmehr durch die im 9sten Abdruck herrschende, und im Hauptwesen zu unbestimmte Schreibart, die betreffenden Stellen auf die jetzt lebenden Mitglieder des Domkapitels ausdeuten.

2.) Vorgänge, welche diese Ausdrücke bedeuten:

„Wenn ein Theil der Fürstlichen Dienerschaft zum voraus auf die Zeiten furchtsam gemacht
„wird, wo der Landesherr weder Unterstützung noch Beystand leisten kann: Wenn einem
„Theil der Diener nicht verborgen bleibt, daß ein Domkapitul sich nicht scheue, dreist hin-
„zuschreiben: daß es die Unordnungen seines Fürst-Bischoffen auf seine Lebenszeit nur ein-
„schränken wolle: wenn ein anderer Theil aus der Fürstl. Dienerschaft durch mündliche
„Unterredungen von einem oder dem andern Domkapitularen schüchtern gemacht, zur Wi-
„spenstigkeit angefrischt, oder in dieser Absicht bedrohet wird."

sind lauter Dinge, welche dem Domkapitel sowohl im Ganzen als seinen einzelnen Mitgliedern insonderheit, durchaus unbekannt sind, und Eure Kayserliche Majestät selbst haben in der allerhöchsten Resolution vom 28ten Aug. vorigen Jahrs insoweit allergerechtest ausgesprochen:

„daß dergleichen Imputata gegen das Domkapitel zu Speyer unerwiesen, sofort auch die
„darauf sich gründenden Petita unstatthaft wären."

Nichts destoweniger stehen die angeführten, und andere gleichviel geltende Ausdrücke mehr in dem schon oft bemerkten Abdruck ganz unvereinlich; sie stehen da zwar in Verbindung mit dem Bedingungswort: wenn, aber übrigens auch mit solchen Nebenstellen und andern Bestimmungen, daß, (wenn man auch hierunter nur allein das menschliche Gefühl urtheilen lassen will) bey jedem Leser die Meinung entstehen muß: hier werden auch nach der allerhöchsten Kay-

ferli-

ferlichen Abſolution an dem Domkapitel zu Speyer Fehler geahndet, die unmöglich ſo öffentlich, ſo nahe, und umſtändlich von einem Biſchoffen hätten geahndet werden können, wenn ſie nicht durchaus richtig, oder doch wenigſtens höchſt wahrſcheinlich wären.

Eure Kayſerliche Majeſtät ſind zum voraus ſchon überzeugt, daß die im teutſchen Reich erwählten Fürſt - Biſchöffe durch die Erhebung über andere ihres Gleichen nicht befugt worden ſind, die Ehre dieſer letzteren, unter dem Vorwand der ihnen zuſtehenden Geſetzgebung, oder für ihre Dienerſchaft nöthigen Erinnerungen, nach Willkür anzugreiffen; und obwohl es wahr iſt, daß ſie, als geiſtliche Vorſteher, auch nur möglichen, oder noch unerwieſenen Fehlern väterliche Erinnerungen entgegen ſtellen können: ſo muß dieß jedoch ſo vorſichtlich, mit ſo vieler Präziſion von perſönlichen Umſtänden, und überhaupt auf eine ſolche Art geſchehen, daß die Entdeckung und Unehre einzelner Subiekte, oder ganzer Genoſſenſchaften dabey auf das ſorgfältigſte vermieden wird. Welcher wahrhaft Unſchuldige würde auſſer dem ſeine Ehre hie und da gegen die Verläumdung retten können? und welche oberſtrichterliche Erörterung, die allein auf Akten und Beweiſe gebaut ſeyn muß, würde ſich und ihr Anſehen gegen allerhand widrige, auch bey höchſten Kirchenvorſtehern noch möglich bleibende Leidenſchaften behaupten?

Das Domkapitel zu Speyer iſt nicht gemeint, ſeinen Herrn und Biſchoff dergleichen hier angeregter ſittlicher Mängel zu beſchuldigen; immittelſt iſt doch ſo viel unläugbar, daß ſchon im Jahr 1777. und wie damals die beruffene Gaſſenzollſache von Eurer Kayſerlichen Majeſtät nicht nach der Erwartung Sr. Hochfürſtl. Gnaden zu Speyer, ſondern für die Bürger zu Bruchſal allergerechteſt entſchieden war, dieſelbe in einem an das Domkapitel zu Speyer erlaſſenen Schreiben dieſer Erörterung ohne Rückhaltung widerſprochen, und derſelben ungeachtet noch das Recht auf ihrer Seite zu haben, gemeint waren.

Imgleichen liegt dermalen ganz hell vor Augen, daß zwiſchen der allerhöchſten Kayſerlichen Reſolution vom 28ten Aug. vorigen Jahrs, in ſo weit ſolche von dem Domkapitel zu Speyer die angeſchuldigte Aufhetzung der Fürſtlichen Dienerſchaft ablehnet, und zwiſchen dem Innhalt des Fürſtlich Speyeriſchen Abdrucks, welcher denſelben Fehler dem Domkapitel ſo umſtändlich wieder zu Laſt leget, ein wahrer Kontraſt ſey.

Einem durch ſeine Rechte und Standesgenoſſenſchaft ſich ſo unterſcheidenden ſittlichen Körper, wie das Domkapitel zu Speyer iſt, muß es empfindlich, ja ſehr empfindlich fallen, daß es durch eben dieſen Kontraſt, und andere hier mitvorgelegte Ausdrücke, ſeine Ehre vor der Hochſtiftſpeyeriſchen Dienerſchaft, vor der Reichsſtadt Speyer, in welcher es ſeinen Sitz hat, und vor andern anſehnlichen Höfen des teutſchen Reichs auf eine ſo merklich Art verkleinert ſehen muß; und ſelbſt Eurer Kayſerlichen Majeſtät kann es nicht gleichgültig ſeyn, daß in denſelbigen Wegen, und eben auch vor den Augen des geſammten Reichs zu gar dem oberſtrichterlichen Anſehen, und den daraus hergeſloſſenen allerhöchſten Reſolutionen und Erörterungen zu nahe getretten werde.

Solchemnach ergehet an Eure Kayſerliche Majeſtät Anwalds allerunterthänigſte Bitte im Namen ſeiner Prinzipalſchaft dahin: Allerhöchſtdieſelbe geruhen, Sr. Hochfürſtlichen Gnaden die ſo beſchimpfende Handlungsart, welche dieſelbe durch den mehrerwähnten, und die oben beyliegenden Abdruck bewähret haben, nicht nur allein nachdrucklſamſt zu verweiſen, ſondern auch wegen des diffamatoriſchen Impreſſi zur ſchuldigen Satisfaktionsleiſtung nach allerhöchſtrichterlichem Ermeſſen allergerechteſt anzuhalten.

§. 4.

So ehrenrürig und ſchimpflich gegen das Domkapitel, und reſpectivè einzelne Mitglieder deſſelben die ſo eben vorgetragene Handlungsweiſe Sr. Hochfürſtl. Gnaden iſt, und ſo gerecht der Antrag ſeyn muß, welchen unterzeichneter Anwald nur ſo allerunterthänigſt geäuſſert hat: ſo beſchwerend iſt noch eine andere fürſtliche Zumuthung, die in Gelegenheit und Verbindung mit den jetzt erwelten Unruhen zum Vorſchein gekommen iſt.

K   Se.

Se. Hochfürstliche Gnaden haben nämlich schon vor dem 28ten Aug. vorigen Jahrs, und folglich ehe die an diesem Tage zu Wien erst verkündigt gewordene allerhöchste Kayserliche Resolution im Reich noch bekannt war, an ihr Domkapitel mehrmalen den Befehl gestellt, dasselbe solle seine ordentlichen Protokolle, so wie solche über die auskommenden Geschäfte von Zeit zu Zeit geführt worden, im Ganzen urschriftlich zur Einsicht vorlegen; und dermalen wird von eben daher, laut beygehenden drohungsvollen Schreiben, vorderhand darauf angedrungen, daß die während letzterer Sedisvakanz sowohl vom Domkapitel zu Speyer, als auch von der Stadthalterschaft zu Bruchsal abgefaßten Originalprotokolle durch eine Kapitular-Deputazion zur Fürstlichen Einsicht verbracht werden sollen.

Lang war es ein Räthsel, was doch eine solche ungewöhnliche Abfoderung der ordentlichen Domkapitels-Protokolle für ein Absehen haben möchte, und damals, als der Innhalt der von Sr. Hochfürstlichen Gnaden bey Eurer Kayserlichen Majestät eingebrachten Klagpunkte noch unbekannt war, konnte man nichts weniger entziffern, als den Grund dieser Abfoderung. Endlich erschien zu Anfang des entwichenen Monats Septembers dahier zu Speyer die so eben angezogene allerhöchste Resoluzion, und daraus ist ganz hell zu entnehmen, daß Se. Hochfürstliche Gnaden entweder durch einen allzulebhaften Vermuthungsgeist, oder durch ungleiche Insinuazionen verleitet, gegen ihr Domkapitel, und einzelne Mitglieder desselben Dinge angebracht haben, welche rechtlichen Erweis bedürfen; und gleichwie sich die Gründe hiezu anderstwo nicht finden lassen: so sollen die Domkapitularischen Protokolle ausgeantwortet, und dem Versuch ausgesetzt werden, ob daraus derselbige bis anhero unmöglich gewesene Erweis nicht geführt werden könnte.

Soviel nun die Ausantwortung der bey letzterer Zwischenregierung ein wie anderseits verfaßten Berichte, und respective Original-Protokolle anlangt: so haben Eure Kayserliche Majestät in Ansehung dieses Punkts weder für die vergangene noch zukünftige Zeit etwas zu verordnen geruhet, sondern Allerhöchstdieselbe haben eine weisheitsvolle Vorschrift allergnädigst dahin ertheilet:

„Daß nur in Zukunft nach geendigter Sedisvakanz dem neuerwählten Fürsten, so bald als „möglich, und längstens innerhalb Jahr und Tage, von dessen Regierungs-Antritt zu rech„nen, von der Stadthalterschaft sowohl über die geführte Interims-Administration, und „ganze Verwaltung der schuldige Bericht erstattet, als auch über den sämmtlichen Aufwand „Rechenschaft abgelegt werden solle."

Nach dieser allerhöchsten Vorschrift hat sich nun das Speyerische Domkapitel ganz genau und pünktlich bemessen, jedoch zum Ueberfluß, auch in Absicht auf die verflossene Zeit, gegen Se. Hochfürstliche Gnaden sich erboten, an dieselbe alles das mittelst beglaubigter Abschriften, oder auch durch belegte Berichte aus den Zwischenregierungs-Protokollen gelangen zu lassen, was nach einer näher bestimmten Anzeige zur Regierung des Hochstifts Speyer auf eine Art erforderlich, allenfalls auch einem andern zu solcher Berichterstattung ausreichenden Grund gemäß seyn kann; damit aber zugleich die gerechte Bitte verbunden: mit Ausantwortung der Original-Protokolle verschont zu bleiben.

Und bey so gestellter Erklärung ist wenigstens bis zur Zeit dem Domkapitel zu Speyer noch gar keine Ursache zu Sinne gekommen, welche die in der Frage liegende Ausantwortung der bey letzterer Zwischenregierung abgehaltenen Original-Protokolle im Ganzen zu einer vernünftigen oder nöthigen Handlung machen könnte.

Diese verhandelten Protokolle haben, nach bisheriger Observanz, ihre ohnunterbrochene Verwahrung immerhin in den Archiven eines Hochwürdigen Domkapitels gefunden; auch sind die Verhältnisse, welche zwischen Sr. Hochfürstlichen Gnaden zu Speyer und dem untergebenen Domkapitel daselbst bestehen, weder durch eine rechtskräftige Handlung, weder durch ein Gesetz, oder oberstrichterliche Verordnung dahin bestimmt worden, daß dieses Letztere einem so unumwundenen, und mit keiner Regenten-Absicht scheinbarlich verbundenen Fürstenbefehl, die quästionirten

Ori-

Original-Protokolle zur Einsicht zu haben, ohne weiters sich fügen müßte; vielmehr steht demselben die Vermuthung zur Seite, daß es in so weit noch bey den Rechten der natürlichen Unabhängigkeit verblieben sey; vorderfamst da auch aus den bey dem allerhöchsten Richter des Reichs verhandelten Akten dem Domkapitel solche Umstände noch nicht bekannt geworden sind, welche die so eben angezogene Vermuthung der natürlichen Unabhängigkeit verdringen könnten.

Auf allen Fall, und wenn jedoch Se. Hochfürstliche Gnaden für die Gerechtigkeit ihres Absehens noch bestimmtere Gründe bey Eurer Kayserlichen Majestät vorbringen würden: so werden solche zwar zum erleuchtesten Ermessen, jedoch unter der gedoppelten Bitte anheim gegeben, daß

1.) Eure Kayserliche Majestät solches endlich bestimmende Ermessen nicht ehender, als nach vorherigen Vernehmen des beklagten Domkapitels, und nach seiner zulänglichen Aufklärung in der Sache eintretten zu lassen, allergnädigst geruhen,

2.) Auf jeden Fall die etwa nöthig, oder gerecht befundene Ausantwortung der quæst. Original-Protokolle nicht anderst erfolgen möge, als unter der, einem hohen Kurmainzischen Metropolitanurthel vom Jahr 1761. gleichförmig, und inhæsive nachgehenden allerhöchsten Fürsehung; nämlich: es sollen solche Protokolle unter die Fürstliche Einsicht nicht anderst genommen werden, oder verbleiben können, als unter der unausgesetzten Gegenwart der zu diesem Geschäfte abzuordnenden Kapitular-Deputirten.

§. 5.

Hingegen jene Protokolle, welche von dem Domkapitel auffer der Zeit einer jeweiligen Sedisvakanz geführt worden, sind von einem weit mehr privilegirten Verhalt, also, daß die Hochfürstlich-Speyerische Abfoderung derselben nicht anderst, als für ganz grundwidrig angesehen werden kann. Denn

a.) Sind schon unter dem 27ten Sept. vorigen Jahrs an Eure Kayserliche Majestät die wichtigsten Gründe, nebst sicheren Geschichtsumständen in der Sache allerunterthänigst und so vorgetragen worden, daß sich daraus die Unstatthaftigkeit der fürstlichen Zumuthung, solche Protokolle in Urschrift bey sich zu haben, mit einer ganz lichtvollen Deutlichkeit abnehmen läßt, und wenn auch zur genaueren Beobachtung der Gerichtsordnung hierauf Rescriptum Cæsareum pro Informatione erkennt worden ist: so bleibt auch nach erstatteten allmöglichen Berichten immerhin und unumstößlich wahr, daß

b.) Diejenigen Protokolle die Geheimnisse eines Kapitels, und vielleicht auch solche Aeusserungen enthalten, welche ein oder der andere Domkapitular hie und da wider Se. Hochfürstliche Gnaden nach den Trieben seines Gewissens, und um seine Seele vor Gott zu retten, pflichtschuldigermassen gethan haben mag; und endlich

c.) Sind diese Protokolle solche Urkunden, die einem Domkapitel allein eigen sind, und Se. Hochfürstliche Gnaden haben daran weder als dermaliger Hochstiftsregent, weder als vormaliger Kapitular und Dombechant einen gemeinschaftlichen Antheil.

Gleichwie es aber ausgemachten Rechtens ist, daß ein Regent seine Unterthanen nicht zwingen könne, ihm ihre Geheimnisse, an deren Wissenschaft vermuthlicher massen dem Staat nichts gelegen ist, zu entdecken: ja für gegenwärtige Umstände ein jeglicher Domkapitular, somit auch das Domkapitel im Ganzen, die theure Pflicht auf sich hat, welche die Worte des bey dem Eintritt ins Kapitel abzuschwörenden Eides besagen: Secreta Capituli non revelabo; auch die gemeinbeschriebenen Rechte jeden Kläger, der seine Klagabsichten erst durch die aus dem Hause seines Gegners herzunehmenden Urkunden begründen will, zurückweisen, und im gegenwärtigen Fall es sogar an dem ist, daß Se. Hochfürstliche Gnaden mit dem gehässigen Klagwerk, welches die Verunglimpfung Ihrer Person, und Aufhebung der Fürstlichen Dienerschaft betreffen soll, schon wirklich abgewiesen sind: so ist Anwalds allerunterthänigste Rechtsbitte dahin gerichtet:

Eure Kayserliche Majestät geruhen allergnädigst, die unterm 27ten Septembr. vorigen Jahrs allersubmisseſt übergebene rechtliche Vorstellung, wegen ihres Zusammenhanges mit dem Inhalt der unterm 28ten August verkündeten Kayserlichen Resolution, zur gegenwärtigen Sache regiſtriren, ſofort den weiteren Antrag Sr. Hochfürſtlichen Gnaden zu Speyer, als welcher lediglich zu Begründung ihrer bereits verworfenen Klagabſichten die Ausantwortung der einem Domkapitel allein ganz eigenen Protokolle verlangt haben, und noch verlangen mögten, enthört, und es lediglich bey dem bewenden zu laſſen, wozu ſich das Domkapitel zu Speyer anderweit angezeigter maßen gegen Se. Hochfürſtliche Gnaden gefälligſt erboten hat.

§. 6.

Auf dieſe allerunterthänigſte Vorſtellungen und Anträge muß nunmehro unterzeichneter Anwald auch dasjenige folgen laſſen, was den Grundſatz des gebohrnen Senats, und die andere einſchlagende Geſchichte betrifft:

Das Domkapitel zu Speyer hat ſich in einem unterm 15ten May 1777. geſtellten Schreiben, darinn es Sr. Hochfürſtliche Gnaden gegen die Einführung einer neuen Steuergattung, nämlich der Quartæ Colonicæ, ſeine eben ſo rechtliche als ſubmiſſe Vorſtellungen machte, ſich den gebohrnen Senat des geiſtlichen Fürſtenthums Speyer genennt. Ein Ausdruck, der bekanntermaſſen in den kanoniſchen Geſetzbüchern, in den heiligen Vätern, in allgemeinen Kirchenkonzilien, bey teutſchen Publiciſten dem Wort und der Bedeutung nach mehrmalen vorkommt, und welcher, um ganz unanſtößig zu ſeyn, nur recht verſtanden werden muß.

Allein Se. Hochfürſtliche Gnaden zu Speyer konnten dieſe Benennung, aus Urſachen, die man zur Zeit lieber auf der denkenden Seele noch ruhen laſſen, als durch Worte eröffnen will, nicht vertragen. Hochdieſelbe verſuchten dahero, ob ſie nicht dieſen Ausdruck theils bey ein oder dem andern benachbarten Hofe, theils, und noch vielmehr bey den oberſten Gerichten des Reich unter einen recht gehäßigen Mißverſtand ſetzen könnten; Der Verſuch gelang, indem Se. Hochfürſtliche Gnaden ſo glücklich waren, bey dem allerhöchſten Gerichtshof Eurer Kayſerlichen Majeſtät den Gedanken zu ſtiften: die Rechte eines gebohrnen Senats begründeten entweder die ſchon mit ſo viel Haß belegte Erb- und Grundherrſchaft der teutſchen Domkapitel, oder ſtünden wenigſtens damit als eine Folge in unzertrennlicher Verbindung. Selbſt die Worte der allerhöchſten Reſolution vom 28ten Aug. vorigen Jahrs leiten auf die ſo eben angezeigten Vermuthungen hin, indem ſie über den hier in Betracht liegenden Punkt ſo geſtellt ſind:

„Im übrigen wird wegen des von dem Domkapitel in dem Kapitularſchreiben vom 15ten „May 1777. aufgeſtellten ganz ungegründeten Principii des ſogenannten gebohrnen Senats, „weiter unten, (wo nämlich die Rede von der Erb- und Grundherrſchaft iſt) die Verordnung „ergehen.“

Se. Hochfürſtliche Gnaden belebt von dem glücklichen Erfolge der verſuchten Obreption, und ohne etwas dergleichen zu thun, daß unter dieſem Ausdruck, gebohrner Senat, ein ganz guter, allenthalben angenommener, und in ſicherem juriſtiſchen Betracht richtiger Sinn liegen könne, äuſſern ſich in ihrem oben ſchon angezogenen, und im ganzen Reich verbreiteten Abdruck über denſelbigen Belang dahin:

„Es habe an Beyſpielen nicht gemangelt, daß auf eines Fürſt-Biſchoffen Ableben Anlaß „genommen worden, rechtswidrig, aus einer eingebildeten Erb- und Grundherrſchaft, und „gleichſam ex Plenitudine Potestatis, wie ſich ein Domkapitel auszudrucken angemaſſet, „und im Jahr 1777. als den gebohrnen Senat, (von welchem unſchicklichen Ausdruck ein in „unſern Dienſten ſtehender unruhiger Kopf, aller Vermuthung nach, Urheber iſt,) angegeben „hat, zu verfahren.“

§. 7.

§. 7.

Allerdurchlauchtigſter, allergnädigſter Kayſer! Es fällt dem Domkapitel in Wahrheit beſchwerlich, es fällt ihm mehr als in einer Rükſicht äuſſerſt beſchwerlich, von ſeinem gnädigſten Fürſten und Biſchoffen dergleichen Geſchichte in Verbindung mit jenen Wahrheiten vorzulegen, welche den Mangel der Rechtmäſigkeit daran ſo leicht, und zugleich ſo ſtark zu erkennen geben.

Inmittelſt die Gerechtſame eines zu Verwahrung der Speyeriſchen Hochſtiftsverfaſſung mit angeordneten Gremiums, welche hier dem reiſſenden Strom der anderſeits ſo ſchwankend, ſo allgemein, und zugleich durch die Nebenſtellen ſo lebhaft ausgefallener Redensarten ausgeſetzt worden ſind; die Gerechtſame eines ganzen Landes, welche mit jenem ſinken oder ſtehen, ſind viel zu beträchtlich, als daß die für ihre Erhaltung abgedrungenen Geſchichts- und Rechts-Bemerkungen nunmehro unterbleiben könnten.

Im rechtlichen Betracht, und wenn von der Sache mit völliger Präziſion von der gehäßigen Erb- und Grundherrſchaft geſprochen werden will, iſt es gewiß, daß nach den älteſten, heut zu Tage noch in den kanoniſchen Geſetzbüchern ſtehenden Kirchenverordnungen, wichtige Kirchengeſchäfte ihre Berichtigung nicht anderſt erhalten konnten, als unter dem einflieſſenden Beyrath des mit ſeinem Biſchoffen in geſellſchaftlicher Vereinigung geſtandenen Prieſterthums.

Canon. 6. cauſ. 15. q. 7. Item Can. 7. cauſ. 16. q. 1. Can. 22. cauſ. 12. q. 2.

Es iſt gewiß, und bey den Geſchichtskundigen auſſer allem Streit, daß unter jenen Verordnungen, welche Karl der Groſſe vom Babſt Hadrian zu Rom empfangen, und demnach den Biſchoffen ſeines Reichs zur Befolgung empfohlen hat, auch ſolche waren, welche noch mehr, als die angezogenen, vorderſamſt in Abſicht auf Kirchengüter, und ihre Rechte die gemeinſchaftliche Beſorgung einſchärfen.

Juxta ea, quæ a DD. paſſim traduntur in hiſtoria collectionis Canonum.

Es iſt gewiß, daß, wenn auch die gemeine Stadtprieſterſchaft nach und nach auſſer der engern Rathsverbindung mit dem Biſchoffen verſetzt worden iſt, ſich dannoch der zur Domkirche gehörige vorzüglichere Klerus darinn erhalten, und deswegen noch in den jüngſten Zeiten der Tridentiniſchen Verſammlung der Rath des Biſtums genennt worden iſt.

Trid. ſeſſ. 24. c. 12. de reform.

Es iſt gewiß, daß die kanoniſchen Geſetzbücher, und die Tridentiniſchen Verordnungen, ſofort auch diejenigen, von welchen hier die Rede iſt, wenigſtens für den Katholiſchen Theil unſers teutſchen Vaterlandes, von Kayſer und Reich in ſo weit aufgenommen, dahero im wohlgenommenen Verſtand Reichsgeſetze geworden, und dieſem Verhältnis nach bis auf dieſe Stunde unveränderlich geblieben ſind.

Es iſt gewiß, und kann auch nach dem notoriſchen Herkommen der teutſchen Erz- und Hochſtifter durchgängig, ja ſo gar nach den für das Hochſtift Speyer im Jahr 1760. von Sr. Kayſerlichen Majeſtät in ſo weit ausdrüklich beſtätigten Kompaktaten nicht anderſt ſeyn, als daß die hie und da allenfalls nöthig werdenden Veräuſſerungen ſicherer Hochſtiftsrechte, Vertauſchungen der Unterthanen und Ortſchaften, Erhöhung der Schatzungen, oder gar Einführung neuer Landesabgaben, und andere Land und Leut betreffende wichtige Veränderungen mehr, nur mit Vorwiſſen, Beyrath, und Einwilligung der Domkapitel geſchehen können.

Nach dem natürlichen Zuſammenhang der Menſchengedanken muß alſo auch gewiß ſeyn, daß in einem wohlgenommenen Verſtand die Domkapitel in Teutſchland der gebohrne Senat ihrer Fürſt-Biſchöffe ſind; und iſt es, um die Mutter einer ſolchen Benennung zu finden, gar nicht nöthig, erſt auf die Erb- und Grundherrſchaft zurückzugehen, ſondern hiezu reichet ſchon der Innhalt der kanoniſchen Geſetzbücher, die Notorietät des in den Stiftern durchaus herrſchenden Herkommens, und die Kraft der auf kaiſerlicher Autorität mit beruhenden Kompaktaten vollkom-

men aus. Nichts, gar nichts ist ersindlich, was die Richtigkeit einer so ungezwungenen Schlußfolge entkräften könnte.

Nicht der Isstadtische Ausdruck: die Domkapitel seyen zu gewissen Zeitläuften in eine so grobe Unwissenheit verfallen, daß sie die ihnen zuständig gewesenen Senatsrechte nicht mehr behaupten konnten; denn so allgemeine und zu viel bedeutende Worte hat einem bekanntlich den Domkapiteln höchst abgeneigten Schriftsteller nichts anderes in die Feder geben können, als sein Partheygeist, und läßt sich ihr Innhalt bey dem Domkapitel zu Speyer insonderheit ewig nicht beweisen.

Nicht der Gedanke: der Kirchenrath zu Tridens, als er Domkapitel den Kirchenrath nennt, setze entweder zum voraus, oder erfodere zu dieser ehrwürdigen Qualität, was loc. cit. beygeschrieben steht:

„Utantur vestitu decenti tam in Ecclesiis quam extra, abstineant ab illicitis ve-
„nationibus, aucupiis, choreis, tabernis, lusibusque."

Denn die Nachrede, daß Domkapitel zu Speyer habe sich gegen diese tridentinische Vorschrift vergangen, ist ein Ausfluß einer noch gröbern Schmähesucht, und es findet sich weder ein richterlicher Spruch, weder eine andere Urkunde in der Welt, dadurch sie wahrgemacht werden könnte.

Nicht die Bemerkung: die Gesetze, welche den Domkapiteln einigen Einfluß in die Geschäfte der Erz- oder Hochstifter erlauben, seyen nur allein Kirchengesetze, und könnten also unmöglich die Foderung derselben so weit begründen, daß auch weltliche Regierungssachen für ihren Rath gezogen, oder gar auf ihre Einwilligung ausgesetzt werden müßten; denn es hat zwar seine Richtigkeit, daß von der geistlichen Gesetzgebung, und von der darinn getroffenen Bestimmung der Kirchengeschäfte auf weltliche Regierungssachen unmittelbar der Schluß nicht gelte; es hat weiter seine Richtigkeit, daß also noch ein anderes Mittel, dadurch der Einfluß der Domkapitel auch auf weltliche Regierungssachen eröffnet wird, entdeckt werden müsse.

Allein vorausgesetzt, daß die den Bischöffen zur Verwaltung anvertrauten Regalien, nach ihrer ursprünglichen Stiftung, wahre und eigentliche Kirchenrechte sind, so wie sie die noch vorhanden seyenden Stiftungsbriefe wirklich dazu gemacht haben. Weiter vorausgesetzt, daß die Kirchenverordnungen, welche die Kirchengüter ohne Beyrath und Einwilligung der Kapitel nicht verpfänden, nicht verwechseln, oder sonst in die Gefahr einer Veräusserung kommen lassen, von Kayser und Reich genehmigt, und zur bürgerlichen Gesetzeskraft miterhoben sind, so wie dieß in Ansehung der kanonischen Gesetzbücher ausser Zweifel steht; endlich mitvorausgesetzt, daß, um den Zweck solcher Kirchenverordnungen desto sicherer zu erreichen, zwischen den geistlichen Fürsten und ihren Kapiteln noch besondere rechtskräftige Kompaktaten geschlossen, und dadurch auch weltliche Regierungssachen von gewisser Art an den Beyrath, oder an die Einwilligung der letzteren geheftet worden sind, so wie dieß in dem Hochstift Speyer obberegter Maassen in Ansehung der Schatzungen, und Landesabgaben eine unbestrittene Wahrheit ist; wer kann demnach zweifeln, daß die Domkapitlischen Senatsrechte, soweit es diesen Voraussetzungen gemäß ist, sich auch auf weltliche Regierungssachen miterstrecken.

v. Moser von der Landeshoheit im Weltlichen §. 12.

Nicht die Einwendung: die Bischöffe in Teutschland hätten sich ausser ihren Domkapiteln mit deren Vorwissen, und wenigstens stillschweigenden Bewilligung, eine andere, zu Besorgung der geistlichen Geschäfte bestimmte Dienerschaft, nämlich ihre Konsistorien, oder Generalvikariate niedergesetzt; denn daraus folgt zwar, daß die alltäglichen, nicht so wichtigen, und zu dem Mitrath der Domkapitel in Gesetzen besonders, und namentlich nicht ausgesetzten Kirchengeschäfte, ohne deren Miteinfluß ihre Behandlung und Fortgang haben können, nie aber folgt daraus, daß auch Geschäfte, welche die Gesetze entweder ihrer Form, und Rechtskräftigkeit nach an die Dom-

kapittapitulifche Einwilligung gebunden, oder anjonsten auf ihren Beytrath ausgesetzt haben, ohne ihr Zuthun befördert werden könnten.

Wie folgt daraus, daß auch in solchen, leyder! oft erscheinenden Fällen, wo der Landes-Regent, und Bischof, entweder von dem ungleichen Beyrath seiner Dienerschaft verleitet, oder von sich selbst irre gebt, sofort Religion, Land und Leute offenbaret, oder doch wenigstens höchstwahrscheinlicher Maßen in unwiederbringliche Nachtheile versetzt, erhebliche und bescheidene Erinnerungen des Domkapitels an den irregehenden Hochstiftsregenten unbefugt wären.

Nein, bey so gemeinschädlichen Umständen, wo die so gesunde Vernunft, und das Christenthum jedermann zur wärmsten und thätigsten Theilnehmung auffordert, müssen gewiß die in den Gesetzbüchern noch verschlossenen, durch die Surrogation einer andern Dienerschaft nur schlafend gewordenen, im Grund aber unaufgehobenen Senatsrechte der teutschen Domkapitel wieder lebendig werden, und es würde vor Gott, vor Eurer Kayserlichen Majestät, und dem gesammten Reich unverantwortlich seyn, wenn solche wieder lebend gewordene Rechte nicht auf das eilfertigste zur Rettung der gedrückten Religion, oder eines in Seufzer und Thränen zerfliessenden Landes benuzt würden, vorderfamst, da weder Eure Kayserliche Majestät, weder Se. Päbstliche Heiligkeit die unmittelbare Aufsicht über die teutschen Fürst-Bischöffe so führen können, daß in eben solcher Eile, als es hie und da nöthig werden mag, von daher die der Religion, und den Reichslehen zugehen könnenden schweren Benachtheiligungen abgewendet würden.

Unter diesen Bestimmungen hat noch kein Gelehrter, weder ein Bischof, seinem Domkapitel iemals die Senatsrechte versagt; selbst der gegen die Domkapitel so sehr aufgebrachte Itstadt schreibt in seiner bekannten Abhandlung:

De Capit. Cathed. origine, juribus §. 47.

also: „uti rationem corporis, quam Capitulum habere dicitur, cum Episcopo Cap. 4. X.
„de his, quæ fiunt a Prælato, si sano & Canonibus conformi sensu intelligatur, haud
„impugnamus, nec is arduis negotiis Capituli Consensum exquirendum esse abnuimus ita
„quod somniant. &c.

Und der für ganz unpartheyisch gehaltene Abt Rautenstrauch drückt sich in seinen
Institut. Jur. Eccles. §. 540.
dahin aus: „Sede plena, uti primis Ecclesiæ sæculis Presbyterium, ita nunc Capitulum Ca-
„thedrale Senatus Episcopi reputatur, unumque cum Episcopo constituere Corpus
„censetur."

Und in dem folgenden §. 541. also:
„Decretales Pontificiæ ita demum Capitulis Cathedralibus firmavere jus, ut aliis in
„negotiis Consilium, in aliis etiam Consensum Capitulorum suorum requirere tenean-
„tur Episcopi."

Infolg eben dieser so angeführten, bis auf diese Stunde noch unangefochtenen, und deswegen auch durch oberrichterliche Rechtssprüche in soweit unversehrt gebliebenen Grundsätze, macht Eurer Kayserlichen Majestät das Domkapitel zu Speyer in dem vorliegenden Betreff seine allerunterthänigste gehorsamste Anzeige, und äuffert sich demnach dahin:

1.) Dasselbe wird die allerhöchste Erklärung: der gebohrne Senat sey ein ungegründetes Principium, zur unverbrüchlichen Maaßregel nehmen, bey alltäglichen, und in soweit unwichtigen Hochstiftssachen, daß weder die gemeinen Gesetze, weder die besondere Verfassung des Fürstlichen Hochstifts Speyer hiezu die Domkapitularische Berathung und Einwilligung erfodert haben; jedoch

2.) Denkt es zugleich der allerhöchsten Willensmeinung Eurer Kayserlichen Majestät ganz gemäß zu handeln, wenn dasselbe künftighin die ihm zustehenden Senatsbefugnisse nur für jene Fälle behaupten, und wahren wird, wo entweder die kanonischen Kirchenverordnungen, oder ein besonderes Hochstifts-Herkommen, und unangefochtene Kompaktaten, oder der offenkundig werdende, allenfalls auch nur höchst wahrscheinliche Fehlgang eines zeitlichen Fürst-Bischoffen den Domkapitularischen Beyrath, seine Einwilligung, oder erhebliche Erinnerungen nothwendig machen.

§. 8.

Eure Kayserliche Majestät geruhen die grundmäßige Bestimmung jener Gränzen, welche sich das Domkapitel zu Speyer in Ansehung seiner Senatsrechte von selbst setzt, noch etwas genauer zu erwägen, und dabey einerseits den unschuldigen und seltenen Gebrauch, welchen dieses Domkapitel von gedachten Rechten machte, anderseits aber das unmilde Verfahren Sr. Hochfürstlichen Gnaden dagegen mitzubeachten.

Es ist nicht an dem, daß das Domkapitel zu Speyer, so wie es nach der vorstehenden Angabe befugt war, seine Vorstellungsrechte auch wirklich ausgeübt hätte. Nein, nur in etwelchen zu erheblichen Erinnerungen offenbar geeigneten Fällen hat sich mehrerwähntes Domkapitel getrauet, die respektvollesten Vorstellungen an Se. Hochfürstliche Gnaden gelangen zu lassen, bey anderen Gelegenheiten aber, wo diese Erinnerungen eben auch hätten eintretten mögen, vielleicht mit zu weniger Beachtung seiner Gewissenspflichten, und blos, um sich verdrüßlichen Vorwürfen nicht auszusetzen, solche unterlassen.

Der erste und beachtungswürdigste Fall, wo die hier in Betracht liegende Senatsrechte ihre Ausübung gefunden haben, war ein Veräußerungsfall, und betraff die Abgebung der Hochstiftlichen Territorialrechte, in Absicht auf die gesetzten Plätze zu Speyer, an die Reichsstadt dieses Namens; solche wollte bewirkt werden zur Zeit und Gelegenheit, als die zwo Wittwen Angelo und Venino sich aus der fürstlichen Residenzstadt Bruchsal nach Speyer, und zwar erstere auf einen gesetzten Platz überzogen haben, beede aber zugleich wider die bisherige Observanz zu sehr beträchtlichen Nachsteuer-Abgaben angehalten wurden.

Die Geschichte dieser Nachsteuer-Abforderung bewähren selbst jene Exhibita, welche Eurer Kayserlichen Majestät zur Ausbringung der allerhöchsten Resolution vom 28ten Aug. vor. Jahrs Seine Hochfürstliche Gnaden zu Speyer allerunterthänigst übergeben haben, und die Gründe jener Territorialrechte, welche nach einer unmittelbaren und nothwendigen Schlußfolge, durch die neue Einführung dieser ungewöhnlichen Nachsteuer, oder Abzugsgelder verlohren gehen müßten, enthält der bey dem höchstpreißlichen Reichshofrath in Causa Engel & Conf. contra den Fürstlich-Speyerischen Fiscum Cameræ Aplois exhibirte libellus gravaminum, worauf man sich hier Kürze halber beziehet.

Nun besagen es mehrere Gesetze unter dem Tit. X. de rebus Ecclesiæ non alienandis, und de his, quæ fiunt sine Consensu Capituli, daß Kirchengüter, und folglich auch die Regalien der geistlichen Fürstenthümer, welche dem ruhenden Eigenthum nach, durch die ursprüngliche Stiftung der Kayser und Könige an die Domkirche abgegeben worden sind, ohne Vorwissen und Einwilligung der Domkapitel nicht veräußeret werden können.

Allein Se. Hochfürstliche Gnaden zu Speyer mochten sich nicht enthalten, ihr Domkapitel, als es in dem angezogenen Fall wider die darinn liegende Veräußerung Vorstellungen machte, eines widerrechtlichen Eingriffs in geist- und weltliche Regierungsrechte zu beschuldigen; und die Ausdrücke, welche Se. Hochfürstliche Gnaden in ihr Antwortschreiben vom 17ten Julius 1777., dieselbige Sache betreffend, eingerückt haben, und die so vieles von ungereimten Begriffen, von irrigen, aus dem Gehirne müßiger Köpfe entsprungenen Auslegungen sagen ꝛc. ꝛc, bleiben immerhin sehr sonderbar; immittelst licet zur Zeit diese Sache unter allerhöchster Kayserlicher Judikatur, und von der allerhöchsten Kayserlichen Gerichtsstelle hat man wenigstens bis zur Zeit noch nicht zu bemerken gehabt, daß die von dem hochwürdigen Domkapitel zu Speyer in der

Sache

(45)

Sache geäusserte Denkungsart eben jene Prädikaten verdienet hätte, die Se. Hochfürstliche Gnaden darauf gelegt haben.

Der andere Fall, welcher ebenmäßig die Senatsrechte des Speyerischen Domkapitels rege und thätig machte, war die Einführung einer neuen Steuerabgabe, nämlich der Quartæ Colonicæ, gegen einige Bürger zu Mühlhausen, als Erbbeständer der beyden Kollegiastister zu St. German und Guidon in Speyer.

Auch hierüber müssen die Hochfürstl. Speyerischen Exhibita ad Augustissimum den Beweis machen, daß unter dem Namen einer Gewinn- und Gewerbsteuer, oder der sogenannten Quartæ Colonicæ, den angezogenen Beständern zu Mühlhausen eine Abgabe in den jüngern Zeiten erst auferlegt worden sey; und das unterm 17. Jul. 1777. an das Domkapitel zu Speyer erlassene, und in der Anlage wieder mitvorgelegte Hochfürstliche Schreiben macht den fernern Beweis, daß nur allein in den Jahren 1623. 1626. 1648. 1652. und 1656. von den Mühlhäuser Gütern der Kollegiatstifter einige Abgabe genommen worden.

Was soll und kann nun jedermann, der aus den vorgelegten Datis zu urtheilen hat, vernünftig anderst denken, als: eine Schatzung, welche innerhalb 33. Jahren im vorigen Jahrhundert nur fünfmal statt gefunden, hiernach aber über ein Jahrhundert, und zuvor von unfürdenklichen Zeiten her ganz unbekannt gewesen ist, war nur eine ausserordentliche, zu Bestreitung sonderbarer Landes- oder Reichsangelegenheiten bestimmte Nothsteuer, und folglich ist die Verwandlung derselben in eine jährliche Gewerb- und Gewinnsteuer, wahrhaft die Einführung einer neuen Schatzung.

Nun bringt die mit dem neuerwählten Fürsten zu Speyer vorlängst schon geschlossene Wahlkapitulazion so viel mit sich, daß ohne Vorwissen und Einwilligung des Domkapitels weder neue Schatzungen aufgebracht, weder die alten erhöhet werden können, und die allerhöchste Kayserliche Resolution vom 28ten Aug. vorigen Jahrs, welche nur in Ansehung der Reichsanlagen diese Wahlkapitulazion modifiziert, bestättigt dieselbe stillschweigend, und in Ansehung der Landesschatzungen.

Dem ungeachtet haben sich Se. Hochfürstl. Gnaden zu Speyer wieder nicht enthalten, auch von daher ihrem Domkapitel vor Eurer Kayserlichen Majestät den Vorwurf eines ungerechten Eingriffs in weltliche Regierungsrechte zu machen, und nachdem dieselbe in solcher Gelegenheit, die schon mehr angeführte Erklärung, von dem Ungrund des gebohrnen Senats, anzubringen das Glück hatten: so ergehen von dieser Seite her Neusserungen an das Publikum, welche denselbigen Ausdruck ganz allgemein verwerfen; ja die Worte: gebohrner Senat, müssen gar unschicklich heissen, wiewohl sie gehörig, und in Hinsicht auf neu aufkommende Territorialschatzungen verstanden, eben so geschikt als wahr sind, und der Urheber davon, welcher nach jenseitigen Vermuthungen ein in Fürstlichen Pflichten stehender Diener seyn soll (das jedoch dem Domkapitel ganz unbekannt ist,) muß ein unruhiger Kopf seyn.

Der dritte Fall, welcher das Domkapitel zu Speyer zu gebührenden Vorstellungen gegen Se. Hochfürstl. Gnaden veranlaßt hat, ist die Abnahm einer übermäßigen Geldstrafe, die an einem domkapitularischen Unterthanen, und Hofbeständer vollzogen worden ist.

Dieser Mann hat sich durch einen Frevel in den Fürstlichen Waldungen vergangen, und der Schade, welchen er darinn angerichtet hat, wurde durch seine Behörde auf 15. fl. abgeschätzt; die Geldstrafe, welche er dafür, nach zeithero bekannten Hochstiftsrechten, zu tragen hatte, wäre die Erstattung des dreyfachen Werths mit 45. fl. gewesen. Allein der Frevler mußte hier 150. fl. und also über 2mal mehr zahlen.

Das Uebermas dieser, einen Landmann gänzlich ins Verderben ziehenden, und auf einmal willkürlich erhöheten Strafsumme, und die damit sich verbindende Fehlgang des Regenten, ist augenfällig, und möchte vielleicht eine oberstrichterliche von selbst einschlagende Verfügung

gung verdienen; unterdessen blieben dannoch die gegründeten Vorstellungen, welche das Domkapitel, laut beygebenden Anlagen dagegen machte, ohne allem Erfolg.

Dieß sind nun die wenigen Fälle, in welchen das Domkapitel seine Senatsrechte, so,
wie es befugt war, wirklich brauchte; und obwohl ab Seite Sr. Hochfürstl. Gnaden diesem
Gebrauch bis zur Zeit nichts anders entsprochen hat, als harte Beschuldigungen eines in geist-
und weltlichen Regierungsrechten gewagten Eingriffes, das daraus entstandene weitläuftige Klagwerk, und andere gehäßige Vorwürfe mehr: so hat das Domkapitel dabey doch den Trost, daß
es sich zu Erhaltung der Hochstiftischen Territorialrechte in der Reichsstadt Speyer, zu Abwendung neuer Abgaben von den Stiftsgütern der Kollegiatkirchen zu St. German und Guidon,
zu Verhütung einer übermäßigen, den armen Unterthanen unerträglichen Geldstrafe, so viel als
seiner Seits möglich war, verwendet hat.

Immittelst sind noch andere Fälle, welche das Domkapitel zu gleichmäßigen Vorstellungen eben so, ja fast noch stärker aufgefodert haben, und hier muß dasselbe wiederholen, daß es
aus Friedliebe, aus Abneigung und Widerwillen gegen jene, dem ganzen Domkapitel sowohl, als
dessen Individuen so oft ab Seite Sr. Hochfürstl. Gnaden zugehenden höchst unangenehmen
Begegnungen bewogen worden, mit dergleichen, obwohl begründeten Vorstellungen an sich zu
halten.

Im Hochstift Speyer gieng der schon obangeregte Fall vor, daß Se. Hochfürstl. Gnaden
einen neuen Gassenzoll bey Handel und Wandel im Wohnort einführen wollten; auf Veranlassung
Sr. Hochfürstl. Gnaden wagte es damals das Domkapitel, ihnen dagegen jene Gründe vorzustellen, welche in diesem Betreff für die Unterthanen sprechen, und dadurch diese auch daraufhin
die obsiegliche allergerechteste Entscheidung erwirkt haben.

Allein wie das solche Vorstellung hintansetzende fürstliche Schreiben am Ende schon
auf Bitterkeiten, und sehr lebhafte Aeußerungen hinauslief: so machte sich auch nach derselben
eine solche Sprache des Regenten merklich, daraus zwar viele Bedrohungen gegen hohe und
niedere, eine Abwürdigung der in der Sache richtig denkenden Dienerschaft, und andere schreckende
Absichten, nicht aber eine ruhige Bemessung der vorgelegten Gründe sich entnehmen ließ.

Hier wäre es nun abermal Pflicht und Gelegenheit gewesen, die Folgen der unrichtig
genommenen Masregeln noch nachdrucksamer zu beleuchten; allein das Domkapitel, abgehalten
durch vorige harte Begegnungen, wollte lieber das Maaß seiner Gleichmüthigkeit ganz ausfüllen,
und den für Unterthanen verderblichen Handel dem Schicksal eines geldfressenden Rechtsstreites
überlassen, als weitere, dennoch fruchtlose Vorstellungen zu machen.

Im Hochstift Speyer ergaben sich noch ferner die am ganzen Rheinstrom bekannten
Vorgänge, daß darinn ein Bildesheimer Kornschreiber, Namens Petsch, als Direktor der Hochfürstl. Rentkammer, und der von Rom herausgekommene, vormals nur mit theologischen Vorlesungen und Büchersensuren beschäftigt gewesene Exjesuit Kreusser, als Offizial- und Diözesan-
Richter angestellt wurde. Jedermann wußte es, daß diese beyden Leute mit den ihren Stellen
anklebenden, für Land und Leute höchst wichtigen Geschäften, weder durch theoretischen Unterricht,
weder durch die Praxis genugsame Bekanntschaft hatten; und daher sahe das Domkapitel vor,
was nachmals, ganz leicht erweislicher Maßen, wirklich erfolgt ist, daß nämlich solche Geschäfte
entweder so viel als zurückbleiben, oder durch andere mit ausserordentlicher Beschwerniß verrichtet
werden mußten.

Unterdessen wollte das Domkapitel der Gefahr einer oder der andern für das Publikum
immerhin bedenklichen Folge lieber stillschweigend nachsehen, als gegen eine Anstalt Sr. Hochfürstl.
Gnaden, darinn sich dieselbe was besonderes dachten, dahero alle Bemerkungen dagegen äußerst
ungnädig aufnehmen, etwas auch mit noch so gutem Grund vorstellen.

Noch eine Geschichte, welche bereits die heut zu Tage aufgeklärte Welt gegen die der-
malige Regierung Sr. Hochfürstl. Gnaden zu Speyer in Aufmerksamkeit versetzt hat, ist diese:

Se.

Se. Hochfürstl. Gnaden haben sich durch die Ejesuiten zu Bruchsal, und Heidelberg, und durch die ejesuitischdenkenden Theologen zu Strasburg verleiten lassen, 7. philosophische Sätze, die im Jahr 1780. den 16ten März von dem Baadenschen Professor Wihrl zur Disputirübung ausgesetzt waren, durch eine im Bistum herumgelaufene Pastoralverordnung, ihrer Orthodoxie wegen anzurüchtigen; es ist mit Kurzem nicht auszudrücken, was dieser einzige Vorgang für eine reiche Quelle der bedauerlichsten Folgen sey.

1.) Wird dadurch die grundlose Rechthaberei jener Gegner, welche in solchen Wegen nur gedenken, den Professor Wihrl, und andere mit ihm gleichmäßig denkende Männer abzuwürdigen, öffentlich begünstigt, und sogar durch das bischöfliche Ansehen unterstützt.

2.) Wird die Aufklärung, welche immerhin von der Philosophie ihren Anfang nehmen muß, und die bereits in den Gegenden am Rheinstrom durch die jesuitische Lehrart lang genug zurückgeblieben ist, dadurch wieder auf ein halbes Jahrhundert zurückgesetzt.

3.) Werden die Katholischen Schulen der österreichischen Monarchie, welche unter dem Einfluß so vieler würdigen Männer, unter dem Mitwissen, und Zuthun so vieler erleuchteten Kirchenprälaten, und unter der obersten Aufsicht Eurer Kayserlichen Majestät selbsten dieselbigen Lehren führen, auf eine erstaunungswürdige Art mitangerüchtigt.

4.) Wird dadurch die Katholische Religion, von diesem Gesichtspunkt aus, als wäre sie mit wahren philosophischen Aufklärungen nicht vereinbarlich, in den Augen der Protestanten sehr herabgesetzt, und selbst Se. Hochfürstl. Durchlaucht, der regierende Herr Markgraf zu Baden, welche die bischöflichen Beahndungen gegen die Wihrlischen Lehrsätze, nur als eine öffentliche Entehrung ihres Gymnasiums, und als eine Hinderung ihrer guten, auf bessere Belehrung der Katholischen Jugend gerichteten Anstalten angesehen haben, werden dadurch veranlaßt, von der Katholischen Lehre, und Kirche, ihren Vorstehern, deren Grundsätzen, und Handlungsweise immer verächtlicher zu denken.

Gott weis, was diese, das protestantische Fürstenhaus Baden so ungünstig einnehmende Geschichte, zu seiner Zeit und Gelegenheit auf die Katholische Obermarkgrafschaft Baden noch für Wirkungen hervorbringen wird.

Das Domkapitel zu Speyer konnte sich schon durch die seinen eigenen Mitgliedern beywohnende Einsichten überzeugen, daß die Verwerfung der Wihrlischen Lehrsätze, so fort der Grund der so eben angezeigten betrübten Folgen, auf Misverstand und Uebereilung beruhe, und die von den Universitäten Prag, Salzburg, Freyburg, und Fuld ausgestellten 4. Gutachten sagen es ganz bestimmt, daß nichts als Miskenntnis des heutigen philosophischen Sprachgebrauchs, eine grobe Unwissenheit der von Sr. Hochfürstlichen Gnaden in der Sache gebrauchten Dienerschaft hieran Schuld sey.

Und dannoch hat sich das Domkapitel noch bis auf diese Stunde enthalten, gegen einem so leicht bemerkbaren, für die Religion und das Bistum Speyer so gefährlichen Regierungsmistritt das Angemessene zu erinnern; vielmehr wollte es durch sein Stillschweigen der Zeit alles überlassen, als jenen Irrbegriffen, welche dem Regenten die Ejesuiten in der Sache beygebracht hatten, eine anständige Belehrung schicklich entgegen stellen.

Diese angezogene Beyspiele sind nun lauter Begebenheiten, welche vor dem ganzen römischen Reich, oder doch wenigstens in den Speyerischen Hochstiftslanden, und umher liegenden Gegenden ganz offenkundig; immittelst giebt es vielleicht so viel, ja noch mehr andere, die zwar ihre gleichmäßige Richtigkeit haben mögen, aber sich nicht so leicht erweisen lassen.

Wenigstens hört man mehrmalen Hochstifts-Unterthanen ihre gekränkte Ehefreyheit beseufzen, andere die gewaltsame Abbringung ihrer eigenen Güter, andere das Uebermaaß in Bestrafung menschlicher Vergehungen, andere die unter allerhand Namen und Titel sich ereignende Einführung neuer Geldabgaben, andere die zu weit getriebene Benutzung der Leibeigenschafts-Rechte, u. s. w.

Jedoch

Jedoch dieß sind Dinge, welche wohl nach eigener Einsicht des Domkapitels noch genauere Erkundigung und Prüfung erfodern, deswegen auch hier nicht anderst in Anregung gebracht werden, als der Ehre eines jeden unbeschadet.

Inmittelst werden Eure Kayserliche Majestät von daher, in billiger Hinsicht auf die andern mitvorgetragenen ganz unbezweifelten Geschichten, die Bitte nicht ungemäß finden, welche dahin gestellt ist:

1.) Eure Kayserliche Majestät geruhen allergerechtest zu verordnen, daß das Domkapitel den Gebrauch der Urkundspersonen, und anderer Belehrungsmittel ergreiffen, und fortsetzen zu können, Hochfürstlicher Seits nicht gehindert werde, um hierunter zur umständlichen Erkenntnis der angezeigten und anderer Vorfallenheiten, woran dem Land und Leuten wesentlich gelegen ist, zu gelangen; darauf so weiter das Nöthige, entweder mittelst anständigen Vorstellungen an Se. Hochfürstliche Gnaden, oder allenfalls auch mittelst bestimmteren Anzeigen an Eure Kayserliche Majestät zu beobachten; und gleichwie sich aus dem gegenwärtigen allerdevotesten Vortrag nunmehr deutlich genug herausgiebt, daß die Beschwerden, Klagen, und andere Aeusserungen, welche Se. Hochfürstl. Gnaden wider den Grundsatz des gebohrnen Senats öffentlich vorgebracht haben, weder dem rechten Sinn dieses Ausdruks, weder dem wahren Verhalt der hierzu geeignet gewesenen Fälle angemessen waren: so geruhen

2.) Eure Kayserliche Majestät noch ferner, auf die jezuweilen einkommenden Vorstellungen Sr. Hochfürstl. Gnaden, sie mögen Offizialberichte heißen, oder andere Namen führen, das gerechte Mistrauen zu setzen, sofort solche zu diesseitiger allerunterthänigsten Gegenveranlassung allermildest zu kommunijiren.

§. 9.

Um Eurer Kayserlichen Majestät nichts zu verhalten, was die Gesinnungen Sr. Hochfürstlichen Gnaden zu Speyer, und ihr Benehmen gegen das Domkapitel daselbst näher aufklärt, geruhen Allerhöchst Dieselben noch folgende Geschichtsbemerkung allergnädigst aufzunehmen.

Se. Hochfürstliche Gnaden waren schon lang zuvor, ehe dieselbe ihr nunmehr durchaus bekanntes Klagwerk gegen das Domkapitel erscheinen ließen, darauf bedacht, wie sie sich hiezu auch zweckmäßige Belage, und solche Urkunden verschaffen möchten, die zureichend wären, das Domkapitel vor der Welt in ein recht gehäßiges Licht zu stellen.

Sie gebrauchten hiezu Mittel, die allein ein Regent, wiewohl zu ganz andern Absichten von Gott empfangen hat, nämlich die gesetzgebende Gewalt. Den Beweis hiervon liefert die im Jahr 1778. den 26ten März im Druck erschienene, und hiemit wieder vorgelegte Pastoralverordnung; dieselbige Verordnung hat nichts anderes zu ihrem Gegenstand, als die Sitten, und den Lebenswandel der Speyerischen Geistlichkeit; und gehörte also von diesem Gesichtspunkt aus gar nicht zur allerhöchsten Gerichtsbarkeit Eurer Kayserlichen Majestät, gleichwie dann auch Allerhöchstdieselben den Inhalt dieser Verordnung, und andere geistliche Betreffe mehr, zu ihrem anderweit behörigen Gerichtsstand allergerechtest verwiesen haben; dem ungeachtet mußte sie als eine Beylage zu der mehr angeführten weitläuftigen Klagschrift Sr. Hochfürstl. Gnaden dienen.

Ein wahres Kennzeichen, daß dieser Belag nur allein die Absicht hatte, wider den Klerus zu Speyer überhaupt, und vorderhand gegen dessen vorzüglichern Antheil, nämlich gegen das Domkapitel, ein gehäßiges Nachdenken zu stiften.

In so weit nun diese Bischöfliche Verordnung wichtige moralische Wahrheiten enthält, welche der Bischof seiner untergebenen Geistlichkeit zur Nachachtung, und Berichtigung ihres immerhin mehr zu verbesserenden Seelenzustandes empfiehlt, war dieselbe dem Domkapitel, und

jedem

jedem Mitglied desselben ganz verehrungswürdig; allein in soweit sie in Absicht auf sichere geistliche Vorstandspersonen §. 11. zu individuirend ist, und ihnen vor dem Publikum Vorwürfe zu machen scheint, welche erst eine genauere Untersuchung voraussetzen, in so weit dieselbe unnöthiger Maassen durch den Abdruck bekannt, und dem gemeinen Mann zum Anlaß geworden ist, Fehler einzelner geistlichen Personen, nach seiner gewohnten Denkungsart, auf die Rechnung mehrerer, oder aller Standesgenossenen zu setzen: in so weit möchten sie vielleicht noch ein oder anderes Bedenken leiden.

Wenigstens haben sich von diesem Gesichtspunkt aus verschiedene geneigt gefunden, dieselbe als eine beissende Satire, oder als eine Anrüchtigungsschrift für den Speyerischen Klerus zu betrachten; das Domkapitel aber hat sich unterstanden, dagegen seine eben so rechtlich beglaubte, als respektvollste Vorstellungen so zu machen, wie die Anlage zeigt.

Eure Kayserliche Majestät geruhen unterdessen die Kunstmittel zu beachten, deren sich Se. Hochfürstl. Gnaden zu bedienen wußten, um die Welt und den allerhöchsten Kayserl. Gerichtshof vorläufig wider ihr Domkapitel einzunehmen, damit die hierauf erscheinenden Klagabsichten, sofern es nur immer möglich gewesen wäre, desto sicherer durchgetrieben werden könnten, unter der weiter damit zusammenhangenden alleruntertänigsten Bitte, bey künftigen Resolutionen, welche in Sachen Sr. Hochfürstlichen Gnaden zu Speyer gegen ihr Domkapitel zu fassen seyn möchten, allergnädigst darauf zu reflektiren.

§. 10.

Der andere Hauptgegenstand, worauf sich die allerhöchste Resolution vom 28ten August vorigen Jahrs miterstreckt, sind die, nach Ableben eines zeitlichen Fürst-Bischoffen, dem Domkapitel zustehenden Befugnüsse einer Zwischenregierung, und zwar insonderheit ihr Grund und ihre Grenzen.

Die Worte der allerhöchsten Vorschrift, in so weit dieselbe lediglich beym allgemeinen stehen geblieben ist, sind folgende:

"Gleichwie aber dem Kapitel, wenn schon dasselbe bis zur Besetzung des Bischöflichen Stuhls »die innerlichen und äusserlichen Regierungsgeschäfte allerdings zu besorgen hat, dennoch »keineswegs gebühret, die demselben währender Sedisvakanz von Kayserlicher Majestät, als »obristen Lehenherrn, belassene Potestatem Vicariam, & nude administratoriam weiter als »auf solche Handlungen zu erstrecken, aus deren Verschub, so viel die interna Principatus »betrifft, dem Hochstift, oder dessen Unterthanen ein wesentlicher Schaden zuwachsen, die »Justizadministration gehemmt, oder sonsten die allgemeine Ruhe und Sicherheit gestöret; »quoad externa aber Reichs- und Kreisgeschäfte, bey dem Reichs- oder anderen Ständi- »schen Gerichten anhängigen Prozeß- oder andere dergleichen Angelegenheiten, ein Aufent- »halt verursacht werden könne, ausser dem oder alle, nicht solcher Gestalt geartete Regie- »rungsgeschäfte lediglich dem zukünftigen Regenten zu überlassen sind."

§. 11.

Was nun den Grund der hier in Betracht liegenden Zwischenregierungsrechte anlangt, so ist es wohl unläugbar, daß verschiedenes zusammengedacht werden müsse, bis derselbe in seiner Vollkommenheit bemerkt werden könne. Es ist

1.) Der fromme Wille der mildesten Stifter, welche nicht den Bischöffen, sondern der Domkirche zu Speyer, oder auch den Heiligen Gottes, unter deren Namen und Schutz sie erbaut ist, mit den Ausdrücken: Stephano Nemetensi, Domnæ Mariæ, ansehnliche Güter, Regalien, und Gerechtigkeiten auf ewig geschenkt haben. Es ist

2.) Die Lehensverbindung, unter welche die solcher Maaßen abgegebenen Regalien gleich im Anfang der Stiftung, oder nachmals gesetzt, und dadurch die Bestimmung eines ewigen Geschenkes an die Kirche, oder Heiligen Gottes gar nicht aufgehoben, sondern nur allein das

K obere

obere Eigenthum, als welches bey dem obersten Lehenherrn verblieben, und das Niedere, welches bey der Kirche, oder weil diese eine leblose Sache, bey ihren Repräsentanten, den Sitz genommen hatte, auf verschiedene Subjekte gelegt worden ist. Es ist

3.) Die schon durch die ältesten Kirchen- und Reichsgesetze eingeführte Verfassung, nach welcher der Bischof mit seiner vorzüglichern Geistlichkeit zum Wohl der bischöflichen Kirche, und vorderfamst zur Erhaltung der ursprünglich an sie verstifteten Rechte ein Korpus auszumachen hatte, und die also schon einen nähern Bestimmungsgrund giebt, warum es billig ist, durch diese Geistlichkeit, auch nach Ableben ihres Bischoffen, die Repräsentazion, und Vertrettung seiner Kirche fortsetzen zu lassen. Es sind

4.) Die immittelst auch erfolgten Kayserlichen Abtrettungsakten, kraft welchen die allerhöchsten Regierungsvorfahrer am Reich eben so, wie es die teutschen Kirchen in Vereinigung mit ihrem Oberhaupte foderten, das sogenannte Jus Regaliæ aufgehoben haben. Es ist

5.) Der in dem Zusammenfluß solcher Umstände schon liegende, und jedem leicht bemerkliche Wink, dem zufolge die Domkapitel in Teutschland, als gesetzliche Repräsentanten der Domkirche, sich vor anderen befugt glaubten, auf das Ableben ihres Bischoffen, bis zur Wiederbesetzung seines Stuhls jede der Kirche ursprünglich geschenkte Rechte zu verwalten, daher auch diese Verwaltung nicht nur allein übernommen, sondern auch lange Zeit hindurch ohne Widerspruch fortgesetzt haben. Es ist endlich

6.) Die von Seiten des Kaysers und Reichs ausdrücklich noch beygekommene Uebereinstimmung, und Grundgesetzgebung des Westphälischen Friedens, als welche

Instrum. Pac. Osnabr. art. 5. §. 17.

eine solche Zwischenverwaltung für die teutschen Domkapitel zur Regel macht, und sie zugleich mit den viel bedeutenden Namen belegt: Administratio & jurium Episcopalium Exercitium loc. cit. — Administratio & gubernatio terrarum art. 10. §. 7. — Regimen Episcopatus, art. 10. §. 1.

Diese sämmtliche Geschichten und Bestimmungen sind nun jene wahren Gründe, welche nach und nach den teutschen Domkapiteln ihre nunmehro unwandelbare Rechte, bey erloschenem Regierungssubjekt in die Verwaltung der den Stiftern zugehörigen Regalien einzutretten, zuwege gebracht haben. Gründe, die sich nun zergliedert nach ihrem ganzen Umfang und Stärke vorlegen liessen, wenn es dem Zweck der gegenwärtigen alleruntertänigsten Vorstellungen gemäß wäre, mit rechtlichen Ausführungen anzutretten.

Immittelst hat das Domkapitel zu Speyer, in Hinsicht auf seine unten §. 20. ad Art. X. von der Erb- und Grundherrschaft alleruntertänigst eingeräte Erklärung, nicht Ursach zu denken, als wären Eure Kayserliche Majestät gemeint, der angeführten Grundmäßigkeit seiner Befugnisse, in so weit sich dieselben auf die Zeiten des erledigten Bischöflichen Stuhls beziehen, einigen Abbruch zu thun, daher hält dasselbe fürsichtlich mit weiteren auf diesen Betreff gerichteten Vorstellungen an sich, und indem es Eurer Kayserlichen Majestät zugleich dafür den allerdevotesten Dank erstattet, daß ihm nach Anleitung der vorbemerkten Gründe, sofort Allerhöchstdero weltgepriesenen Gerechtigkeit gemäß, die Besorgung der innerlich- und äusserlichen Hochstiftsgeschäfte, auf den Fall des erledigten Bistums noch ferner anvertraut bleibt: so zeigt dasselbe, zu Bewährung seines alleruntertänigsten Gehorsams, dabey noch mit an:

a.) Die Eigenschaften eines getreuen Regierungsverwesers und Hochstiftsvertretters, mit welchen Benennungen das Domkapitel zu Speyer durch die allerhöchste Resolution vom 28ten Aug. vorigen Jahrs, und durch die darinn enthaltenen Ausdrücke: Potestas Vicaria, & nuda administratoria, belegt ist, wird dasselbe in so weit zu wahren wissen, daß es die hier in der Frag seyende Zwischenregierung nicht für sich, und seinen Nutzen, sondern im Namen der Kirche, und als ihr gesetzlicher Repräsentant führt, sofort sich alles dessen sorgfältig enthält, was entweder dem Zweck der geistlichen Stiftung, zu deren Erhaltung und Beförderung das Bistum

Speyer

Speyer seine Güter, Regalien, und Gerechtigkeiten erlangt hat, oder der Subordination gegen Kayser und Reich, als wovon in Teutschland iede Landesherrliche Regierung abhängt, oder der Lehensverbindlichkeit, unter welcher das Fürstliche Hochstift Speyer auch zur Zeit der Zwischenregierung stehen bleibt, oder den Maximen der künftigen ordentlichen Regierung, als womit eine ausserordentliche Zwischenregierung von kurzer Dauer, nach der Natur der Sache nicht kontrastiren darf, einiger Massen entgegen seyn könnte. Bey allem dem

b.) werden es Eure Kayserliche Majestät auch ganz gemäß und gerecht finden, daß das Domkapitel zu Speyer sich befugt hält, zufolge der von dem Numer 1. bis 6. und vordersamst durch die dabey bemerkte Grundgesetzgebung des Reichs, bey Ledigwerdung des Bischöflichen Stuhls zu Speyer dieses Hochstift zu repräsentiren, und die der Domkirche ursprünglich verliehenen Regalien und Gerechtigkeiten, in ihrem Namen auszuüben. Und gleichwie

c.) es nach der Sprache und Analogie der Reichsgesetze an dem ist, daß Reichsfürsten fehlen können, auch die hie und da erschienene Wirklichkeit solcher Fehler sich nicht verneinen läßt, wenn man nur allein die in Historia diplomatica Trevirensi Tom. III. von Seite 276. bis 676. treu abgedruckten Regierungsakten des Trierischen Erz- und Speyerischen Bischoffen, Philipp von Sötern, und die vom Verfasser am Ende beygesetzte Note: Tranquillitas Archidioecesi ante non rediit, quem Philippus die VII. Febr. 1652. anno scilicet regiminis 29no turbulentam animam Treviris efflavisset, etwas genauer erwägen will: so denkt das Domkapitel noch ferner, die von Eurer Kayserlichen Majestät ihm vorgeschriebene Gränzen der Zwischenregierung nicht zu verletzen, wenn dasselbe jene Sachen und Geschäfte zur genauern, oder regelmäßigern Besorgung ohne allen Verzug nehmen wird, an denen allenfalls nach zulänglicher und gesetzmäßig vor sich gehender Prüfung, ein von Sr. nun regierenden Fürstlichen Gnaden begangenes Versehen, entweder gegen die Grundsätze der Gerechtigkeit, oder gegen die heilig und unverbrüchlich seyn sollende Willensmeinung milder Stifter, oder gegen eine andere Grundmaxime einer Landesregierung ersichtlich seyn sollte; wenigstens kann sich das Domkapitel zu Speyer nichts anderes vorstellen, als : es ist überhaupt allen für die Menschheit geschriebenen Gesetzen, und folglich auch der allerhöchsten Willensmeinung Eurer Kayserlichen Majestät gemäß, daß eine Veränderung, welche entweder die Stimme der gedrükten Unschuld, oder die in den Kirchenversammlungen und Stiftungs-Urkunden eingeschärfte Regel: Ultimæ voluntates piorum fundatorum inviolabiliter sunt servandæ, oder die laute Sprache, des von einem Regenten in seiner Grundverfassung verrückten Landes sogleich erfodern, auch sogleich bewirkt werde, und dafern es möglich wäre, nicht auf einen Augenblick ausgesetzt bliebe.

§. 12.

Wie nun solcher Maaßen das Domkapitel zu Speyer den oben §. 10. angeführten Generalinnhalt der allerhöchsten Resolution erschöpft zu haben gedenkt: so wird dasselbe noch ferner ganz pünktlich sich nach allem dem zu achten wissen, was Eure Kayserliche Majestät noch in Absicht auf etwelche bestimmtere Gegenstände einer allenfalls sich ergebenden Zwischenregierung, besonders zu verordnen allergnädigst geruhet haben.

Nur allein will es noch ein oder das andere, was die untersagte Veränderung der Landesherrlichen Gesetze, und der Fürstlich Speyerischen Dienerschaft, sofort die Inventur und Absonderung der in Fürstlicher Residenz sich befindlichen Skripturen, und die Wiedererstattung der vom Domkapitel bey letzterer Sedisvakanz bezogenen 5050 fl. betrift, in allerunterthänigste Anregung bringen.

§. 13.

Die Veränderung der landesherrlichen Gesetze, haben Eure Kayserliche Majestät dem Domkapitel durch nachgesetzte Stelle untersagt:

„So hat es zwar, so viel die von dem Impetranten Herrn Fürst-Bischoffen angezeigten „Mißbräuche, und hierunter die Abänderung Landesfürstlicher Gesetzen, und sonstiger Verord-

„nungen betrifft, Kayserlicher Majestät zu allerhöchstem Wohlgefallen gereichet, daß Capi-
„tulum, nach dem eigenen Zeugniß des Herrn Fürst-Bischoffen, dergleichen Abänderung
„bey dem letzten Interregno nicht unternommen hat; gleichwie aber Kayserliche Majestät
„dannoch aus der ersten berichtlichen Anzeige des Herrn Fürst-Bischoffen wahrgenommen
„haben, welcher Gestalt daßelbe bey der vorletzten Sedisvakanz, aus dem in allem Betracht
„ungegründeten, somit gänzlich verwerflichen Principio einer Erb- und Grundherrschaft,
„und Kraft solcher sich zur Ungebühr arrogirten plenitudinis potestatis, eine von dem Herrn
„Kardinal Schönborn, in Betreff des den Domkapitlischen Beamten untersagten Ankaufs
„der Bauerngüter, erlaßene Landesfürstliche Verordnung eigenmächtig abzuändern, sich un-
„terstanden habe; als befehlen Kayserliche Majestät demselben, sich dergleichen Abänderungen
„für die Zukunft gänzlich zu enthalten, am allerwenigsten aber sich der, der Landesfürstlichen
„Macht allein zustehenden Einrichtung neuer Landesverordnungen, es sey dann, Umstände
„machten eine jählinge provisorische Vorsehung, bis zur Wahl eines neuen Regenten, un-
„umgänglich nothwendig, auf einige Weise anzumaßen."

Darüber findet nun das Domkapitel nöthig, allerunterthänigst so viel zu bemerken zu
geben: daßelbe kann weder verkennen, noch in Abrede stellen, daß die Domkapitularen zu Speyer,
welche im Jahr 1743. nach Ableben des Herrn Kardinals von Schönborn, und folglich schon vor
39. Jahren die Zwischenregierung geführt haben, auf ihre Dienerschaft das Recht bringen wollten, in den Speyerischen Hochstiftslanden Bauerngüter anzukaufen, und daß folglich eine dagegen
gestandene Landesfürstliche Verordnung, welche besagten Kardinaln zum Urheber hatte, anmas-
lich aufgehoben ward.

Immittelst wißen auch Se. Hochfürstl. Gnaden, als vormaliger Domdechant, und als
jetziger Hochstiftsregent, daß diese, über den vorliegenden Betreff vom Domkapitel ausgefloßene
Anordnung in ihre Erfüllung nicht gegangen; vielmehr haben im Jahr 1760. die jetzigen Domkapitularen eine solche, von ihren Vorfahrern etwas zu voreilig getroffene Verfügung, wörtlich
widerrufen, indem sie sich in der Sache mit dem damaligen Hochstiftsregenten, und nachherigen
Kardinalen von Hutten dahin vereiniget haben:

„Sollen sich die Domkapitularischen Beamten und Bediente künftighin, wie die Hochstifti-
„schen, der ergangenen allgemeinen Verordnung zufolge, (welche eben die befragte Erlaubniß
„des Güterankaufs betrifft,) um den diesfälligen gnädigsten Konsens des Hochstiftlichen Lan-
„desregenten behörig supplicando melden, und das Weitere sodann abwarten."

In völliger Gleichförmigkeit mit der so eben angezogenen Vereinigungsstelle, hat nun
das Domkapitel zu Speyer bey der letzten Sedisvakanz auch wirklich gehandelt, maßen Eure
Kayserliche Majestät selbst darüber ihr allergnädigstes Wohlgefallen geäußert haben, daß das
Domkapitel, nach dem eigenen Zeugnis des Herrn Fürst-Bischoffen zu Speyer, einige Abänderungen der Landesfürstlichen Verordnungen nicht unternommen habe.

Nachdem nun hiemit ab Seite der jetzigen Domkapitularen zu Speyer, durch Worte
und Thaten aller Klaggrund gehoben, — sofort S. Hochfürstl. Gnaden durch den Innhalt der
angezogenen Vereinigungstraktaten, und die damit in Uebereinstimmung tretende letztere Zwischen-
regierungsakten, sich gegen eine zu befahrende Abänderung ihrer Verordnungen zulänglich versichert
halten konnten: so bringen dieselbe jedennoch den Punkt einer zu befürchtenden Gesetzesabände-
rung in allerunterthänigste Anzeige, verschweigen dabey den für die Ehre der jetzigen Domkapitularen sehr erheblichen Umstand der angeführten Vereinigung, und veranlaßen in diesem Wege
Eure Kayserliche Majestät zu dem allerhöchsten Befehl, welcher in diesem Betreff wirklich ergangen ist.

Eure Kayserliche Majestät ermeßen es von selbst erleuchtest, ob nicht die Absichten von
dergleichen Handlungen ein sicheres Bedenken verdienen. Das Domkapitel zu Speyer, um nicht

(53)

zu scheinen, als wollte es die Gränze des gesetzlichen Respekts verletzen, enthält sich in soweit vorsichtlich näher bestimmender Urtheile und Aeusserungen.

Unterdessen ist es möglich, daß Se. Hochfürstl. Gnaden gedenken, durch die allerhöchsten Kayserlichen Befehle, welche dieselbe über diesen Gegenstand ausgezogen haben, auch jenen Fürstlichen Verordnungen und Einrichtungen eine ewige Dauer zu verschaffen, die vielleicht noch viele Prüfung annehmen, und nach derselben die Eigenschaften eines wahren Landesgesetzes, oder einer vernunftmäßigen Einrichtung schwer behaupten. Es ist immerhin gehäßig, von dergleichen Sachen näher bewährende Beyspiele unter dem vorausgesetzten Umstand anzuführen, daß dem Domkapitel von seiner einzigen Regierungssache eine genauere Miterkenntniß verstattet wird; unterdessen sollen zur Beleuchtung des gegenwärtigen Hauptbetreffes einsweilen nur folgende Anzeigen dienen.

Es ist gewiß, daß die praktische Philosophie, so wie sie mehr vervollkommnet, und zu Bruchsal eben so, wie auf den meisten österreichischen Universitäten, schon eine geraume Zeit hindurch gelehrt ward, auf einmal wenigstens mündlich verbotten worden ist, weil sie nach der Denkungsart der Exjesuiten, welche zu Bruchsal die geistlichen Geschäfte vorzüglich zu besorgen haben, die Mutter der Ketzerei seyn soll.

Es ist gewiß, daß ein Fond von mehr als 100/M. fl., welcher für die Schulen und Predigtstühle der Kathedralkirche zu Speyer ursprünglich gestiftet ist, dahin nicht, sondern, dem größten Theil nach, zu ganz anderen Zwecken verwendet wird, weil sich Se. Hochfürstl. Gnaden befugt glauben, als oberster Aufseher der Schulen, und als Bischof, einem solchen Fond die Verwendung anzuweisen, woran gleichwohl die Stifter nicht gedacht haben.

Es ist gewiß, oder doch wenigstens höchst wahrscheinlich, daß die Gefälle von 8. oder mehreren geistlichen Benefizien in eine Masse zusammengeworfen, die Rechnung darüber von jedem Ertrage besonders nicht geführt, auch die Descriten an jeden Benefiziaten, davon mehrere Exjesuiten sind, nicht nach dem Maas der ursprünglichen Stiftung, sondern nach einer anderen willkürlichen Regel vertheilt werden, und zwar unter dem Vorwand, damit ein Beneficium dem andern, auf den etwaigen Unglücksfall, wieder aufhelfe, und deswegen Se. Päbstliche Heiligkeit sehr dringend angegangen worden sind, hierüber als oberstes Kirchenhaupt eine Dispensation ins Mittel zu legen; u. s. w.

Eure Kayserliche Majestät sind von der Unschuld der zum Muster den österreichischen Universitäten überhaupt anempfohlnen Federschen Philosophie, von der Unverbrüchlichkeit der milden Schulstiftungen bey Kathedralkirchen, die gegenwärtig dem Orte nach eine andere Bestimmung empfangen sollen, von der Unthunlichkeit, die Unglücksfälle einer Stiftung aus dem Gut einer andern zu ersetzen, zu viel überzeugt, als daß Allerhöchstdieselbe gemeint seyn könnten, dem Domkapitel zu Speyer, welchen in ein- oder dem andern Fall die Prüfung und Miterkenntniß sogleich gebühret hätte, solche wenigstens für künftige Zeiten zu untersagen, und demnach entweder durch sich, oder durch den nachfolgenden Hochstiftsregenten, so wie es die hervortretenden Umstände erfodern, dasjenige erfolgen zu lassen, was sodann allen in Betracht zu nehmenden Grundwahrheiten gemäs ist.

Unterdessen geruhen Eure Kayserliche Majestät zugleich allergnädigst versichert zu seyn, daß das Domkapitel zu Speyer jede von seiner jetzt regierenden Fürstlichen Gnaden, oder von ihren Vorfahren ausgeflossene Landes- und Kirchengesetze, Verordnungen, Einrichtungen, und Befehle, deren Grundmäßigkeit, besonders nach unserer Kirchenverfassung, keine weitere Prüfung fodert, ganz unangefochten, und unverändert belassen wird.

§. 14.

Eure Kayserliche Majestät haben insonderheit noch auch dieß gebotten, daß die Fürstliche

D Die-

Dienerschaft in der Zeit der Zwischenregierung nicht verändert, oder sonst an ihren Vortheilen verkürzet werden sollen. Die Worte des allerhöchsten Gebotsbriefes lauten also:

„Auf gleiche Art untersagen Kayserliche Majestät anturch, in Ansehung der bey Absterben eines Fürst-Bischoffes vorhandenen gesammten fürstlichen Dienerschaft Capitulo ernstgemessen, unter den von einem zeitlichen Fürst-Bischoffe nachgelassenen Ministern, Räthen, oder sonstigen Dienern, ausser in Casibus imminentis damni irreparabilis, die mindeste Aenderung zu treffen, denselben an ihrer Besoldung, Gnadengehalt, oder sonstigen Praerogativen etwas zu mindern, oder zu mehren, oder solche gar abzuschaffen, oder neue aufzunehmen."

Eure Kayserliche Majestät erlauben allergnädigst, daß das Domkapitel zu Speyer über diesen Punkt weiter nichts als jene Denkensart eröffne, welche dasselbe im Jahr 1770., da der Bischöfliche Stuhl das letztemal ledig war, werkthätig erwiesen hat, und sodann werden Allerhöchstdieselbe von dem thätigen Gehorsam, welcher zu seiner Zeit diesem allerhöchsten Gebot, nach seinem wahren Verstand gewonnen, entsprechen wird, schon völlig überzeugt seyn.

§. 15.

Das Domkapitel zu Speyer weiß getreue, rechtschaffene, ihren Amtsgeschäften gewachsene Diener, und den Werth derselben zu schätzen. Hievon hat es in der letzten Interregnumszeit die überzeugendsten Proben gegeben. Demselben ist damals nicht beygefallen, auch nur einen einzigen von der vorigen Regierung vorhanden gewesenen Diener anzufechten, oder gar abzusetzen: nein, dasselbe hat vielmehr die gesammte, durch Ableben ihres guten Herrn und Fürsten niedergeschlagene Dienerschaft durch die kräftigsten Trostworte aufgerichtet, und in jener Stunde, wo der nun wirklich regierende Fürst-Bischof erwählt ward, demselben so dringend nichts empfohlen, als daß nur diese achtungswürdigen, ihrem abgelebten Herrn so treu gewesene Diener bey ihren Vortheilen belassen, keine derselben abgeschafft, oder sonst verkürzt werden möchten. Eine Geschichte, welche seiner wirklich regierenden Fürstlichen Gnaden, und der im Jahr 1770. bestandenen Hochstiftsdienerschaft durchaus bekannt ist.

Bey so vollgültigen Vertrauensgründen, welche das Domkapitel für sich gestiftet hat, kann dasselbe in Wahrheit nicht begreiffen, warum Eure Kayserliche Majestät ab Seite Sr. Hochfürstlichen Gnaden haben wollen veranlaßt werden, denen unter jetziger Fürstl. Regierung dienenden Räthen und Amtspersonen, für die Zeit der einstens erfolgenden Sedisvakanz zum voraus einen besondern Schutzbrief zu ertheilen.

Es ist unmöglich, daß bewährte, über alle Ausstellung weggesetzte, und das Zeugniß einer untadelhaften Amtsführung in allem vor sich habende Diener, den Anlaß zur Beschäftigung dieses allertiefst immerhin verehrten Schutzes gegeben haben. Nein, die Veranlassungen hiezu müssen auf ganz anderen Verhältnissen, und fast auf so etwas beruhen, das, wenn man auch nur allein nach den vorgelegten Datis urtheilen will, sich schon mit einiger Wahrscheinlichkeit errathen läßt.

Vielleicht giebt es in dem Hochstift Speyer Diener, deren Gehorsam gegen dem Herrn blind, und nicht so beschaffen ist, wie ihn Gott mit diesen Worten fordert: Euer Gehorsam soll vernünftig seyn; Diener, die überhaupt zu ihren Amtsverrichtungen nicht aufgelegt, deswegen nur Jaherren sind, und ihre größten Verdienste sich dadurch stiften müssen, daß sie hie und da zu sicheren, allenfalls noch genauere Prüfung leidenden Absichten dienen; Diener, die Justizsachen in Regierungsgeschäfte verändern, und beyde nach einem Fuße behandeln; Diener, die sich bewußt sind, daß sie zu Zeiten durch Nichtbeobachtung der rechtlichen Ordnung, ein anderesmal durch Ergreifung unrichtiger, auf das Geschäft gar nicht passender Maasregeln, Leute in unnöthige Kösten und Nachtheile versetzt haben; Diener, die durch ungleiche, ihnen selbst so vorgekommene Kunstgriffe ihre Mitdiener an Ehre und Reputazion, an Haab und Gut zu beschädigen gesucht, oder wirklich beschädiget haben; und solche Diener mögen es seyn, welche, indem sie die Gründe

sich

sich vor der Gerechtigkeit zu fürchten, in ihrem Inneren fühlen, einstweilen Se. Hochfürstliche Gnaden angegangen haben, ihnen auf die Zeit einer künftigen Zwischenregierung, als wo der über eine oder die andere Sache gezogene Vorgang sich leichter aufheben läßt, den allerhöchsten Kayserlichen Schutz zu verschaffen.

Immittelst solche Begebenheiten sollen einstweilen nur gedacht seyn, sie sollen dermalen weder wahrgemacht, weder jemanden insonderheit zur Last geleget werden. Die Vorsicht Gottes, welche in allem Maas und Ordnung giebt, wird auch darinn noch entscheiden, ob sie bloße Möglichkeiten, oder schon wahre Wirklichkeiten sind. Dermalen ist es an dem, daß Eurer Kayserlichen Majestät allerunterthänigst angezeiget werden muße, in wie fern das Domkapitel bereit sey, in dem untergebenen Betreff die allerhöchsten Befehle zu befolgen. Solches wird anduch bewirket:

Zur pünktlichem Erfüllung der §. 14. angeführten allerhöchsten Kayserlichen Verordnung, wird die dereinst von Sr. Hochfürstl. Gnaden zu verlassende Dienerschaft des Hochstifts Speyer, in so weit sie rechtschaffen und unverdächtig ist, bey ihrem Rang, Gehalt, und anderen Vortheilen unverändert bleiben; hingegen diejenigen, welche entweder den Verdacht einer Unfähigkeit, oder Anzeigen einer unrichtigen Amtsführung gegen sich erwachsen lassen, werden eben auch nach dem Inhalt der allerhöchstgedachten Resolution, und zwar der darinnen ausdrücklich vorkommenden Ausnahme: außer in calibus imminentis damni irreparabilis, zur gehörigen Prüfung und Untersuchung gezogen, auf Befinden, außer Stand zu Schaden gesetzt, und überhaupt so behandelt werden, wie es die Gesetze, und ihr näher geprüftes Verhalten erfodert, ohne Rücksicht auf Personen, und ihren Stand; ohne Rücksicht auf die zur Zeit vorseyenden Umstände, welche allem Ansehen nach für manchen Diener nur einen größern Stoff der Verachtung gegen das Domkapitel abgeben sollen, ohne Rücksicht auf alles übrige, was zum rechtlichen Betracht einer solchen allenfalls auskommenden Untersuchungssache nicht mitgehört.

Uebrigens sind Eure Kayserliche Majestät das allerhöchste Oberhaupt des Reichs, an welches ein jeder, nach vorstehenden Aeußerungen allenfalls behandelter Hochstiftsdiener seinen Rekurs immerhin nehmen kann, und das Domkapitel zu Speyer bleibt hierunter verpflichtet, sein Verfahren vor dem allerhöchsten Gerichtsthron immerhin zu verantworten.

§. 16.

Ueber die Inventur und Sönderung der nach Ableben eines Fürstl. Bischoffen erfindlichen Papieren, haben Eure Kayserliche Majestät allergnädigst folgendes verordnet:

„Verordnen allerhöchst Ihro Kayserliche Majestät, daß hinfüro sogleich nach dem Absterben „eines Fürst-Bischoffes die im Fürstlichen Kabinet, oder sonst in der Residenz befindlichen „Scripturen mit Zuziehung der Landesfürstlichen Regierung à Capitulo, ohne Unterschied, „unter Obsignation gelegt, darüber ein vollständiges Inventarium errichtet; diesem vor„gängig eine Separation vorgenommen, und dasjenige, was hierunter zu den Privatge„schäften des abgelebten Fürsten zu rechnen ist, dessen Anverwandten ausgehändiget, die „übrigen das Hochstift angehenden aber, nach derselben Beschaffenheit in die Hochstiftischen „Archive und Registraturen hinterlegt werden sollen."

Für diese allerhöchste Weisung, und daraus hervorleuchtende Kayserliche Vorsorge, kann nun das Domkapitel nichts anderes entgegen legen, als seinen allerdevotesten Dank, und die theuerste Versicherung, daß hieran kein Punkt unerfüllt bleiben werde; ja, um in diesem Belang die allergnädigste Willensmeynung von Eurer Kayserlichen Majestät desto weniger zu verfehlen,

sollen

sollen den Regierungs-Räthen noch einige andere vom Fürst-Bischöflichen Vikariat, und der Rent-kammer in der Absicht noch zugeordnet werden, damit dieselben eben auch dem hier in Betracht liegenden Inventur- und Separationsgeschäfte, so wie auch bey letzterer Sedisvakanz geschehen, mitbeywohnen, und die ihre Stelle betreffenden Vikariats- und Kammeralakten zur schleunigen Hinterlegung an die behörigen Registraturen befördern.

§. 17.

Nun erfodert die Ordnung, auch auf den Gegenstand überzugehen, welcher die bey letzterer Sedisvakanz vorgegangene Erhebung der 50/m. fl. aus den Hochstift Eychstätischen Kammer-Revenüen betrifft. Darüber enthält die allerhöchste Resolution vom 28ten August vorigen Jahrs so viel:

„Wird Capitulo der von dem Herrn Fürsten angezeigte, und durch den der Domkapitula-
„rischen Vorstellung sub Nro. 15. angebogenen Extractum Protocolli Capitularis de 25.
„Aprilis 1770. selbst einbekannte vermessene Eingriff in die Hochstiftlichen Revenüen, wo-
„durch Capitulum unter dem Vorsitz des Herrn Fürst-Bischofs, als Dombdechantes, die
„beträchtliche Summe von 50000. fl. unter sich auszutheilen beschlossen hat, hiemit in
„Kayserlichen allerhöchsten Ungnaden verwiesen, und quoad Præteritum

„1.) Ihm Herrn Fürst-Bischoffe anbefohlen, längstens in termino 2. mensium
„Kayserlicher Majestät beschinigter anzuzeigen, auf was Art er den in der
„Eigenschaft eines Domdechants genossenen Antheil, wie er in seiner An-
„zeige vom 30. May 1778. behauptet, der Fürstlichen Hofkammer ex
„propriis ersetzt habe.

„2.) Hat gleicher Gestalten jeder der annoch am Leben befindlichen Capitularen
„seinen Betreff in eodem termino, unter ansonsten zu gewarten habender
„Sperrung der Temporalien, zur Fürstlichen Hofkammer zu restituiren,
„Herr Fürst-Bischof aber Kayserlicher Majestät unausbleiblich darüber zu
„berichten, wie diesem ernstgemessenen Kayserlichen Befehle von sämmtlichen
„an diesem Spolio betheilten Domkapitularen die allerunterthänigste Folge
„geleistet worden sey."

„3.) Bleibt dergleichen allen Rechten zuwiderlauffendes, und zur Schmälerung
„des Reichslehenbaren Fundi Episcopalis gereichendes, auch durch keinerley
„Observanz gerechtfertiget zu werden vermögendes sträfliche Unternehmen, so
„weit durante Sedisvacantia aller Bezug an Geld und Naturalien, oder
„sonstige Zuwendung einiger Utilitäten dem Kapitel, unter der Verwar-
„nung des doppelten Ersatzes, auch anderer, der Beschaffenheit der Um-
„stände angemessenen oberstrichterlichen Vorkehrungen, anduch ein für alle-
„mal verbotten."

Hierauf soll nun Anwald, Namens seiner hohen Prinzipalschaft, die allerunterthänigste Anzeige machen, daß dieselbe den allerhöchsten Kayserlichen Willen, in so
weit er sich auf künftige Zeiten beziehet, und für selbe die Erhebung ähnlicher
Gelder hiermit untersagt hat, als ihr erstes Gesetz verehren, und zur unabweichlichen Handlungsregel nehmen werde; was hingegen die Wiedererstattung der
50/m. fl. in Absicht auf die vergangene Zeit hierunter mitbetrifft, darüber getu-
hen Eure Kayserliche Majestät folgende, seinen Herren Prinzipalen ganz rechtlich
scheinende Vorstellung, allergnädigst aufzunehmen.

§. 18.

Einmal ist es gewiß, daß die hier in der Frag seyende Beziehung der 50/m. fl. den
Reichslehenbaren Fond der Bischöflichen Revenüen weder geschmälert, noch angegriffen hat;
nein; die ganze Summe, welche in dem untergebenen Fall bezogen, und unter die Domkapitula-

ren vertheilt ward, gehörte zu den vorhanden gewesenen Hochstiftsersparnissen, welche allein an baarem Geld 145/m. fl. betragen haben; und wenn es thunlich wäre, aus den Hochstiftsrechnungen gegenwärtig seinen ökonomischen Zustand im Ganzen vorzulegen: so würden Eure Kayserliche Majestät auch von daher überzeugt seyn, daß dieselbige Summe schon lang wieder ersetzt ist.

Es ist eben auch gewiß, daß die Domkapitularen, indem sie zur Zeit der Sedisvakanz besondere, ursprünglich mit ihren Präbenden nicht verbunden gewesene Bemühungen der Zwischenregierung über sich zu nehmen, auch zur Besorgung dieser Geschäfte, und damit zusammenhangenden Reisen nach Speyer außerordentliche Auslagen zu machen hatten, einen gegründeten Rechtstitel vor sich haben, dagegen eine anständige Vergeltung zu fodern.

Unterdessen sey es, daß zwischen diesen Bemühungen und Auslagen einer, und der bezogenen Summe andererseits keine Proporzion erscheine; sey es, daß die Bemühungen und Auslagen zu klein, und die Summe von 50/m. fl. zu groß geachtet werde; sey es, daß deswegen, um diese Gleichheit zu finden, noch ein anderer Nebentitel, nämlich das zu ältern Zeiten in Uebung gewesene Spolienrecht mit zum Grunde gelegt werden müsse: so ist doch ferner gewiß, daß, wie vormals die Römischen Kayser das jus Spolii in Teutschland ausgeübt haben, solches noch heut zu Tage unter dem Namen des Regalienrechts in Frankreich, und anderwärts von gekrönten Häuptern ausgeübt werde.

Soll hieben nicht das Gefühl, oder Urtheil einer von Wahrheit und Gerechtigkeit eingenommenen Seele zum Grunde liegen? Und soll von daher der Gebrauch der Regalienrechte nicht ganz treulich, oder ohne alle Gefährde seyn? Wäre es dann erlaubt, nur zu gedenken, diese gekrönten Häupter maaßten sich hier gewaltsamer Weise fremder Rechte an? Nein: diesen Vorwurf hält weit entfernt jener den Rechtsgelehrten so heilige Grundsatz: quo quis est eminentiori fastigio collocatus, eo eminentiori modo pro ipso est præsumendum. Diesen Vorwurf halten entfernt die Schriften so vieler ansehnlichen Theologen und Rechtsgelehrten, welche in älteren und heutigen Zeiten den Königlich Französischen Gebrauch der Regalien gegen die darüber erschienenen Streitschriften gerettet haben.

Alexander Natal. — Gibert.

Diesen Vorwurf hält entfernt die Denkensart, welche über diesen Betreff ganzen erleuchteten Nazionen beywohnet, und die man unmöglich deswegen mit dem Gedanken einer Unehre bestraffen darf.

Ueberdieß ist auch gewiß, oder doch wenigstens sehr wohl denkbar, daß Domkapitularen, deren Vorfahrer das hier in Betracht liegende Spolienrecht von unfürdenklichen Zeiten her ausgeübt haben, solches auch heut zu Tage mit treuem Glauben eben so, wie die Könige von Frankreich, und sonstige Europäische Mächte, ja noch vielmehr haben ausüben können, massen es einer Seits eine unläugbare Geschichtswahrheit ist, daß die bischöflichen Tischgefälle, und jene der Domkapitel vormals in Vereinigung gestanden, und eine Masse ausgemacht haben; andererseits aber in den Rechten, vorderfamst, wenn der mäßige Spoliengebrauch von einer undenklichen Zeit her als ein gegründeter Rechtstitel im Mittel liegt, der Grenzpunkt sehr schwer zu bestimmen ist, in wie fern diese beederseitigen Gefälle von einander gesöndert worden, und ob nicht wenigstens auf den Fall des abgelebten Hochstiftsregenten ihre Vereinigung, samt einem dem Fond unschädlichen, übrigens aber ganz freyen Verfügungsrecht an das Domkapitel wieder zurücktrette.

Es ist endlich auch gewiß, daß Se. nun wirklich regierende Fürstliche Gnaden zu Speyer, nach Anleitung vorstehender Gründe, als ehemaliger Domdechant, und in jenem Zeitpunkte, wo die für selbe nachmals ausgefallene Wahl schon wirklich entschieden war, die Erhebung von einer sichern Summe aus den Kammergefällen, und Zutheilung an jeden ihrer Wahlkapitularen nicht nur allein sehr billig gefunden, sondern auch einem oder dem andern zu den ihn betreffenden Antheile herzlich Glück gewünscht haben; ja was noch mehr ist, und was den Kontrast der vormaligen und jetzigen Regierungshandlungen Sr. Fürstlichen Gnaden ganz offenbar macht, Dieselbe

haben

haben sogar sich ein besonderes Geschäft daraus gemacht, den Domkapitularen und nunmehrigen Domdechanten Freyherrn von Hutten, welcher den Umfang des Gegenstandes nicht genugsam erwogen, um für seinen treuen Glauben in der Sache Gründe zu finden, und deswegen seinen proportionsmäßigen Antheil à 3335. fl. nicht annehmen wollte, zu beruhigen, und zu dem Ende ihm dieselbige Summe nach der Wahl nochmalen zu Handen stellen zu lassen, unter dem dahin auslauffenden Vermelden, daß solche Gelder ihm zur Sicherung seines allenfalls beschwert vermeinten Gewissens, von demjenigen, der als Herr darüber disponiren könne, geschenkt wären; eine Geschichte, welche sogleich jedem Domkapitularen bekannt geworden, und die der Herr Domdechant den 6ten November vorigen Jahrs in einer öffentlichen Kapitelsitzung zu bekennen keinen Anstand genommen hat.

Unfehlbar war nun jeder Domkapitular, der gleichmäßig bey der geführten letzten Zwischenregierung, und zur Auswahl des jetzigen Hochstiftsregenten thätig gewesen, befugt zu denken: dasjenige, was Se. Hochfürstliche Gnaden einem ihrer Wahlkapitularen großmüthig gegönnt haben, ist wegen Aehnlichkeit des Grundes auch dem andern gegönnt; jeder war befugt, zu Beruhigung seines Gewissens, sich den weiteren Grundsatz hinzu zu denken: Unter so besonderen Umständen, wo der bey dem Domkapitel bestandene Gebrauch, zur Zeit des erledigten Bischöflichen Stuhls aus den Hochstiftsrevenüen sich einen gemäßigten Antheil zuzueignen, seinem Ursprung nach gar nicht ausfindig gemacht werden kann, — wo dieser Gebrauch noch nie kräftig genug, und mittelst Einleitung der Sache zur oberstrichterlichen Erkenntnis widersprochen worden ist, und wo zur vollen Sicherheit der Regent sogar die Bestimmung eines Geschenkes ins Mittel bringt, — greifen die das Spolium verbietenden, und nach Maßgebung der Geschichte mehr auf das Uebermaaß desselben gerichteten Kirchengesetze nicht Platz. Jeder war befugt, daraus den Schluß zu ziehen: Es ist also die Erhebung der 95ten 50/m. fl., und ihre Vertheilung unter den Domkapitularen zu Speyer nicht unrecht gewesen; und wenn dieser Vorgang auch noch mit einer Bemänglung hätte behaftet seyn können: so ist solche durch die nachgefolgte Fürstliche Willenserklärung, (als welche von Rechtsgelehrten und Theologen, wiewohl nicht in Ansehung des Hochstiftsfonds, jedoch seiner übrig seyenden Revenüen, für einen vollgültigen Verfügungsgrund gehalten wird,) vollkommen geheilet worden.

Mit diesen Schlußgedanken, welche die Theologen Gewissens-Dictamina nennen, und deren Werth eben nicht allezeit nach der objektivischen Beschaffenheit der Gründe, sondern nach dem subjektivischen Zustand dieser oder jener Seele insonderheit bemessen werden muß, sind nun wirklich einige Domkapitularen zu Speyer, nämlich der Freyherr von Eickingen, und Graf von Montfort aus dieser Welt vor Gottes Richterstuhl getretten; sie sind dahin getretten, ohne durch Worte oder Thaten den Willen zu verrathen, daß von jener Summe der Interregnumsgelder, welche sie nach ihrem Antheil betroffen hat, ein Heller restituirt werden sollte. Was darf nun von diesen Verstorbenen, die Gott bereits gerichtet, und wie es erlaubt, ja vielmehr eine Schuldigkeit ist, zu glauben, in die Zahl der Seligen wirklich aufgenommen hat, der menschliche Richter denken? Was kann derselbe über ihre Wiedererstattungsschuldigkeit für ein Urtheil sprechen? Gewiß kein anderes, als welches Eure Kayserliche Majestät schon wirklich gesprochen haben, und das durch den wörtlichen Innhalt: **Die annoch am Leben befindlichen Kapitularen sollen ihren Betreff zur Fürstlichen Hofkammer restituiren,** im Grund so viel besagt: Die Erben der Verstorbenen bleiben, wegen treulich beglaubtem Besitze dieser letztern, mit einer solchen Wiedererstattungsschuldigkeit unbeschwert.

§. 19.

Diese hiemit so statthaft vorgelegte Treue des Glaubens zweyer Verstorbenen, welche nach wohlgegründeten Vermuthungen das allsichtige Aug Gottes, bereits genehmigt hat, und die unter den Lebendigen durch einen oberstrichterlichen Spruch gegen alle Anfechtungen sicher steht,

bringen

bringen auch nun Anwalds Prinzipalen, die noch lebenden Domkapitularen zu Speyer, vor den gerechtesten Richterstuhl Euer Kayserlichen Majestät.

1.) Ist es unläugbar, daß die objektive Beschaffenheit der Gründe, welche bereits in den Seelen der Verstorbenen den so gründlich vermutheten bonam fidem gestiftet hat, die nämliche in Ansehung der noch Lebenden sey. Was diesen Punkt anlangt, ist unter beyden kein Unterschied, ausser, daß jene verschieden, diese aber noch lebend sind. Immittelst Leben und Tod bestimmet keinen objektiven Unterschied der an und vor sich betrachteten Gründe, ja wenn man die Sache genauer ans Licht stellt, und sie im Hellen um und um betrachtet, so erscheinen auf Seite der noch lebenden Domherren diese Gründe unter einem noch grösseren Gewichte, als auf Seite der Verstorbenen; denn von jenen hat ieder den Besitz der ihm zugetheilten Interregnumsgelder von dem Monat May 1770. an, bis auf den 23ten Aug. 1781. unter den Lebendigen ganz ruhig fortgesetzt; dahingegen die Abgelebten solchen Besitz nur allein ruhig angetretten, oder doch wenigstens so lange fortzusetzen durch den Tod verhindert worden.

2.) Läßt sich auch nicht wohl zweifeln, daß der Gewissenseindruck, welchen die Seelen dieser Verstorbenen nach ihrer Rezeptivität durch diese Gründe empfangen haben, und der bereits richterlich für einen wahren und treuen Glauben (pro bona fide conscientiæ) erklärt ist, bey den noch Lebenden eben derselbige gewesen sey; denn woher soll wohl bey gleicher Geburt, bey gleichem Stand, bey sonst gleichen Grundsätzen im Denken eben eine Verschiedenheit in dem vorgelegten Betreff zu erweisen seyn?

Die Abgelebten haben zwar insonderheit dieß vor sich, daß sie bereits in jener Stunde, wo der Mensch an die Pforte der Ewigkeit hingerückt wird, und für sein ewiges Heil am meisten besorgt zu seyn pflegt, über den gegenwärtigen Betreff keine ungleiche Verfassung ihres Gewissens, oder eine beglaubte Schuldigkeit, etwas zu restituiren, haben merken lassen; allein gegen dieses Versicherungsmittel setzen die jetzt lebenden Domkapitularen zu Speyer ihr Freyherrliches und respective Gräfliches Wort, welches nach der Meynung der in teutschen Rechten bestens erfahrnen Lehrer so viel gilt als ein Eid,

Carol. Frid. Walch. Programma de nobilium testimonio injurato. Jenæ 1759.

und dafern auch hierunter noch einiges Bedenken, mittelst einer ganz ausserordentlichen Sorgfalt erregt werden wollte: so erhärten sie gar durch ein förmliches Eid, daß bey ihnen über die Rechtmäßigkeit des 9sten Geldempfangs entweder gar kein Zweifel entstanden, oder doch wenigstens nach sicheren, ihnen ganz vernünftig geschienenen Gründen, wieder abgelegt worden sey.

Anwalds hohe Prinzipalen haben gar keinen Anstand, sich zu einem solchen Eid, gleichwie hiedurch beschiehet, ganz freymüthig zu erbiethen; denn konnten die grossen Seelen der vormaligen Kayser, und jetziger Könige in Frankreich dergleichen Eindrücke empfangen: *die mildesten Stifter, welche ihre Güter auf ewige Zeiten an die Kirchen abgetretten, hätten auf den erfolgten Sterbfall eines Bischoffen nichts desto weniger den Genuß der vorhandenen Früchten ihren Nachfolgern am Reich stillschweigend vorbehalten;* konnten sie durch diesen Eindruck vormals, und noch heut zu Tage den Spolien- oder Regalienbrauch rechtfertigen, und sich ihre Gemüthsruhe verschaffen: so durften gewiß auch die Domkapitularen zu Speyer, nach der Kayserlichen Abtrettung dieser Spolienrechte, und dem darauf an das Domkapitel von unfürdenklichen Zeiten hergekommenen mäßigen Gebrauch derselben fühlen und denken: *die mildesten Stifter haben auf eben diesen Fall um so viel mehr einen dem Fond unschädlichen Bezug sicherer Revenüen jenen überlassen, welche die unmittelbaren Beförderer der Stiftungsabsichten, und nach dem Bischoffe die nächsten Diener jener Kirche sind, für welche Güter* und Gefälle eigentlich gestiftet worden; und indem sie sich und ihre Gewissen durch diesen Gedanken in Wahrheit bishero beruhiget haben: so dörfen sie nunmehro dieß auch eidlich sagen.

Eure Kayserliche Majestät ersehen nun aus allem dem, jenes gute und treue Gewissen in vollem Lichte, welches die noch am Leben seyenden Domkapitularen zu Speyer bey der Vertheilung, und dem Empfang der noch in der Frage stehenden Interregnumsgelder gehabt haben, und gleichwie sich hierunter eben diese Treue ihres Gewissens bereits schon über 11. Jahre erhalten hat, sofort nicht nur allein die dreyjährige Zeit, welche die Gesetze zur Verjährung beweglicher Dinge erfodern, sondern über dieß noch 4. andere Jahre, in welchen allenfalls das Hochstift Speyer auf eine Wiedereinsetzung in den vorigen Stand hätte antragen können, vollkommen verstrichen sind: so liegt eben so hell zu Tage, daß von jedem der mehrbesagten Kapitularen die Verjährung der bezogenen Interregnumsgelder schon wirklich vollendet sey, und daß diese Verjährung nun durch kein rechtliches Mittel mehr angefochten werden könne.

Wiewohl, wenn es an dem wäre, daß die linke Hand wissen dürfte, was die rechte gethan hat, wenn einige Domkapitularen schon auf jenen Lohn Verzicht thun wollten, den sie einstens im Himmel hoffen: so würde sich gar leicht darthun lassen, daß diese den Speyerischen Domkapitularen, durch die Verjährung eigen gewordenen Gelder, von den wenigsten zum Gebrauch und Nutzen genommen worden sind. Es würde sich bis zur vollkommenen Ueberzeugung vorlegen lassen, daß vom Jahr 1770. an bis 1781. aus dem Eigenthum Speyerischer Domherren mehr als 50/m. fl. zur Hülf der Armen, zur Bildung und Unterricht der bedürftigen Jugend in verschiedenen Künsten, zur Ausstattung armer Pfarreyen, und zu anderen gottseligen Absichten mehr verwendet worden sind; wovon die Beylage einstweilige Probe an Handen giebt.

An Eure Kayserliche Majestät ergeht demnach Anwaldens alleruntertänigste Bitte, im Namen der noch am Leben befindlichen Domkapitularen zu Speyer dahin:

1.) Allerhöchstdieselbe geruhen, diese seine Prinzipalen, welche wegen Beziehung der vorwürfigen Interregnumsgelder, eines vermessenen Eingriffs in die Hochstiftischen Revenüen, eines sträflichen, durch keine Observanz gerechtfertigt zu werden vermögenden Unternehmens, einer wider alle Rechte laufenden Schmälerung des Reichslehenbaren Fundi Episcopalis, in der allerhöchsten Resolution vom 28ten August vorigen Jahrs schuldig genennt sind, nunmehro in so weit für entschuldigt zu halten; und gleichwie unter diesen neu vorgelegten Umständen, welche zuverlässig Sr. Hochfürstliche Gnaden zu Speyer in ihrer Anzeige verborgen gehalten haben, der weitere Innhalt der allerhöchsten Kayserlichen Befehle, die Wiedererstattung dieser bezogenen Gelder anlangend, für vergangene Zeiten nicht mehr Platz finden kann: so geruhen

2.) Eure Kayserliche Majestät solchen allergerechtest dahin zu mildern, daß Anwalds Prinzipalen mit derselben Wiedererstattung verschont bleiben; übrigens sind diese Kapitularen nicht gemeint, dem Gewissen eines oder des anderen ihrer Mitkapitularen, der, unerachtet der vorliegenden Gründe, sich zur Wiedererstattung der von ihm bezogenen Interregnumsgelder, vor der Zeit entschlossen hat, vorzugreifen, vielmehr überlassen sie demselben allein, den seiner Seits etwa noch behaupteten treuen Glauben, und die dagegen erschienene Restitution unter sich in Vereinigung zu bringen.

Endlich können dieselben Kapitularen nicht umhin, bey dieser Gelegenheit alleruntertänigst mit anzuzeigen, daß wegen der Sr. Hochfürstl. Gnaden auferlegten Bescheinigung, auf was Art dieselben ihrer Hofkammer

den

ben in der Eigenschaft eines Domdechanten genossenen Antheil wieder ersetzt haben, kein besonderer Ombrage zu schöpfen seyn möchte, massen es
bekannt ist, daß eben dieselbe gleich bey dem Regierungsantritt ihre Weine,
Pferde, und andere Meubles, welche durch die eigenen Hochstiftsdiener auf
60/m. fl. geschätzt waren, um diesen Preis an die Hofkammer käuflich
abgegeben, und daran 1/6tel, vermuthlich, weil der Hof ohnehin mit all
diesem vollständig versehen war, großmüthig erlassen haben.

§. 20.

Der dritte Hauptgegenstand, worüber Eure Kayserliche Majestät unterm 28ten August
vorigen Jahrs zu resolviren allergnädigst geruhet haben, ist die zwischen Seiner jetzt regierenden
Fürstlichen Gnaden zu Speyer, und dem Domkapitel daselbst bey der Wahl geschlossene Kapitulazion. Allerhöchstdieselbe haben gemäß befunden, eben gedachte Kapitulazion nach ihren mehrsten
Artikeln bestehen zu lassen, und solche in so weit stillschweigend zu bestättigen. Dafür erwiedert
Anwalds hohe Prinzipalschaft ihren Ehrfurchtvollsten Dank, versetzt aber zugleich auf die über
verschiedene Artikel abgefaßte Kayserliche Resoluzionen dasjenige, was sie vorderßamst zu Bewäh-
rung ihres allerdevotesten Gehorsams, und auch zu Aufklärung einer oder der andern in der
Sache mitbefangenen Rechtszuständigkeit allersubmissest vorzustellen hat. Von daher ergeht nun

Ad Resolutiones Augustissimas
und zwar
Auf den V. Artikel der Bischöflichen Wahlkapitulazion:
die bereits vorhandenen, und noch zu errichtenden Statuten betreffend,
die alleruntertthänigste Gehorsamserklärung dahin:

Wird die Allerhöchste Auflage, Kraft welcher die von Fürst-Bischöflicher
Seite zu bestättigenden Statuten vorher zur Kayserlichen Einsicht vorgelegt
werden sollen, zur tiefschuldigsten Nachachtung und Befolgung allerdings,
jedoch in so weit genommen, daß die pur geistlichen Betreffe solcher Statuten, als welche Eure Kayserliche Majestät ohnehin schon durch den unterm
7ten August 1778. in der Sache ergangenen Abschluß an ihre anderweitige
Behörde verwiesen haben, hierunter nicht verstanden werden.

Auf den VII. Artikel.
Betreffend das Stadtspeierische Oberkammeramt, und das ausschliessende
Recht der Speyerischen Domkapitularen, zu den Probsteyen der dortigen
Kollegiatkirchen zu gelangen, ist

A.) im ersten Betreff der allergnädigst gefoderte Bericht dieser:

1.) Aus der Geschichte ist ohnehin gewiß, daß in den Zeiten des X. — XI. Jahrhunderts die mehresten Städte in Teutschland, mittelst Kayserlicher Autorität,
unter die Gerichtsbarkeit der Bischöffe versetzt worden sind.
Schmidts Geschichte der Teutschen. 5. Buch. 14. Kap. p. 43.

In Gemäsheit dessen ist nun auch in denselbigen, ja noch späteren Zeiten,
allein der Bischof zu Speyer der Richter dieser Stadt gewesen: hierüber finden
sich in dem Archiv eines Hochwürdigen Domkapitels zu Speyer mehrere, diese
Geschichtsumstände ganz klar bewährende Original-Urkunden.

a.) Immittelst ist nicht zu läugnen, daß schon unter der Kayserlichen Regierung
Heinrichs IV. die Städte angefangen haben, sich jener Gerichtsbarkeit, welche
die vormaligen Kayser an die Bischöffe übertragen hatten, wieder zu entziehen,
und insonderheit zeigen die in Mosers Reichsstädtischem Handbuche abgedruckten
Privilegien, daß die Stadt Speyer vom Kayser Heinrich V. sichere Freyheiten
erhalten

erhalten, und solche nach und nach immerhin vergrössert hat, bis sie endlich in die Genossenschaft der freyen Reichsstädte hat tretten können.

3.) Dem ohngeachtet konnte die Stadt Speyer es doch nicht so weit bringen, daß sie von allem obrigkeitlichen Einfluß der Bischöffe zu Speyer ganz und gar ledig geworden wäre; diese behielten noch das vorzügliche Recht, daß sie der Stadt einen Schultheissen, und noch verschiedene Amtspersonen mehr, zu setzen hatten. Weil. Kayser Karl IV. bestättigte dem Buchof Lambert im Jahr 1366. und Kayser Karl V. dem Bischof Philipp im Jahr 1541. diese Rechtszuständigkeit; und selbst der Speyerische Chronikschreiber, Stadtsyndikus Lehemann, setzt diesen Punkt ganz ausser Zweifel, indem er Lib. 4. Cap. 15. & 16. die nähere Auskunft in der Sache mit folgenden Worten giebt:

"In den alten Statuten werden die Gerichte der Stadt Speyer in solcher "Ordnung benennet: nämlich das Kammer-Schultheissen, Vogt-und "Münzgericht, davon in einem Statut dieser Innhalt: Nullus noster con‑ "civis vir, vel fœmina alium nostrum concivem Virum, vel fœmi‑ "nam in Civitate, vel extra impetere debet, seu convenire coram "alio judicio, vel judice, nisi coram Ecclesiastico Judice ordinario, co‑ "ram Sculteto, & Advocato, & coram Magistro Monetæ, super Causis, "quæ spectant ad quemlibet judicum prædictorum suo jure."

4) Nun finden sich unter den übrigen Stadtämtern, welche angezeigter maaßen der Bischof zu Speyer zu bestellen hat, auch das Amt eines Kämmerers. Was aber dasselbe eigentlich für einen Umfang, oder Wirkungskreis gehabt habe, dieß möchte gegenwärtig noch weiter vorzustellen nicht zweckmäßig seyn, wiewohl auch dieß auf allerhöchstes Verlangen aus den Archival-Urkunden des Domstifts zu Speyer noch näher erhoben werden kann.

So viel ist aus den beygehenden Anlagen gewiß, daß zu seiner, wiewohl hier nicht so genau bestimmlichen Zeit in der Stadt Speyer das Amt und den Namen eines Ober-und Unterkämmerers entstanden; daß der erste mittelst Bischöflicher Verleihung ein Domkapitular, und zwar der Domdechant von Wallendorf gewesen, und der letzte in Gegenwart der Speyerischen Stadtdeputirten von jenem im Jahr 1651. feyerlich verpflichtet worden ist.

5.) Damit nun die aus den entferntesten Zeiten hergebrachten Rechte eines zeitlichen Fürst-Bischoffen zu Speyer in dem untergebenen Betreff noch ferner erhalten, auch an jenen Vorzügen, welche nach Maßgebung der älteren in dem Domkapitularischen Archiv verwahrten Wahlkapitulation, und der hier beygefügten Protokollar-Auszüge dem Domkapitel immerhin zugestanden worden, in neueren Zeiten keine Veränderung statt finden mögen: so ist die hier in Betracht liegende Stelle allerdings aus den besten und redlichsten Absichten in die Wahlkapitulation eingerücket worden. Hingegen

Ueber den 2ten Belang, dem zufolge allein Speyerische Domkapitularen zu den Probsteyen der alda bestehenden Kollegiatkirchen gewählt werden können, ist die päbstliche Bulle hier angelegt, welche im Jahr 1478. ausgefertigt ist, und in Vereinigung mit derselben, spricht der immittelst ohne allen Widerspruch ruhig fortgegangene Besiz, des für Speyerische Domkapitularen ausschlüßig behaupteten paßiven Wahlrechts für sie mit so groſſem Nachdruck, daß diese Stelle der Bischöflichen Wahlkapitulazion keine weitere Rechtfertigung erfodern möchte.

Auf den X. Artikel.

Betreffend die Erb- und Grundherrschaft des Speyerischen Domkapitels, und den ferneren Nichtgebrauch dieses Ausdrucks.

Hier-

Hierüber kann Anwalds hohe Prinzipalschaft in Wahrheit ihre Verlegenheit ungedussert nicht lassen, in welche sie durch den in Kayserlicher Ungnade ihr zugegangenen Verweis versetzt ist; nicht zwar deswegen, als liesse sich das Domkapitel die allerunterthänigste Befolgung der Kayserlichen Willensmeynung in dem vorwürfigen Betreff zu schwer fallen, oder als wäre es gemeynt, in so weit gegen die allerhöchsten Kayserlichen Gebotsbriefe noch einen andern Anstand zu erheben; nein, das Domkapitel zu Speyer kennt seine Verhältnisse gegen das allerhöchste Oberhaupt des Reichs zu genau, und jede Mitglieder dieses ansehnlichen Gremiums sind viel zu devot, als daß es in so weit einen Mangel, oder auch nur eine Beschwernis könnte erscheinen lassen. Von daher lediglich rührt diese so freymüthig einbekennte Verlegenheit: Der Ausdruck Erb- und Grundherr ist viel zu vage und unbestimmt, als daß man bey Erklärung seines auf den ferneren Nichtgebrauch dieses Worts gerichteten allerunterthänigsten Gehorsams ganz versichert seyn könnte, ob man hierunter dem allerhöchsten Kayserlichen Willen, und zugleich seinen gegen die Kirche tragenden schweren Pflichten gemäß geredet habe.

Diejenigen Schriftsteller, welche über die Erb- und Grundherrschaft der teutschen Domkapitel geschrieben haben: wie z. B. Struben in seinen Nebenstunden 1. Theil. 1. Abhandlung, geben von dem Gegenstand ihrer Abhandlung keinen genau bestimmten Begriff; dieß zeigt der Augenschein. Selbst Itstadt, der in seinen Schriften nebst der genauesten Präzision und Ordnung, auch die pünktlichste Bestimmung hält, läßt nach Zeugniß des Salzburger Rechtsgelehrten Zalwein Princ. jur. Eccles. Tom. IV. q. 11. c. 3. de Capit. Eccles. Cathed, pag. 202. & 206. seinen über dieselbige Sache erschienenen Aufsatz am Ende auf einen Wortstreit hinauslauffen; am allerwenigsten aber haben Eure Kayserliche Majestät in den allerhöchsten Verordnungen, wodurch hie und da die befragte Grundherrschaft verworfen worden ist, jenen Sinn bestimmt mitanzeigen lassen, in welchem diese Verwerfung zu nehmen wäre.

Bey solchen Umständen weiß sich das Domkapitel zu Speyer seiner so schweren Verlegenheit anderst nicht zu entledigen, als daß es Eurer Kayserlichen Majestät jene Gedanken, welche es mit den in der Wahlkapitulazion gebrauchten Worten: Erb und Grundherrschaft verbunden hat, in allertiefester Unterthänigkeit ganz bestimmt anzeige, und demnach die ehrfurchtvollste Aufklärung folgen lasse, dadurch es vermeynt, einerseits gewisse unverkennliche Pflichten, anderseits aber auch die allerhöchste Willensmeynung Eurer Kayserlichen Majestät zu erschöpfen.

Das Domkapitel zu Speyer, wenn es sich einen Erb- und Grundherrn dieses Hochstifts genennet hat, wollte hiedurch eigentlich so viel sagen: Nachdem es gewiß ist, daß die alten Stiftungs-Urkunden, die von mildesten Stiftern abgetretene Güter, Gerechtigkeiten, und Regalien, vorzüglich der Bischöflichen Kirche zuschreiben; nachdem es gewiß ist, daß ein aus Stein, und anderen Baumaterialien aufgerichtetes Gebäude, als ein lebloses Ding, kein moralisches Vermögen haben kann, und also in die Stelle der Kirche ein anderes Subject gesetzt werden müsse, welches bey sich statt derselben, die an sie gestifteten Eigenthums- und anderen Rechte aufnimmt: so dachte sich das Domkapitel zu Speyer bey dem Gebrauch dieses Ausdruckes: Erb- und Grundherrschaft, dasselbe vertrete in Vereinigung mit seinem Bischof jenes Subject, bey welchem die an die Domkirche ursprünglich abgegebenen Gerechtigkeiten, Vorzüge, und Regalien ihren Sitz haben, jedoch dergestalten, daß die Thätigkeit, oder Ausübung davon dem Bischof allein zustehe, und solche das Domkapitel nur nach dessen Ableben, oder bey einer anderen langwürigen Hindernis auf eine Zeit lang, und zwar von daher zu übernehmen hat, weil sich nach der Natur der Sache nicht zwar wesentlich, jedoch gewöhnlicher Maaßen der Gebrauch des Rechts mit dem Rechte selbst in eben jenem Subject verbindet, wo das Recht haftet, und weil nunmehr die Grundgesetze des Reichs, in Ansehung der teutschen Hochstifter, und ihrer Regierung, eben diese Wahrheit bey

erledigtem, oder gehindertem Bischöflichen Stuhl zur unverbrüchlichen Regel für die Domkapitel gemacht haben.

Nach dieser Erklärung stünde dem Domkapitel zur Lebenszeit seines Bischoffen nicht ein Kondominat, oder etwas von der thätigen Landeshoheit zu; nein, nur die Substanz der zur Regierung von Land und Leuten gehörigen Befugnisse, d. i. diese Befugnisse selbst, aber nur als moralische Möglichkeiten betrachtet, und in den Gedanken von aller Thätigkeit entblößt, ruhen bey dem Domkapitel, und dem Bischof zusammengenommen, als einem Subjekt; dabey verbleibt aber diesem letztern sein besonderes und ausschlüßiges Recht: alle diese Befugnisse nach dem Zweck der Stiftung, nach den Gesetzen des Reichs, und nach der besondern Verfassung des Landes auszuüben.

Nach diesen Begriffen verhielte sich in geistlichen Reichslanden das Domkapitel eben so, wie ein erlauchtes Haus im weltlichen. In diesem ist die Landeshoheit nach ihrer so eben erklärten Substanz bey dem erlauchten Haus, dem das weltliche Reichsland gehört.

Eben so, meynen die teutschen Domkapitel, stünde in geistlichen Reichslanden die Landeshoheit ihrer Substanz nach bey der zur Kirche gehörigen Gesellschaft, auf welche die geistliche Stiftung ursprünglich gerichtet worden ist, und ein eigenes Recht, diese Landeshoheit auszuüben, gehöre beynebst auch jenem zu, welcher das Oberhaupt der Kirche, und der zu ihren Dienst anfänglich bestimmten geistlichen Gesellschaft ist.

Und soll es möglich seyn, daß die Erb- und Grundherrschaft in eben dem so erklärten Verstand, in einem Verstand, welcher den Stiftungs-Geschichten, und ihren Absichten, der Verfassung der Geistlichkeit im mittleren Zeitalter, den oberstlehenherrlichen Rechten des Kaysers, dem System des Reichs, und allen hier in Betracht zu nehmenden Grundwahrheiten so gemäs ist, von Eurer Kayserlichen Majestät jemal bezweifelt, oder gar verworfen worden wäre?

Der Geist der africanischen Kirche, welcher schon in den entferntesten Zeiten des III. und IV. Jahrhunderts die damaligen Bischöffe mit ihrer Geistlichkeit in eine gesellschaftliche Verfassung setzte, um mit vereinigten Kräften die Kirchengeschäfte, und vorderfamst die ihr zugehörigen Güter, und Rechte zu besorgen, ist aus mehreren zu Karthago abgehaltenen Konzilien bekannt.

Die Ueberpflanzung dieses Geistes auf die fränkischen Bischöffe, so wie dieselbe Karl der Grosse, mittelst sicherer vom Pabst Hadrian zu Rom empfangener, und nachmals in seinem Reich eingeführt gewordener Karthaginenser, und anderer Kirchenregeln zu Stand gebracht, ist eine offenkundige Reichs- und Kirchengeschicht.

Die gemeinschaftliche Zusammenwohnung, welche zwischen den Bischöffen zu Speyer und ihrer Geistlichkeit, nach der Vorschrift des Metzischen Bischofs Chrodegang, und auf der Achener Kirchenversammlung vom Kayser Ludwig publizirten Institutionsformel vom IX. Jahrhundert bis in das XIVte bestanden hat, und die um so viel dienlicher war, wie zum Dienst Gottes, also auch zur Aufnahm und Mitbesorgung der an die Kirche verstifteten Rechte einen sittlichen Körper zu bilden, ist ein unläugbarer, durch eine Menge Speyerischer Urkunden zu bewährender Umstand.

Die Stiftungs-Urkunden, welchen zufolge die mildesten Stifter ihre abgegebenen Güter, Rechte, und Regalien vorzüglich der Kirche, oder der Kirche und ihren Vorstehern, nämlich den Bischöffen, nie aber diesen allein geschenkt haben, finden sich von dem VII. Jahrhundert an bis in das XVI. in dem Dom-Archiv zu Speyer, und zwar in einer ansehnlichen Menge beysammen.

Die natürliche Beurtheilungskraft, welche an dergleichen Stiftungen immerhin die Absicht einer ewigen Dauer bemerkt, und bessere Mittel zu diesem Zweck anderswo nicht finden kann, als in der Macht des damals gemeiniglich ins Mittel gebrachten Lehenherrlichen Schutzes, und in Uebertragung der abgetretenen Rechte an eine unsterbliche moralische Person, oder an die

zur

zur Kirche verordnete gesammte Geistlichkeit kann ohnehin diesen Stiftungs-Urkunden keinen andern Verstand beylegen, als welcher die Wahl und den Gebrauch der angezeigten Mittel wahret.

Die Anträge der vor dem Kayserlichen Throne Hochstiftische Lehen empfangenden Abgeordneten, welche auf Verleihung der Regalien für den Bischof und sein Stift gerichtet werden, und der Innhalt der Kayserlichen Lehenbriefe, welche eben auch für den Bischof und sein Stift sprechen, tretten mit alle dem in eine vollkommene Uebereinstimmung.

Auch nur der bloße Anschein, als könnte, bey der ab Seite eines Domkapitels ermangelnden Regierungsthätigkeit, die Kayserliche Ausübung der Obristlehenherrlichen Rechte gehemmt oder erschwert werden, ist unerfindlich.

Die Bemerkungen, welche nach Erforderniß dieser Gründe den Bischof, und seine Kapitularen zu einem mystischen Körper machen.

C. 4. c. 5. X. de his, quæ fiunt a Prælato.

und die Geschichten, welche mit bestimmterer Anwendung dieses Grundsatzes bey erschienener Lehensuntreue des Bischofs sein Kapitel in die Verwaltung des ihm abgenommenen Lehens tretten liessen,

Otto Frising. libr. 2. de gestis Frider. I. cap. 11.

sind schon aus dem XII. Jahrhundert unläugbar.

Und die Kraft, aus allen dem sich und andere zu versichern, daß die in dem Umfang der Landeshoheit enthaltenen Regalien ihrer Substanz, oder dem Grundeigenthum nach bey dem Bischof und seinem Kapitel als einer moralischen Person haften, liegt noch heut zu Tage in den Seelen der berühmtesten Rechtsgelehrten, die bereits ihre Gedanken über diesen Betreff vereinigt haben.

Unterdessen ist man nicht gemeynt, den Stimmen der Gelehrten in der untergebenen Sache eine grössere Kraft beyzulegen, als sie nach ihren Grenzen haben können. Dadurch soll dem höchstpreißlichen Gerichtshof Eurer Kayserlichen Majestät nur allein angezeigt seyn, was das rechtsgelehrte Teutschland über diesen Gegenstand für ein Gedankensystem führt; übrigens bleibt dem allerhöchsten Ermessen Eurer Kayserlichen Majestät anheimgestellt, das Weitere zu folgern, was nöthig, oder doch wenigstens gewöhnlicher Maaßen daraus herfließt.

Allein die starke Sprache der Reichsgrundgesetzgebung, und die ihr inhæsivè nachgehende Kraft der allerhöchsten Kayserlichen Erklärungen soll endlich zur Entscheidung einen Beytrag liefern, welcher fast unwiederstreblich seyn möchte.

Im Jahr 1648. ward die Reichsstadt Weissenburg an die Kron Frankreich mit allen oberherrlichen Rechten, die Vestung Philippsburg aber nur zum Schutz und Besatzung überlassen. Bey dieser Gelegenheit sind vorderfamst in Anschung der Stadt Philippsburg alle auffer der Schutz- und Besatzungsgerechtigkeit damals denkbar gewesene Vortheile und Rechte

Art. 11. §. 77. Inſtr. pac. Monaſt.

namhaft gemacht, und ganz unzertrennlicher Maaßen (copulativè) jenen vorbehalten geblieben, welchen sie nach der ersten Stiftung zustehen sollten. Wer sind aber diese? Nicht der Bischof allein, nicht nach der alten Redensart die Kirche Domnæ Mariæ aut Stephani Nemetenſis, sondern der Bischof und sein Kapitel. Die Worte, wie sie darüber das Münsterische Friedensinstrument enthält, sind folgende:

„Rex tamen præter protectionem, præsidium & transitum in dictam castrum Philipps-
„burg nihil ulterius prætendet, sed ipsa proprietas, omnimoda jurisdictio, possessio,
„omnique emolumenta, fructus, accessiones, jura, regalia, servitutes, homines, subditi,
„vasalli & quidquid omnino antiquitus ibidem, & in totius Episcopatus Spirensis,
„Ecclesiarumque illi incorporatarum districtu, Episcopo & Capitulo Spirensi compete-
„bat, & competere poterat, eisdem in posterum quoque salva, integra, & illæsa, ex-
„cepto tamen jure protectionis permaneant."

Im Jahr 1697. ist die Vestung Philippsburg durch den Ryswickischen Frieden Art. 22. sicherer Maaßen inhæsive nach dem Art. 4. des Nimwegischen Friedens von dem französischen Schuz- und Besatzungsrechte wieder ledig erklärt, und in so weit an Kayser und Reich abgetretten worden. Die Ausdrücke, welche auch damals in Gleichförmigkeit mit der angezogenen Verfügung des Münsterischen Friedens die Rechte des Domkapitels zu Speyer retten sollten, und die mit selbiger verglichen, den Bischof und das Kapitel so gar wörtlich zum Repräsentanten des Hochstifts Speyer machen, waren diese:

Episcopatus Spirensis jure undequaque reservato.

Endlich im Jahr 1736. ward, nach den damals wieder beygelegten Kriegsunruhen, die Vestung Philippsburg mit einem Kayserlichen Kommendanten, und mit einer aus Kayserlichen und Reichstruppen bestehenden Besatzung versehen. Bey dieser Gelegenheit entstand die Frage: ob der Kommendant mit seiner Besatzung dem Bischof und dem Domkapitel nicht einen sonder Zweifel den angezogenen Friedensstellen gemäßes, d. i. die Speyerischen Hochstiftsrechte nach der Intention der allerhöchsten und höchsten Friedensstifter enthaltenden Eid zu leisten hätte? Die allerhöchste Kayserliche Resolution, welche hierauf an Se. Durchlaucht den Herrn Herzog von Würtemberg im Jahr 1736. unverhalten blieb, war diese:

„Wie die vorhinige Kommendanten von beyden Plätzen, (d. i. Kehl und Philippsburg) „nebst der Besatzung in dem Einen dem Bischof zu Speyer und dem dasigen Domkapitel, „als Grund- und Eigenthumsherrn von Philippsburg, und in dem Andern „dem Markgräflichen Haus Baaden als Grund- und Eigenthumsherrn von Kehl den Eid „abgelegt haben: so ist unser Will, daß es auch anitzo nach erfolgter Besitznehmung „geschehe."

Was kann nun für die Absicht des Domkapitels zu Speyer entscheidender seyn, indem dasselbe nach der oben angezogenen Erklärung, durch seine Grundherrschaft nichts anderes bestellt, als die Grund- und Eigenthumsherrlichen Rechte auf Philippsburg, und andere Ortschaften des Hochstifts Speyer, so wie sie, nebst dem Markgräflichen Haus Baaden, andere erlauchte Häuser in weltlichen Reichslanden mit dem regierenden Landesherrn in einer unthätigen Gemeinschaft zu haben behaupten, und davon demnach seine Erbherrschaft eine an und für sich schon natürliche, dermalen aber so gar Reichsgesetzmäßige Folge ist.

Und bey allem dem sollte das Domkapitel zu Speyer auch nur vermuthen dürfen, Eure Kayserliche Majestät wären gemeynt, ihm diese nach ihrer vollen Unschuld dargelegte Erb- und Grundherrschaft abzusprechen? Dadurch nach einer ganz natürlichen Schlußfolge die Sache aller teutschen Erz- und Hochstiftlischen Domkapitel, die bey gegenwärtigem Streit nicht mitbefangen sind, auf einen gleichen Fuß zu setzen, und also auf einmal die Hoheitsrechte der geistlichen Kurund Fürsten, die bis zur Zeit, wenigstens in Absicht auf Veräußerungen, und andere Grundveränderungen ihrer Länder, sich durch die wohlgenommene Erb- und Grundherrschaft mehr begränzt fanden, auf eine Stufe zu erheben, auf welcher sie zur Geburtszeit des Westphälischen Friedens, ja noch im Jahr 1736. vorgelegter Maaßen nicht gestanden haben?

Ohne an jene heilige Versicherungen zu gedenken, welche Eure Kayserliche Majestät dem römischen Reich zu seiner Zeit gegeben haben, daß auch nicht einmal eine zweifelhafte, vielweniger durch Inhæsiv-Erklärungen, und Observanz schon so nahe erörterte Stelle des Westphälischen Friedens, entweder durch Allerhöchstdieselbe unmittelbar, oder durch eines der höchstpreislichen Reichsgerichte in dergleichen, wie sich von selbst versteht, so besonders geeigneten Betreffen eine einseitige Auslegung finden würde, treffen noch andere Gründe in der Menge zusammen, welche dem Domkapitel zu Speyer die in Frage gestellte Vermuthung nicht erlauben.

All dieses, welches solchen diesseits aus allertiefesten Respekt gegen Eure Kayserliche Majestät, und die Gesetze des Reichs auch nicht einmal für erlaubt angesehenen Vermuthungen entsprechen sollte, würde Grundmeynungen ändern, welche sehr tief in das System des Reichs ein-

eingreiffen, und das Fürstliche Hochstift Speyer würde bey dieser Gelegenheit eine Wunde davon tragen, die sich nach aller gegründeten Vermuthung nie wieder ausheilen liesse.

Das edelste Kleinod, welches das Hochstift Speyer hat, ist die ihm einverleibte gefürstete Probstey Weissenburg, welche in Niederelsaß, unter der Königlich Französischen Souveränität liegt, und die durch die oben angezogenen Stellen des Westphälischen Friedens dem Domkapitel zu Speyer eben so wie Philippsburg, in Ansehung des Grundeigenthums zugesichert ist. Dem unerachtet sind die Canonici zu Weissenburg in Vereinigung mit sichern Grossen am französischen Hofe schon lange bemühet, dieses edle Kleinod wieder ausser Verbindung mit dem Hochstift Speyer zu setzen. Noch ist das Andenken jener Bewegungen schreckbar, die deshalben vor den Augen des Domkapitels zu Speyer erschienen sind. Sollte aber einmal entschieden seyn, daß das Domkapitel nicht zugleich auch mit dem Bischof der Sitz der an die Domkirche ursprünglich abgegebenen Rechte sey: so wäre um so viel mehr auch entschieden, daß es kein gemeinschaftliches Mitsubjekt von jenen Rechtszuständigkeiten seyn könne, welche die mit Päbstlicher und Kayserlicher Autorität vor sich gegangene Vereinigung der Pröbsten Weissenburg gegen das Hochstift Speyer gestiftet hat.

Wie sehr wären aber dadurch die Absichten des Kapitels zu Weissenburg und des französischen Hofes, die sich schon lange für die Abreissung dieser Probstey erklärt haben, erleichtert? Wie viel schwächer erschiene nicht das Recht des Domkapitels, sich einer solchen Abreissung entgegen zu setzen? und wie füglicher liesse sich dieselbe, mit oder ohne Vorbehalt der Reichsanlagen, in sicheren günstigen Gelegenheiten zu Stande bringen, wo entweder der König von Frankreich mit dem Verhalten des Bischofs gegen sich nicht zufrieden wäre, oder wo die Abgebung dieser Probstey als ein Opfer für die Erhaltung anderer Hochstifts-Revenüen aus Elsas verlangt würde, u. s. w.

Will also das Domkapitel zu Speyer von der Sache im Ganzen so denken, wie es zu denken schuldig ist, will es nicht voreilig urtheilen: Eure Kayserliche Majestät wären ohne weiters entschlossen, das Hochstift Speyer auf nur einseitige, im Ganzen sehr unvollständige, dem Domkapitel nie kommunizirt gewordene, deswegen auch unmöglich nach Gebühr geprüfte Vorträge seines dermalen regierenden Herren und Fürsten in Gefahr zu stürzen, daß es an seinen theuren, von dem allerglorwürdigsten Vorfahrer am Reich, durch das häufig vergossene Blut so vieler tausend Menschen, noch mit erhaltenen Rechtszuständigkeiten desto leichter verkürzt werden könnte.

Will dasselbe in die zu verschiedenen Zeiten erschienenen allerhöchsten Resolutionen der Kayser frevelmüthiger Weise nicht selbst einen Widerspruch hineintragen: so muß es nunmehro den Schluß machen: die **Erb- und Grundherrschaft, welche Eure Kayserliche Majestät bey einer andern Gelegenheit schon verworfen, und dermalen auch nur zu nennen verbotten haben, ist von jener Grund- und Eigenthumsherrschaft unterschieden, die weil. der allerdurchlauchtigste Grosvater Eurer Kayserlichen Majestät Karl VI. in einem allerhöchsten Reskript vom 21. Jul. 1736. dem Domkapitel zu Speyer obenbesagter Maaßen zuerkennt haben**; nämlich es ist eine Erb- und Grundherrschaft, welche an der thätigen, und dem Fürst-Bischoffen allein eigenen Landeshoheit Theil nimmt, oder wie sich das im Jahr 1698. unterm 11ten September an den Fürst-Bischoffen zu Wirzburg erlassene allerhöchste Kayserliche Reskript ausdrückt, welche von den Kayserlicher Seits den Fürst-Bischöffen verliehenen Regalien und Weltlichkeiten einen grossen Theil ab- und an das Domkapitel zieht, sofort in ein Kondominium eindringt; eine Erb- und Grundherrschaft, welche den Bischof in seiner Gesetzgebung, und anderen guten Polizeyeinrichtungen, so wie die, in Sachen des Fürst-Bischofs zu Eichstädt gegen sein Domkapitel im Jahr 1758. erwachsenen Akten ausgeben, hindert, und also zwischen Haupt und Glieder die schädlichsten Zwietrachten stiftet; eine Erb- und Grundherrschaft, die zur Zeit der Zwischenregierung die Quelle der gegen eine rechtschaffene Dienerschaft öfters ausgebrochenen schweren Verfolgungen, und anderer, die künftige Regierung äusserst erschwerenden Kontrasten mehr war; mit einem Wort: eine Erb- und Grundherrschaft, die nicht lediglich den Veräusserungen, und anderen gefährlichen Grundveränderungen des Landes vorbeugt, sondern über diese Gränzen auf eine zügellose Art ausschweift, und dadurch den zeitlichen Landesregenten, den Kayser und das Reich beschweret.

Allein von einer so abentheuerlichen Erb- und Grundherrschaft findet sich im Hochstift Speyer nicht einmal ein Schatten. Die jetzt lebenden Domkapitularen haben die im Jahr 1743. erschienenen Maßnehmungen ihrer Vorfahrer, dadurch sie als Erb- und Grundherren ihrer Dienerschaft die Erlaubniß, sich Bauerngüter anzuschaffen, beylegen wollten, und also aus den Gränzen fast zu tretten schienen, oben §. 3. n. 1. angezeigter Maaßen, schon lange wieder verbessert, und bey der letztern Sedisvakanz war nicht eine einzige Spur davon merklich, als wollte man eine so gehäßige Erb- und Grundherrschaft in dem fürstlichen Hochstift Speyer aufkommen lassen; und wenn es auch an dem wäre, daß in Ansehung dergleichen an und für sich best gegründeten Rechte einige Mißbräuche zum Vorscheln gekommen wären: so ist die rechtliche Folge diese: daß nicht die Rechte selbst aufgehoben, sondern nur die Mißbräuche abgeschaft werden müßten.

Von daher schöpfet nun das Domkapitel das devoteste Zutrauen, Eure Kayserliche Majestät werden jene Ungnade, mit welcher ihm der Gebrauch dieses Ausdruckes: Erb- und Grundherrschaft verwiesen worden ist, wieder in Gnade verwandeln, und damit einer Seits Allerhöchstdieselben der allerunterthänigste Gehorsam, in so weit er sich mit den vorgelegten Gründen, und daraus herfliessenden Pflichten des Domkapitels vereinbaren läßt, werkthätig bewiesen; anderseits aber die dem Schein nach einander widersprechenden Kayserlichen Resolutionen vom 21ten Jul. 1736. und 28ten Aug. 1781. zur Uebereinstimmung gebracht, und eben dadurch die ehrfurchtsvollsten Rücksichten gegen den teutschen Kayserthron vor den Augen des Publikums gewahret werden: so ist ab Seite Anwalds und seiner Herren Prinzipalen die weitere allersubmisseste Erklärung, nebst der Bitte, solche in erneuerten Kayserlichen Gnaden aufzunehmen, dahin gestellt:

1.) Das Domkapitel zu Speyer wird nie bey einer Gelegenheit den Ausdruck: Grundherrschaft anderst gebrauchen, als in dem unschuldigen, vollständig genug schon erklärten, und von Weil. Sr. Kayserlichen Majestät Karl VI. selbst allergerechtest bewilligten Verstand, dadurch eigentlich zu desto gesicherteren Dauer ewiger Stiftungen, zu Abwendung gefährlicher Grundveränderungen und Veräusserungen, folglich zur gewissern und gänzlichen Erhaltung des Reichslehenbaren Hochstifts Speyer ab Seite des Domkapitels, eine übrigens unthätige Gemeinschaft der Landesherrlichen Regalien mit seinem Fürst-Bischof, oder beyderseits nur der gemeinschaftliche Sitz derselben ihrer Substanz nach angenommen ist; und gleichwie es zwar nicht wesentlich, jedoch sehr natürlich ist, daß bey einer unvollständigen Gemeinschaft der Rechte nach erloschenem thätigen Subjekt die Ausübung davon dorthin zurücktritt, wo diese Rechte zuvor ihrer Substanz nach mitgehaftet haben, und nach Maßgebung dieses Grundsatzes die höchsten Stifter des Westphälischen Friedens wirklich verordnet haben:

„Libera sit ubique Capitulo. . . . sede vacante administratio, &
„jurium Episcopalium exercitium, art. 5. §. 17.

Welche Administrazion an anderen Orten dieser Friedens-Urkunde: Gubernatio terrarum & regimen Episcopatus genennet ist: so wird

2.) Das Domkapitel zu Speyer es nie wagen, sich den Namen eines Erbherrn von diesem Hochstift in einem andern Sinne beyzulegen, als soweit es nach

erlo-

erloschenem Regierungssubjekt einiger Maassen zwar schon als Grundherr, noch vielmehr aber, und vorderjamst nach der Reichsgrundgesetzgebung die Regierung des verwaisten Hochstifts, wiewohl nur auf eine Zeit lang, und unter beständigen Rücksichten auf die oben von §. 8. bis 16. ausgezeichnete Gränzen, zu führen hat.

Auf denselbigen Artikel:
die Einwilligung des Domkapitels, zu Einführung neuer Schatzungen, oder Erhöhung der Alten betreffend.

Die in diesem Artikel vestgestellte Bedingung der Domkapitularischen Einwilligung zu Einführung neuer Schatzungen, oder Erhöhung der Alten konnte nie dahin abzielen, daß die Leistung der Reichs- und Kreisanlagen jemals durch die Vorenthaltung des Domkapitularischen Konsenses gehemmet werden sollte, und steht allerdings von dem Domkapitel zu Speyer zu vermuthen, daß es eine solche, gegen höhere Anordnung streitende Meynung nie zu Gemüthe genommen habe. Es geht also die wahre Absicht dieses Artikels allein dahin, daß von einem zeitlichen Fürsten zu Speyer, unter dem Vorwande neuer bey dem Reichstage, oder anderen Versammlungen verordneten Anlagen, allenfalls auch noch weiter vorgeschützter Bedürfnisse, neue Schatzungen weder eingeführt, weder auch die Vorigen erhöhet werden dürfen; es sey dann, daß hievon dem Domkapitel zum voraus Nachricht ertheilt, und selbes zur Miterkenntnis in der Sache, welcher demnach natürlicher Weise die augemessene Einwilligung von selbst folgen muß, veranlaßt werde, und zwar nicht deswegen, damit durch die nachfolgende Domkapitularische Einwilligung die Gewalt des Fürst-Bischoffen, neue oder erhöhete Steuern aufzubringen, erst ergänzet, sondern damit nur gegen die willkürliche, oder nur als nöthig vorgegebene Einführung dergleichen Abgaben ein Schlagbaum ins Mittel gebracht werde.

Nach dem Maas und Erforderniß einer so bestimmten Absicht, ist in allen Erz- und Hochstiftern des teutschen Reichs, wo keine Landstände sind, die Einwilligung der Domkapitel zu neuen Auflagen eine hergebrachte Sache, und in dem Hochstift Speyer ist dieselbe sogar in dem 1760. errichteten, mittelst Kayserlicher Autorität ganz vest stehenden Vertrage, und zwar durch die Aeußerung auf das 16te Gravamen vollkommen richtig gestellt.

Durch diese alleruntertänigste Leuterung hoft das Domkapitel den betreffenden Inhalt dieses Artikels gerechtfertigt, und zugleich der Willensmeynung Eurer Kayserlichen Majestät sich gemäs erklärt zu haben.

Auf denselbigen Artikel:
die unterbleiben sollende Vereinbarung der Landschafts- und Kammerkasse betreffend.

In dem Hochstift Speyer, welches keine Landesstände hat, werden die Schatzungsabgaben durch dieselbigen Beamte erhoben, gesammelt, und eingeliefert, welche die Einnahme der Kammerrevenüen zu besorgen haben, und derjenige Zahlmeister, welcher die Kammergelder verwahret, und auf Anweisungen auszahlen muß, hat dermalen auch die Landschaftskasse unter seiner Verwahrung.

In mehr als in Einem Betracht werden solchen Beamten die Geschäfte erleichtert, die Reisen weniger vervielfältiget, und überhaupt dem Hochstift unnöthige Kosten erspart, wenn beyde Kassen miteinander vereiniget sind, jedoch der sonst zu befahrenden widerrechtlichen Konfusion durch besondere Rechnungen vorgebeugt wird. Aus dieser ganz guten Absicht ist der solche Kassenvereinigung betreffende Artikel in die Wahlkapitulazion eingerückt worden.

Immittelst da Eure Kayserliche Majestät hierunter ein oder die andere, vielleicht nicht ganz ungegründete Gefahr, nach Allerhöchstdero durchdringenther Vorsicht zu besorgen scheinen: so fügt sich das Domkapitel lediglich und allerunterthänigst nach dem geäusserten allerhöchsten Willen, — danket so weiter

Auf denselbigen Artikel:
die Ausantwortung der Rechnungsexemplarien zur Einsicht und Verwahrung aus Domkapitel betr.

Eurer Kayserlichen Majestät in allertieffester Ehrfurcht, diese hierinn mitgetroffene Weisheitsvolle Verfügung, als welche unfehlbarer Maassen zum wahren Besten der Speyerischen Hochstiftslande und Unterthanen ausschlagen muß, und

Auf denselbigen Artikel:
1.) Die Behandlungsart des Kollektationswesens im Hochstift Speyer,
2.) Die Beschaffenheit der Observanz, im Fall der Unzulänglichkeit mit einfacher Schatzung die ordinaire Reichs- und Kreisprästanden zu bestreiten, und
3.) Die Gründe, warum sodann die Fürstliche Hofkammer zu Uebernehmung des Abgangs verbunden werden solle, betreffend.

Ueber den ersten Punkt kann das Domkapitel den allergnädigst gefoderten Bericht, aus Mangel der zulänglichen Kenntnis in der Sache, nicht stellen. So viel ist aus dem bey Eurer Kayserlichen Majestät schon erwachsenen Aktenstande zuverläßig, daß die Kollegiatstiftischen Erbbeständer zu Mühlhausen mit einer neuen Gewerb- und Gewinnsteuer belegt worden sind, so wie bereits oben §. 6. allerunterthänigst angemerket ist.

Auch haben sich die Unterthanen aus verschiedenen Hochstiftsorten bey dem Domkapitel, wiewohl ohne da Gehör gefunden zu haben, beschwert, daß sie nach vollbrachter jüngster Renovation der schatzbaren Grundstücke im Lande höher in der Schatzung wären angelegt worden, und zur Zeit vernimmt man noch immer die wiewohl nur im Stillen herumgehende Stimme unzufriedener Unterthanen, die sich beklagen, daß ihre Güter nach der jüngsten Renovation über die Hälfte höher besteuert würden, als zuvor.

Das Domkapitel hat nun von dem Grund dieser Schatzungs-Erhöhung, welche dem äusserlichen Vernehmen nach nur auf eine bessere Einrichtung der auf dieser und jener Seite des Rheins gelegenen Grundstücke nach dem Schatzungsfuß beruhen soll, von Sr. Fürstlichen Gnaden selbst keine Aufklärung erhalten, und indem sich die Bauern im Lande aus Furcht des Zuchthauses, oder anderer Strafen nicht unterstehen, ihre allenfalls auch gegründete Beschwerde vor Eure Kayserliche Majestät selbst zu bringen: so würde allerdings eine ex officio veranlaßte gründliche Untersuchung, und dem Befinden angemessene Kayserliche Abhülfe jene wesentliche Gnade seyn, welche dem nur in der Stille seufzenden Vaterlande der Hochstiftspeyerischen Bürger geschehen kann.

Uebrigens haben Eure Kayserliche Majestät in dieser Geschichte wieder ein überzeugendes Merkmal, daß das Domkapitel auch in jenen Fällen, wo selbst nach der allerhöchsten Resolution vom 23ten August vorigen Jahrs dasselbige zu Vorstellungen befugt ist, seine Vorstellungsrechte nicht gebraucht habe, und daß sich also die Fürstl. Speyerische Anzeige, eines widerrechtlichen Eingriffs in die Regierungsrechte, auch von daher nicht in der Wahrheit, wohl aber der Vorwurf, in so weit zu wenig gethan zu haben, begründet finde.

In dem andern Betreff ist es zu vergangenen Zeiten immer so gehalten worden, daß bey erschienener Unzulänglichkeit der einfachen Schatzung, zu Bestreitung der ordinairen Reichs- und Kreisanlagen eine Schatzungs-Erhöhung, jedoch nicht anderst, als nach vorhinigem Mitwissen, und beygetrettener Einwilligung des Domkapitels geschah.

Dieser so bestimmten Observanz gebt der im Jahr 1760. mittelst Kayserlicher Autorität bestättigte feyerliche Vertrag zwischen dem damaligen Hochstiftsregenten, und dem Domkapitel inhaesivé nach, als welcher zu dergleichen Schatzungs-Erhöhungen die Domkapitularische Einwilligung mit ganz klaren Worten erfodert. Uebrigens

Was den dritten Punkt belangt: so gründet sich die Verbindung der Fürstlichen Rentkammer, den Abgang, welcher sich hie und da bey erscheinender Unzulänglichkeit der einfachen Schatzung, zu Bestreitung der hier in Betracht liegenden Auslagen ergeben mag, darinn: Die Fürstliche Rentkammer hat theils durch den Weg der Konfiskation, theils durch Okkupirung herrenloser Dinge, theils durch Erwerbung verpfändeter Güter mehrere Grundstücke an sich gebracht, die vorhin schatzbare Bauerngüter waren.

Und nachdem selbige einmal in die Herrschaftlichen Hände gekommen sind: so blieben sie von den gewöhnlichen Schatzungsabgaben frey: Ein betrübter Geschichtsumstand, der nothwendig zur Folge haben mußte, daß die Innhaber der übrigen steuerbaren Güter nach Erfoderniß der hie und da ausgekommenen, und im Ganzen immerhin unvermeidlichen Nothverhältnisse um desto eheuder zu gedoppelter Schatzung, oder doch wenigstens über das Maas der Gewöhnlichen angezogen wurden.

Das Domkapitel zu Speyer, welches eben dergleichen Benehmungen des einmal in seine volle Gewalt versetzten Hochstifts-Regenten nicht so leicht widerstehen konnte, hat wenigstens bey der Wahl desselben dafür zu sorgen gesucht, daß in dergleichen Dingen die natürliche Billigkeit beobachtet, und über dieselbe die Unterthanen nicht beschwert werden möchten; aus diesem Bewegungsgrund ist eben die vorwärfige Stelle in die Wahlkapitulation miteingeflossen.

In denen zu Erfüllung dieses Vertrags geeigneten Fällen möchte eben die größte Pünktlichkeit nicht immer beobachtet werden seyn. Immittelst beruht die Sache selbst auf unverkennlichen Billigkeitsgründen, und Eure Kayserliche Majestät werden die allergnädigste Vorsorge dahin wenden, daß diese mit so gutem Grunde in älteren sowohl, als in der jüngsten Wahlkapitulation angebrachte Bestimmung für künftige Zeiten ihrer Erfüllung wegen mehr gesichert werde.

Auf den XIII. Artikel:

Die Verpflichtung der Hochstiftsdiener vor einem Domkapitularischen Deputirten, Anregung von Pflichten gegen das Domkapitel in ihren Bestallungsbriefen, und Begebung der Hochstifts-Oberämter an Adeliche betreffend.

Hat es bey den 2. erstern Punkten nie eine andere Meynung gehabt, als daß die Gegenwart des Domkapitularischen Deputirten bey der Beeidigung der Hochstiftsdiener nur in alleiniger Rücksicht einer Sedisvakanz statt haben, auch so, und nicht anderst die Anregung ihrer Pflichten gegen das Domkapitel in Bestallungsbriefen verstanden werden solle: gleichwie dieß auch die über solche Vorgänge verfaßten Dikasterialprotokolle wörtlich besagen.

Uebrigens ist dem Domkapitel nicht denkbar, von welcher Zeit an die Begebung der Hochstiftischen Oberämter an Adeliche ihren Anfang genommen habe. Hierunter geschieht eben nichts anderes, als was in den benachbarten Kurpfälzischen und Badenschen Landen auch gebräuchlich ist, und der Hochstiftsregent wird dadurch in Stand gesetzt, mehrere Kavaliers, welche derselbe doch nach den Maasregeln des Wohlstandes bey seinem Fürstlichen Hofstaat haben muß, desto leichter zu unterhalten.

Auf den XIV. Artikel:

Die Erstreckung dieses Artikels auf die Verschickungen in Reichs- und Kreisgesandtschaften, auch auf die Reichsbeschickungen anlangend.

Obwohl in den dem diesseitigen Exhibito de præs. 31. Maji 1779. alleruntertänigst vorgelegten Anmerkungen ad Capitulationem Episcopalem, bey diesem 14ten Artikel ein und anderes eingeflossen, welches derselbe nicht wörtlich enthält: so ist doch solches nicht in der Absicht, sothanen Artikel auf weitere Dinge extendiren zu wollen, sondern nur als ein dem allerhöchstkaiserlichen Ermessen überlassenes Motivum von dem Verfasser obererwehnter Anmerkungen mitangeführt worden, folglich wird sich das Domkapitel der nunmehro von Eurer Kayserlichen Majestät hierüber

hierüber ausgeflossenen Resoluzion allerdevoteſt fügen, und dieſen Artikel bey Vorkommenheiten niemal anderſt, als nach deſſen wörtlichem Innhalt, ſo wie er von Eurer Kayſerlichen Majeſtät beſtättiget iſt, auszulegen ſich unterfangen.

Auf den XVII. Artikel:
Die Veränderung des ordinari Kollektenbeytrags für die vogteyliche Domkapitelliche Ortſchaften belangend.

Hiezu haben folgende Umſtände die Veranlaſſungs- und reſpective Beweggründe abgegeben:

1.) Das Domkapitel zu Speyer war ſchon von entfernteren Jahren her mit dem Fürſtl. Badenſchen Haus Durlach in unangenehme Prozeſſe verwickelt, das Kondominat der 3. Ortſchaften Ober- Unterweſingen und Dürrenbüchig betreffend. Dieſe Prozeſſe waren bey dem Kayſerlichen und Reichskammergericht zu Wetzlar anhängig, und hatten ſowohl für das Domkapitel, als auch für die Innwohnerſchaft der gedachten 3. Orte unter ihrem Laufe die betrübteſten Folgen. Niemal konnte bey der im Streit gelegenen Mitherrſchaft des Orts allda die Gerechtigkeit gehandhabet werden, vielmehr entſtanden hierunter öfters die größten Thätlichkeiten. Nebſt dem konnte der aus dieſen Orten zu erhebende Schatzungsantheil nie eingebracht, ſondern wurde Markgräflich-Durlachiſcher Seits mit Gewalt zum voraus eingezogen, und die von daher dem Domkapitel noch weiter zugefügten vielfältigen Beſchädigungen haben ſeine jährliche Kondominats-Einkünfte weit überſtiegen.

2.) Um aus einer ſo verdrüßlichen, dem Domkapitel ſo nachtheiligen, der Gerechtigkeit, und dem gemeinen Wohl der Unterthanen ſo hinderlichen Lage einmal zu kommen, wurde im Jahr 1770. die Mitherrſchaft an das Durchlauchtig-Badenſche Haus gegen eine ſichere Geldſumme abgetretten, auch der hier ins Mittel gelegte Vergleich von dem verlebten Hochſtifts-Regenten Herrn Kardinal von Hutten Em. ſeinem ganzen Umfang nach genehmigt.

3.) Nun war ſchon im Jahr 1760. in dem von Sr. Kayſerlichen Majeſtät beſtättigten Vertrage zwiſchen dem Hochſtifts-Regenten und dem Domkapitel zu Speyer ſo viel veſtgeſtellt, daß auf den Fall, wo die wegen den Domkapitulariſchen Ortſchaften Ober- Unterweſingen und Dürrenbüchig bey dem Kayſerlichen Reichskammergericht gegen Baden-Durlach hangenden Prozeſſe verlohren gehen, ſomit dieſe Ortſchaften dem Domkapitel entriſſen werden ſollten, ſodann die Domkapitulariſche Konkurrenzſumme zur Hochſtiftsſchatzung auch ihre Mäßigung finden würde, und blieb damals die weitere Beſtimmung dieſer Summe auf die gütliche Uebereinkunft beyder paziſirender Theile ausgeſetzt. Es war alſo nach dem mit dem Fürſtlichen Haus Durlach einmal getroffenen Vergleich, der für das Domkapitel den Verluſt der gedachten 3. Ortſchaften zur Folge hatte, wirklich an dem, daß die zur weitern Regulirung ausgeſtellte Konkurrenzſumme der Schatzung nunmehro veſtgeſetzt werden müßte.

4.) Die Beſtſetzung dieſer Summe wurde nun ſchon in der letztern Zwiſchenregierungszeit 1770. beſchäftiget, ſie konnte aber damals wegen verſchiedenen anderen Hinderniſſen nicht zu Stande gebracht werden; endlich im Jahr 1771. erhielte dieſe dergeſtalt ihre Berichtigung, daß die vormals auf den 20ten Theil beliebt geweſene Konkurrenzquote auf den 25ten Theil herabgeſetzt wurde.

Hirunter wurde im Hauptweſen nichts anderes bewerkſtelliget, als was im Grund durch den im Jahr 1760. geſchloſſenen, und von Sr. Kayſerlichen Majeſtät ſelbſt durch eine feyerliche Beſtättigung zur größten Rechtskraft erhobenen Vertrag ſchon beliebt war. Die geringe Geldſumme, welche das Domkapitel hier für ſeinen abgetrettenen Kondominatsantheil von dem Markgräflichen Haus Durlach zu erheben hatte, kann hierinn kein Bedenken gründen; denn wie angeregter Maaßen zur Zeit des obwaltenden Rechtsſtreits das Domkapitel nie aus Ober- Unterweſingen und Dürrenbüchig für ſeinen Schatzungsantheil etwas erheben konnte, ſondern hieran von dem Haus Baden gehindert wurde: ſo ließ daſſelbe auch nicht zu, daß bey Regulirung der für

dieſe

dieſe 3. Ortſchaften und ihre Mitherrſchaft zu zahlende Geldſumme die Schatzung Domkapitulariſcher Seits mit in Anſchlag gebracht werden durfte.

Es wurde alſo überhaupt unter billigen Rückſichten auf das weder mit Wald, noch Weide verſehene Domkapitulariſche Ort Rötteröheim, und auf ſeine mißliche Zeitumſtände, die das Domkapitel nur an ſeinen Ortſchaften und Unterthanen, wiewohl ohne deſſen Verſchulden, immer geſchwächt haben, zwiſchen ſeinen Vogteyverwanten und den Unterthanen des Hochſtifts eine ſolche Schatzungs-Proportion hergeſtellt, die ſich durch ihre nach jedem Betracht geprüfte Billigkeit von ſelbſt empfiehlt.

In Dingen, welche ſich nicht ſo ganz genau abwägen laſſen, iſt ein nach den Maaßregeln der Billigkeit ſich richtender, und übrigens von den ſtreitenden Theilen mit treuem Glauben abgeſchloſſener Vergleich das fürtreflichſte Auskunftsmittel; und nachdem ein ſolcher Vergleich zwiſchen Sr. jetzt regierenden Fürſtlichen Gnaden und dem Domkapitel zu Speyer über den vorliegenden Gegenſtand zu ſeiner völligen Rechtskraft wirklich gediehen iſt, derſelbe ſich auch ſo wenig als eine andere bereits entſchiedene, und rechtskräftige Sache wieder aufheben läßt: ſo darf das Domkapitel alleruntertänigſt hoffen, daß auch Eure Kayſerliche Majeſtät dieſe einmal im Jahr 1771. ſo veſtgeſtellte Summe des Domkapitulariſchen Kollekten-Beytrages in den Grenzen ihrer Beſtimmung allergerechteſt werden ſtehen laſſen.

Auf den XIX. Artikel:

Die Befreyung der Domkapitulariſchen Offizianten von allen Perſonalpräſtationen, und ihre Gleichſtellung mit den Fürſtlichen, nach dem Grundſatz der Erb- und Grundherrſchaft, betreffend.

Das Domkapitel hat nie eine Erb- und Grundherrſchaft zu behaupten geſucht, die auf ſeiner Seite eine mit dem Landesherrn wirkende, oder auch denſelben in ſeiner Regierung behindern könnende Hoheit involvirte; in ſo weit bewirkt ſich daſſelbe auf ſeine oben auf den X. Artikel geſtellte allerdevoteſte Erklärung.

Gleichwie aber die Befreyung von allen Perſonalpräſtationen, wenn ſie ein Ausfluß der Erb- und Grundherrſchaft wäre, nothwendig den Zuſtand einer thätigen Landeshoheit vorausſetzt: ſo betreffenbart ſich ſchon von daher, daß das Domkapitel zu Speyer nie gemeynt ſeyn konnte, in dieſem Artikel die befragte Freyheit ſeiner Offizianten als eine volle Wirkung der Erb- und Grundherrſchaft in ſeinem Verſtand aufzuſtellen; vielmehr beſagen es ſogar die Worte der Wahlkapitulation in dem vorliegenden Betreff, daß die Befreyung der Domkapitulariſchen Dienerſchaft von Perſonalpräſtationen, vermöge der Erb- und Grundherrſchaft nur zum Anſtand, und zur Billigkeit gehöre, und laſſen von eben daher den Gedanken zurück, daß eigentlich die Begünſtigung des Regenten noch dasjenige erſetzen müſſe, was dieſem Billigkeitsgrund zur bezielten Rechtswirkung an ſeiner Vollſtändigkeit noch abgeht.

Im übrigen, da die Landeshoheit des Speyeriſchen Hochſtifts in Abſicht auf das Domkapitel, und ſeine Angehörige in den Verträgen vom Jahr 1760. ad gravamen 6. und in den Jüngern vom Jahr 1771. ad idem gravamen wirklich anerkennt iſt, und übrigens vor der ganzen Welt ſehr auffallend ſeyn würde, wenn ein Hochſtifts-Regent jenem Corpori, dem er ſeine Erhebung zu verdanken hat, nicht auch die Befreyung ſeiner Diener von Perſonalpräſtationen eben ſo vergünſtigen wollte, wie die Seinigen:

So ſteht nunmehro das Domkapitel in dem allerdevoteſten Vertrauen, daß die hier in die Frage gezogene Befreyung ſeiner Dienerſchaft, wenigſtens von dieſem Geſichtspunkt aus, kein beſonderes Bedenken leiden werde.

Auf den XX. Artikel:

Betreffend die Wiederverleihung der heimgefallenen Lehen, daferen ſolche Feuda infeudari ſolita ſind.

T   Das

Das Domkapitel hat nie gedacht, durch diesen Artikel einem zeitlichen Fürst-Bischoffen zu Speyer jenes Wiederverleihungs-Recht selbst, welches ihm in Ansehung der hier benennten Lehen nach den Reichsgesetzen, und dem teutschen Lehenwesen zustehen mag, abzustricken; inmittelst ist jedoch die Ausübung eines solchen Rechts durch kein Reichsgesetz begränzt, oder, welches gleichviel ist, die Gesetze bestimmen nicht, daß ein Fürst-Bischof sein Recht, heimgefallene Lehen von der befragten Art wieder zu begeben, gebrauchen muß, sondern es steht ihm von daher ganz frey, solchen Rechtsgebrauch eintretten zu lassen, oder nicht.

Gleichwie aber jeder, dem die Gesetze den Gebrauch seiner Rechte nicht begränzt haben, solchen durch seine Willkür, und also auch durch einen sonst unanstößigen Vertrag, unter gewisse Gränze setzen kann, welcher Vertrag dann um so viel mehr in seine Erfüllung zu bringen seyn möchte, wenn er durch einen Eid bestärkt ist; maassen Eide immer, wenn sie weder mit Verlätzung eines Dritteren, weder mit dem Nachtheil des ewigen Heils verknüpft sind, gehalten werden sollen: so hat das Domkapitel gegen Eure Kayserliche Majestät das eben so gerechte als ehrfurchtsvollste Zutrauen gefaßt, daß dieser Artikel in dem erleuterten Sinne, d. i. nicht von der Aufhebung der Fürstlichen Rechte selbst, die heimgefallenen Lehen qs. wieder zu verleihen, sondern nur von einem durch eigene Willkür des Regenten so bestimmten Nichtgebrauch derselben verstanden, noch seinen ferneren Bestand haben möchte.

Auf den XXVI. Artikel:

Betreffend die ungehinderte Beziehung der Novalzehenden auf den Domkapitularischen Zehenddistrikten, in so weit solche den Verträgen vom Jahr 1760. und 1771. gemäß ist.

Eure Kayserliche Majestät bestättigen hierdurch nicht nur allein die den Inhalt des Artikels ausmachende Ueberlassung der Novalzehenden an das Domkapitel, in so weit dasselbige in verschiedenen Orten des Hochstifts im Ganzen, oder zum Theil Zehendnehmer ist, sondern indem diese allerhöchste Bestättigung lediglich auf die mitvorgelegt gewordenen Verträge von den Jahren 1760. und 1771. hinausgeleitet ist: so sind dadurch zugleich die erwähnten Verträge nach ihrem ganzen Umfang respektive zu wiederholtenmalen als rechtskräftig anerkennt. Nach diesen zu einer so starken Verbindlichkeit erhobenen Handlungsregeln, wird sich nun das Domkapitel bey jeder Gelegenheit werkthätig achten; und, in so fern auch Se. Hochfürstliche Gnaden sich nicht entgegen seyn lassen, ein Gleiches zu thun, oder doch wenigstens auf den Fall der Entgegenhandlung sich keinen unverdienten Schutz ausbringen werden: so möchte der dem Hochstift Speyer so erwünschliche Ruhestand zwischen Haupt und Gliedern seine zimliche Bewölligung finden.

Uebrigens will das Domkapitel so vermessen nicht seyn, auf die geschärfsten Erinnerungen, welche Eure Kayserliche Majestät am Ende der allerhöchsten Resolution vom 28ten August vorigen Jahrs noch beygefügt haben, ausser den vorstehenden allerdevotesten Aeusserungen noch etwas weiter zu versetzen; jedoch kann es nicht umhin, durch folgende Rekapitulazion das bey dieser Gelegenheit an Tag gelegte Hochfürstlich-Speyerische Verhalten im Ganzen unter die allerhöchste Kayserliche Aufmerksamkeit zu setzen.

§. 21.

Seine nun wirklich regierende Hochfürstliche Gnaden zu Speyer haben gegen ihr Domkapitel vor dem allerhöchsten Richterstuhl Eurer Kayserlichen Majestät eine Klage angebracht. Diese Klage hat bey ihrer ersten Erscheinung die Aufschrift erhalten: Widerrechtliche Eingriffe des Domkapitels zu Speyer in die geist- und weltliche Gerechtsame des Fürst-Bischoffen daselbst.

Das Domkapitel war nicht so glücklich, auch nur von einem einzigen Klagpunkt gerichtliche

ſiche Kommunikation zu erhalten, obwohl es darum alleruntertänigſt angeſtanden hat. Wäre dies geſchehen: ſo hätte nebſt den Erläuterungen, die gegenwärtig in allertiefſter Unterthänigkeit überreicht werden, ſogleich das weiter Gemäß befundene angebracht werden können, und vielleicht hätte die vorwürfige Klagſache gleich in ihrem Anfang eine andere Geſtalt genommen; vielleicht würde nach geändertem Klagegrund auch eine oder die andere allerhöchſte Reſolution anderſt ausgefallen ſeyn.

Dem ungeachtet erhält die immer heilige Gerechtigkeit in dem Hauptbetracht die Oberhand, und Se. Hochfürſtliche Gnaden wurden in Anſehung der eingeklagten Eingriffe in ihre weltliche Gerechtſame, Verhetzung der herrſchaftlichen Diener, und Verunglimpfung ihrer hohen Perſon kurz abgewieſen. §§. 1. 2.

Nicht eben ſo vortheilhaft fielen hingegen für das Domkapitel die allerhöchſte Reſolutionen über etwelche Nebenbetreffe aus, und von daher mögen auch die Gedanken, welche das teutſche Publikum gegen das Domkapitel zu Speyer gefaßt hat, nicht die allergünſtigſten ſeyn. Unterdeſſen waren auch die Wege und Mittel ganz ſonderbar, deren ſich die Schriftſteller Seiner Hochfürſtlichen Gnaden bedient haben, um die darauf gerichtete Klage, ſo viel als möglich, zu erheben, um die Gehäßigkeit auf den beklagten Theil in vollem Maaße auszugießſen, um den hohen Kläger den Augen des allerhöchſten Richters in der vortheilhafteſten Geſtalt zu zeigen, und endlich das Domkapitel vor der ganzen Welt in Unehre zu ſetzen.

1.) Wurden mehrere an die Pfarrer des Biſtums Speyer, an die Stifter deſſelben, ja ſo gar an die Seminariſten zu Bruchſal erlaſſene Paſtoralſchreiben, die zur Hauptſache gar nichts beytragen konnten, in der unter einem Offizialbericht erſcheinenden Klage als Beylagen miteingewebt. Vermuthlich ſollte dadurch der dem hohen Kläger vortheilhafte Gedanke geſtiftet werden: Dieſer geiſtliche Regent iſt ein eiferwoller Biſchof, und er muß doch mit ſeiner Geiſtlichkeit ſehr übel daran ſeyn, weil er genöthiget iſt, an dieſelbe ſo ernſthafte Warnungen und Strafpredigten abgehen zu laſſen.

Ohne nun in die Art und Weiſe, wie ein Biſchof in dem Wege der Geſetzgebung ſeine Geiſtlichkeit zu behandeln habe, — ohne auch in die Frage: ob das hier bemerkte Verfahren Sr. Hochfürſtlichen Gnaden zu Speyer gegen ihre Geiſtlichkeit in allem Betracht gemäß ſey, einzugehen, bewirft man ſich lediglich auf die §. 9. befindlichen Bemerkungen, und vorderſamſt auf die daſelbſt unterm Zifer 13. angefügte Beylage; vielleicht läßt ſich daraus ſchon entnehmen, daß von der Geiſtlichkeit zu Speyer etwas milder zu denken ſey. Uebrigens bleibt das Weitere, was ſich dabey allenfalls noch denken läßt, dem allerhöchſten Kayſerlichen Ermeſſen anheim geſtellt.

2.) Wurde der vom Domkapitel einmal gebrauchte Ausdruck: **gebohrner Senat** mit den gehäßigſten Farben geſchildert, und dadurch der Argwohn geſtiftet, als wolle ſich das Domkapitel zu Speyer alle die böſen Folgen eigen machen, welche von Zeit des Wirzburgiſchen Fürſt-Biſchofen von Guttenberg an bis auf den heutigen Tag, aus der vergifteten Wurzel der verdammten Erb- und Grundherrſchaft hervorgewachſen ſind; immittelſt erſcheint nun aus den von §. 6. bis 8. incl. alleruntertänigſt vorgebrachten Erläuterungen, daß dieſer Ausdruck: gebohrner Senat nach dem Sinne des Speyeriſchen Domkapitels ganz unſchuldig ſey, und daß daſſelbe eben jenem Fall, auf welchen er angewendet wurde, ſelbſt nach der allerhöchſten Kayſerlichen Reſolution vom 28ten Aug. vorigen Jahrs vollkommen angemeſſen war.

3.) Wurde zu Beſtärkung des ſo bemerkten Argwohns von Hochfürſtl. Speyeriſchen Schriftſtellern auch die Wahlkapitulation angezogen, und nachdem ſich in einigen Stellen derſelben der Ausdruck: Erb-und Grundherrſchaft, ſo gar wörtlich findet: ſo war nun nach ihrer Meynung und Vorſtellungsart nichts gewiſſer, als die beahndungswürdige Beſchaffenheit des Domkapitels, und ein zulänglicher Stof zur Kayſerlichen Ungnade.

Unterdeſſen wurde hier kein Unterſchied gemacht, zwiſchen einer Erb- und Grundherrſchaft, welche zum Theil eine thätige Landeshoheit mit ſeyn ſoll, und zwiſchen der Erb- und

L 2 Grund-

Grundherrschaft, welche nur den Ruheort der Regalien, ohne alle Mitregierungsthätigkeit, bedeutet; nein, der Ausdruck an und für sich war schon genug, den Haß, welchen die allerhöchsten Kayserlichen Jubilata auf die erstere Art der Erb- und Grundherrschaft nur allein wegen unschicklich prätendirter Mitregierung gelegt haben, auch auf die andere von so ungleichen Absichten ganz gereinigte Art hinüber zu tragen; und damit es auch an einigen Factis nicht fehlen möchte, dadurch der Grund dieses Hasses auch gegen die jetzt lebenden Domkapitularen zu Speyer noch näher belegt werden könnte: so wurden aus einer bereits vor 39. Jahren abgeflossenen Zeitepoche etwelche Zwischenregierungs-Geschichten beygezogen, Geschichten, deren Urheber bey dem jetzigen Domkapitel nun nicht mehr existiren, sondern welche die jetzt lebenden Domkapitularen durch ein vernunftmäßigeres Benehmen wieder verbessert haben. Vid. supra §. 13.

Bey solchen Bewandnissen war nun das Speyerische Domkapitel im Stand, seinem gebrauchten Ausdruck: Erb- und Grundherrschaft, eine Bedeutung zu geben, welche von allen widrigen Nebenideen geläutert, und in jedem Anbetracht ganz unschuldig ist. Von daher konnte dasselbe auch sich eben so willig als schuldig nach dem allerhöchsten Kayserlichen Befehle anheischig machen, diesen Ausdruck künftig nicht anderst, als in einem eben so geläuterten, und ganz unanstößigen Sinne zu gebrauchen; dabey muß es sich aber noch immer vor Gott, vor Eurer Kayserlichen Majestät, und vor dem ganzen Reich verpflichtet erkennen, für das Speierische Hochstift die Rechte zu behaupten, vermöge welcher es mit dem Bischof das gemeinschaftliche, und obenerklärter Maaßen unthätige Subiekt seiner Regalien ist; denn dieß sind Rechte, welche weder den Bischof in seiner Regierung, weder Kayser und Reich an dem Gebrauch der oberstlehenherrlichen Befugnisse hindern; sondern nur allein die Kirche, nach der Willensmeynung der mildesten Stifter, wider die Veräusserung der ihr abgetrettenen Regalien, und gegen gefährliche Grundveränderungen desto sicherer stellen; Rechte, welche von Eurer Kayserlichen Majestät unter den hier vorgelegten Bestimmungen noch nie bey je einer Gelegenheit verworffen worden sind, und also auch wider das Hochstift Speyer, ohne vorher seine in facto beruhende, theils allgemeine, theils besondere Verhältnisse, mittelst processualischer Verhandlungen erschöpft zu haben, nicht verworfen seyn können; Rechte, die gegen die Mitte des vorigen Jahrhunderts in Sachen des Domkapitels und der Landstände zu Trier, gegen den Erzbischoffen und Kurfürsten Philipp von Sötern, von den Theilen mit denselbigen Worten angegeben, und von den Kayserlichen Delegationskommissarien in ihrem Gutachten auch so anerkannt wurden.

Hontheim Histor. Trev. diplom. & pragm. Tom. III. pag. 320. 321. 348. 577.

Rechte, welche als Hauptgründe in die Gesetzgebung des Westphälischen Friedens, so weit sie auf Domkapitel gerichtet war, eingeflossen sind, und für welche das ganze rechtsgelehrte Teutschland zur Vertheidigung einstimmig ist; Rechte, die sich in Wahrheit, ohne die durch geistliche Stiftung bestimmte Grundverfassung sicherer Reichslande, in ihren Grundadern zu durchschneiden, nicht aufheben lassen. Endlich und nachdem

4.) Durch die vom Numer 1. bis 3. angemerkten Obreptionsmittel Mißverstand genug gestiftet, und es wirklich so weit gebracht war, daß gegen das Domkapitel in ein oder dem andern Betreff, noch ehe und bevor es gehört war, widrige Resolutionen erfolgten: so mußte das ganze Geschäft zu krönen, noch ein Hauptgedanke ausgeführt werden, nämlich der befochtene Sieg wurde durch den oben §. 2. weitläuftiger bemerkten ehrebetrübenden Abdruck, der Welt bekannt gemacht, in der Absicht, ein ohnehin zu schwach beglaubtes Domkapitel unter Schand und Spott zu vergraben, und es dadurch so zu demüthigen, daß es sich nicht mehr unterstehen möchte, wider alles, was mit ihm geschehen ist, auch nur ein Wort zu sagen.

Immittelst werden Eure Kayserliche Majestät die gerechte Empfindung, welche das Domkapitel über diesen Vorgang §§. 2. 3. zu erkennen gegeben hat, in allergnädigste Erwägung ziehen
und

und auf seine allerunterthänigste Bitte dasjenige folgen lassen, was den Verhältnissen einer so sonderbaren Handlung gemäß ist.

Sollte nun das Domkapitel eben so, wie Se. Hochfürstliche Gnaden gethan haben, durch einen Abdruck diese seine Gegenerklärung der Welt bekannt machen, sollten diesem Abdruck die aufklärenden Beylagen, und von rechtsgelehrten Kollegien gestellte Gutachten beygefügt werden, was würden wohl hierauf für Urtheile entstehen?

Sollten wohl manche erleuchtete Erz- und Bischöffe der teutschen Kirche dafür halten: Seine Hochfürstliche Gnaden und ihre Dienerschaft haben bey dieser Gelegenheit Einsicht genug gehabt, um aus den Stiftungsgeschichten, aus den Staatsgrundsätzen des mittleren Zeitalters, und aus den Maximen des Westphälischen Friedens die ewige Dauer der teutschen Hochstifter, und den Grund davon bemessen zu können?

Würden sie glauben, Seine Hochfürstliche Gnaden hätten durch ihre Maaßnehmung in Wahrheit dem Fürstl. Hochstift Speyer Vortheile gestiftet? Oder würden sie vielmehr sagen, es seyen demselben dadurch blutende Wunden geschlagen, Wunden, die so stark bluten, daß daraus über kurz oder lang die gänzliche Zerrüttung dieses sittlichen Körpers entstehen kann?

Würden sie sich überzeugt halten, oder auch nur mit einer sicheren Wahrscheinlichkeit erachten: Hier in dieser Sache, und vorderjamst bey der Bekanntmachung der allerhöchsten Resolution durch einen Abdruck, erscheinen durchaus reine Absichten? Oder würde denjenigen, welche die Hochstift Speyerischen Regierungsumstände näher kennen, nicht viel wahrscheinlicher vorkommen: durch den gegen die eigene Hochstiftsmutter gewagten Angriff soll sich Furcht und Schrecken allenthalben verbreiten? Und niemand soll sich in Zukunft unterstehen, den Absichten des Regenten und ihrer Ausführung auch nur von weitem entgegen zu seyn?

Jedoch das Domkapitel zu Speyer will sich vorläufig durch das Meynen und Dafürhalten Anderer nichts zu gute thun, sondern in dem geradesten Wege seine ganze Sache lediglich zur allerhöchsten Kayserlichen Beurtheilung ausgesetzt seyn lassen.

In dieser Absicht gelanget nunmehr an Eure Kayserliche Majestät unterzeichneten Anwalds allerunterthänigste Bitte, die gegenwärtige allergehorsamste Parizionsanzeige und Berichterstattung allergnädigst aufzunehmen, die hie und da mit allertiefstem Respekt vorgetragene rechtliche Vorstellungen allermildest zu genehmigen, sofort auch die eben so mit eingemischten bittlichen Anträge allergerechtest zu erhören. Desuper humillime implorando &c. &c.

Zifer 1.

Conclusum Cæsareum dd. 28va Aug. 1781.

Vid. immediate sequens N. 2. worinnen dieses Conclusum ohnschon in extenso enthalten ist.

Zifer 2.
Von Gottes Gnaden Wir August ꝛc.

Wir haben zwar bereits den verschiedenen Klassen unserer Geistlichkeit sowohl, als insbesondere unserer weltlichen Dienerschaft, und zwar Letzterer vermittelst unsers Ermahnungs-Schreibens vom 21ten Hornung gegenwärtigen Jahrs, einen kurzen Innbegriff ihrer Dienstpflichten vor Augen gelegt: doch ohne dabey jene Gründe zu erkennen zu geben, durch welche Wir hierzu hauptsächlich bewogen wurden.

Nicht ohne Vorbedacht schien uns damals nöthig zu seyn, mit deren Entdeckung einstweilen anzustehen: nunmehr aber leiden es die Umstände nicht mehr, länger zurückzuhalten. Vielmehr erfodert allerdings die Nothwendigkeit, unserer sämmtlichen treuen Dienerschaft zur Wissenschaft, auch künftigen Benehmen jenes gelangen zu lassen, was bisher in sorgsamer Verschwiegenheit geblieben ist.

Bekannt

Bekannt ist es, und unläugbar, daß eines jeden Regenten unausgesetzte Bemühungen dennoch unfruchtbar werden, wenn ein Theil seiner Dienerschaft zum voraus auf die Zeiten furchtsam gemacht wird, wo der Landesherr weder Unterstützung, noch Beystand leisten kann: welche Furcht sich dadurch vermehret, da, leyder! es an Beyspielen nicht gemangelt hat, daß auf eines Fürst-Bischofs Ableben, während der jeweiligen Sedisvacanz Anlaß genommen worden, mit einem oder andern Fürstlichen Diener, der vorhin seine Pflichtschuldigkeit, in strenger Nachlebung seines Herrn Befehlen, ohne Hinsicht auf die Zukunft vollzogen, und dadurch seinen Pflichten ein Genügen geleistet hat, rechtswidrig, und aus einer sich eingebildeten Erb- und Grundherrschaft, auch gleichsam *ex plenitudine potestatis*, wie sich ein Domkapitel auszudrücken angemasset, und im Jahr 1777. als den gebohrnen Senat, (von welch unschicklichem Ausdrucke ein in ansern Diensten stehender unruhiger Kopf, aller Vermuthung nach, der Urheber ist,) angegeben hat, zu verfahren: wenn einem Theile von Dienern nicht verborgen bleibet, daß ein Domkapitel sich nicht scheue, dreyst hinzuschreiben, daß es die Anordnungen seines Fürst-Bischofs auf seine Lebenszeit nur einschränken wolle: wenn ein anderer Theil aus der Fürstlichen Dienerschaft durch mündliche Unterredungen, von einem oder andern Domkapitularen schüchtern gemacht, zur Widerspenstigkeit angefrischet, oder in dieser Absicht wirklich bedrohet wird: wenn endlich sich Diener vorfinden, denen es am guten Willen fehlet, ihrer Pflichtschuldigkeit nachzuleben, sofort die Gelegenheit gerne ergreiffen, unter einem solchen Deckmantel einer Sedisvacanz für die Zukunft ihrer Sicherheit zu finden, und daher entweder aus Trägheit, oder aus sonstig boshaften Absichten sich ihrem Landesfürsten in ihren Lebenstagen ganz unwirksam zu machen.

Gewiß war es auch, daß im vierten Jahre unserer Fürst-Bischöflichen Regierung einige unserer Domkapitularen sich zum Geschäfte seyn liessen, nach Lage der Umstände sich verschiedentlich in unsere Bischöfliche und Landesherrliche Gerechtsame zu mischen; auch einer davon sich so gar erfrechet hatte, auf die vermessenste und respektsvergessenste Art sich gegen Uns, als seinem Landesfürsten, zu vergehen, weshalben vom hochpreislichen Reichshofrath das Conclusum in verbis:

„3.) Werden dem Hochstift Eychstättischen Domkapitularen von Beroldingen hiemit die „in dem der impetrantischen Klage sub Lit. F. anliegenden Schreiben vom 12ten Septem„ber 1773. enthaltene anzügliche, vermessene, und respektswidrige Ausdrücke ernstlich ver„wiesen, und demselben aufgegeben, so fort nach Empfang gegenwärtigen Kayserlichen Be„fehls, eine in geziemenden, der schuldigen Achtung eines unterzogenen Domkapitularen „gegen seinen Landesfürsten angemessenen Ausdrücken abgefaßte schriftliche Deprecation „dem Herrn Fürst-Bischoffen überreichen zu lassen, sich dergleichen Unfugs ferner gänzlich „zu enthalten, dem Herrn Fürsten bey allen Gelegenheiten die gebührende Achtung zu be„zeigen, und wie er diesen Kayserlichen Befehl befolget, und respektive zu befolgen gedenke, „mit Vorlegung des obgedachten Maaßen an den Herrn Fürst-Bischoffen zu erlassenden Ab„bittungs-Schreiben, unter ansonsten zu gewarten habender schärferer Ahndung, in termino „duorum Mensium anzuzeigen."

Den 7ten August 1778. zwar erlassen, dessen Vollzug aber von benannten Domkapitularen, der von Kayserlicher Majestät nachwärts angedroheten Sperrung der Temporalien unangesehen, bis hieher nicht erfolget; doch aller Vermuthung nach, auf die endlich eintrettenden Kayserlichen Zwangsmittel, nächstens zu hoffen steht.

Ueber dieß mußte Uns sorgfältigst angelegen seyn, jene Misbräuche auf immer zu entfernen, die bey erledigtem Fürst-Bischöflichen Stuhl jezuweilen eingeschlichen waren, und öfters unserm hochstiftischen Ærario nicht nur nachtheilig wurden, sondern nicht selten einen Zankapfel in Weg legten, oder legen konnten, wodurch mancher rechtschaffene Kapitular sich in Verlegenheit gesetzet sehen möchte, entweder den vorgegangenen Misbräuchen, ohne Theilnehmung, nachzusehen, oder im Widersetzungsfalle sich den größten Verdruß, Haß, und Neid zuzuziehen; oder aber eine

unruhige

uneinige Fürst-Bischoffenwahl zu veranlassen; wo nicht gar zu machen, daß auf ihn, als vielleicht den Würdigsten, den geistlichen Satzungen gemäß, die Wahl nicht ausfalle, und dadurch eines Theils dem Gesetze kein Genügen geschehe, andern Theils dem Hochstifte, bey Entziehung des würdigsten Kapitularmitgliedes zum Bischof und Regenten, der größte Nachtheil zugezogen werde.

Ferner war auch gleichermaaßen für die unverrückte Beybehaltung des verstorbenen Fürst-Bischofs zurückgelassenen privat Literalien, nebst jenen des Fürstl. Hochstifts zu sorgen: indem unter andern, vom Antritte unserer Regierung bis hieher, die von Päbstlicher Heiligkeit Benedictus dem XIV. unserm Herrn Vorfahrer, Kardinalen von Hutten, ertheilte Absoluzionsbulle von ihrer Wahlkapitulazion nirgends sich vorgefunden hat, unerachtet Dieselbe dem Domkapitel unterm 18ten Jänner 1749. den wirklichen Empfang dieser Bulle gemeldet haben.

Hierzu wurde nun freylich eine höhere Macht erfodert, und, wenn Wir unser Fürstliches Ansehen eben so, als unsere landesherrliche Gerechtsamen aufrecht erhalten, unser Hochstift und treue Dienerschaft in Sicherheit stellen wollten; so blieb Uns nichts übrig, als solche Wege einzuschlagen, welche allem Uebel abzuhelfen, mithin unsere, unsers Hochstifts und Dienerschaft Beruhigung nicht nur zu erzielen, sondern auch künftige Unterschleiffe, und schädliche Unternehmungen zu beschränken auf einmal hinreichend wären.

Uns war also zu Erreichung unserer heilsamsten Absichten blatterdings nöthig, das allerhöchste Reichsoberhaupt unterthänigst anzurufen, und von dieser allerhöchsten Stelle die oberstrichterlichen Verfügungen, auf unsere glaubhaft belegte Offizialanzeigen, von allerhöchster Machtvollkommenheit wegen submisseß zu erbitten.

Dieß geschah auch allschon vermittelst unseren allerghorsamsten Vorstellungen vom 6ten May und 27. Nov. 1778. 20. Jun. 6. Sept. und 12. Okt. 1780. ꝛc. unter welchen jene vom 27 Nov. 1778. des zweckmäßigen konzentrirten Innhalts ist:

„Zur gehorsamsten Folge Euer Kayserlichen Majestät allergnädigsten Reskripts vom 7ten „August diesses Jahrs, welches ich im tiefsten Respekt hiemit verehre, unermangle ich, eine „beglaubte Abschrift meiner Wahlkapitulazion unter dem Buchstaben U. U. zur allerhöchsten „Einsicht nicht nur allerunterthänigst vorzulegen, sondern anbey meine aufrichtige Denkungs„art zu erkennen geben, daß meine allerunterthänigste Anzeige sub præsentato 30. Maji a. c. „die Aufhebung meiner Wahlkapitulazion nicht im mindesten bezielet habe. Ich bin noch „immer bereit, derselben beschwornen Innhalt, nach wie vor, obgleich nicht vermöge einer „aus der Wahlkapitulazion selbst entspringenden Schuldigkeit, in so weit es das *Wohl* „meiner *Kirche,* und meines *Fürstenthums erheischet, in vollständige* „*Erfüllung zu setzen:* gedenke aber dabey keinesweges, jenes zu behindern, was etwa „Euer Kayserliche Majestät, als das allerhöchste Reichsoberhaupt und Kirchenbeschützer, aus „allerhöchster Machtvollkommenheit, und aus eigener Bewegung und desfalls allergerechtest „zu verordnen geruhen werden."

„Ferner erlauben Euer Kayserliche Majestät allergnädigst, nur im Vorübergehen be„merken zu dörfen, daß Ausweis des in meiner allerunterthänigsten Anzeige sub præsentato „30. Maji dieses Jahrs ersichtlichen petiti meine Willensmeynung nicht gewesen, die zugleich „mit vorgetragenen mere spiritualia zur allerhöchsten Gerichtsstelle zu ziehen, sondern daß ich „nur solche Dinge berührt habe, um Euer Kayserlichen Majestät unterthänigst kenntbar zu „machen, wie mein Domkapitel sich nicht entblöde, in meine geistliche und weltliche Rechte „zu gleicher Zeit verbottene Eingriffe zu machen."

„Diesem vorausgesetzet, finde ich von äusserster Nothdurft zu seyn, den ganzen Innhalt „oben benannten meiner allerunterthänigsten Anzeige hieher zu wiederholen, und derselben „noch weitere allerunterthänigste Petita um so mehr beyzufügen, als die Erfahrung-belehret, „daß bisweilen anderwärts weit mehrere Mißbräuche, als ich bereits angeführet, habe, zu

U 2 ver-

„verspüren gewesen, und daher nicht ohne Grund zu befahren steht, daß ein gleiches bey
„meinem Domkapitel in künftigen Sedisvakanzien geschehen könne, zumal dasselbe (vid. §.
„13. meiner oft angezogenen alleruntertänigsten Vorstellung vom 30. May lauffenden Jahrs,
„und die in selbiger angeführten Beylagen) schon zum voraus hierauf zu zielen anscheinet.
„Deßhalben ergeht meine wiederholte und weitere alleruntertänigste Bitte an Euer Kayserl.
„Majestät, allergnädigst zu verordnen, daß mein Domkapitel künftighin zur Zeit der Sedis-
„vacanz"

„1.) Des Juris Spolii, dessen sich die vorigen Kayser, zum Besten der Kirchen und
„Bisthümer begeben haben, sich keineswegs, und unter irgend einem Vorwande anmasse,
„mithin sich weder Geld, Geräthschaften, noch sonstige bewegliche Dinge, die sich nach Ab-
„sterben eines Bischofs und Fürsten vorfinden, zueigne; noch auch eine Vergeltung dafür in
„Geld, oder Geldeswerth erhebe.

„2.) Keineswegs aus des Bist- und Fürstenthums Kammeral, Landschatzungs, oder
„sonstigen Revenüen, noch weniger aus den Einkünften der milden Stiftungen einem Mit-
„gliede, oder Angehörigen des Kapitels, noch auch einem fürstlichen Bedienten, oder sonst
„jemanden etwas an Geld, Wein, Früchten, oder wie es sonst Namen haben mag, unter
„irgend einem Vorwand anweisen, folglich auch insbesondere von diesen Geldern, oder Ver-
„silberung der Naturalien weder Tafelgelder erheben, noch sogenannte Kapitelsmünzen prä-
„gen, Kapitularzeichen, oder Thaler verfertigen lassen dörfe; sondern sich überhaupt sich alles
„Eingriffes in die Gefälle des Hochstifts und Fürstenthums gänzlich vermüßige, und lediglich
„mit jenen Einkünften begnüge, welche den Kapitularen und Kapitels-Angehörigen, oder
„sonstigen Personen ausser den Zeiten einer Sedisvacanz zustehen.

„3.) Die bey Absterben ihres Fürst-Bischofs bestehenden Verordnungen und Gesetze
„nicht abändere, noch

„4.) An deren Statt andere einführe, oder gar neue Gesetze gebe."

„5.) Daß die Privatliteralien des verstorbenen Fürst-Bischofs allein den fürstlichen
„Testaments-Exekutoren überlassen, alle andere Fürstliche und Hochstifts-Literalien aber dem
„Nachfolger in dem Bistume unverletzt, und ohne vorwitzige Durchforschung einzelner Per-
„sonen unterdruckt belassen, und falls einige Protokolle und Literalien des Hochstifts seit für-
„währender Sedisvacanz einzusehen unumgänglich nöthig seyn sollte, solche doch nicht an-
„derst, als benanntlich, und nach vorgängigem Schlusse des gesammten Domkapitels abge-
„fordert, auch nie anderst, als gegen Zurücklassung einer, mit Beydrückung des Kapitular-
„Insiegels legalisirten spezifiquen Verzeichnis erhoben, gleich nach vollbrachter Wahl aber,
„nach Maasgabe sothaner Verzeichnis, ohne die mindeste Ausnahme, vollständig zurückgelie-
„fert werden."

„6.) Desgleichen keinen der Fürstlichen Räthe, Diener, Beamten, und Offizianten, ohne
„einige Ausnahme, dieselbe begleiten geistlich- oder weltliche Civil- oder Militärdienste, von
„seinem Amte oder Gehalte zu suspendiren, oder der Dienste zu entlassen, vielweniger zu
„kasiren, auch nicht einmal aufs neue zu verpflichten, oder zu Verpatentisirung anzuhalten,
„am wenigsten ihre, bey Absterben ihres Fürst-Bischofs bestandene Besoldungen zu vermin-
„dern, oder zu vermehren, sohin auch nicht

„7.) Die von dem Fürstl. Bischof entweder der Dienste entlassene, oder in die Ruhe ge-
„setzte, und vielleicht gar aus bewegenden Ursachen kasirte Dienerschaft, zur Zeit der Sedis-
„vacanz willkürlich zu restituiren, noch auch

„8.) Denenselben von dem Tage ihrer Dienstentlassung, oder Setzung in die Ruhe ein
„Gnadengehalt, Salaria, oder Vermehrung des Gnadengehalts anzuweisen, oder wirklich be-
„zahlen zu lassen, sofort

„9.) Währender Sedisvacanz keinem aus der aufgestellten Fürstlichen oder Domkapi-
tula-

„tularischen Dienerschaft, noch auch andern Personen fürstlichen Raths, oder sonstige Præ-
„dicata neu beyzulegen, weder neue hochstiftische Räthe und Diener anzunehmen, oder anzu-
„stellen. Wie denn auch

„10.) Das Domkapitel weder über die Fürstlichen Kammeral- und Landschaftungs-, noch
„über milden Stiftungen Gefälle auf einerley Art disponiren, sondern alles in statu quo, und
„bey dem von des Hochstifts-Regenten regulirten Endzwecke lediglich belassen solle. Und da

„11.) Zum Nachtheile und Schmälerung der Hochstiftischen Einkünfte sowohl, als zur
„Last der Unterthanen gereichet, wenn zur Zeit der Sedisvacanz Freyheiten von gemeinen
„Beschwerden eingeführet werden wollen: so solle auch das Domkapitel weder sich noch die
„Seinigen von den gewöhnlichen Personal- oder Realpräftationen, Kollekten, und sonstigen
„Laudbarkeiten befreyen, zumal die Reichsabschiede schon zum öftern, wo die Rede von den
„Reichs- und Kreißsteuern ist, ganz deutliche Fürsehung gethan haben, daß die dieser Ab-
„gaben zuwider errichteten, oder vielmehr davon befreyen wollenden Statuten, Kapitulatio-
„nen, oder Verträge ohne einige Wirkung seyn sollen.

„12.) Daß keinem Domkapitularischen Mitgliede, unter einigem Vorwande, besondere
„Freyheiten zugeleget, oder gar einem oder andern die zur Zeit der Sedisvacanz erledigte,
„oder erledigt werdende Generalvikariats, Regierungs- und Kammer-Präsidenstellen (deren
„Vergebung oder Nichtvergebung von einem zeitlichen Hochstifts-Regenten allein abhängt)
„aufgetragen werden."

„13.) Daß das Domkapitel währender Sedisvacanz den Regierungs- und Kammer-
„dikasterien, nebst allen übrigen Hochstiftischen Gerichtsstellen ihren straken Lauf lasse, und
„besonders in der unpartheyischen Justizpflege keine Hinderniß einlege, und daher auch nicht
„die bey den Justizstellen anhängigen Rechtssachen zu sich avocire, vielweniger jene Causas,
„wobey das Domkapitel oder die Seinige interessiret sind, tempore Sedis vacantis, falls
„nemlich kein periculum in mora vorhanden, zur Entscheidung betreibe, am wenigsten aber

„14.) Von den Erben, Räthen, oder sonstigen Dienern ihres abgelebten Bischofs und
„Fürsten die mindeste Rechenschaft über die bey dessen Lebzeiten geleisteten Dienstverrichtun-
„gen und vollzogenen Aufträge, nichts davon ausgenommen, abfordere, als ohnehin dem
„Domkapitel nicht zukömmt, über ihren Fürst-Bischoffen nach dessen Ableben eine Oberkeit
„auch nur per indirectum auszuüben."

„15.) Daß das Domkapitel die zur Zeit der Sedisvacanz erledigten, oder erledigt wer-
„denden Lehen weder vergebe, noch inkorporire, noch Anwartschaften darauf ertheile, am
„mindesten die von Kayserlicher Majestät allergnädigst verliehenen Reichslehen und Regalien,
„oder derselben Einkünfte schmälere, oder gar in eigenen Nutzen verwende."

„16.) Daß dasselbe weder die Hochstiftische Küche, Keller und Marstall, noch Fische-
„reyen, Jagden und Forsten auf einige Weise benachtheilige, somit, da ohnehin die Hoftafel
„für die zur Zeit der Sedisvacanz erkiesenen Statthalter zu Bruchsal fürdauert, binnen
„solcher Zeit keine besondere Hoftafel, wienebst auch noch zu Speyer unter keinerley Vor-
„wand (ausser jenem, was Zeit der gewöhnlichen kurzen Anwesenheit des Kayserl. Wahl-
„kommissarius, nur allein, in so lange derselbe in Speyer zugegen ist, sich in Ansehung
„desselben gebühret) zu halten, noch von einzelnen Domkapitularen sich der Fürstl. Hofpferde,
„oder Equipage Zeit der Sedisvacanz zu bedienen sey. Dagegen hängt es von Eurer Kay-
„serlichen Majestät allerhöchsten Entschließung ab, ob nicht etwa allergnädigst verwilliget
„werden wolle, daß jedem Speyerischen Domkapitularen zu einiger Ergötzlichkeit, und zu
„Bestreitung der Kösten für Trauer, und wegen gänzlicher Vermüßigung der Fürstl. Pferde
„und Equipagen, auch Fürstl. Jagd, Fischerey und Forstnutzbarkeiten ein Douceur von etwa
„100. Dukaten, oder von 1000. Gulden aus der Fürstl. Hofkammer gleich beym Anfange
„der Sedisvacanz entrichtet werde. Und überhaupt

L „17.)

„17.) Weder aus der affektirten Grundherrschaft, oder Condominat (welcher unstatt-
„hafte Titel von Euer Kayserlichen Majestät Reichshofrathe den 16. Sept. 1687. in Sachen
„Würzburg contra Würzburg den Oberrath und anderes betreffend, vollkommen verworfen
„worden) oder sonstig irrigen Grundsätzen gegen das Hochstift, und die Dienerschaft sich
„das geringste anmasse; sondern Zeit fürwährender Sedisvacanz in den Schranken der in-
„terimistischen Hochstiftsverwaltung, ohne alle eigenwillige Neuerung bey der Rechtsregel:
„Ne sede vacante aliquid innovetur, bestehen bleibe."

„18.) Dem neu Erwählten, so bald dessen Wahl bestättiget, und derselbe von Kayserl.
„Majestät belieben worden, über die von ihm Domkapitel geführte interimistische Administra-
„tion genaue Rechenschaft ablege; und schließlich

„19.) Sich gänzlich enthalte, ohne vorherige Anzeige, und erhaltene allerhöchste Kayser-
„liche Begnehmigung, durch Verträge unter sich, und mit dem neu zu erwählenden, oder
„wirklich zwar erwählten, aber noch nicht bestättigten, und von Kayserlicher Majestät belieb-
„ten Fürst-Bischof etwas zu verabreden, oder fest zu setzen, was Regalia, Jura territorialia,
„Cameralia, und überhaupt temporalia, oder auch den Besitzstand geistlicher Gerechtsamen
„irgends beschränken, oder beeinträchtigen mag."

„Euer Kayserliche Majestät ermessen allergnädigst, daß dieses mein allerunterthänigstes
„Begehren der Gerechtigkeit desto gemäßer sey, als aus meiner oftmals angezogenen alleru-
„nterthänigsten Anzeige vom 30. May anni curr. genugsam dargethan ist, daß in Ruck-
„sicht der bemerkten widerrechtlichen Vorgänge, und Domkapitularischen Aeußerungen eine
„unrechtmäßige Gewalt, und unerlaubte Neuerungen meinem Hochstift sowohl, als meinen
„Räthen und übrigen Dienerschaft allerdings zu besorgen seyn, und also für alle und jede
„das einzige Rettungsmittel übrigbleibe, wenn die so eben bemerkten Verordnungen allerge-
„rechtest erlassen werden. Doch damit Euer Kayserl. Majest. allergerechtesten Anordnung
„von dem Domkapitel die schuldigste allerunterthänigste Nachlebung geleistet werde, anbey
„mein Hochstift, nebst meinen Räthen, und aller übrigen Dienerschaft von einer unrechtmä-
„ßigen Gewalt nicht so leichter Dingen überfallen, und vielleicht gar unterdrücket werde, ehe
„dieselbe wegen Entlegenheit, auch zum Theil aus Abgang der Mittel, um die allerhöchste
„Kayserliche Hülfe anzustehen im Stande sey: so gelanget an Allerhöchstdieselbe meine fer-
„nere Bitte; über die nach meinem unterthänigsten Antrage zu erlassenden Kayserlichen An-
„ordnungen ein allerhöchstes Kayserliches Protectorium & Conservatorium speciale, cum
„clausula, samt und sonders, una cum Mandato de manutenendo an die hohe ausschrei-
„bende Herren Fürsten des oberrheinischen Kraises, die nach Maasgabe der Reichsgesetze,
„die gewöhnlichen Conservatores des Fried- Ruhe- und Besitzstandes inner den Gränzen der
„Kraislande sind, allergnädigst zu erlassen, und Hochdenenselben (mit spezifiquer Einbindung
„jener Fälle, in welchen bey erledigtem Stuhle ungebührliche Neuerungen von Domkapiteln
„bisweilen pflegen unternommen zu werden) aufzutragen; daß sie in allerhöchstem Namen
„Euer Kayserlichen Majestät mein Hochstift, und meine Räthe, auch übrige Dienerschaft
„gegen den unrechtmäßigen Gewalt, so sie von meinem Domkapitel währender Sedisvacanz
„etwa leiden möchten, kräftigst schützen und handhaben sollen. Dieses mein allerunterthä-
„nigstes Ansuchen gründet sich in den offenbaren Rechten, und vorliegenden mannigfaltigen
„Beyspielen, wie denn insbesondere fast ein gleiches Protectorium & Conservatorium spe-
„ciale unterm 19. Jänner 1723. weil. Herrn Herzog Wilhelm Ernst von Sachsen Weimar,
„für dessen hinterbleibende Räthe, und Vasallen allermildest ertheilet worden ist. In wessen
„Anhoffung mich, mein Hochstift, und Dienerschaft zu allerhöchsten Hulden und Gnaden
„allersubmisseste empfehlend in tiefster Erniedrigung ersterbe."

Hierbey mögen wir als besonders merkwürdig mit Stillschweigen nicht übergehen, daß
Weiland unsers Herrn Vorfahrers Kardinals von Hutten Eminenz und Liebden bereits den 9ten

Jänner

(83)

Jänner 1759. eine dem Innhalt vorstehender unserer allerunterthänigsten Vorstellung fast gleichkommende allerunterthänigste Anzeige Seiner Kayserlichen Majestät haben überreichen lassen, die Uns im Jahre 1778. noch unbekannt gewesen, um die Zeit aber, als Wir von ungefähr davon die Nachricht erhalten haben, nämlich den 20ten Junius 1780. allerhöchsten Orts übergeben worden ist.

Damit nun aber auch unserer sämmtlichen Dienerschaft, geist- und weltlichen Standes, zur Nachricht gelange, welche allerhöchste Entschliessungen von Seiner Kayserlichen Majestät abgefasset worden seyn; so nehmen Wir kein Bedenken, das allergnädigst begnehmigte Reichshofrathskonklusum hier einzurücken:

Martis den 28ten August. 1781.
Siehe zurück oben auf die Ziffer 1.

Der Innhalt dieses hochverehrlichen Konklusums setzte Uns in die Nothwendigkeit, an Unser würdiges Domkapitel gestrigen Tags folgendes Schreiben zu erlassen:

„Wir erhalten mit gestriger Post ein hochverehrliches Reichshofrathskonklusum vom „28ten vorigen Monates, welches auf allerunterthänigst erstattetes, und allergnädigst bene„migtes Gutachten ausgeflossen ist."

„Obgleich wir nun wohl wissen, daß Unser würdiges Domkapitel ebenfalls dieses Kon„klusum, wo nicht wirklich zugeschickt bekommen hat, doch nächster Tagen von seinem Agen„ten erhalten wird; so wollen Wir demselben dennoch hievon eine beglaubte Abschrift un„verweilt in der Absicht hiebey übersenden, damit unser würdiges Domkapitel sich eines Theils „hiernach einsweilen benehmen könne; und andern Theils, weil Uns hauptsächlich die Ein„sicht verschiedener bey demselben vorhandenen Protokollen und sonstigen Literalien vonnöthen „ist, um St. Kayserliche Majestät überzeugen zu können, daß die hier und dort gegen unsere „Person geäusserten Ahndungen ihren Abfall leiden werden."

„Vor allen Dingen mögen Wir Unserm würdigen Domkapitel nicht bergen, daß Wir „Seiner Kayserlichen Majestät aufrichtig erklärt haben, wie Unsere allerunterthänigste An„zeige die Aufhebung Unserer Wahlkapitulation nicht beziele, und daher Wir immer bereit „seyn, derselben Innhalt, obgleich nicht vermöge einer aus der Wahlkapitulation selbst ent„springenden Schuldigkeit, in so weit es das Wohl Unserer Kirche und Unsers Fürstenthums „erheische, in Erfüllung zu setzen; denn Wir glaubten damals nicht nöthig zu seyn, besondere „Beschwerde- Anzeigen zu machen: weil Uns die Gewalt bey Handen war, alles jenes zu „entfernen, wozu Wir etwa durch die benannte Wahlkapitulation widerrechtlich gebunden „werden wollten. Uebrigens muß Unser Domkapitel die allerhöchsten Kayserlichen Verweise „grossen Theils seinen überreichten sogenannten rechtlichen Anmerkungen ad Capitulationem, „und in solchen enthaltenen irrigen Grundsätzen zuschreiben: und vermuthen Wir allerdings, „jeder rechtschaffene Domkapitular werde bekennen, daß Wir, vermittelst dieser allerhöchsten „Kayserlichen Entschliessungen, Unser zum Besten Unsers Hochstifts und Dienerschaft sowohl, „als zur Ruhe und Einigkeit Unsers würdigen Domkapitels allein gerichtet gewesene Absichten „erzielet haben, und daß nunmehr bey allen künftigen Wahlen kein Stein des Anstosses mehr „übrig bleibe, den Würdigsten ex Gremio, den geistlichen Satzungen gemäß, zu dem erledig„ten Fürst-Bischofsstuhle immerhin wählen zu können. Besonders da keine Misbräuche mehr „zu befürchten stehen, folglich auch Dignissimus keine Gefahr läuft, die Abneigung sei„ner Mitglieder sich zuzuziehen, welche ihm in vorigen Zeiten nicht zu entfernen gewesen „wäre, wenn er bey Einführung der gewöhnlichen Misbräuche sich allein zu öffentlich ent„gegen gestellt haben würde."

L 2 „Diesem

„Diesem voraus gesetzt, verlangen Wir von Unserm würdigen Domkapitel, daß dasselbe „uns nächster Tage durch eine Kapitulardeputation"

A.) „Das zu Speyer während letzterer Sedisvacanz abgehaltene Originalprotokoll, nebst Anla„gen;"

B.) „Die von der Statthalterschaft zu Bruchsal geführten Originalprotokolle, nebst ihren ad Ca„pitulum erlassenen Berichten, und allen sonstigen Abhandlungen, ohne Ausnahme, zur „Einsicht überschicke, unter welchen Stücken

C.) „Das von Weiland Seiner Päbstlichen Heiligkeit unsers Herrn Vorfahrers Kardinals von „Hutten Eminenz und Liebden im Jahre 1744. ertheilte Breve oder Bulla absolutionis von „ihrer Wahlkapitulation befindlich seyn muß; sonst aber die beede Herren Statthalter, Dom„scholaster Freyherr von Mirbach, und Domkapitular Freyherr von Greiffenclau, die Aus„kunft zu geben haben, wo diese Bulla oder Breve sich befinde: indem belobter Herr Kardi„nal in einem ad Capitulum erlassenen Schreiben vom 18ten Jänner 1749. dessen wirkliches „Daseyn gemeldet hat; und, so viel Uns erinnerlich ist, in einem der mit Firnis überzoge„nen Schreibkomptoiren ihres Wohnzimmers unter andern beträchtlichen Literalien, welche „alle beseitiget, und unsers Wissens wenigstens kein Inventarium darüber behörig, und nach „pflichtlicher Obliegenheit geführet worden, gelegen ist. Wir versehen Uns daher, daß nicht „das mindeste zurückgehalten werde. Widrigenfalls würden wir Uns gemäßiget sehen, bey „Kayserlicher Majestät dahin alleruntertänigst anzutragen: daß alle, die davon Wissenschaft „haben, eidlich abgehört werden; zumal Uns alle diese Stücke zu Unserer Rechtfertigung „unumgänglich erforderlich sind."

„Wobey Wir ferner die in Unserer Wahlkapitulation ad Art. 7. angezogenen Päbstlichen „Privilegien ebenfalls eingesendet wissen wollen, damit Wir Uns im Stande sehen, auch „wegen dieses Punkts Kayserlicher Majestät den allergnädigst verlangten Bericht zu erstatten. „Wie wir denn überhaupt über alle jene Punkten, die in unsere Wahlkapitulation einschla„gen, und worüber der gemeinsame Bericht allergnädigst ist abgefordert worden, die genug„same Auskunft gewärtigen, mit der aufrichtigen Zusicherung, daß Wir Uns nach wie vor, „das wahre Beste Unserer Domkirche, Unsers Domkapitels, auch Unsers Fürst-Bißtums für „jetzt und künftige Zeiten zum Augenmerk seyn lassen, und hiezu all mögliches Unsers Orts „beyzutragen, und kräftigst mitzuwirken lebenslänglich unvergessen bleiben werden."

„Schließlich wünschen Wir aufrichtig und friedfertig, daß der Spruch des Propheten „Jeremiä: Pax, Pax, & non erat Pax, in jenen so sittlich- als christlich- und geistlichen „verändert werde, und es mithin heißen möge: Dicebant: Pax, & erat Pax vera. Unter „welchem redlichen, wohlmeynenden und bischöflichen Wunsche Wir mit ꝛc. verbleiben."

Die Erhaltung der in Handen Unsers Domkapitels sich befindenden letztern Sedisvacanz- und Statthalterschafts-Protokollen, auch Berichten und sonstigen Verhandlungen, denen Wir als damaliger Domdechant zu verschiedenenmalen nicht beygewohnet haben, wird Uns den rechtfertigenden Grund einliefern, die Mäßigung der in belobtem Konklusum gegen unsere Person geäusserten Kayserlichen Ahndungen, wegen unterlassenem Anzeigen zu erwirken, dessen Zuverläßigkeit Wir alsdann nicht bezweiffeln, so bald der von Uns zu erstattende fernerweite alleruntertänigste Bericht allerhöchsten Orts wird eingereichet worden seyn.

Indessen sind Wir überzeugt, daß Unser Domkapitel in seinem Mittel mehrere würdige und verdienstvolle Glieder zähle, welche sich niemals einfallen lassen, zu einigen Misbräuchen Anlaß zu geben; sondern daß dieselben im Gegentheil derley Unternehmungen verabscheuen, und kein Bedenken tragen werden, aufrichtig zu bekennen, daß Unsere bisher gehegte reine Absichten sowohl das Beste Unsers Hochstifts, als auch die Ruhe und Einigkeit unter ihren Korbrüdern bey künftigen Sedisvakanzien für alle Zeiten; endlich die vollkommene Sicherheit unserer treuen Dienerschaft wahrhaft zum einzigen Gegenstande gehabt haben. Dieselben werden nie zugeben, daß

einige

einige Domkapitularen den allerhöchsten Kayserlichen Anordnungen zuwider handeln: folglich hat Unsere treue Dienerschaft nicht das Mindeste mehr zu befürchten; wohl aber den erforderlichen Schutz und Beystand nach Unserm erfolgenden Ableben gegen allenfallsige Zudringlichkeiten eines oder des andern Domkapitularischen Mitglieds sich ungezweiffelt zu versprechen.

Wir werden in Unsern Lebenstagen zu Unserer Gewissensberuhigung mit dem süssen Vergnügen stetshin belebt seyn, daß Wir den Grundstein zu künftigen einmüthigen, und freyeren Bischofswahlen bey Unserm Hochstifte, zu Beseitigung der bey Andauer des erledigten Stuhls etwa entstehen mögenden Irrungen, geleget; und zugleich Unser Hochstift nebst der treuen Dienerschaft für zukünftige Zeiten sicher, und von allen Bedränkungen sorgenfrey gestellet haben.

Dieses muß Uns lebenslang zum ausnehmenden Trost gereichen. Wir versprechen Uns aber dargegen, daß Unsere Dienerschaft, ohne einige Ausnahme, sich beeifern werde, Unsern Befehlen nachzuleben, sich als arbeitsame und fleißige Diener zu zeigen, somit ihre Pflichten jemehr zu vollziehen, als für den furchtsamen, oder trägen, oder gar übeldenkenden Diener auf keine Zeit eine Entschuldigung, oder sich etwa von ihm irrig vorgespiegelte Hoffnung, Platz findet. In dessen Gewärtigung, und vollkommener Zuversicht Wir allen und jeden mit Hulden und Gnaden wohl zugethan verbleiben.

Bruchsal den 10ten des Herbstmonates 1781.

August, Bischof und Fürst zu Speyer. (L. S.)

Zifer 3.

Copia Conclusi Cæsarei dd. 16. Maji 1777. in Sachen Stadt Bruchsal, gegen den Herrn Fürst=Bischoffen zu Speyer, und Cons. einen neuen Zoll betreffend 2c.

1mo. Fiat ex officio Rescriptum an den Herrn Bischof und Fürsten zu Speyer dahin: Nachdem Ihro Kayserliche Majestät aus der von Seiten des Magistrats und Ausschusses der Stadt Bruchsal sub præsentato de 11ma. April. a. c. übergebenen Vorstellung so wohl, als auch aus des Herrn Bischofs und Fürstens eigenen exhibito de præs. 22da. ejusdem ersehen, was maaßen dieselbe mittelst einer im abgewichenen Jahr erlassenen, durch die fernere Resolutiones vom 23ten Januari und 24ten Febr. nup. im Hauptwerk bestättigte Verordnung, einen bey Ankauf von Wein, Frucht, Viehe 2c. zum Handel und Wandel im Wohnort zu entrichtenden Zoll einzuführen sich bedacken lassen, dieser aber dem in der Kayserlichen Wahlkapitulation Art. VIII. enthaltenen heilsamen Verbot eigenmächtiger Zöll zuwiderlaufe; als werde ihm Herrn Bischoffen und Fürsten hiermit anbefohlen, sothane Zollverordnung alsofort wiederum einzuziehen, und sich der in Frag befangenen Zollerhebung künftighin zu enthalten, nicht weniger, denen, so diesen Zoll etwa bereits entrichtet, auf ihr Anmelden, das Abgenommene wieder zu erstatten, auch wie er dieses theils befolget, theils zu befolgen gedenke, in termino duorum mensium allerunterthänigst anzuzeigen.

2do. Ponatur des Herrn Bischofs und Fürsten zu Speyer, und des Magistrats und Ausschusses der Stadt Bruchsal mandata procuratoria ad acta.

Johann Georg Reizer.

Zifer 4.

Auszug eines von Seiner Hochfürstlichen Gnaden zu Speyer an ein Hochwürdiges Domkapitel daselbst unterm 31ten Julius 1781. erlassenen Schreibens.

Das Begehren unsers würdigen Domkapitels, daß wir zu der Einsichtnehmung der angeverlangten Rechnungen, und Protokollen jemand nach Speyer abschicken möchten, mußte uns um so befremdender seyn, je bekannter es unserm würdigen Domkapitel seyn muß, daß unter der Regierung unsers Herrn Vorfahrers Eminenz und Liebden, aus Anlaß des von Ihro Kayserlichen Majestät anverlangten zehenden Pfennings ebenfalls die einschlägige Rechnungen hieher haben eingeschickt werden müssen. Wir sind also keineswegs gemeynet, jemand zu der gedachten Einsichtnehmung nach Speyer zu schicken, sondern befehlen vielmehr, daß gedachte Rechnungen und Protokollen der von uns ernannten Kommißion innerhalb vier Wochen unfehlbar vorgeleget werden, wobey unserm würdigen Domkapitel unbenommen bleibet, jemand zu diesem Ende anhero mitzuschicken. Uebrigens ꝛc.

Auszug eines von Sr. Hochfürstlichen Gnaden zu Speyer an ein Hochwürdiges Domkapitel daselbst unterm 20ten September 1781. erlassenen weitern Schreibens.

Wir wiederholen daher unsere aufrichtige Warnungen, von solchem Unsinn abzustehen, in der gewissen Zuversicht, daß uns nunmehr, ohne längern Aufenthalt, all jenes, so wir am 10ten dieses begehret haben, in Originali durch eine Kapitular-Deputation (angesehen jenes, was Uns allenfalls ein Particular aus Privat-Auszügen und Schriften zustellen wollte, gar nicht annehmlich ist) zur Einsicht vorgeleget werde, maassen der Inhalt des allerhöchsten Kayserl. Conclusi vom 28. nuperi keine Aenderung mehr leidet, sondern für jetzt unserer sowohl, als unseres würdigen Domkapitels Schuldigkeit erheischet, den Kayserlichen Befehlen nachzuleben, uns aber insbesondere daran gelegen ist, unsere Rechtfertigung aus den abgeforderten Protokollen, und sonstigen Literalien nehmen zu können; sonsten wir wegen des weiteren Verzugs bey Kayserlicher Majestät die gerechteste Beschwerde allerunterthänigst führen müssen.

Zifer 5.
Copia Antwortschreibens Rvmi. Capituli ad Celmum Spirensem **dd. 21ma Septemb. 1781.**

Wir haben dasjenige Reichshofraths-Konklusum vom 28ten vorigen Monats, so Euer Hochfürstl. Gnaden mittelst gnädigster Zuschrift vom 9ten dieses anhero zu überschicken geruhet, von dem unserigen Agenten ebenfalls auch erhalten. Gleichwie wir nun in dessen Gemäßheit all dasjenige werden nachsuchen, und vorbereiten lassen, was zu gründlicher Erstattung der in vorbelobtem Conclusum anverlangter weiterer Berichte erforderlich ist; also werden wir auch nicht entstehen, Euer ꝛc. das Vorsindliche gehorsamst mitzutheilen.

Daß wir aber bey der gnädigst anverlangten Ueberschickung des Original-Interregnums-Protocolls Anstand finden, wird uns um so weniger zu verdenken seyn, als es niemals herkömmlich gewesen, auch mit vielen Bedenklichkeiten verbunden ist, dergleichen Original-Protocolle aus Handen zu geben. Jedoch ist unsere Absicht keineswegs, Euer ꝛc. die Einsichtsnehmung davon zu verweigern, sondern, wo höchstdieselbe jemand zu dem Ende anhero abzuordnen gnädigst geruhen wollen; so werden wir solchem ohne allen Anstand besagtes Interregnums-Protocoll zur Einsicht vorlegen, und daraus die etwa benöthigte Auszüge ertheilen, wodurch also zu allerunterthänigsten Befolgung der allerhöchsten Kayserlichen Willensmeynung nicht die geringste Hinderniß in den Weg geleget wird.

In Betreff des in dem Jahr 1744. des Herrn Kardinals von Hutten Hochfürstl. Eminenz p. m. ertheilten Bäbstlichen Breve, oder Bulla Absolutionis, von Ihro Wahlkapitulation, haben die während letzteren Interregnum angestellt geweßene beede Statthalter vorläufig erkläret, sothanes Breve, oder Bulla niemals gesehen, noch die mindeste Wissenschaft davon zu haben, und wird sich solches in dem unserigen Archiv ebenfalls nicht vorfinden, indem bekanntlich nach Ausweis des letzteren Interregnum-Protocolls, die Reseration und Separation der sämmtlich vorsindlicher Papieren, in Beyseyn des ehemaligen geheimden Raths Weißkirch, und Hofraths Walters, sodann des Herrn Erbens Vormünders Herrn von Reichenberg, und dermaligen Herrn Domdechants von Hutten als Executores vorgenommen, und die das Hochstift betreffende Papiere so
gleich

gleich in die behörige Registraturen verwahret, die die Familie aber angegangene Briefschaften dem Herrn Vormündern, und Executor zugestellt worden sind. Wir empfehlen uns ꝛc.

In fidem copiæ,
GOTTHARDT.
Archivar.

Ziffer 6.

Extractus Sententiæ Metropoliticæ Moguntinæ de anno 1761.

Judices sanctæ Moguntinæ Sedis Christi Nomine invocato pro Tribunali sedentes, solum Deum & Justitiam præ oculis habentes decernimus:

Passus Concernens.

Ut non nisi præsentibus his tribus vel sigilla apponantur, vel documenta ex Archivo depromantur, decernentes tamen, ut tam Rvmo. D. Decano, quam Rvmo. Capitulo inspectio, & copia documentorum ad exigentiam litis hujus concedantur.

In fidem Extractus,
GOTTHARDT.
Archivar.

Ziffer 7.

Copia eines von Ihro Hochfürstl. Gnaden zu Speyer an das Hochw. Domkapitel daselbst unterm 17ten Julius 1777. erlassenen Nachschreibens.

Auch Liebe ꝛc.! finden wir in unseres würdigen Domkapitels Anschreiben vom 25ten April dieses Jahrs, und dessen Anlage, die Klagsache der verwittibten Angelo und Venino contra unsere Fürstliche Hofkammer; pto: des Abzugs, sehr viele ungereimte Begriffe, und irrige Auslegungen, die aus dem Gehirn müßiger Köpfe ihren Ursprung haben werden.

Der sich selbst vielleicht aufgedrungene Verfasser der beantworteten Frage, ob quæstionierter Abzug in vorwürfigem Fall Statt finde, muß allzu geringe Kenntniß des deutschen Staats Rechts besitzen, und von der deutschen Reichsgeschichte vollkommen entblößt seyn, sonst hätte er sich nicht beygehen laßen, mit einem so wenig bedeutenden Aufsatz vorzutretten.

Ob zwar nun unsere Absicht keineswegs dahin gehet, die Hinfälligkeit der hin und wieder in benannten Aufsatz enthaltenen besondern Theils unschicklichen, Theils unerheblichen Stellen darzulegen; so bemerken jedoch mit wenigem, daß a.) der angeführte §. 24. des Reichsabschieds vom Jahr 1555. dahier gar nicht einschlage, in mehrerem Betracht dieses Gesetz nur allein von dem zu nehmenden Abzug von jenen Unterthanen, die der Religion wegen auswandern, redet, und solche mit einer gewöhnlichen Nachsteuer belegt wissen will, mithin die Erhebung der üblichen Nachsteuer denen Ständen gestattet, welches vermög §. 60. des Reichsabschieds de Anno 1530. noch nicht verwilligt war. Sodann b.) das Angeben, als wenn der §. 82 des Reichsabschieds de Anno 1594. verordne, daß in dem Fall, wo vorhin das Abzugsrecht vel ex privilegio, vel consuetudine hominum memoriam excedente nicht eingeführt gewesen, solches auch neuer Dingen nicht Statt habe, eine grosse Unwahrheit, und hievon nichts in bemeltem Paragrapho enthalten ist, sondern nur die Regel bestättiget wird, welche Arresten unerlaubt, und welche erlaubt seyn sollen. Unser würdiges Domkapitel darf sich nur diese Stellen vorlegen lassen, und es wird finden, daß mit allem Zwang der Sinn den angezogenen Reichsgesetzen nicht angedichtet werden kann, welchen der Verfasser denenselben beylegen will.

Ueberhaupt aber können wir von der uns unterthänigst eingeschickten Beylage keinen Gebrauch machen, weil es kein pars actorum in vorgedachter Klagsache der verwittibten Angelo und Venino, contra unsere Hofkammer, puncto des Abzugs ist, dahero nichts anderes übrigbleibt, als diese Sache unserm Hofgericht löblichst zur Beurtheilung zu überlassen, wo sofort nach erfolgen-

gendem Urthel jedem Theil unbenommen bleibet, seine gegründet findende Beschwerde bey dem obersten Richter anzubringen. Dieses besaget der Sache Rechtslauf, welchen wir nicht zu hemmen gedenken.

In fidem copiæ,

GOTTHARDT.

Archivar.

Ziffer 8.
Copia Schreibens Cellissimi Spirensis ad Reverend. Capitulum Spirense, de 17. Julii 1777.

Wir haben die Beantwortung unsers würdigen Domkapitels unterthänigsten Vorstellungsschreibens vom 15ten May dieses Jahrs, bis auf gegenwärtiges Capitulum generale dominicæ novæ um so mehr ausgesetzt, als bey dieser Zeit gewöhnlich sich mehrere Kapitularen versammlen, und jene unerwartete Vorgänge bemerken können, welche in Betreff der von unserer Landschatzung Erneuerungs-Commission den Erbbeständern des dem Kollegiatstift zu St. German in Speyer zugehörigen Guts zu Mühlhausen aufgegebenen Entrichtung der quartæ colonicæ veranlaßt worden seyn. Indessen gedenken wir nicht, uns über die in erwähntes Kapitularschreiben in der Sprache eines ohne Ueberlegung eifernden Schulwitzes, zum Theil ohne Anwendung, und Theils auf eine zur gegenwärtigen Sache nicht schickliche Art eingestossene Sätze lang aufzuhalten, vielmehr aber lässet sich denken, daß der Verfasser des Kapitularschreibens, dem es jedoch an einer gesunden Beurtheilungskraft allerdings fehlet, Wunderdinge sich vorgestellet haben muß, wenn er Gelegenheit gefunden zu haben beglaubiget gewesen, seine in den Schulen aufgelesene Flosculos zur Unzeit auf den Markt zu bringen.

Wir legen unserm würdigen Domkapitel eine Note zur Einsicht bey, damit dasselbe ersten Anblicks entnehmen möge, welche Beschaffenheit es mit dem gedachten Senat in den ersten Zeiten gehabt, und noch habe.

Uebrigens haben wir als langjähriger Domdechant derley Einfälle nicht erlebt, auch wird unser würdiges Domkapitel den Inhalt seines Schreibens im Ernst zu behaupten nicht gemeynt seyn, und kann allenfalls unser Herr Domdechant Freyherr von Hutten, der ohne dem Domkapitular zu Maynz ist, den Versuch machen, und von dem Herrn Kurfürsten zu Maynz näher vernehmen, wie Hochdieselbe die in dem Kapitularschreiben aufgewärmte Gedanken ansehen, gleich auch unser Herr Domdechant am besten wissen wird, daß dieselbe bey unsers Herrn Vorfahrern Kardinalen von Hutten Eminenz und Liebden den Eingang gefunden haben würden.

So viel nun den Ansatz der in Frage seyenden quartæ colonicæ, und die Einbildung unserer drey Kollegiatstiftern zu Speyer, daß dieser Abgabe ihre temporal Beständern nicht entgehen dörfen, betrifft; so steht es all jenen, welche sich gegen unsere Landschatzungs-Renovation, puncto der angelegten quartæ colonicæ auf die Erbbestand Güter, zu beschweren gegründete Ursache zu haben vermeynen, vollkommen frey, ihre Beschwerde bey unserer Fürstl. Regierung anzubringen, und den Spruch Rechtens abzuwarten, wornächst dem beschwerten Theil nicht untersagt ist, den gesätzmäßigen Recurs an ein höchstes Reichsgericht zu nehmen. Im Belang der temporal Beständeren hingegen ist dermal noch keine Frage gewesen, daß man dieselbe habe belegen wollen, mithin bestehet der sich bildende Schluß in einer wahren Einbildung, und wird es Zeit genug seyn, sich zu beschweren, wann eine Beschwerde vorhanden.

Wir überlassen also die Sache lediglich dem Weg Rechtens, und bezielen keineswegs, unserer Landschatzungs Erneuerungs-Commission das Wort zu sprechen, ohnerachtet uns nicht verborgen geblieben, daß die Mühlhäuser Güter der Kollegiatstifter ad S. Germanum, und ad S. Guidonem zu Speyer schon in den Jahren 1623. 26. 48. 52. und 56. mit der Schatzung belegt gewesen seyen, weswegen auch besagte Commission das erstere mit 9 fl. 29 kr. sodann das zweytere mit 3 fl. 37 kr. jährlicher Schatzung belegt hat, expost aber (mira metamorphosis) so bald

diese

diese Güter in Erbbeständsgüter haben verwandelt werden wollen, die quarta colonica auf 4 fl. 46 kr. und respective 1 fl. 5 1/2 kr. reducirt wurde.

Unser mehr benanntes Kollegiatstift ad S. Germanum hat sich zwar an unsere Regierung gewendet, und dieses ist demselben nicht zu verdenken, allein! daß man nach eingeschlagenen Weg Rechtens unser würdiges Domkapitel veranlasse, uns wegen der nemlichen Sache anzugeben, daß man die Erbbeständer unter dem Vorgeben einer Belehrung zum neuen Auftritt bewege, und daß man sich selbst für dieselbe an das Oberamt wende, dieses sind rabulistenmäßige Unternehmungen, und verursachen nur Unruhen und Verwirrungen.

Schlüßlichen ist unserm würdigen Domkapitel schon zum voraus bekannt, daß wir jeder, zeit auf dessen billige Vorstellungen alle mögliche und thunliche Rücksicht nehmen, und wird dasselbe von selbst ermessen, daß wir in vorläufiger Sache dem Weg Rechtens den Lauf lassen müssen, und keine Abänderung treffen können.

In fidem copiæ,
GOTTHARDT.
Archivar.

Zifer 9.
Copia Schreibens Celsissimi Spirensis ad Reverend. Capitulum Spirense
d. d. 1. Februar. 1781.

Auf unseres würdigen Domkapitels werthgeschätzte Zuschrift vom 26ten vorigen Monats, haben wir in Betreff der Domkapitularischen Beständer auf dem Insultheimer Hof, Namens Henrich, und Georg Emberger, welche in unsern St. Leoner Waldungen einen Holzfrevel zu begeben sich erfrechet haben, die Nachricht eingezogen, daß dieselbe nach bestehender Verordnung auf die Art wie unsere Unterthanen bestraft worden seyn.

Es hat also bey dem Strafansatz sein Bewenden, und versehen wir uns, daß dasselbe die Beständere zur alsbaldigten Erlegung der Strafe und des Holzpreises anweisen werde, in dessen Zuversicht wir demselben etc. etc.

In fidem copiæ,
GOTTHARDT.
Archivar.

Copia Schreibens Celsissimi Spirensis ad Reverend. Capitulum
d. d. 5ta. Mart. 1781.

Von langen Jahren her bestehet in unserm Hochstift die landesherrliche Verordnung, daß zu Vermeidung der überhand genommenen Waldbiebereyen, die Nachtfrevlere mit zfacher Strafe beleget werden sollen. In diesem Fall befinden sich unsers würdigen Domkapitels Beständere auf dem Insultheimer Hof, welche zu Nachtzeit den Holzstangen Diebstal begangen haben, und auf solche Art werden unsere eigene Unterthanen, die zu Nachtzeit Waldfrevel zu begehen sich erfrechen, mit zfacher Strafe beleget. Wir mögen also unserm würdigen Domkapitel keine andere Entschliessung ertheilen, als daß von unserer Waldfrevel-Thätigungs-Kommission nach Maasgab. der Verordnung mit allem Recht bestraffet worden, wobey es auch lediglich sein Bewenden hat. Damit aber gedachte Beständere in Zukunft in bedürftige Umstände nicht gesetzet werden; so müssen dieselbe sich alles Waldfrevels in unseren herrschaftlichen Waldungen hüten, die wir etc.

In fidem copiæ,
GOTTHARDT.
Archivar.

Zifer 10.
Copia Schreibens Celsissimi Spirensis ad Reverend. Capitulum Spirensis
d. d. Spiræ 27ma Martii 1777.

Wie wiederholen unsere mehrmals gegebene Zusicherungen, daß uns immer zum wahren

Vergnügen gereicht, auf die an uns von Seiten unsers werthgeschätzten Domkapitels nach dessen reifer Ueberlegung in wohlmeynender Vertraulichkeit von Zeit zu Zeit gelangende wohlgegründete Anträge in all thunlichen Fällen die billige Rücksicht zu nehmen. Jedoch wird auch dasselbe, seiner beywohnenden Einsicht nach, gar leicht bemerken, daß es die gefährlichste Folge für künftige Zeiten veranlasse, wann zur Unruhe und Aufruhr geneigten Unterthanen in ihren, meisten Theils Unwahrheiten vorgespiegelten, und falsch ausgeschmückten Anbringen geneigtes Gehör gegeben, oder wenigstens durch zweydeutiges Stillschweigen, oder mittelst privat Unterredungen ohnvermerkt Muth gemacht, und dadurch dieselbe in ihrer Halsstürrigkeit, oder Irrthum bestärket werden.

Indessen müssen wir allerdings die in unsers würdigen Domkapitels Antwortschreibens vom 28ten vorigen Monats befindliche schuldige Gesinnung beloben, daß nemlich Ihme nicht zukomme, zu unterscheiden, welche Gründe in Betreff der pflichtwidrigen Widerspenstigkeit einiger Rathsglieder, und aus der Burgerschaft dahier gegen unsere erneuerte Verordnung, wegen Zollabgaben vom Handel und Wandel im Wohnort (welche Innhalts den Anlagen sub Lit. A. & B. von unserm letztern Herrn Vorfahrer bis auf anderweite Verordnung nur suspendirt, und nicht abgestellt worden ist, vorwiegen.

Vorwürfige Verordnung ist ganz billig und leidentlich, und zur Verminderung des bisherigen sträflichen Zollfrevels, Vorhandels, und Eigennutzes nöthig und unvermeidlich; betrifft auch einen nicht merklichen Theil unserer im Wohnort Handel treibenden Unterthanen in Bruchsal und übrigen Ortschaften. Dieselbe ist aus unserer landeshoheitlichen Gewalt ausgeflossen, dessen wir uns nach aufhabenden schweren Pflichten zum Nachtheil unsers Hochstifts und Nachfolgern nicht begeben können, und wer wird und zumuthen, bey Ausübung unserer Landeshoheit die Einwilligung der Unterthanen zu fordern? Und wo ist ein Beyspiel in unserm Hochstift vorhanden, da ein zeitlicher Regent in solchen Fällen die Unterthanen befragt habe? Und wie kann ein Unterthan sich mit dem anmaßlichen Besitz einer Freyheit schützen. Falls auch ein Landesherr solche Anlagen einführte, welche vorher niemals bestanden hatten? und nur von den letztern Zeiten zu reden, wo haben Eminentissimus Cardinalis ab Hutten p. m. bey Anlegung der doppelten Schatzung, Monopolien rc. die Einwilligung der Unterthanen eingeholet?

Uebrigens ist uns nicht verborgen geblieben, daß in Vorzeiten von ein und andern Räthen, auch Dicasterien Sätze aufgestellt worden seyn, welche die landesherrliche Hoheit völlig untergraben können, auch sind die rühmlichste Verordnungen unsers in Gott ruhenden Herrn Vorfahrers Cardinalis ab Hutten (wovon wir in allen Gesachen ohnzählige Beyspiele vorlegen können, auch vielleicht noch werden) gegen seinen Willen schleichend, und durch unerlaubte Kunstgriffe und Nebenwege, wie sie sich oft selbst im Leben beklaget, vereitelt worden. Wir sind aber aus dem Mittel unsers würdigen Domkapitels zum Fürsten einhellig gewählet, und wird dasselbe in uns das Vertrauen setzen, daß wir nicht nur selbst wissen, was ein Landesherr zu verfügen berechtigt sey, sondern auch welche Mittel wir einzuschlagen zur Handhabung unserer Gerechtsamen für dienlich, und angemessen finden. Unser letzterer Herr Vorfahrer Kardinal von Hutten, dessen rühmlichen Beyspielen sowohl, als jenen unsers vorletztern Vorfahrern Herrn Kardinals von Schönborn wir zu folgen gedenken, hat ebenfalls vermög Anlage sub Lit. C. erfahren müssen, daß seine nachgesetzte Regierung Eingriffe in seine Landeshoheit gewagt habe (weswegen ein Landesherr genau zu prüfen schuldig ist, in wessen Hände die Geschäfte zu stellen sind) welchem aber mit Zernichtung des Vorgangs vorgebogen worden, nur wäre zu wünschen gewesen, daß alle Ihre löbliche Verordnungen, wie oben bereits gemeldet, schuldigst befolget, und nicht hinterstellt worden seyen.

Wie wenig aber, so viel den jetzigen Fall betrifft, das Tübinger Responsum, wovon unser würdiges Domkapitel eine Abschrift durch die abgeschickt gewesene städtische Commissarios vermuthlich bey Handen haben wird, gegründet sey, und aus welchen theils unwahr, theils unrichtigen Sätzen dasselbe bestehe, nicht minder, daß die Kayserliche Wahl-Capitulation Art. 8. in

einem

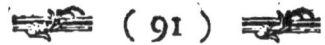

einem ganz unrichtigen Verstand genommen worden, wird unser würdiges Domkapitel aus der beygehenden Beantwortung sub Lit. D. breitern Innhalts entnehmen.

Schlüßlichen lassen wir zwar geschehen, und ist gut, damit sich die Kunstgriffe endlich aufklären, und unsere Successores nicht mehr behelligt werden können, daß die unruhige und gewinnsüchtige Particularen unserer Stadt Bruchsal mit einer vermeyntlichen Klagschrift den obersten Richter angehen, welchem Schritt wir jedoch zu begegnen wissen werden. Indeme aber die Eingesessene unserer Stadt Bruchsal von mehrern Jahrhunderten sich als pflichtvergessene Unterthanen, ja so gar als Majestätsverletzere (derentbalben dieselbe in Anno 1622. aller ihrer Privilegien, Freyheiten, und sonstigen Nutzbarkeiten ꝛc. ausweis der vorhandenen Original-Protokollen verlustigt erkläret worden sind) von Zeit zu Zeit sich betragen, und in jüngeren Jahren den Befehlen der Herrn Kardinalen von Schönborn und Hutten, besonders aber des letztern fast durchgängig auf die sträflichste Art sich widersetzet haben, so sehen wir uns dermalen veranlasset, diesem Muthwillen ein Ziel zu stecken, und vorher den Genium dieses aufrührerischen Haufen, unserm würdigen Domkapitel, und so es nöthig, dem Publico in einem zu fassenden Zusammentrag, vorzulegen. Zumalen mehrbelobten Herrn Kardinalen von Hutten Eminenz und Liebden, nach der Anlage sub Lit. E. schon in Anno 1743. unserm Stadtrath aufgegeben haben, ihre angebliche Privilegien, und derselben Bestättigung vorzulegen, wovon aber kein Erfolg zu finden ist.

Diese Gattung Leute ist gewohnt, lügenhafte Angaben unter dem Schein einer Beschwerde auszusprengen, weshalben unser obiger Wunsch das räthlichste wäre, wenn der dumme Pöbel ein leichtes Gehör nicht finden, und dadurch die Bestärkung seiner Halsstarrigkeit erhalten, sondern durch beybringende Kenntnis von der Gewalt des Landesherrn, und dem Gehorsam der Unterthanen gegen ihren Herrn belehret würde. Unseres Orts haben wir es wenigstens an landesherrlichen Ermahnungen nicht fehlen lassen: Wird aber dieses von seiner Wirkung seyn; so werden und müssen die Rädelsführer zu ihrem größten Schaden noch erfahren, daß wir ihr Landesherr sind, und so lang, als uns Gott das Leben fristet, verbleiben.

In fidem copiæ,
GOTTHARDT.
Archivar.

Zifer II.

Von Gottes Gnaden Wir August, Bischof zu Speyer, Probst der gefürsteten Probstey Weissenburg, des Heil. Röm. Reichs Fürst, Graf von Limburg Stirum ꝛc. ꝛc. Unsere immerwährende Wachtsamkeit und Sorgfalt, in Betreff des standesmäßigen Aufführens unserer Klerisey zu Speyer, bewahren jene fast alle Jahre dieserhalben abgeschlossene Warnungen und Verordnungen. Nachdeme Wir nicht unmittelbar sowohl dieses Betragen beobachten, als auch die dienliche Mittel einschlagen können, so war Uns nichts übrig, als mit der väterlichen Stimme eines Oberhirtens einem jeden seine Pflichten wiederholter zu Gemüth zu führen, und jenen, denen Wir einen Theil unserer Bischöflichen Authorität zu Speyer anvertrauet haben, oder welche sonsten die unmittelbare Vorgesetzte eines Theils des dortigen Kleri sind, die genaueste Vollstreckung unserer Verordnungen aufzugeben, und zu empfehlen, als welche hiezu unter der fürchterlichen Schuldigkeit einstens Rechenschaft zu geben, nach dem Ausspruch des Apostels verbunden sind. Wie wenig aber bey verschiedenen alle diese unsere Vorkehrungen ihren Zweck erreichet haben, hat Uns das neuerlich allen bekannte so betrübte, als ärgerliche Beyspiel, wie auch die noch immer bey andern fortgesetzte Unordnungen zu unserer innersten Rührung zu erkennen gegeben. Da Wir nun beständig für Augen haben jene Ermahnung des Apostels an seinen Jünger und Bischof Timotheus: *Argue, obsecra, increpa, insta opportune, importune;* und um unser Gewissen in dieser so wichtigen Sache vollkommen zu entledigen; so sehen Wir Uns hieburch bewogen, diese wiederholte väterlich-Bischöfliche Warnung und Verordnung zu erlassen.

§. 1.

(92)

§. 1.

Gleichwie in allen Ständen nichts wirksamer ist, den Menschen zu der genauen Beobachtung seiner Pflichten zu ermuntern, als wann derselbe den Zweck des einmal ergriffenen Standes sich immer lebhaft fürstellet: so kann man eben dieses vorzüglich von dem geistlichen Stand behaupten. Niemand wird hoffentlich unbekannt seyn, was der grosse Endzweck des klerikalischen Standes sey, nemlich sich vorzüglich, und mit Bestrebung einer grösseren Vollkommenheit dem Dienst des Allerhöchsten zu widmen, mit einer solchen reinen Meynung sollte ein jedweder in das Heiligthum eintretten: dieses wird ihm bey dem Empfang der geheiligten Weihungen durch die nachdrucksamste Warnungen des Bischofs eingeschärfet. Wenn wir aber das Betragen mancher aus unserer Klerisey überdenken; so müssen Wir nicht ohne unsere empfindlichste Rührung vielmehr schliessen, daß ihre Meynung bey dem Eintritt in den geistlichen Stand ebender gewesen seye, anstatt sich selbst als ein Opfer dem Allerhöchsten darzubringen, mit jenen ungerathenen Priesterjöhnen Ophni und Phinees von dem Opferfett sich nur desto mehr zu ersättigen, und ausgiebigere Mittel, durch welche sie auf Kösten der Religion selbst ihre Leidenschaften zu befriedigen im Stand wären, sich zu verschaffen.

§. 2.

Wenn man aber im klerikalischen Stand nicht mit der erhabenen Meynung, sich desto vollkommener dem Dienst der Religion und Gottes zu widmen, sondern aus andern öfters niederträchtigen Nebenabsichten sich begeben, oder doch hernach diesen Zweck, und die daraus herfliessende grosse Pflichten durch öftere und lebhafte Erinnerung dem Gemüth nicht tief genug eingedrücket, wenn man Jahre dahin bringt, ohne vielleicht einmal hieran zu denken; so ist es freylich hernach sich nicht zu verwundern, daß bey solchen Geistlichen das äusserliche Betragen ihrem Stand gar nicht angemessen, sondern vielmehr so beschaffen seye, daß es sie, ihren Stand, und die Religion selbst einigermassen entehre.

§. 3.

Hieher gehöret nun vor allem ein allzufreyer Umgang in der Gesellschaft der Weltleuten. Man fordert von diesen eine vorzügliche Verehrung des geistlichen Standes: Diese Forderung ist darauf gegründet, daß sie die Geistliche als das Erb Gottes, als jenen auserwählten Theil des christlichen Volks betrachten sollen, welchem das Heiligthum anvertrauet ist, und in dessen Lebenswandel sie, als in einem Spiegel, die kräftigste Beyspiele zu der Ausübung der christlichen Tugenden ersehen sollten: so redet der Kirchenrath zu Trient Sess. 22. c. 1. de Reform. Nihil est, quod alios magis ad pietatem & Dei cultum assidue instruat, quam eorum vita & exemplum, qui se divino ministerio dedicarunt, cum enim a rebus seculi in altiorem sublati locum conspiciantur, in eos tanquam speculum reliqui oculos conjiciunt, ex iisque sumunt, quod imitentur. Qua propter sic decet Clericos in *sortem Domini vocatos* vitam, moresque suos omnes componere, ut habitu, gestu, incessu, sermone aliisque omnibus rebus nil nisi grave, moderatum, ac religione plenum præseferant. Die Weltleute aber sind aus diesem Grund auch auf ihrer Seite berechtiget, eine ganz ausgezeichnete Eingezogenheit von den Geistlichen in ihrem äusserlichen Betragen zu fordern. Was müssen nun dieselbe denken von jenen, welche in den Gesellschaften nicht nur die Ausgelassenheit mancher Weltleuten nachahmen, sondern vielleicht sich auch eine gewisse Ehre daraus machen, ihre Frechheit bis annoch auf einen höheren Grad zu treiben. Wenn der Apostel allen Christen so ernstlich anbefohlen, daß alle der Ehrbarkeit anstößige Reden weit von ihnen seyn sollen; so ist wohl der Mund eines Geistlichen, der nur von dem Lob Gottes ertönen sollte, desto mehr verabscheuungswürdig, wenn er noch dazu mit entweder offenbar schändlichen und ärgerlichen, oder doch zweydeutigen Reden die Weltleute zu Schandthaten aufmuntert.

§. 4.

Nichts ist ferner mehr denen Geistlichen von den ältesten Zeiten der Kirche an, durch so

oft

oft wiederholte Kirchensatzungen eingeschärfet worden, als die Vermeidung des verdächtigen Umgangs mit Personen von dem andern Geschlecht. Die älteste Kanonen wollten keine in dem Haus eines Geistlichen gebuldet wissen, als seine nächste Anverwandte, und dieses zwar nur alsdann, wann auch von diesen nicht ein Schatten der Aergerniß bey dem Volk zu befürchten wäre. Das jüngst öffentlich gewordene Beyspiel ist aber leider eine Probe, daß auch die äusserste Ausschweifungen in diesem Punkt einem oder dem andern nicht schändlich genug vorkommen, um sich nur hierinnen einigen Zwang anzuthun: wenn etwa bey andern die noch nicht ganz unterdrückte auch natürliche Schamhaftigkeit dieselbe annoch von solchen Schandthaten abhält, so ist es uns schon empfindlich genug, daß Wir hören müssen, verschiedene wissen die Zeit nicht besser hinzubringen, als in einer tändelnden Gesellschaft von Personen des andern Geschlechts, welche sie täglich aufsuchen, und tief bis in die Nacht so gar fortsetzen: und wenn schon jener heidnische Philosoph aus der Erfahrniß an sich bemerket jenes, daß er immer an seiner Grösse in den unnöthigen Gesellschaften etwas verlohren, was wird wohl in solchen verführerischen Gesellschaften ein Geistlicher mit sich nach Haus bringen, als ein nach und nach eitles, wollüstiges, und endlich zu den schändlichsten Thaten ganz aufgelegtes und ausgeschämtes Herz?

§. 5.

Auch in dem Betreff jener Personen andern Geschlechts, so etwa ein jeder zu seinen Hausdiensten vonnöthen hat, sind nicht nur von so vielen Koncilien, sondern auch von unsern höchstseligen Herren Vorfahrern, wie auch von Uns selbst so viele Verordnungen ergangen, daß wenigst hierinnen die größte Behutsamkeit beobachtet, und keine solche, die irgends den geringsten Verdacht erwecken könnten, gebuldet werden sollen; da dieselbe noch ganz kurz mehrmals wiederholet worden, so bedarfen sie keine Erinnerung, sondern Wir rufen nur wiederholter das Gewissen jener auf, welche über dieselbe in unserm Namen zu wachen haben, daß sie mit dem gehörigen Nachdruck und Schärfe, ohne Rücksicht und Vorlieb irgend einer Person, auf die Vollstreckung derselben bringen.

§. 6.

Der Apostel hat schon einstens hauptsächlich auch dessentwegen seinem Jünger und von ihm bestellten Bischof Titus anbefohlen, auf die Sitten seiner Untergebenen alle mögliche Obsorge zu tragen, damit auch jene, welche Gegner der christlichen Religion wären, nicht Gelegenheit bekämen, durch die etwa ärgerliche Sitten der Christen die Religion selbst anzutasten, und eben dessentwegen, wenn wir berechtiget sind, an allen Orten von unserer Geistlichkeit ein ihrem Beruf gleichförmiges Leben zu fordern, so ist es doch vorzüglich in der protestantischen Stadt Speyer. Was für einen Eindruck auf die Protestanten das ärgerliche Leben der Geistlichen mache, beweiset eine erst kürzlich von denselben in den Druck gegebene Schrift, wo der Verfasser, zwar zur Unzeit, mit so vielem Fleiß die bereits vergessene Aergernissen wieder an das Tageslicht bringt, und zur öffentlichen Schau ausstellet. Wir billigen dieses keineswegs, was werdem Wir aber für genug wirksame Mittel der hieraus entstehenden Abwürdigung unsers Kleri zu Speyer entgegensetzen können, wenn der Verfasser vielleicht auf mehrere lebende Beyspiele mit Fingern zu deuten im Stand ist? Da es nun einmal die Gewohnheit der Welt, und insbesondere jener ist, die von dem katholischen Glauben abgeneigt sind, die Fehler eines oder des andern auf die Rechnung des ganzen geistlichen Standes zu schreiben, so schmerzet es Uns besonders, daß viele aus einem Klero, die die Pflichten ihres Berufs wahrhaft erfüllen, ohne ihr Verschulden, von dem üblen Ruf einiger andern betroffen werden sollen. Einem rechtschaffenen Geistlichen muß immer jener wichtige Gedanke zur Seite stehen, daß auf ihm nicht nur seine eigene, sondern die Ehre seines ganzen Standes, besonders in einer protestantischen Stadt, beruhe: nebst deme, daß jenes Wehe, welches Christus den Urhebern der Aergerniß androhet, unfehlbar jene mit dem ganzen Gewicht des göttlichen Zorns treffen muß, welche noch Kraft ihres Berufs und Standes besonders verpflichtet sind, durch ein auserordentliches Leben die Heiligkeit Unserer Religion bey allen, auch jenen, die derselben nicht beypflichten, verehrungswürdig zu machen.

§. 7.

§. 7.

Eine andere Gattung der dem geistlichen Stand eben so unanständiger Gesellschaften sind jene, welche nur angesehen sind, sowohl die Zeit, als auch das Vermögen durch das Spielen, und übermäßige Trinken zu verschwenden. Wir wissen ganz wohl, daß das menschliche Gemüth zu Zeiten einer Aufmunterung bedarf, und ist es also unsere Meynung nicht, eine mäßige Ergötzlichkeit auch des Spielens gänzlich zu verbieten. Wir reden also hier nur von jenen, welche täglich einen beträchtlichen Theil der so kostbaren Zeit, und zwar einem solchen Spiel widmen, welches nicht mehr die Ermunterung des Gemüths zu seinen standesmäßigen Arbeiten, sondern eine niederträchtige Gewinnsucht zum Endzweck hat, wo man auf eine solche Art spielet, daß man immer einen beträchtlichen Theil seines Vermögens dem Ungefehr des Glücks zur Beute darbieten muß. Ein solches Spielen ist nicht nur den Geistlichen durch vielfältige Kirchensatzungen verbotten, sondern ist auch die Quelle verschiedener anderer Uebeln; nichts zu sagen von der Verschwendung der Zeit, so höret man auch öfters den durch das Unglück des Spiels gereizten Mund eines Geistlichen in schändliche Flüche und Verwünschungen, oder doch andere ärgerliche Ausdrücke ausbrechen, dessen Beruf erfordert, immer vorzüglich das Lob Gottes, und die Auferbauung seiner Mitchristen zu befördern. Wenn das unglückliche Spiel das Vermögen dahin gerafft, so ist auch der geistliche Stand nicht mehr hinlänglich, wie nur leider! wiederum das schon mehrmals erwehnte neuere Beyspiel erweiset, den Unglücklichen auch von den niederträchtigsten Kunstgriffen, oder anderen eben so verderblichen Mitteln, als die bey einigen eingerissene schädliche Lotteriesucht ist, abzuhalten, um neues Geld zu erhaschen; oder häuffet man Schulden mit Schulden, und scheuet sich nicht, auch dadurch Wittwe und Waysen, deren Stütze doch die Geistlichen seyn sollten, in das äusserste Unglück, und den Bettelstand zu versetzen; wenn auch dieses nicht mehr helfen will, so stürzet endlich die Verzweiflung in einen noch schändlicheren Abgrund. Das Trinken betreffend, ist gewiß nichts unanständiger, als daß Geistliche den barbarischen Geschmack des Saufens, nachdem es bereits bey gesitteten Weltleuten abgekommen, in unsern Tagen noch unterhalten.

§. 8.

Nebst dem ist allhier in allweg in Erwegung zu ziehen, daß das überflüßige Vermögen eines Geistlichen, welches von den Einkünften der Kirche gesammelt worden, nach dem Ausdruck, und noch vielmehr dem Geist einer ununterbrochenen Reihe von Aussprüchen der Konzilien und Vätern ein Antheil der Armen, das Vermögen und Erbtheil Christi ist. Wir wollen uns allhier nicht weitläuftiger einlassen in die Frage, in wie weit durch Nachsicht der Kirche selbst hierinnen etwas von dem Buchstaben und Schärfe dieser Verordnungen gemildert worden; dem mag nun seyn, wie ihm wolle, so ist doch eine noch bestehende unumstößliche Wahrheit, daß weder eine ausdrückliche, noch eine stillschweigende Nachsicht der Kirche, Päbste, oder Bischöffe einem Geistlichen das Recht zugestanden habe, oder auch nur habe ertheilen können, jenes, was ihm von seinen Kirchen-Einkünften überflüßig ist, durch eine, auch sonsten dazu verbottene Art und Weise, als durch das übermäßige Spielen zu verschwenden; jene, welche ihr Vermögen auf diese oder sonst eine unanständige Art durchbringen, bleiben also noch immer Räuber der Armen, und Verschwender des Erbtheils Christi; und wie wird einstens der Richter dieselbe ansehen, daß sie täglich seine Brüder, die Arme, von ihren Thüren haben unbarmherzig abweisen lassen, wo sie indessen die nemliche Täge jenen Theil ihres Vermögens dem Spiel geopfert, womit sie einen Unglücklichen hätten retten können.

§. 9.

Die Ursache, warum man solche Gesellschaften entweder so begierig suchet, oder unterhält, ist keine andere, als weil man sich mit anderen standesmäßigen Geschäften, und der Verwendung auf nützliche Wissenschaften nicht abgeben will, und gleichwohl sich von der Quaal der überlästigen Zeit zu befreyen suchet. Man meynet seiner ganzen Schuldigkeit ein Genügen geleistet zu haben, wenn man einige Stunden den Korverrichtungen, woran doch öfters nur der Mund und die

Lesen,

Lesen, nicht aber das Herz Antheil hat, geschuldet; für die übrige Zeit glaubt man noch ein Privilegium und Vorrecht des Müßiggangs zu haben, oder damit man nicht müßig sey, so wird die Zeit solchen Gesellschaften gewidmet. Bücher, aus welchen man den Geist der Religion schöpfen sollte, die heilige Schrift, die Konzilien, Väter wird man vielleicht bey solchen nicht einmal antreffen; und eben so auch andere, aus welchen man in andern nützlichen Wissenschaften seine Kenntnisse bereichern könnte, wenn es nicht vielleicht unter der Larve eines so genannten guten Geschmacks buhlsüchtige Dichter, oder andere dergleichen sind, welche so gar das Gift der Verderbnis hauchen.

§. 10.

Alle diese Mißbräuche werden nicht aus dem Grund gehoben werden, wenn nicht ein jeder die Pflichten seines Berufs zu erfüllen, als das erste und vornehmste Geschäft ansiehet; und eben deswegen müssen Wir hauptsächlich jene ermahnen, welche sich hierinnen bisherо am säumseligsten erwiesen, welche eine geraume Zeit, auch so gar, wie wir hören müssen, ganze Jahre sich nicht an dem Altar sehen lassen, worauf abermal die Vorgesetzte genaue Acht haben sollen, da sie doch Gott geweyhte Priester seyn wollen: an welchen also gar nichts mehr geistliches erscheinet, als die äusserliche Kleidung: auch dieses schwache Merkmal ihres Standes verabscheuen sie, und suchen dahero, so viel immer der äusserste Zwang des Wohlstands, oder der Furcht auch in diesem Punkt noch zulaßt, bey allen möglichen Gelegenheiten sich in Weltleute umzugestalten.

§. 11.

Wir sind übrigens zum voraus überzeuget, daß auch diese unsere wiederholte Ermahnungen wenig Frucht hervorbringen werden, wenn nicht jene, welche unmittelbar über die Abstellung dieser Mißbräuche zu sorgen haben, die gehörige Sorge und Achtsamkeit ohne Rücksicht der Personen hierauf verwenden werden: Uns aber ist genug, daß Wir hiermit glauben, unserm bischöflichen Amt ein Genügen gethan zu haben, besonders da Wir bereit sind, auf eine allenfalls an Uns gemachte fernere Anzeige, alle nur immer dienstsame Mittel fürzukehren. Da Wir hiemit nichts anderes als das Beste unserer Diöces, unserer Klerisey, und eines jeden insbesondere bezielet haben, so hoffen Wir allerdings, daß alle, welche die Bewürkung dieser unserer so heilsamen Absichten zu unterstützen entweder von Amtswegen verbunden sind, oder sonst können, mit vereinigten Kräften alles dienliche hiezu beyzutragen, nicht entstehen werden. Da sie unmittelbar ihre Untergebene unter ihren Augen haben, und also ihre ganze Lebensart leicht bemessen können; so erfordert ihre Pflicht, die Gelegenheiten zu grösseren Uebeln sogleich abzuschneiden, und durch die bey dem Anfang, oder noch bey Zeiten vorgekehrte Mittel, so wie vielleicht auch noch bey dem neueren Vorfall hätte geschehen mögen, den schlimmeren Folgen vorzukommen. Gegen jene aber, welche allem diesem ungeachtet, ihr unanständiges Betragen fortsetzen werden, die also auch diese unsere Warnungen in die Wege der Besserung nicht einzuleiten vermögend gewesen, werden wir unfehlbar, ohne fernere Nachsicht, die Wege der in den Kirchengesetzen selbst vorgeschriebenen Schärfe eintretten zu lassen gezwungen werden. Bruchsal den 27. Merz 1778.

August, Bischof und Fürst zu Speyer. (L. S.)

Zifer 12.
Copia Domkapitularischen Schreibens ad Celsissimum Spirensem
d. d. 11ma Maji 1778.

Euer Hochfürstliche Gnaden geben uns mittelst eines höchsten Reskripts vom 28. vorigen Monats in sehr harten, und ungnädigen Ausdrücken zu vernehmen, was bey Höchstdieroselben unser unterthänigstes Antwortschreiben vom 10. vorigen Monats für widrige Eindrücke gemacht habe. Wir bedauren immittelst, daß erstgedachtes Antwortschreiben nicht nach der Erforderniß seines Innhalts, und der hierunter gehegten würdigsten Absicht, sondern nach einem darüber zuvor gefaßtem Mißverstand beurtheilet worden seye.

Wir sind der höchsten Ehre Euer ꝛc. und uns selbst schuldig, zur Abwendung dieses Mißverstands, und zur Beleuchtung der wahren Absichten, welche unsern mehr angeregten Erlaß begleitet haben, folgendes noch unterthänigst vorzustellen.

Weder uns, weder dem Verfasser unseres Schreibens ist der Gedanke zu Sinnen gekommen, Euer ꝛc. zur Rechenschaft über den Erlaß höchstdero im Druck erschienenen Pastoralverordnung aufzufordern, oder höchstdero bischöflichen Macht Gränzen zu setzen. Es findet sich auch in dem noch so genau geprüften Innhalt unseres Schreibens kein einziges Merkmaal, daraus ein so ungleich bestimmtes Absehen entnommen werden könnte. Nein! wir halten uns vielmehr in den Gränzen der einem jeden Domkapitel in Teutschland zustehenden Vorstellungsrechte, und dieses zwar in Absicht auf solche Gegenstände, welche lediglich die Gemäßheit des Gebrauchs höchstdero bischöflichen Regierungsbefugnisse, und die hierunter erscheinende Mittel anlangen. Wir erklären uns in somit näher: In ersten Betreff ist es ganz unläugbar, daß höchstdieselbe als höchster Vorsteher der Kirche zu Speyer, und oberster Hirt den Gewalt haben, die untergebene Geistlichkeit zu warnen. Allein, wann Euer ꝛc. Kraft dieses Rechts, die Stimme eines obersten Hirtens hören lassen; so können höchstdieselbe entweder jene salbende Sprache reden, welche Maßilion der erleuchte Bischof von Clermont in seinen Synodalreden geführet hat, und die Euer ꝛc. in höchstdero ans Licht getrettenen Pastoralschreiben ganz vollkommen erreichet, oder gar übertroffen haben; oder höchstdieselbe können sich auch jenes Tons bedienen, welcher der unterm 27. Merz dieses Jahrs eben auch in Druck erschienenen Pastoralverordnung allein eigen ist.

In dem ersten Fall wird höchstdero untergebene Geistlichkeit zu Speyer jede Bischöfliche Warnung, sie mag nun schriftlich, oder im Druck erscheinen, mit devotesten Dank aufnehmen. Die Gewissensprüfung, welche ein jeder vor sich darüber zu machen hat, wird mit weit grösserer Frucht erfolgen, und Euer ꝛc. höchstihro Regierung mit einem unauslöschlichen Ruhm bekrönet sehen.

Die protestantische Prediger zu Speyer haben von dem Ursprung der Reformation an bis hieher kein würksameres Mittel gewußt, dem gemeinen Mann unsere heilige Religion recht verhaßt zu machen, als die lebhaften Schilderungen der an einzigen Geistlichen jezuweilen erschienenen Fehlern, und die hierunter mitgestiftete Vermuthung, daß solche Fehler, in Ansehung des größten Theils der Geistlichen wenigstens ingehein ganz herrschend wären.

Euer ꝛc. ist es ohne weiters aus dieser Anzeige schon gnädigst zu ermessen, daß die jetzige und künftige protestantische Prediger zu Speyer, denen die gedruckte Bischöfliche Verordnungen einmal verläßig unter die Augen kommen, nicht entstehen werden, zur Bestärkung ihrer zeitherigen Handlungsweise sich auch auf denjenigen Abdruck zu berufen, davon zur Zeit die Rede ist, und stehet ausser allem Zweifel, daß auf solche Art zwar mißbräuchlich, jedoch verläßig die Ehre unserer heiligen Religion leidet.

Der gemeine katholische Bürger zu Speyer, wie auch der in den benachbarten Orten sich aufhaltende Landmann hat kein füglicheres Mittel, zur Erkänntniß der Heilswahrheiten zu gelangen, oder darinnen sich zu bevestigen, als die Sprache der von Gott selbst hierzu bestimmten Geistlichkeit, immittelst wann diese Bestimmung Gottes ihren Zweck nicht verfehlen, und die von der Vorsicht in so weit verordneten Mittel würksam seyn sollen; so muß gewiß der Geistliche bey dem gemeinen Mann auch in Achtung stehen; wenigstens ist dieses der Punkt, worinnen sich geistliche und weltliche Gesetzgeber mit dem Stifter unserer heiligen Religion vereiniget haben, da sie den Stand der Geistlichen von anderen so sorgfältig unterscheiden, und mit so vorzüglichen Freyheiten, oder Privilegien begnadiget haben. Wie aber mit dieser Haupt- und Grundabsicht unserer Kirche jene harte Vorwürfe zusammen hangen können, welche in der mehr beregten Druckschrift der Speyerischen Geistlichkeit gemacht werden, dieses können wir unserer Seits in Wahrheit nicht absehen. Wir wollen auch setzen, diese Vorwürfe wären nicht über das Maas ihrer Beweisgründe erhoben, sondern so vollkommen richtig, wie sie angebracht sind; so stehet doch ausser allem

Zweifel,

Zweifel, daß solche durch eine jedem leserliche Druckschrift viel bekannter werden, als sie zuvor waren.

Katholischen Personen zu Speyer, welche sich mehrentheils unter Geistlichen aufhalten, kann einmal der Innhalt der mehrgemeldten höchsten Verordnung nicht verborgen bleiben. Die aus der katholischen Nachbarschaft anhero kommende Dorfleute vernehmen solche mittelst Erzehlungen in protestantischen Wirthshäusern; von daraus tragen sie einen noch weit mehr vergrößerten Begriff von der Sache durch die von Protestanten angefügte Erklärungen, und Kritiken, und nachdem an nichts weniger zu zweifeln ist, als an der Richtigkeit jenes in derselben Druckschrift angezogenen Grundsatzes, daß der gemeine Mann geneigt seye, die Fehler einzelner Geistlichen auf die Rechnung des ganzen Standes zu schreiben, was wird demnach daraus für Achtung gegen den Landgeistlichen entstehen? welcher doch für das katholische Volk der Heilslehrer, und der Wegweiser zum Himmel seyn solle?

Immittelst ist es bey weitem nicht an deme, daß der Verfall des ganzen Sittenstandes einer Speyerischen Geistlichkeit in dem Maas erweißlich wäre, wie selben mehrbemeldte höchste Pastoralverordnung durch verschiedene sehr ungemessene Worte, theils ausdrücklich, theils aber und mehr stillschweigend durch den in der Rede herrschenden Zug darstellet. Wir können es ganz getrost darauf ankommen lassen, daß der strengsten rechtlichen Prüfung das sittliche Verhältniß der Speyerischen Geistlichkeit unterworfen werde, und wir sind zum voraus versichert, daß der rohe Begriff, welchen davon die mehrangezogene Pastoralverordnung giebt, und jener, welchen juristische Untersuchungsakten gewähren, sich an ihren Zügen nicht viel gleichen.

Euer ꝛc. ersehen nun gnädigst hieraus die Reinigkeit, und das Unverfängliche unserer in der Prüfung liegenden Absichten in ganz vollem Licht. Nemlich wir bezielten durch unser unterthänigstes Vorstellungsschreiben vom 10ten vorigen Monats nichts anderst, als Euer ꝛc. das Bedenkliche, welches die oftbemeldte Pastoralverordnung, in Absicht auf die Ehre unseres Gremii der übrigen Speyerischen Geistlichkeit, und endlich der heiligen Religion selbst hat, näher vernehmlich zu machen, und dadurch Bewegungsgründe zu geben, daß wir in Zukunft mit dergleichen Abdrucken verschont bleiben. Wir denken auch noch immer, daß nichts weniger bezweifelt werden könne, als die Rechtmäßigkeit solcher Absicht, wenn dabey in Betracht gezogen wird, daß die standsmäßige Vollkommenheit der Geistlichen durch ganz andere Mittel bewürket werden könne, als durch dergleichen Abdrucke.

Euer ꝛc. treffen in anderen Bisthümern, und selbst in demjenigen, welches höchstdieselbe regieren, die weiseste Anstalten und Verordnungen an, Kraft welcher Geistliche, ehe sie zu den heiligen Weihen befördert werden, vorhero ein oder mehrere Jahre lang in Seminariis unterhalten werden, damit dieselbe in Wissenschaften, und vorderhand in der geistlichen Betrachtung immittelst geübet werden. Höchstdieselbe haben Gelegenheit und Mittel, nach Erlöschung des Jesuiterordens auch in der Stadt Speyer für junge Geistliche ein gemeinschaftliches Leben einzuführen, und daselbst Lehrstühle errichten zu lassen, durch deren Einfluß nicht nur allein junge Geistliche in die nöthige Wissenschaften eingeleitet, sondern auch die ältere hierinnen genähret und gestärket werden können; Höchstdieselbe dörfen auch gnädigst versichert seyn, daß diejenige Vorgesetzte, denen ein Theil höchstihrero Autorität anvertrauet ist, in ihrem Amt keineswegs ermangeln werden, wenn nur die in ihre Amtspflichten einschlagende Fälle ihnen mit gehöriger Anzeige, und so hinterbracht werden, wie es nach den Gesätzen erforderlich ist, um ihre Amtsthätigkeit eintretten zu lassen. Werden diese Wege eingeschlagen; so wird die Ehre rechtschaffener Geistlichen zu Speyer geschont, die Ehre der Religion in der Folge gerettet, und die Vervollkommnerung derjenigen, welche sie nöthig haben, weit verläßiger erzielet.

So grundmäßig und unverfänglich nun alle diese unterthänigste Vorstellungen sind; so befahren wir jedoch, daß dieselbige nicht weniger mit Ungnade, als unsere vormalige angesehen werden dörften; allein die Pflichten, die wir gegen unsere eigene Ehre, und selbst gegen die Religion tragen,

tragen, vermüßigen uns, Euer ꝛc. wiederholter unterthänigſt zu bitten, womit höchſtdieſelbe uns ſo wohl, als übrige hieſige Klereiſey mit derley zum öffentlichen Druck beförderten allgemeinen Verordnungen in die Zukunft zu ſchonen, gnädigſt geruhen möchten, ſonſten wir wider Willen genöthiget ſeyn würden, uns hiergegen höheren Orts zu beſchweren. Uebrigens iſt uns von dem Atteſtat, welches unſeres Herrn Dombechants Hochw. dem Bärmann, als ſolcher die Prieſterweyerhalten, ausgeſtellt, nichts bewußt, der Herr Dombechant wird hierüber Auskunft ertheilen können. Inmittelſt bleibt der Satz doch immer richtig, wann auch der Bärmann von Ihro päbſtlichen Heiligkeit ſelbſten zum Prieſter geweihet worden wäre, daß es allezeit beſſer geweſen ſeyn würde, niemals ordinirt worden zu ſeyn ꝛc.

In fidem copiæ,
GOTTHARDT.
Archivar.

Zifer 13.
Extractus Protocolli Capitularis Ecclesiæ Cathedralis Spirensis de tempore interregni d. d. 11ma Maji 1770.

§. 6.

Occaſione des verleſenen letzteren Protocolli, und deſſen §. 1. in Betreff deren 3333. fl. 20. kr. Interregnums-Gelder, kame zur Propoſition, ob nicht dieſe Portion nach Abſterben des Herrn Kapitularen von Eltz Kempenich Hochw. dem neuen anheut ad Capitulum eingehenden Herrn Kapitularen Herrn von Hohenfeld um ſo mehr gebühret, als ermeldter Herr Graf von Eltz noch nichts gezogen habe, hingegen des Herrn von Hohenfeld Hochwürden währendem Interregno gleich anderen hochwürdigen Herrn in negotiis mit bemühet ſeye, worauf des Herrn Kapitularen Grafen von Stadion Hochw. erinnerten, daß dem Vernehmen nach die gräflich von Eltziſche Familie dieſe Gelder in Anſpruch nehmen wolle, dahero ihres Erachtens dieſelbe in ſo lang zu deponiren wären, bis der künftige Herr dieſe Sache entſcheide, vorderſamſt aber glaubten ſie diejenige Summe zu determiniren, welche allenfalls mit Recht in Anſpruch genommen werden könne, und dem abgelebten Herrn Kapitularen von Eltz Kempenich gebühret habe, ohnerachtet derſelbe tempore interregni nicht gegenwärtig geweſen, und keine Bemühung gehabt habe.

Dieſemnach wollten des Herrn Dombechanten Hochwürden, wie bekanntlich der verſtorbene Herr Kapitular von Eltz Kempenich den Tag vor ſeinem am 6ten dieſes erfolgten Abſterben von Würzburg auf Bruchſal gekommen, mithin durante interregno nicht mit dem geringſten Geſchäft bemühet geweſen ſeye. Da nun bekanntlich derley Gelder, ob ſie gleich nach dem Gebrauch der Ertz- und Hochſtifter denen Herren Kapitularen wegen tragender Regierungslaſt, und deßhalb faſt täglich vorkommenden Geſchäften durante interregno abgegeben werden, in ſich ein Spolium wären, und der Herr Kapitular von Eltz Kempenich obgedachte Summe nicht wirklich in Empfang genommen, mithin kein jus in re erlangt habe, ſo erachteten ſie, daß die pro portione capitulari ex rationibus adductis ausgeworfene rata nicht dem Verſtorbenen, ſondern neuen ad Capitulum anheut gehenden Kapitularen Herrn von Hohenfeld Hochwürd. um ſo mehr periculo ſuo (falls neinlich hæres einen Anſpruch, ſo ſie jedoch nicht gegründet anſehten, machen wolle) zu verabfolgen wären, als das Spolium primi capientis ſeye, conformirte ſich anbey dem voto des Herrn Kapitularen Grafen von Stadion Hochwürden, daß vorderſamſt davon dasjenige abzuziehen, und dem Erben des defuncti Capitularis ab Eltz zuzuſtellen ſeye, was ihme an denen pro Capitulari in vorigen Zeiten ausgeworfenen 90. fl. Trauergeldern, auch allenfalls vor ſeinem Antheil kommenden Interregnums-Medaillen und Sterbmünzen gebühre.

Nachdeme ſich nun die übrige hochwürdige Herren dem Voto des Herrn Dombechanten Hochwürden per totum conformirt, hine per majora

CONCLUSUM.

Seye aus denen a Reverend. D. Decano angeführten Beweggründen von der pro rata

cujuscunque Capitularis ausgeworfenen Summe ad 3333. fl. 20. kr. 90. fl. Trauergelder abzuziehen, und dem Erben des Herrn Kapitularen von Elz Kempenich Hochwürden, nebst denen ihme competirenden Interregnums-Medaillen und Sterbmünzen, nebst dem ab Emmo legirten Gewehr zu verabfolgen, der Rest aber des ad Capitulum neu eingehenden Herrn von Hohenfeld Hochwürden, wegen mittragender Regierungslast, jedoch periculo suo auszuzahlen, übrigens aber abzuwarten, ob des verstorbenen Herrn Kapitularen von Elz Kempenich Erb sich desfalls melden werde.

In fidem Extractus,
GOTTHARDT.
Archivar.

Zifer 14.

Extractus Protocolli Capitularis Ecclesiæ Cathedralis Spirensis d. d. Spiræ 7ma Decembris 1781.

PRÆSENTIBUS

D. de Greiffenclau.
D. de Mirbach jun.
D. de Beroldingen.
D. Cantore ab Hacke.
D. ab Hohenfeld.
D. ab Hanxladen.
D. de Franckenstein.

§. 4.

Syndicus produciret einen Vortrag des Herrn Grafen von Stadion Hochwürden, welcher auf derselben Verlangen zu Protokoll genommen, und der Domkapitlischen allerunterthänigsten respective Parizions, Anzeige, Berichtserstattung, und anderweiten Vorstellung auf das Reichshofrathsconclusum vom 28ten August laufenden Jahrs, ad punctum die während letzter Sedisvacanz bezogene Gelder betreffend, post verba: von einigen eingeschaltet werden solle, des Innhalts:

Besonders von dem Kapitularen Grafen von Stadion, welcher dem in seiner Abwesenheit abgefaßten Kapitularschluß bey seiner nachherigen Anwesenheit beyzutretten Bedenken getragen, und dahero den ihm mit 3333. fl. 20. kr. zu repartirten Antheil anfänglich auf dem Domkapitularischen Archiv in deposito gelassen, daraufhin als der Neo eligendus diese Repartition widerholter in Capitulo gegen die Aeusserungen des damaligen Herrn Domjüngers von Hutten nicht allein gebilliget, sondern selbigen die bemerkte Summe ohne Verminderung anzunehmen, mit einem sehr nachdrucksvollen Zureden öffentlich aufgemuntert; Decano tunc temporis die ohnverweilte mündliche Versicherung gegeben, nicht das mindeste davon für sich zu verwenden.

Diesem zufolge auch zu dessen ohnläugbarer Bestättigung nach einiger verflossenen Zeit, als Se. Hochfürstliche Gnaden zu der wirklichen Regierung gelanget, und die übermäßige Gnadensbezeugungen alles Vorgegangene bestättigten, diese ohnnützlich in Archivo gebliebene Gelder zuerst abzulangen, und keinen anderen, wegen damaligen in der Kürze berührten Umständen, auf allen Seiten weniger anstoßenden Gebrauch davon zu machen gewußt, als alles in instanti unter die Arme durch die Ortspfarrere, nach Zeugniß der von diesen ausgestellten, und von unserem Syndico eingesehenen, für richtig befundenen, auch erforderenden Falls originaliter produciret werden könnender Quittungen distribuiren ließe, solchergestalt ad usus pios verwenden, daß kein Heller davon ihm in Handen geblieben. Auch so gar um der Fürstl. Begräbniß des höchstsel. Kardinals von Hutten beyzuwohnen auf seine Kösten nach Bruchsal gefahren, daselbst im Wirthshaus gezehret, keinen Tropfen Wasser in der Fürstl. Residenz genossen, das sede plena von Sr. Hochfürstl. Gnaden selbst überschickte Wildpret zu mehrmalen anzunehmen schuldigst verbeten, durante Inter-

regno hingegen keinen Schuß in den Fürstl. Jagden gethan, auch niemals sich der Hofpferde bedienet, mithin auch das mindeste, vielleicht mit zu grosser Sorgfältigkeit vermeidet, was seinem Betragen möge ausgestellet werden.

Diesem ohnerachtet erkläret gedachter Graf von Stadion hiemit mit vielem Vergnügen, sich dem weitern auf diese Aufklärung anzuhoffenden allerhöchsten Kayserlichen Ausspruch zu unterwerffen, in allertiessfester Unterthänigkeit ganz bereitwillig zu seyn, und die nicht genossene Fürstl. Gnaden aus eigenen Mitteln zu ersetzen.

CONCLUSUM.

Wäre des Herrn Grafen von Stadion Hochw. per Extractum Protocolli ohnzuverhalten, daß man diesen ihren Vortrag zu Protocoll genommen, und solchen der Domcapitularischen Vorstellung beyfügen, sofort Kayserlicher Majestät vorlegen werde.

In fidem Extractus,
GOTTHARDT.
Archivar.

Zifer 15.
Extractus Privilegii Caroli quinti d. d. 1541.
Passus Concernens.

Jura autem, quæ dictus Episcopus in præfata Spirensi civitate habere dignoscitur, sunt hæc: Imprimis ut quilibet Episcopus Spirensis pro tempore existens possit fabricare monetam auream, & argenteam, legalem, & dativam. Item quod dictus Episcopus in præfata civitate habeat scultetum, & omnes officiales sæculares constituere, & ponere, & quod omnia judicia sæcularia ab eo, & ad eum tamquam a vero Domino immediate dignoscantur dependere & pertinere &c.

In fidem Extractus,
GOTTHARDT.
Archivar.

Zifer 16.
Extractus Protocolli Capitularis Ecclesiæ Cathedralis Spirensis
d. d. 31ma Decemb. 1650.

Herr Dombechant referiret, daß er Oberkammerer ihme gebühre einen Unterkammerer zu bestellen, dieweil die Stelle lang vacirend gewesen, die Nothdurft erforderet, solche wiederum zu bestellen; dieweil aber consensus Principis nicht bey der Hand, ist zu besorgen, die Stadt darmit nit werde content seyn.

CONCLUSUM.

Es kan gar wohl noch vor alt Trium Regum einer angenommen werden, dan vor dieser Zeit wird von Ihro Kurfürstl. Gnaden der Consens anhero geschickt, falls die Aemter nit besetzet, daß solche besetzt werden sollen.

Fernerer Extract d. d. 14. Januar. 1651.

Heut den 14ten Januar. 1651. ist Christoph Gleich zum Unterkammerer nachfolgender Gestalt angenommen worden.

St. Stephans Kappel ist uf der einen Seiten Hr. Dombechant, Hr. Domcustor, Hr. Frenz, Hr. D. Scherer, Hr. D. Hening, Hr. Landschreiber gestanden.

Uf der anderen Seiten Hr. Burgermeister Kumelsch, Hr. Vogeler, und Hr. Stadtschreiber Brimer gestanden.

Hr. Dr. Scherer hat die Proposition gethan:

Nachdeme das Unterkammereramt nun lang Zeit vacirend gewesen, so seye Ihro Kurfürstl. Gnaden zu Trier als Bischof zu Speyer Befelch der Hochwürdig. Hoch- und Wohledelgebohrne Hr. Wilbericus von Wasserdorff Dombechant als Oberkämmerer solle die Stelle wiederum besetzen.

beseßen. Zu dem Ende seye ein ehrsamer Rath der Stadt Speyer, wie vor Alters deswegen dem Actu beizuwohnen berufen wollen, also solche Stelle, wie bräuchlich hierzugegen Christoph Gleichen Bürgern zu Speyer übergeben. Worauf der Stadtschreiber Grimer geantwortet: Es hätten die Hrn. Deputirte der Stadt Speyer vernommen, daß das Unterkammereramt wiederum solle bestellt werden, ob deswegen ein Specialgewalt von Ihro Kurfürstl. Gnaden aufzuweisen.

Hr. Domdechant replicirt: es bedarfe kein Specialgewalt, gestalt sobald ein Domdechant erwehlet, wird er zugleich Oberkammerer, der hat den Unterkammerer zu setzen; zu dem seie ein unterschiedlich Unterkammerer ohne ein Specialgewalt angenommen worden.

Worauf Hr. Burgermeister Rumetsch gesagt: man begehre den Actum nit zu verhindern, daß es doch ohne Præjudiz der Stadt geschehe.

Hierauf der Hr. Domdechant dem Unterkammerer knieend vor St. Stephansaltar den Stab überliefert, mit Anzeig, daß er denen Armen, wie denen Reichen solle Recht sprechen.

Hierauf sämtlich vor den Hohen Altar gangen, uf der rechten Seiten die Domherren, und die fürstl. Speyerische Räthe, uf der linken Seiten die Stadtdeputirte, der Unterkammerer aber vor dem Altar gestanden, beede Armen, mit dem rechten uf der rothen Tafel, mit der linken uf der schwarzen Tafel gelegen, dem Speyerischen Rechenschreiber, so ihme den Apdt vorgelesen, nachgesprochen, darauf dem Unterkammerer die Tafeln zur Verwahrung eingehändiget worden.

In fidem Extractuum,
GOTTHARDT.
Archivar.

Ziffer 17.

Extractus aus der Wahlkapitulation weil. Philipp Christoph von Sötern, gewesenen Bischofs zu Speyer, de anno 1610.

Passus concernens.

Item zum fünfzehenden, die weltliche Aemter in der Stadt und anderstwo gelegen und wo die zu bestellen, sollen nit höher denn bishero beschweret, verliehen oder versetzet werden, auch wollen wir daran seyn, daß gute, richtige Ordnung am Kammer- und Schultheißenamt und Gericht gehalten, auch solche Aemter mit verständigen, geschickten und redlichen Leuten besetzt und versehen werden.

In fidem Extractus,
GOTTHARDT.
Archivar.

Extractus aus der Wahlkapitulation weil. Joannis Hugonis Episcopi Spirensis de anno 1675.

Passus concernens.

Item zum fünfzehenden die weltliche Aemter in der Stadt und anderstwo gelegen, und wo die zu bestellen, sollen nit höher denn bishero beschweret, verliehen oder versetzet werden, auch wollen wir daran seyn, daß gute, richtige Ordnung an Kammer- und Schultheißenamt und Gericht gehalten, auch solche Aemter mit verständigen, geschickten und redlichen Leuten besetzet und versehen werden.

In fidem Extractus,
GOTTHARDT.
Archivar.

Extractus aus der Wahlkapitulation weil. Heinrich von Rollingen Bischoffen zu Speyer de anno 1711.

Passus concernens.

Item zum fünfzehenden die weltliche Aemter in der Stadt und anderstwo gelegen und wo die zu bestellen, sollen mit höher denn bishero beschweret, verliehen oder versetzt werden, auch

wollen

wollen wir daran ſeyn, daß gute, richtige Ordnung am Kammer- und Schultheiſſenamt und Gericht gehalten, auch ſolche Aemter mit verſtändigen, geſchickten und redlichen Leuten beſetzt und verſehen werden.

In fidem Extractus,
GOTTHARDT.
Archivar.

Extractus aus der Wahlkapitulation weil. Franciſci Chriſtophori ab Hutten Epiſcopi Spirenſis de anno 1743.

Paſſus concernens.

Item zum fünf und zwanzigſten die weltliche Aemter in der Stadt und anderſtwo gelegen und wo die zu beſtellen, ſollen nit höher denn bishero beſchwehret, verliehen oder verſetzet werden, auch wollen wir daran ſeyn, daß gute richtige Ordnung am Kammer- und Schultheiſſenamt und Gericht gehalten, auch ſolche Aemter mit verſtändigen, geſchickten und redlichen Leuten beſetzet und verſehen werden.

In fidem Extractus,
GOTTHARDT.
Archivar.

Ziſer 18.

Extractus ex Libro obligationum Tomo III. fol. 182.

Privilegium ſeu ordinatio, quod Capitulum poſſit eligere ad tres Præpoſituras Canonicos Capitulares bujus qui teneantur infra quatuor menſes confirmationem vel proviſionem obtinere.

Per SIXTUM Pap. IV.

SIXTUS Epiſcopus ſervus ſervorum Dei ad perpetuam rei memoriam Romanorum Pontifex ad ea ex debito apoſtolatus officii quo Eccleſiarum omnium curn ſibi divinitus commiſſa eſt libenter intenditur, per que earundem Eccleſiarum præſertim inſigolum Cathedralium ac collegiatarum ſtatus ſalubriter dirigatur, & ad illarum dignitates tales aſſumantur perſonæ, per quas ipſarum Eccleſiarum bona, & jura conſerventur illæſa, ſiue pro parte dilectorum filiorum Capituli Eccleſiæ Spirenſis nobis nuper exhibita petitio continebat, quod olim ad Sanctorum Germani & Mauritii, ac ſancti Wydonis, & ſanctæ Trinitatis Spirenſis Eccleſiæ præpoſituras in prædictis collegiatis dignitates principales & majori Spirenſi Eccleſiis non tantum poſt pontificalem majoritatem obtinentes Archidiaconatus nuncupatas quarum ratione illas pro tempore obtinentes; in dominiis Ducum, Principum, Comitum, Marchionum aliorumque nobilium Spirenſis Diœceſis juriſdictionem eccleſiaſticam obtinere dignoſcuntur, dum pro tempore vacabant, conſueverunt aſſumi ut plurimum Canonici dictæ majoris Eccleſiæ qui ſic aſſumpti præfatis Ducibus, Principibus, Comitibus, Marchionibus aliisque nobilibus noti & nonnunquam conſanguinitate & affinitate conjuncti earundem nobilium ſuffulcti præſidiis Eccleſias & juriſdictionem hujusmodi tueri, & defenſare, eorumque bona & jura conſervare ſoliti fuerant, poſtmodum vero a nonnullis temporibus citra prætextu concordatorum nationis germanicæ cum ſede apoſtolica nonnullæ Perſonæ etiam alienigenæ & minus doctæ ac ſcientia & moribus non probatæ Capitulis & Perſonis dictarum collegiatarum Eccleſiarum præeſſe ; & juriſdictionem prædictam tueri neſcientes & non valentes præpoſituras prædictas tanquam dictæ ſedis diſpoſitioni generaliter confirmatas ab eadem ſede impetrarunt, quarum incuria negligentia ſeu impotentia præpoſituræ prædictæ quoad juriſdictionem eandem varia in ſpiritualibus & temporalibus paſſæ fuerunt hactenus & in dies patiuntur detrimenta, quandoque ſi eisdem Capitulo concederetur, quod occurrente earundem præpoſiturarum extra romanam curiam vacatione ſimul vel ſucceſſive ad quamlibet ex eis ſic pro tempore vacantibus, canonicum capitularem dictæ majoris Eccleſiæ eligere

poſſent,

possent, quin sic electus ex tunc infra quadrimestre suæ electionis hujusmodi confirmationem seu de præpositura ad quam electus foret provisionem aut providendi mandatum ab eadem sede obtinere, & litteras desuper ex toto etiam in camera apostolica expedire teneretur, profecto exinde prosperis successibus præpositurarum prædictarum opportune consuleretur cum earum relevatione ab hujusmodi detrimentis & constitutione sub solito regimine Canonicorum prædictorum quare pro parte Capituli prædictorum nobis fuit humiliter supplicatum, ut quod de cætero perpetuis futuris temporibus ipsi ad singulas præposituras prædictas, quoties illas vel illarum aliquam pro tempore simul vel successive extra dictam curiam vacare contigerit, unum ex ipsius majoris Ecclesiæ capitularibus canonicis eligere possint & debeant, ipsique sic pro tempore electi suæ electionis hujusmodi confirmationem seu præpositurarum ad quam electus foret provisionem aut providendi mandatum impetrare litterasque desuper expedire teneatur, ut præfertur statuere, & ordinare ac alias earundem Ecclesiarum statui in præmissis opportune providere de benignitate apostolica dignaremur. Nos igitur quia singularum orbis Ecclesiarum honorem & venustatem adaugeri indefessis semper desideramus affectibus hujusmodi supplicationibus inclinati hac perpetua & irrefragabili constitutione apostolica auctoritate & ex nostra certa scientia statuimus & ordinamus quod de cætero perpetuis futuris temporibus ad singulas præposituras prædictas, dum illas quovis modo deinceps vacare contigerit, etiamsi dispositioni apostolicæ ex personis illas obtinentium aut alias ex quavis causa præter quam illarum vacationis apud sedem eandem generaliter confirmatæ seu etiam affectæ fuerint, & ad illas cessantibus reservationibus apostolicis consueverint qui per ipsarum Ecclesiarum collegiatarum Capitulorum electionem assumi eisque cura immineat animarum Capitulum præfati unum ex ipsius Capituli Canonicis capitularibus eligere possint, & debeant, ipseque sic pro tempore electus confirmationem electionis de se factæ hujusmodi seu præpositurae ad quam electus fuerit provisionem vel providendi mandatum de eadem infra quatuor menses a die ipsius electionis computandos a sede prædicta impetrare ac litteras apostolicas desuper totaliter in forma etiam quoad cameram apostolicam prædictam expedire omnino teneatur. Alioquin electio ipsa eo ipso elapso quadrimestri prædicto evanescat possitque & debeat præposituram ipsam per eandem sedem libere conferri, & de illa provideri, quodque præpositurae prædictae deinceps sub quibusvis gratiis exspectationis specialibus vel generalibus reservationibus aut nominandi seu conferendi mandatis primariis precibus vel aliis facultatibus per nos vel sedem prædictam etiam motu proprio & ex simili scientia quibuscunque personis cujuscunque etiam dignitatis, nobilitatis, status, gradus, ordinis, conditionis vel præeminentiæ fuerint sub quavis verborum forma & expressione ac cum quibusvis etiam derogatoriarum derogatoriis & aliis validissimis clausulis irritantibusque decretis etiam considerationem intuitu ac in favorem quorumcunque Regum, Reginarum, Ducum, Comitum aliorumque Principum sive Prælatorum ecclesiasticorum concessis hactenus & imposterum concedendis ac factis & faciendis quorum omnium vim, vigorem & effectum litterarum serie suspendimus, ullatenus complectantur, & illarum prætextu per easdem aut quascunque alias Personas acceptari ac personæ ipsæ sibi de illis provideri facere non possint, decernentes auctoritate & scientia similibus acceptationes & provisiones de ipsis factas non valere & processus desuper habitos & excommunicationes aliasque censuras & pœnas in se continentes neminem arctare, & dictarum Ecclesiarum capitula illis parere non teneri ac provisiones & mandata de providendo de eisdem præposituris dum sic pro tempore vacabunt quæ a nobis & sede prædicta post factam per Capitulum præfatos electionem hujusmodi etiam nondum confirmatam vel ante etiam cum præsentis constitutionis expressa derogatione emanarent, ac omnia & singula quæ secus super his a quoquam quavis auctoritate scienter vel ignoranter contigerit attemptari, irrita & inania nulliusque existere roboris vel momenti. Et nihilominus venerabili fratri Episcopo Wormaciensi & dilectis filiis Decano Ecclesiæ Sancti

Sancti Spiritus Heidelbergensi Wormaciensis Diœceseos ac officiali Spirensi per apostolica scripta mandamus quatenus ipsi vel duo aut unus eorum per se vel alium seu alios præmissa ubi quando & quotiens expedire cognoverint solemniter publicantes, & eisdem Capitulo super his efficacis defensionis auxilio & favore assistentes faciant eos hujusmodi statuti ordinationis, & decreti pacifica Possessione gaudere, non permittentes eos contra præsentium tenorem ad recipiendum quemquam in præpositum alicujus dictarum collegiatarum Ecclesiarum compelli contradictores per censuram ecclesiasticam appellatione postposita compescendo, non obstantibus præmissis ac quibuscunque specialibus vel generalibus reservationibus per nos & sedem prædictam de dignitatibus principalibus aut alias factis , & quas imposterum quandocunque fieri contingeret quas ad dictas præposituras volumus extendi; nec non aliis constitutionibus & ordinationibus apostolicis , ac Ecclesiarum prædictarum juramento, confirmatione apostolica vel quavis firmitate alia roboratis statutis, & consuetudinibus contrariis quibuscunque seu si aliquibus communiter vel divisim a sede prædicta indultum existat quod interdici suspendi vel excommunicari non possint per litteras apostolicas non facientes plenam & expressam ac de verbo ad verbum de indulto hujusmodi mentionem nulli ergo omnino hominum liceat hanc paginam nostrorum statuti, ordinationis, suspensionis, decreti, mandati & voluntatis infringere, vel ei ausu temerario contraire. Siquis autem hoc attemptare præsumpserit indignationem omnipotentis Dei ac beatorum Petri & Pauli Apostolorum ejus se noverit incursurum. Datum Romæ apud sanctum Petrum anno Incarnationis dominicæ millesimo quadringentesimo septuagesimo octavo decimo septimo Aprilis Pontificatus nostri anno octavo.

In fidem copiæ,
GOTTHARDT.
Archivar.

Zifer 19.

Extractus Kayserlichen Handschreibens an den Herrn Herzogen von Württemberg d. d. Wien den 21ten Julii 1736.

Wie die vorhinnige Kommendanten von beeden Plätzen nebst der Besatzung in dem einem denen Bischöffen von Speyer, und dem dasigen Domkapitul als Grund- und Eigenthumsherren von Philippsburg, und in dem anderen dem markgräfl. Baadischen Haus als Grund- und Eigenthumsherren von Kehl den Eyd abgelegt haben; so ist unser Willen, daß es auch anjetzo nach befolgter Besitznehmung beschehe.

In fidem Extractus,
GOTTHARDT.
Archivar.

Zifer 20.

Extractus Protocolli Capitularis Ecclesiæ Cathedralis Spirensis in grli. Sti Antonii Spiræ 17ma. Januar. 1777.

PRÆSENTIBUS

D. Decano ab Hutten.
D. de Greiffenclau.
D. de Mirbach.
D. de Beroldingen.
D. ab Hanxleden.
D. Comite ab Hoensbroeck.

EXCUSATO.
D. Custode Comite ab Oettingen.

§. 26.

§. 26.

Die Gemeinde Berghausen bringet beschwerend an, daß von der Hochfürstl. Speyerischen Schatzungskommission ihre Güter allzuhart in der Schatzung angelegt würden, indeme der Morgen zu 160 Ruthen wollte gerechnet werden, da sie doch seithero in ihrer Gemarkung ein ganz anderes Morgenmaaß gehabt habe; auch hätte sie derhalben alle Tag die Execution zu gewärtigen, die Schatzung also zu bezahlen. Da sie nun bey dieser harten Auflag, und nicht bestehenden Ruthenmaaß nicht bestehen könnten, und gänzlich verderben müsten; als bitte sie unterthänigst um einen Beyrath, und allenfalsigen Beystand.

CONCLUSUM.

Wäre denen Supplicanten mündlich zu bedeuten, daß sie sich mit ihrer Beschwerde vorderfamst an die Kommission wenden, wofern sie aber allda kein Gehör fändeten, solche alsdann Celmo vortragen sollten. Wornächst sie dann nach Ermessen den Erfolg dahier wiederum anzeigen könnten, wo man ihnen darauf das weitere bekannt machen würde.

In fidem Extractus,
Gotthardt.
Archivar.

Extractus Protocolli Capituli generalis Ecclefiæ Cathedralis Spirenfis d. d. Spiræ 6ta Novembris 1777.

PRÆSENTIBUS.
D. Decano ab Hutten.
D. Custode Com. ab Oettingen.
D. Scholastico de Mirbach.
D. de Greiffenclau.
D. de Beroldingen.
D. ab Hanxleden.
D. de Franckenstein.
D. Com. ab Hœnsbroeck jun.
EXCUSATO.
D. Cantore ab Hacke.

§. 2.

Die Stadt Bruchsal übergiebt eine weitwendige Vorstellung samt Beylagen von Ziffer 1. bis 21. einschläßig, in Betreff der ihrigen sogenannten Zinnwiesen, als welche seithero in Stadt Bruchsaller Gemarkung gelegen gewesen, von der dermaligen Schatzungs-Erneuerungskommission aber in andere Gemarkungen vertheilt, die Freywiesen mit Schatzung beleget, bey der Ausmessung ein anderes kleines Meß, als das Waldmeß seye gebraucht, sofort dadurch bis etlich und 60. Morgen Ueberschuß herausgebracht, und ohngeachtet des anhängigen noch zur Zeit ohnentschiedenen Prozesses der Hofkammer zugewiesen worden seyen, bittet sodann um ein Vorschreiben an Ihro Hochfürstliche Gnaden, um diese ihre Beschwerden in dem Gnadenweg zu heben, und den bevorstehenden Prozeß abzuwenden.

CONCLUSUM.

Würde das von der Stadt Bruchsal angesuchte Vorschreiben abgeschlagen, übrigens aber des Herrn Domscholasters Grafen von Mirbach Hochwürden ersucht, wann sie nächstens nach Bruchsal kommeten, in ihrem Namen bey Ihro Hochfürstl. Gnaden für erösterte Stadt Bruchsal nach Befund der Sache ein gefälliges Vorwort einzulegen.

In fidem Extractus,
Gotthardt.
Archivar.

Ziffer 4.

Zifer 4.
Veneris 30. Aprilis 1784.

Zu Speyer Herr Fürst und Bischof contrà das Domkapitel daselbst, die anfechten wollende Landesherrliche- und Bischöfliche Gerechtsame betreffend.

Absolvitur Relatio & Conclusum.

I. Ponantur des Herrn Fürst-Bischoffen fernerweite Berichte de præsentatis 4. & 13. Decembris 1781. — 7. Januarii & 19. Aprilis 1782. — dann 16. & 17. Junii 1783. ad acta.

II. Erkennen Kayserliche Majestät impetratisches Domkapitel zwar zur unweigerlichen Vorlegung der während letzten Sedisvacanz abgehaltenen Protokollen, wie auch der von der Stattshalterschaft zu Bruchsal an das Domkapitel zu Speyer erstatteten Berichten, falls Herr Fürst-Bischof zur Einsichtnehmung derselben eine Fürstl. Commission ad Locum Archivii nach Speyer absenden wird, verbunden, hingegen zu jener der Domkapitlischen Protokollen nicht schuldig. Und hat es im übrigen bey der à Capitulo Kayserlicher Majestät gegebenen Versicherung, daß sich die angebliche Bulla absolutoria des abgelebten Herrn Bischoffen nicht vorfinde, sein Bewenden.

III. Wird die Impetratische Parisions-Anzeige ad membrum IV. Conclusi de dato 28. Aug. 1781. Art. XIV. Capitulationis die Reichs- und Kraisbeschickungen betreffend, für vollständig, ad membrum III. Lit. C. die Obligation nach Ableben eines Regenten, dann ad ejusdem membri Lit. D. Num. 3. den pro futuro untersagten Bezug des sogenannten Spolii, und endlich ad membrum IV. sive Articulum V. Capitulationis die Vorlegung der Kapitels-Statuten belangend, aber nur der Gestalt für hinreichend angenommen, daß impetratisches Domkapitel,

Ad 1mum. die Privatlitteralien eines zeitlichen Regenten bey dessen Absterben lediglich dessen Erben verabfolgen zu lassen.

Ad 2dum. daß Capitulum nach weiterer deutlichen Vorschrift der Kayserlichen Anordnung sich auch allen Bezugs an Naturalien, oder sonstiger Zuwendung einiger Utilitäten in Zukunft durante Sedisvacantia zu enthalten bereit seye, annoch in termino duorum mensium allerunterthänigst anzuzeigen, und

Ad 3tium. in eodem termino Kayserlicher Majestät die pflichtschuldige Auskunft über die neuerliche Fürstliche Anzeige vorzulegen habe, daß Capitulum die Statuten Gelder nach Maasgabe, daß ein Recipiendus ad Capitulum sich als einen Edlen, Freyherrn, oder Grafen darstelle, willkürlich anzusetzen, jene, so sich etwa als Freyherrn angäben, solches aber nicht seyn, nach Verhältniß der erhöheten Tax, durch Verlegung solcher Prædicaten in denen Protokollen, oder sonstige Kapitularhandlungen gleichsam in diesen Stand zu erheben; endlich auch die bereits Aufgeschworne, in der Folge aber in einem höheren Stand erhobene, wie solches mit den Grafen von Eltz und Walderdorf geschehen seyn solle, bis die höhere Tax nicht nachgezahlt worden seye, nicht zu erkennen sich ermächtige.

IV. Gereiche es Kayserlicher Majestät quoad membrum IV. ad Articulum Capitulationis X. Lit. C. zu allergnädigstem Wohlgefallen, daß Herr Fürst-Bischof, wie er solches in seinem anderweiten Berichte de præsentato 4. Decembris 1781. angeführt, diesen Passum Capitulationis nicht in Erfüllung setzen zu lassen, gleich nach seinem Regierungs-Antritt den pflichtschuldigen Bedacht genommen habe, wobey es demnach auch fürohin befohlener maaßen zu belassen ist.

V. Erklären Kayserliche Majestät auf die ad membri III. Lit. D. Num. 4. von dem Herrn Fürst-Bischof geschehene Anfrage, daß es bey der Bestimmung der 1500. fl. keine andere Meynung gehabt habe, als daß hierunter auch die so genannte Interregnums-Metallen, oder

was

was die bey dieser Gelegenheit geprägte Münzen sonst immer für einen Namen gehabt haben mögen, begriffen seyen, und obbestimmte Summe unter keinerley Vorwand überschritten werden solle.

VI. Lassen es Kayserliche Majestät
1mo. Ad membrum IV. & Art. 7. nach der in Betreff des Stadt-Speyerischen Ober-kämmer-Amts und Probstey-Wahlen der drey in besagter Stadt befindlichen Nebenstifter vorgelegten Erläuterung nunmehr bey diesem Articulo Capitulationis; und
2do. Ad Art. X. Lit. b. mit Verwerfung der Domkapitlischer Seits in Festsetzung dieser Stelle des Artikels angeblich gehegten Meynung bey der Kayserlichen Erklärung.
3tio. Ad eundem Art. Lit. D. Nachdem hiebey die Kayserliche Absicht keineswegs weiter, als dahin gegangen ist, daß die Kammer- und Landschafts Rechnungen, jedoch nur mit jenen Belegen, deren Einsicht Capitulo zur Erläuterung der bey ein oder anderen Puncte allenfalls habenden Anständen unentbehrlich ist, an dasselbe extradirt werden sollen, somit der von dem Herrn Fürst-Bischoffen der grossen Weitschichtigkeit, und des Kosten Aufwands halber gemachte Anstand von selbst hinwegfällt, und im übrigen so viel die auch Fürstlicher Seits weiter nachgesuchte Gestattung des Beysitzes eines Hoch-stiftischen Deputati bey der Abhörung der Domkapitlischen Rechnungen belangend, dem Herrn Bischoffen unbenommen bleibet, im Fall sich bey Verwaltung der Kapitli-schen Renten solche Umstände äufferten, welche eine Einsicht der Rechnungen erfoderten, hierunter nach Vorschrift der geistlichen Rechte, und den Pflichten seines Bischöflichen Amts fürzugehen, bey der anbefohlenen Rechnungs-Mittheilung
4to. Ad eundem Art. Lit. E. die Collectas extraordinarias, und Landessteuern betref-fend, des impetrantischen Einwendens ungehindert, bey der in hoc Articulo dem Herrn Impetranten auferlegten vorgängigen Domkapitlischen Konsens-Einholung, in Confor-mitate des darinn angezogenen Conclusi Eichstättensis, und nach Maasgabe des Vertrags de Anno 1760. ad grav. 16.
5to. Ad Art. XIII. Gleichergestalten bey dem, was in jetztbesagtem Concluso, wegen der von der blossen Willkür eines zeitlichen Fürsten abhangenden Besetzung der Ober-ämter verordnet ist, und in so ferne bey diesem Articulo Capitulationis, jedoch in der Maaße, daß Herr Fürst-Bischof seinem Erbiethen gemäß auf den verdienten Adel des Hochstifts vorzügliche Rücksicht nehmen werde, und endlich
6to. Ad Art. XIX. & XX. mit gleichmäßiger Verwerfung der impetratischen Partition, und sich angemaßter Interpretation bey denen diesfalls getroffenen Kayserlichen Ver-fügungen ein für allemal bewenden.

VII. Haben des impetratischen Domkapitels ad membrum II. Resolutionis Cæsareæ in dem 8ten Spho seiner Vorstellung enthaltene ungebührliche Anmaßungen, und darauf gestellte Petita nicht Statt.

VIII. Werden demselben die, ad membrum III. Resolutionis Cæsareæ, dann ad ejusdem membri Literam A. & B. ferner in Spho 6. & 7. besagter Vorstellung, und ad membrum IV. five Art. X. Lit. A. aufgestellte, der Kayserlichen allerhöchsten Authorität zu nahe tret-tende, Reichsgesetzwidrige, und allenthalben verwerfliche, grundlose Principia, samt denen hieraus hergeleiteten vermessenen Auslegungen, Verdrehungen, Erstreckungen, und respective Einschränkungen der Kayserlichen Obristrichterlichen Befehlen, und hierdurch unter den wider-sprechenden Ausdruck der schuldigen Folgleistung auf die dreisteste Art bezeige geflissentliche Widersetzlichkeit, sträfliche Imparition, und Verwegenheit anmit in Kayserlichen Ungnaden verwiesen; und sehen Kayserliche Majestät um so gewisser der ungesäumten, und längstens in termino duorum mensium zu bewirkenden Anzeige entgegen, welcher Gestalt man sich denen, sowohl in Ansehung der obgedachten, als sämtlicher in dem Concluso de 28. Augusti 1781.

enthaltenen Stellen ergangenen deutlichen, und unabänderlichen Kayserlichen Anordnungen, ihrem buchstäblichen Innhalt und Wortlaut nach, in allem und jedem gehorsamlich zu fügen gedenke, als Allerhöchst Dieselben ansonsten gegen diejenige, so sich hierunter eine fernere Weigerung zu Schulden kommen lassen würden, sofort unverzüglich mit Sperrung sämtlicher Temporalien, auch nach Befund der Umständen mit sonstigen angemessenen Bestrafungen verfahren zu lassen, nicht entstehen werden.

IX. Den Spoliepunkt, quoad præteritum betreffend, finden Kayserliche Majestät

1mo. die von dem Herrn Fürst-Bischoffen wegen des ihme auferlegten Ersatzes, der in der Eigenschaft eines Dombdechanten erhobenen Ratæ ad 3333. fl. 20. kr. fürgebrachte Gründe, wodurch derselbe unter dem wiederholten Aktenwidrigen Angeben, an der Kapitularischen Einwilligung keinen Theil gehabt zu haben, diesen Ersatz bereits mehrfach bewirkt zu haben vermeynet, keineswegs hinreichend, und hat derselbe daher in termino duorum mensium & sub comminatione realis Executionis Kayserlicher Majestät documentirter vorzulegen, wie die oberwehnte Summe zur Fürstlichen Hofkammer wirklich baar abgezahlet worden seye.

2do. Detur quoque in Ansehung der Ratæ Capitularium mit Verwerfung der sowohl durch den Herrn Fürst-Bischoffen, wegen des Dombdechanten von Hutten gemachten unerheblichen Vorstellung, als von den übrigen an dem Spolio betheiligten Kapitularen angebrachten, durchaus unstatthaften Einwendungen ersagtem Dombdechanten, und jetzt benannten Kapitularen ex officio terminus duorum mensium ad parendum eidem membro III. Lit. D. Num. 2. sub priori Comminatione. Jedoch wollen Kayserliche Majestät

3tio. den Domkapitularen, Grafen von Stadion, in Rücksicht des besondern Umstandes, daß die von dem Herrn Fürst-Bischoffen gegen Allerhöchstdieselbe geäusserte Absicht, die Summam restituendam zu milden Stiftungen verwenden zu wollen, durch den von eben gemeldeten Kapitularen gemachten frommen Gebrauch seiner Ratæ bereits erzielet worden seye, von der Rückerstattung freygesprochen. Desgleichen auch

4to. den von dem ehemaligen Statthalter von Mirbach geschehenen Abzug der 600. fl. in Betracht des von demselben in Befolgung des Kayserlichen Befehls durch die ungesäumte Restitution seines Antheils bezeigten schuldigen Gehorsams, aus besonderen Kayserlichen Gnaden begnehmiget haben.

X. Sehen Kayserliche Majestät ad membrum IV. & Art. X. Lit. E. in Betreff der Kameral-Uebernahme des Abgangs bey Unzulänglichkeit der ordinari Reichs- und Kreis-Præstandorum, obschon nach des Herrn Fürst-Bischoffen immittelst geschehener berichtlichen Anzeige, dieser Fall bis anhero nicht existiret haben solle, da nunmehr per membrum II. gegenwärtigen Conclusi dem Domkapitel die Vorlegung der letzten Sedisvakanz-Protokollen anbefohlen worden ist, über diesen Gegenstand dessen zugesicherten umständlichen Bericht in termino duorum mensium entgegen; so wie auch anderer Seits Capitulum in eodem termino über die von der Fürstlichen Hofkammer angeblich geschehene Konfiskationen, Okkupirung Herrenloser Dinge, auch Erwerbung verpfändeter Güter, und daß solche der Schatzung hierdurch wirklich entzogen worden seyen, den Rechtsbeständigen Beweis vorzulegen hat, damit auch diesfalls weitere Kayserliche Entscheidung erfolgen könne.

XI. Haben des Herrn Impetrantens fernerweite Petita, das Kapitel zum Abtrag der ordinari Kollekten aus den Kapitlischen Ortschaften tam pro præterito quam futuro anzuhalten, die Verträge de annis 1760. & 1771. in Ansehung jetztgedachten Kollektationspunktes, der Subinfeudation mit der Territorialhoheit zu Bauerbach, dann der Royalzehenden aufzuheben, und als unverbindlich zu erklären, die wegen Verpflichtung der Fürstlichen Dienerschaft anbefohlene Insertion in die Bestallungsbriefe, weilen die abzulegende Eidesformel der Die-

ner-

nerſchaft hierunter ſchon hinreichende Maas geben, wieder einzuziehen; dann Ihn, Herrn Fürſten von dem am Ende des nehrmal angezogenen Concluſi de 28. Auguſti 1781. gegebenen wohlverdienten Verweiß frey zu ſprechen nicht Statt.

XII. Wird dem impetratiſchen Domkapitel das allergerechteſte Kayſerliche Mißfallen über die, in deſſen Paritions-Anzeige in Bezug auf den Herrn Fürſt-Biſchoffen allenthalben anzutreffende Reſpects-und Subordinationswidrige, ſchmähſüchtige Schreibart andurch zu erkennen gegeben, und daſſelbe zur gebührenden Ehrerbietung und Achtung gegen denſelben angewieſen. Wohingegen ſich auch Kayſerliche Majeſtät zu dem Herrn Fürſt-Biſchoffen verſehen, daß Er zur Herſtellung der das Wohl ſeines Hochſtifts auf eine dauerhafte Art allein zu begründen vermögende Ruhe, Vertrauen, und Einverſtändniß mit dem Domkapitel auch ſeiner Seits, mit Beſeitigung aller gehäßigen Leidenſchaften, wie es ſeine Biſchöfliche Pflichten ohnehin erforderen, das Seinige beyzutragen, den ernſtlichen Bedacht nehmen werde.

XIII. Wird das von dem Domkapitularen von Beroldingen unterm 28. Februarius 1782. in Vim paritionis membri III. Concluſi de 7. Auguſti 1778. an den Herrn Impetranten erlaſſene Schreiben pro ſufficienti paritione angenommen, & fiat

XIV. petita Retraditio exhibiti de præſo. 14. Decembris 1781.

Johann Peter Söhngen.

Zifer 5.

Allerdurchlauchtigſter! ꝛc.

Das ſtrenge Gebott, mitteſſt weſſen Eure Kayſerliche Majeſtät (ausſer ſehr wenigen namentlich gutgeheiſſenen Fällen) im Hauptweſen die Senat-Rechte des Speyerer Domkapitels neuerdings per Reſcriptum paritorium vom 30. April des lauffenden Jahrs verworfen, auch die, bis hieher nie beſtrittene Domkapitliſche Befugniſſe zur Zeit des erledigten, oder behinderten Biſchöflichen Stuhls, bis auf die niederſte Art der Verwaltung abgewürdiget, zugleich die ſämmtliche Theilnehmere an den erhobenen Interregnums-Geldern zum unverlängten Erſatz, unter einer Reihe von Ahndungsvollen Ausdrücken angewieſen, und entlich Ne Mit-Erb- und Grundherrſchaft des erſagten Domkapitels, aller nur möglichen Einſchränkungen ohngeachtet, nebſt deme, was immer, auch nur von weitem, dahin einen Einfluß haben mag, dennoch zernichtet haben, kann nur darauf gegründet worden ſeyn, weil dem Herrn Fürſt-Biſchoffen zu Speyer der Verſuch gelungen hat, Allerhöchſtdieſelbe zur gleichbaldigen Einſchlagung eines exekutiviſchen Verfahrens zu veranlaſſen, worinn kundbarer Dingen die Rechtliche Einwendungen in Rückſicht eines bereits unterſtellten ſtärkeren Rechts wenig geachtet zu werden pflegen.

Wie tief es dem Domkapitel zu Herze gehen müſſe, ſich durch ſolche Wege von allen Vorzügen über einmal ſo weit herabgeſetzet zu ſehen, iſt gar wohl denkbar. Nichts gleichet jedoch dem Kummer, über die Empfindung, welche Eure Kayſerliche Majeſtät daſſelbe neben jenem Verluſt annoch ſo nachdrücklich fühlen zu laſſen, ſich haben entſchlieſſen mögen.

Indeſſen denkt gleichwohl erſagtes Domkapitel bey allem deme noch immer, daß es nie die Meynung gehabt haben werde, ihm auch noch alsdann das Gehör zu verſagen, und die ſtrafe Befolgung der ergangenen Geboten unabänderlich zuzumuthen, wenn es binnen der Geſätzlichen Friſt mit neuen Urkunden und Gründen aufzutretten in Stand kommen ſollte, die ſeinen ehevorigen Behauptungen eine andere Geſtalt, und folglich auch denen Strafbefehlen eine günſtigere Wendung geben dörften.

Wenigſtens läßt ihm die teutſche Juſtizverfaſſung dieſen Troſt noch übrig. Einen Troſt, welchen die Geſätzgebende Macht

Ord. Cam. Part. III. tit. 52.

jenen zum Beſten geordnet hat, die manchmalen in dem erſten Gedränge den reichhaltenden Vorrath ihrer Behelfen entweder nicht wiſſen, oder bey einer unerwarteten Ueberraſchung das wahre Gewicht davon nicht hinlänglich überſchauen.

Allergnädigster Kayser und Herr! Dieses Mittel der Wiederherstellung ist es, dessen Versuch das Domkapitel zu Speyer (weit von allen aufzüglichen leeren Ausflüchten entfernt) für Pflicht hält, um sich bey ihrer Kirche sowohl, in Ansehung ihres mitverflochtenen Interesse, als auch bey der Nachkommenschaft über jeden unangenehmen Nachklang hinauszusetzen. Dieses Mittel ist es, von welchem dasselbe zugleich erwarten zu können glaubt, daß eine anderweite Prüfung seiner Aufklärungen auch ein anderweites vortheilhafteres entscheidendes Schicksal zur Folge haben werde.

In dieser Absicht überreicht allerunterthänigster Anwald die ihme von seiner Prinzipalschaft, und derselben Sachwalter zugekommene Spezial-Vollmachten unter den

Ziffer 1.2.   Ziffer 1. 2.

und erbiethet sich vor der Hand zur Abschwörung des gewöhnlichen Eides, daß man dieses Reichsgesäßmäßige Mittel weder aus Gefährde, noch einer sonstigen verschleiffenden bösen Meynung zu wählen gedenke.

Größten Theils nur neue, theils vorhin unbekannte, theils als überflüßig angesehene Umstände, nur solche Umstände, die im Ganzen zusammengenommen ein uraltes, immer beobachtetes Reichsherkommen, somit ein vollgültiges teutsches Gesäß bilden dörften, werden den Hauptinnbegriff dieser Vorstellung ausmachen; Und wenn sich übrigens das Domkapitel zu Speyer die weitere Erlaubnis giebt, ihre, schon in der vorderen Parizions-Anzeige aufgestellte Gründe mit weiteren Rechtlichen Betrachtungen zu verbinden; so hoft dasselbe, wegen der Zuläßigkeit dieses letzteren Schrittes in der Reichsgerichtlichen Uebung, und in dem allgemeinen Ermessen vieler Gelehrten von der ersten Grösse, seine volle Gewährschaft und Sicherheit zu finden.

LUDOLF in Comment. Syst. Sect. 2. §. 6. n. 33. & 48.
RODING. in Pand. Cam. Lib. 3. tit. 60. §. 10.
HILLER Diss. de Concurs. & Elect. remed. util. Cap. 4. §. 2.
EYBEN de Restit. in integr. adversf. Sent. Cap. 7. n. 14. ex Decreto
Commun. Camer. 7. Julii 1669. publicato &c. &c.

sind unverwerfliche Bürgen von der Unverfänglichkeit solcher Verbindungen, da sie mit einer durchgängigen Uebereinstimmung behaupten:

Causas veteres cum novis cumulari posse, si antiquæ Causæ vel Instrumenta per nova roborentur, probationes cœptæ per novas confirmentur.

Vorläufig contestiret das Domkapitel zu Speyer mit einer, der geheiligten obersten Gerichtsstelle schuldigen Offenherzigkeit, daß es bey diesem Verfolg der Sache über das Eitle von Rang, Titel, Ansehen, und Herrschaft unendlich weit hinweg seye, sondern daß die Absicht seines Bestrebens einzig und allein nur dahin abziele, die Verfassung der Kirche, und die Erhaltung ihrer Rechte durchaus gesichert zu wissen, wohin die Domkapitlische Vorzüge zu allen Zeiten einen sehr wesentlichen Einfluß gehabt haben, und ihn also billiger Dingen auch noch ferner haben sollen.

Allein, Eure Kayserliche Majestät verwerfen diesen Einfluß, da Allerhöchstdieselbe die Domkapitlische Senat-Rechte als grundlos und Reichsgesäßwidrig verwerfen.

Gleichwohl kann das implorantische Domkapitel sich zur Zeit den Knoten nicht auflösen, was für Beweggründe dazu den Anlas gegeben haben mögen?

Unläugbar bleibt es doch immer, daß schon in den ersteren Zeiten der Kirche zwischen den Bischöffen und ihren Brüdern, aus dem Grund des gemeinschaftlichen Lebens, ein sehr enges Verband bestanden,

Concil. Mogunt. de 813.
Formula Aquisgranensis de 816.

und daß jene bereits damalen in wichtigen Angelegenheiten der Kirche an den Beyrath der letzteren gebunden gewesen seyen.

Concil.

Concil. Carthaginenſe IV. cap. 22. & 23.

Unläugbar iſt es ferner, daß nach und nach ſo gar jener Einfluß, welchen der übrige Diöceſan-Klerus in die Berathungen der Kirchen-Vorſteher hatte, ganz ausſchlüßig auf die Biſchöfliche Brüder üb<!---->gangen, und daraus jener Körper erwachſen ſeye, von welchem der Synodus Burdegalenſis de anno 1024. Cap. 8. §. 9. geordnet hat:

Decet Metropolitanam Eccleſiam & alias Cathedrales Eccleſias, eas Perſonas ita probitate & ſcientia commendatas eligere & aſſumere, ut ex iis Corpus Capituli coaleſcens, Senatus Epiſcoporum, unde Conſilium accerſunt, meritò dici poſſit.

Unläugbar iſt es endlich, daß dieſe mitrepräſentirende Glieder der Kirche, wofür ſie von Alexander dem IIIten in Cap. 4. X. de his, quæ fiunt à Prælato &c. ausdrücklich erklärt ſind, in Gegenſtänden, wo es um das Wohl oder Wehe der Kirche zu thun iſt, mit ihrem Rath, und geſtalten Dingen nach mit ihrem Gutheiſſen nicht umgegangen werden können.

Sine Exceptione decernimus, ne quis Epiſcopus de rebus Eccleſiæ ſuæ quidquam donare, vel commutare, vel vendere audeat, niſi cum Conſenſu totius Cleri (oder des in deſſen Stelle getrettenen Kapitels) id eligat, quod non ſit Dubium profuturum Eccleſiæ.

Cap. 52. Cauſ. 12. Quæſt. 2.

Wozu die Biſchöffe durch dieſes Kirchengeſäz in denen namentlich ausgedruckten Fällen angewieſen ſind, ſolches erſtrecket ſich ebenwohl auf alle andere, das Intereſſe der Kirche betreffende Handlungen.

Unde te non decet (ſagt gedachter Pabſt Alexander in der angedeuteten Stelle) omniſſis membris aliorum Conſilio in Eccleſiæ tuæ Negotiis uti.

In einer bloßen richtigen Verwaltung der Güter beſtehet das Intereſſe der Kirche nicht. Ihr iſt an einer ſorgfältigen Erhaltung ihrer Rechte eben ſo viel, und manchmal noch weit mehr gelegen, da dieſe nicht, wie jene, ſich durch eine gemeine Beſtimmung abſchätzen laſſen.

Unſtreitig verdienen unter ſolchen Rechten die Regalien den erſten Platz; dann auch dieſe ſind nur eigentliche Rechte der Kirche.

Faſt alle Stifter im Reich werden dieſe Wahrheit durch den Stempel Kayſerlicher Urkunden beſtättigen können. Die Domkirche zu Speyer aber mag hierinnfalls noch etwas zum voraus haben.

Sie iſt es eigentlich, der theils in Rückſicht des Namens, den ſie führet, theils wegen denen darinn gewählten Kayſerlichen Ruheſtätten, alles, was vorhin der Fiſcus Regius zu beſorgen und zu beziehen gehabt, auf immer übertragen worden iſt.

Convenit (heißt es ſchon in dem Schankungsbrief König Childerichs vom Jahr 665.) ut nos ad *Eccleſiam* Domine Marie vel Domini Stephani Nimetenſis *Eccleſiæ* vellemus conceſſiſſe &c.

Jubemus, ut nullus Judex publicus de Curtis præfatæ Eccleſiæ Nemetenſi freda, nec ſtopha, nec Herebanna requirere nec exigere preſumat, ſed quantumcunque ad partem fiſci noſtri reddere debuerant, ipſe Pontifex ſuæque Eccleſia ex noſtra Munificentia habeat indultum atque conceſſum

Zifer 3.

Eben ſo beſtimmt für die Kirche ſpricht Karl der Groſſe:

Eo quod Anteceſſores noſtri ad *Eccleſiam* Domine Mariæ vel Domini Stephani in Civitate Nemetenſe vel Spirenſe — omnes debitos, quos ad fiſci Dicionibus reddere debuerint — ad ipſam *Eccleſiam* S. Mariæ, S. Stephani Supradictos Debitos indulgemus

Zifer 4.

So und nicht anderſt ſprechen Otto III. Heinrich der II. Carl der IV. und VTe.

Renovari & reſcribi juſſimus quoddam Præceptum, quod piiſſimus — Genitor noſter — *Spirenſi Eccleſiæ* ſuisque Proviſoribus videlicet Epiſcopis donavit & conceſſit &c. Nos igitur majorum noſtrorum veſtigiis inhærentes, quos — in Eccleſia Spirenſi ſepulturam ſibi elegiſſe, compertum habemus — ob Reverentiam Dei omnipotentis & intemeratæ Mariæ Virginis, cujus pretioſo vocabulo Titulus memoratæ Eccleſiæ decoratur, Epiſcopo & *Eccleſiæ* Spirenſi omnia Privilegia — & Regalia &c. approbamus & ratificamus &c.

Zifer 5. 6. 7. 8.

Zifer 5. 6. 7. 8.

Sind die Regalien eigentliche Rechte der Kirche; ſo ſind ſie nicht minder Gegenſtände jener richtigen Verwaltung, welche die obenangezogene Kirchenverordnung neben dem Biſchof mit dem Beyrath des Kapitels beſorget wiſſen will.

Der Grund davon iſt ſehr einfach, weil die Domkapiteln ausdrücklich unter der Kirche mit verſtanden werden.

Cap. Clerici 19. de Verb. Sign.

und weil ſie folglich mitrepräſentirende Glieder der Kirche ſind.

Cit. Cap. 4. de his, quæ ſiunt &c.

Durch die, immittelſt abgeänderte Verfaſſung, nach welcher die Biſchöffe das Fach geiſtlicher Gegenſtänden durch ihre niedergeſetzte Konſiſtorien, jenes der Regalien aber durch ihre weltliche Diener berathen, bearbeiten, und beſorgen laſſen, iſt denen Domkapitliſchen Senats-Rechten ſelbſt nichts benommen. Denn daraus folget noch keine Begebung: und ohnehin iſt es nur gar zu bekannt, daß Rechte, welche nicht ſowohl den Vortheil des Gebenden, als vielmehr der Kirche zum Zweck haben, nicht abgegeben werden können.

Arg. Cap. Si dilig. nti de for. Comp.

In dem petitoriſchen Geſichtspunkt ſind demnach die Domkapitliſche Senats-Rechte vollkommen geſichert. Aber noch weit mehr ſind ſie durch unzählige Beobachtungen im Reich, durch ein beſtändiges Herkommen, durch ausdrückliche und ſtillſchweigende Kayſerliche Beſtättigungen und Anerkenntniſſe geſichert.

In der Eigenſchaft des gebohrnen Senats wurden ſchon die Oratores Capitulorum zu dem Frankfurter Abſchied vom Jahr 1457. und der daſelbſt gepflogenen wichtigen Berathſchlagung, wie denen Beſchwerden der teutſchen Nation beſſer, als es durch die vorherige Konkordaten geſchehen iſt, abgeholfen werden möge, beygezogen.

v. SENCKENBERGS Selecta Tom. IV.

In dieſer Eigenſchaft hat das Domkapitel zu Maynz im Jahr 1345. das von Heinrich dem IIIten mit denen Grafen zu Schwartzburg, Hohenſtein, und Orlamünde geſchloſſene Bündnis

LÜNIGS Specileg. Eccleſ. Tom. 18. pag. 211.

im Jahr 1515. den von dem Erzbiſchof Albert puncto juris ſequelæ mit der Stadt Erfurt errichteten Vergleich

MAYERN Act. Pac. Tom. III. pag. 551.

und im Jahr 1599. den Vertrag zwiſchen Kurfürſt Wolfgang, und dem Landgrafen Ludwig zu Heſſen, die Oberherrlichkeit über den Häuſergrund betreffend mit unterzeichnet.

LÜNIG Cit. Tom. pag. 229.

In der nemlichen Eigenſchaft hat das Domkapitel zu Hildesheim im Jahr 1482. die Uebereinkunft zwiſchen Biſchof Barthold dem Erſten, und der Stadt Hildesheim genehmiget.

LÜNIG Tom. 16. pag. 263.

Auch im Jahr 1560. den Vertrag Biſchofs Burchard mit ermelter Stadt pto. juris Sacrorum gut geheiſſen;

MAYERN Act. Pac. Tom. V. pag. 320.

und

und nicht nur in der Kapitulation mit Letzterem, sondern auch in jener mit Bischof Jodoc Edmund vom Jahr 1688. sich namentlich die Senats-Rechte in Ansehung der Regalien ausbedungen.
Lünig. Spicil. Ecclef. Tom. 16. pag. 1100. & 1115.

In dieser und keiner andern Eigenschaft ersuchten selbst Kayserliche Majestät im Jahr 1649. durch einen accreditirten Gesandten das Domkapitel zu Salzburg, die von dem Herrn Erzbischof verweigerte Unterhaltung der Kurbayerischen Armada in reifere Ueberlegung zu ziehen, und den Herrn Erzbischoffen zu einer günstigeren Entschliessung zu vermögen.
Londorp. Act. publ. Tom. IV. pag. 464.

Aus dem Grund dieser Eigenschaft wurde in dem Prager Frieden von Kayser Ferdinand dem IIIten gelegenheitlich der an Kursachsen geschehenen lehnbaren Uebertragung deren Erzstifts-Magdeburgischen Herrschaften Querfurt, Gütterbock, Dama und Bork die schriftliche Einwilligung des Magdeburgischen Domkapitels vorbehalten,
Senkenbergs teutsche Reichs-Abschiede Tom. III. pag. 537.

und dem Herzog August von Sachsen wegen denen, dem Marggraf Christian Wilhelm zu Brandenburg geschöpften jährlichen Alimenten. Geldern eine verhältnißmäßige Kollekte im Erzstift mit Zuziehung des Domkapitels, dem Herkommen gemäß zugestanden.
Idem cit. Loc. pag. 538.

Wegen dieser Eigenschaft hat das Domkapitel zu Kostanz den Steuer-Freyheits-Brief Bischof Heinrichs des III. für die Stadt Clingau vom Jahr 1374.

Jenen Bischoffens Alberts aber vom Jahr 1408. wegen der Umgelds Freyheit, und endlich das Bündniß zwischen Thoma, und mehreren Schweizer Kantons vom Jahr 1494. die wechselseitige Vertheidigung betreffend, besiegelt.
Lünig. Tom. 16. pag. 163. 164. & 170.

In eben solcher Eigenschaft bestättigte das Domkapitel zu Bamberg im Jahr 1499. das Bündniß zwischen Bischof Heinrich, und Kurfürst Friedrich zu Sachsen,
Lünig. Tom. 18. pag. 492.

sodann den Recessum perpetuum zwischen Kayser Leopold, und Bischof Peter Philipp vom Jahr 1674. die Landeshoheit und Gerichtsbarkeit über die in dem Herzogthum Kärnten gelegene Hochstiftsgüter betreffend, wie nicht minder den im Jahr 1700. zwischen Bischof Lotharius Franz, und der Fränkischen Ritterschaft, wegen des Henker-Gelds, und der Cent-Auslifferungen, unter Verzicht auf den bey dem Kayserlichen Reichshofrath darüber anhängigen Prozeß errichteten Vergleich.
Lünig. Tom. 16. pag. 125. & 1085.

Nur aus dieser Ursache verwahrte sich Kurfürst Joseph Clemens von Kölln, als Bischof zu Lüttich, und mit ihm das dortige Domkapitel auf dem Friedenskongreß zu Rysswick gegen den 8ten Artikel des Nimweger Friedens, in wie weit etwann dieser zur Grundlage der damaligen Unterhandlungen geleget werden, und denen Ansprüchen des Hochstifts Lüttich auf das Herzogthum Bouillon nachtheilig seyn sollte.
Lünig. Tom. 16. pag. 550. & 551.

Ueberzeugt von der Richtigkeit dieser Senats-Rechte bewilligte das Domkapitel zu Lübeck den Vergleich zwischen Bischof Burkard und der Stadt gleichen Namens vom J. 1308. die Zölle, Privilegien, und andere Gegenstände dieser Art betreffend, und hielte sich noch im J. 1707. gelegenheitlich der auf den Prinz Karl von Hollstein gefallenen Koadjutorie-Wahl in causis majoris momenti seine Mitberathung ausdrücklich bevor.
Lünig. Tom. 16. pag. 329. & 371.

Nicht anderst dachten die Bischöffe Heinrich und Christoph Bernhard zu Münster, da ersterer im Jahr 1445. sein Domkapitel zur Unterzeichnung des mit dem Stift Utrecht abgeredeten

Vergleichs, letzterer aber im Jahr 1665. eben daſſelbe zur Beſtättigung des mit König Karl dem II. in England geſchloſſenen Bündniſſes aufgerufen hat.
>LÜNIG. Tom. 18. pag. 589. & 605.

Aehnliche Beyſpiele von der thätigen Ausübung der Domkapitliſchen Senats-Rechte liefern noch viele andere Stifter.

So hat das Domkapitel zu Paſſau den im Jahr 1262. zwiſchen Biſchof Otto, und dem Herzog Heinrich in Bayern über zerſchiedene, von dortiger Kirche relevirende Lehen verabredeten Traktat durch ſeinen Beytritt homologiret;
>LÜNIG. Tom. 16. pag. 783.

Auch denen zwiſchen Biſchof Gobfried und Albrecht, mit denen Herzogen Rudolph, Friederich, Albrecht, und Leopold von Oeſterreich in den Jahren 1362. und 1365. geſchloſſenen Defenſiv-Bündniſſen nicht nur durch ſeine wirkliche Mitbeliebung, ſondern noch durch eine weitere partikular Beſtättigung die Kraft einer unauflöslichen Zuſammenhaltung gegeben.
>LÜNIG. cit. Tom. pag. 792. 793. & 809.

So hat das Domkapitel zu Magdeburg im Jahr 1455. zur Belehnung deren Grafen von Mannsfeld mit der Burg gleichen Namens, ſamt Zugehörungen, Gerichten, und Herrlichkeiten ſeine Begnehmigung ertheilet,
>LÜNIG. ibidem pag. 42.

in der, unter Aſſekuration des Kurfürſten Johann Georg von Sachſen, für den poſtulirten Adminiſtrator Chriſtian Wilhelm errichteten Kapitulation §§. in 11. 12. 14. 28. 31. 32. 34. und 35. in allen wichtigeren Fällen, wo nur immer ein Regent fehlgehen könnte, ſich ſeinen Beyrath und Willen feyerlich ausbedungen,
>LÜNIG. ibid. pag. 46. &c. 58.

Auch in dem, Anno 1676. mit ihrem poſtulirten Adminiſtratoren Herzog Auguſt von Sachſen, unter Kayſerlicher Vermittelung getroffenen Vergleich, neben denen ſchon Kapitulationsmäſſig veſtgeſetzten Senat-Rechten, auch noch auf dem Einfluß bey Annahm der Diener, und Ertheilung neuer Privilegien unabweichlich beſtanden.
>LÜNIG. Tom. 18. pag. 310.

So hat ferner das Domkapitel zu Wirzburg im Jahr 1399. den Vertrag zwiſchen Biſchof Gerhard und der Stadt Meinungen, im Jahr 1410. neben Biſchof Johann dem I. das der dortigen Univerſität ertheilte Privilegium,
im Jahr 1450. das Bündnis Biſchofs Gobfried mit Rittern und Städten, auch
im Jahr 1599. den Trappſtädtiſchen Rezeß zwiſchen Biſchof Julius, und Sachſen-Koburg durch ſeinen Beytritt zur immerwährenden Verbündlichkeit mit befördert,
>LÜNIG, Tom. 16. pag. 957. 967. & 1009.
>Tom. 18. pag. 778.

Nicht minder in denen Kapitulationen Biſchofs Johann des II. und Gobfried des IVten von den Jahren 1411. und 1444. beſonders in Anſehung deren Regalien ſeine Senats-Rechte wohlbedächtlich verwahret.
>LÜNIG. Tom. 16. pag. 971. & 1005.

Mit der nemlichen Aufmerkſamkeit hat das Domkapitel zu Minden in denen Anno 1599. von dem gewählten Koadjutor Herzog Chriſtian von Braunſchweig-Lüneburg ausgeſtellten Reverſalien
>MAYERN Act. Pac. Tom. III. pag. 640.

jenes zu Merſeburg aber Anno 1712. in der Wahlkapitulation Biſchofs Moriz Wilhelm ſein Mitbelieben bey dem Artikel der Diener-Annahme ſich ausbedungen.
>LÜNIG. Tom. 18. pag. 876.

Keine andere Begriffe hatten die Vorſteher des Hochſtifts Paderborn von denen Domkapitliſchen pittifchen Senats Rechten, da Bifchof Simon im J. 1382. zu dem mit denen von Büren errichteten Burgfrieden; und Bifchof Dietrich Adolph im Jahr 1663. zu dem mit der Gefellfchaft Jefu der Niederrheinifchen Provinz, über die Herrfchaft Büren, auch die pein= und bürgerliche Gerichtbar= keit, felbft unter der Authorität Kayfers Leopold getroffenem Vergleich, die Begnehmigung des Domkapitels eingeholt haben.

Lünig. Tom. 16. pag. 747. & 751.

Auch das Domkapitel zu Trier machte feine, durch die, von Kurfürft Chriftoph Philipp befchworne, und von Kayferlicher Majeftät beftättigte Wahlkapitulation geficherte Senats= Rechte bey denen Weftphällifchen Friedens= Exekutions= Handlungen in fo weit geltend, daß nach der eigenen Vorfchrift deren Deputatorum Collegii vom 12. Julius 1650. die Garnifon auf der Be= ftung Ehrenbreitftein, neben dem erwählten Koadjutor, zugleich in die Pflichten des Domkapitels genommen werden mußte.

Mayern Act. Execut. Pac. Tom. II. pag. 489. & 503.

Noch ungleich ftärker hat fich das Domkapitel zu Halberftatt hierinnfalls ausgezeichnet, da es bey der Poftulation des Bifchofs Chriftian im Jahr 1617. die Vorficht brauchte, fich feine Senats= und Konfens= Rechte in Reichs= und Krais= Angelegenheiten, in Behandlungen deren Hochftifts= Waldungen, und in dem ganzen Umfang deren Landes= Satz= und Ordnungen aus= zubedingen.

Lünig. Tom. 18. pag. 819.

Dies und noch weit mehr erkannte auch der im Jahr 1638. als Bifchof aufgetrettene Erzherzog Leopold Wilhelm zu Oefterreich in denen vorher abgefaßten Pactis Capitularibus für billig, worinn er fich verbündlich machte, in Reichs= Krais= Landes= und Ausfchuß= Angelegenheiten, in Kontributions= Steuer= Accis= Zoll= Dienftfuhr= Kriegs= Werbung= Mufterung= und anderen derley Gegenftänden, wie nicht minder in Ertheilung der Privilegien, in Befaffung neuer Konfti= tution, Satz= und Ordnungen, immerhin zuvor die Domkapitulifche Berathung und Einwilligung zu erfordern, fo zwar, daß anderer Geftalten alles einfeitig Verorduete an fich felbft ipfo jure & facto ungültig feyn folle.

Lünig. Part. Spec. Tom. V. pag. 517.

Ferdinand der II. und IIIte gaben zugleich ihr Kayferlich= und Königliches Wort, daß alles diefes von dem Erwählten und ihnen felbft heilig beobachtet, und pünktlich werde vollzogen werden.

Mayern Acta Pac. Tom. IV. pag. 260.

Den merkwürdigften Auftrit aber in diefem Belang liefert das Stift Osnabrügg.

Deren älteren Wahlkapitulationen, und befonders jener des Bifchofs Franz Wilhelm vom Jahr 1626.

beym Lünig Tom. 18. pag. 644.

nicht zu gedenken, verdienet jener, in Kraft der beliebten Alternatio durch den 13ten Artikel des Weftphälifchen Friedens veftgefetzle, und unterm 3ten Auguft 1650. auf dem Exekutions= Konvent zu Stand gekommene perpetuirliche Wahlvertrag ein ganz vorzügliches Auffehen.

Vermög deffen ift der alternirende Bifchof an die genaue Beobachtung aller alten und neuen mit dem Domkapitel und Stiftsftänden famt und fonders verglichenen Privilegia, Vereini= gungen, Abfchiede, Rezeffe, und Ordnungen gebunden; Er ift angewiefen, ohne den einmüthigen Konfens und Vorwiffen des Domkapitels in kein Bündnis mit Benachbarten zu tretten;

Er ift fchuldig, die aufnehmende Diener auch dem Domkapitel verpflichten zu laffen, und bey einer etwaigen Veränderung derenfelben den Domkapitlifchen Konfens einzuholen; Ihm ift es endlich zu einer unverbrüchlichen Obliegenheit geworden, die durch Eingriffe der Benachbarten ge= minderte Hoheitsrechte des Stifts mit Zuthun des Domkapitels wieder herzuftellen.

Ungezweifelte Merkmale der Domkapitulifchen Senats= Rechte! deren rechtmäßiger Be= ftand hier über alle Zweifel hinausgehoben wird, da eben diefe perpetuirliche Kapitulation

Teſte v. LUDOLFF Obſ. 238.

in die Kraft eines verbindlichen Reichsgeſätzes übergangen iſt, wozu ſie niemal hätte erwachſen können, ſo ferne der Grundſatz der Domkapitliſchen Senats-Rechte Reichsgeſätzwidrig und verwerflich wäre.

Sein Zeugnis hierüber iſt folgendes:

In quibuscunque causis ex Capitulatione Osnabrüggensi perpetua tanquam Lege Imperii dirimendis, Cæsareæ Majestatis Judiciorumque Imperii cognitionem esse & Decisionem, declaratum fuit in Concluso Imperialis Judicii Aulici 30. Maji 1731.

Endlich ſind auch in dem Hochſtift Speyer ſelbſt dieſe Senats-Rechte gar nichts neues, und in dem heiligen Römiſchen Reich gar nichts unbekanntes.

Wenigſtens hat das Domkapitel ſchon im Jahr 1640. da die Reſtitution des Kurfürſten zu Trier, und Biſchoffens zu Speyer Chriſtoph Philipp von Sötern in Bewegung kommen wollte, ſolche nicht nur auf dem gehaltenen Kraiskonvent zu Frankfurt, ſondern auch auf dem Kurfürſtlichen Kollegialtage zu Nürnberg, und ſelbſt unter den Augen Kayſerlicher Majeſtät als etwas ganz herkömmliches, Recht- und Kapitulationsmäßiges behauptet, wie ſolches die Anlagen unter den

Zifer 9. 10. und 11.

Ziffer 9. 10. 11. bewähren.

Weder das Kurfürſtliche Kollegium, noch das allerhöchſte Reichsoberhaupt fanden daran etwas Anſtößiges, da erſteres ſämtliche Poſtulata einer nachdrücklichen Empfehlung, letzteres aber der wirklichen Einrückung in den hiernächſtigen Reſtitutions-Akten nach denen weiteren Zeugniſſen unter den

Zifern 12. und 13.

Ziffer 12. 13. würdig geachtet hat.

Das Domkapitel zu Speyer ſchmeichelt ſich allerdings, in ſo vielen Vorgängen ein zwar unbeſchriebenes, dennoch aber ein ſolches teutſches Recht vorgelegt zu haben, welches noch wohl verdienen dörfte, unter jene gute Gewohnheiten gezählet zu werden, die der Weſtphäliſche Friede

Art. 9. §. 4.

der jüngere Reichsabſchied

§. 105.

und die Reichshofraths-Ordnung

Tit. I. §. 15.

in der Beurtheilung vorkommender Fällen genau eingehalten, und beobachtet wiſſen wollen.

Alles ſtehet für die Beſtändigkeit, und zum Schutz dieſes Herkommens. Das gleich Eingangs angezogene Kirchengeſätz:

In Negotiis Ecclesiæ tuæ te decet, Consilio membrorum uti &c.,

verbürget zum voraus die Richtigkeit, daß es dem Göttlichen Rechte nicht zuwider ſeye, und daraus entſpringt zugleich ſchon die weitere Folge, daß es dem Recht der Natur, welches bekanntlich in der Ueberzeugung der rechten Vernunft beſtehet

HUG. GROT. de J. B. J. P. Lib. 1. Cap. 1. §. 10.

eben ſo wenig zuwider ſeyn könne.

Denn, was iſt wohl überzeugender, daß es der rechten Vernunft gemäß ſeye, als eine deutliche Kirchenverordnung, welcher zumalen die allgemeine Uebereinſtimmung in einer wohlgegründeten Vermuthung ſchon von mehreren Jahrhunderten auf dem Fuß gefolget iſt? Eine Uebereinſtimmung, von welcher vorlängſt Seneca, Quintilianus, und Cicero 1. Tusc. Epiſt. 117. behauptet haben, daß ſie vor das Recht der Natur zu halten ſeye.

Das Herkommen der Domkapitliſchen Senats-Rechte erſtrecket ſich unendlich weit über das Gedächtnis vieler Geſchlechter, und erſchöpft mithin in einem vervielfältigtem Maas den Zeitraum aller Geſätzen.

Dieſes Herkommen hat ſich bevnebſt in einer fortwährenden Uebung erhalten. Zum abermaligen

maligen Zeichen, daß es ab Seiten der Domkapiteln wahrer Ernst und Vorsatz gewesen seye, den gesatzmäßig angefangenen titulirten Besitz durch einen ununterbrochenen Gebrauch zu besiegeln.

Die Uebung an und für sich selbst aber ist durch so viele Vorgänge ausgezeichnet, welche durchaus bemerken lassen, daß weder Unwissenheit, noch Irrthum, sondern Gesätze und Ueberzeugung die Triebfeder davon gewesen seyen.

Die Vorgänge sind einförmig, nemlich lauter solche Vorgänge, welche mit denen Veräußerungen der Kirchengüter keine Gemeinschaft, sondern in das pur politische Regiment ihren unmittelbaren Einfluß haben.

Es sind endlich solche Vorgänge, die mit einer heimlichen Erschleichung gar nichts ähnliches, sondern sich öffentlich im Angesicht des ganzen Reichs zugetragen haben.

Vorgänge, die das allerhöchste Reichs-Oberhaupt so oft und vielmals theils stillschweigend, theils mit Worten und Werken durch die eigene Mitwirkung genehmiget hat;

Vorgänge, welche, wie andere Reichs-Satzungen, die strenge Musterung der gesatzgebenden Macht, ohne daran etwas Tadelhaftes zu finden, ausgehalten haben.

Soll also das, was von jeher allen Stifteren im Reich erlaubt war, dem Domkapitel zu Speyer nur allein nicht erlaubt seyn? Soll es nur allein das Unglück treffen, von der Wirkung eines so unfürdenklichen, und mit allen rechtlichen Erfordernissen ausgezierten Reichsherkommen ausgeschlossen zu werden? Und soll ihme nur allein, da es bey seinen Ansprüchen auf die Senat-Rechte sich in den mäßigsten Schranken hält, da es weniger fordert, als alle andere Stifter bis hieher gefordert, und zwar mit Recht, und mit einer stillen und lauten Begnehmigung des in seinem Oberhaupt und Gliedern vereinigten Reichs gefordert haben, nun über einmal davon gar nichts mehr zu Theil werden?

Eurer Kayserlichen Majestät ist die Gleichheit in dem Austheiler des Rechts viel zu eigen, und Allerhöchst Denenselben ist die Beobachtung der Domkapitlischen Privilegien und Gewohnheiten (wozu so gar der Römische Stuhl nach dem trockenen Buchstaben deren Kayserlichen Wahl-Capitulazionen

FRANCISCI I. Art. 14. §. 1.
JOSEPHI II. eod. Loc.

vermögt werden solle) viel zu heilig, als daß es die Meynung haben könnte, nach so vielen wichtigen neuen Aufklärungen, dennoch in diesem Belang das ehevorige Gebot unabänderlich bestehen zu lassen.

Damit allein aber ist die Beruhigung des Domkapitels zu Speyer noch nicht erschöpft.

Die Verwaltung des Stifts zur Zeit des erledigten oder behinderten Bischöflichen Stuhls liegt ihme eben so nahe am Herzen; auch darinn glaubt dasselbe solche neue, in facto & jure gegründete Sätze vorlegen zu können, die zu einem anderweiten vortheilhafteren Ausspruch geeignet seyn dörften.

Durch das Konklusum vom 28. Aug. 1781. wird die Domkapitlische Verwaltung nur eine dem Domkapitel belassene Potestas vicaria & nudè administratoria betitelt, sofort lediglich auf die Fälle vel imminentis periculi, vel irreparabilis Damni, oder wo das Geschäft keinen Verzug leidet, begränzet.

Unbegreiflich bleibt es immer, was zu dieser Abwürdigung den Anlaß gegeben haben möge.

Eure Kayserliche Majestät bekennen selbst aus dem Mund des Herrn Fürst-Bischoffen zu Speyer, sub Lit. A. & B. Membri III. wie einhaltend und mäßig das Domkapitlische Betragen zur Zeit der letzten Sedisvakanz gewesen seye; und dieses gute Betragen, da es von jenem, deren längst verstorbenen Kapitularen bey der vorletzten Zwischenregierung so sehr unterschieden ist, konnte mithin der Stof zu einem Gebot nicht seyn, welches allemal eine wirkliche, nicht zu rechtfertigende Handlung unterstellt.

Allerhöchst Dieselbe erklärten zugleich in dem zweyten Absatz sothaner Erkänntnis, daß

die

die, von dem Herrn Fürst-Bischoffen aufgestellte Petita, wegen Aufhetzung der Fürstlichen Dienerschaft, in Ermanglung des Beweises nicht statt haben.

Der hohe Gegentheil muß also auch nicht einmal einen Grund der Wahrscheinlichkeit beygebracht haben, daß bey einer künftigen Sedisvakanz ab Seiten des Domkapitels ein rauheres Betragen zu besorgen stehe; und ohne diese Wahrscheinlichkeit kann man sich abermals in den Anlas des ergangenen Gebots nicht finden.

Doch! dem seye nun, wie ihm wolle. Hat es gleich dem Herrn Fürst-Bischoffen geglücket, auch in diesem Belang das allerhöchste Richteramt in Bewegung zu setzen; so bleibt doch dem Domkapitel auch noch jetzt die Hofnung übrig, in einer umständlicheren Ausführung zu zeigen, daß seine Verwaltungs-Rechte ausser dem Fall eines hochwichtigen Verschuldens eine solche Beschränkung nicht verdienen.

Der Westphälische Frieden Art. 5. §. 21.

bestimmt es deutlich, wozu die Domkapiteln zur Zeit des erledigten Bischöflichen Stuhls ermächtiget seyen:

> Electi vel Postulati, postquam juramenta regalibus sueta feuda præstiterint, aut Sede vacante Capitula, & quibus Administratio cum iis conjunctim competit, & universales æquè ac particulares Deputationum, Visitationum Revisionum, aliosque Conventus Imperiales Litteris solitis evocentur, & suffragii jure fruantur, prout quisque statuum ante Religionis dissidia eorum jurium particeps fuit.

Die Domkapiteln haben also währender Sedisvakanz aus dieser gemeinverbündlichen Uebereinkunft ein ganz richtiges, ungebundenes Administrationsrecht, ohne alle Beschränkung auf gewisse Fälle.

Das Gesetz spricht in einer unbegränzten Allgemeinheit; Es nimmt nichts aus, so leicht es auch denen Gesetzgebern (Ausnahmen davon zu machen) gewesen seyn würde; und es tritt dahero die kundbare rechtliche Vermuthung ein, daß sie die Meynung nicht gehabt haben, etwas auszunehmen zu wollen.

Sie haben dieses ungebundene Verwaltungsrecht ex mutua pacis & amicitiæ Lege suffragantibus & consentientibus Electoribus & statibus, oder, wie sich die Kayserliche Wahl-Verträge

Art. 2. §. 6.

ausdrücken, aus einem immerwährenden Band zwischen Haupt und Gliedern; und es kann ihnen folglich auch nur auf diese Art wieder entzogen, geschmälert, oder gemäßiget werden.

Capit. noviss. Art. 4. §. 1.

Daß es aber an Seiten der unterhandelnden Kronen und Ständen die Meynung nicht gehabt habe, bey denen Domkapitlischen Verwaltungs-Rechten eine Ausnahme zu machen, oder aus dem Wort der Verwaltung selbst heut oder morgen gewisse Beschränkungen herzuleiten, solches erläutert gemelter Friede in einer weiteren eben so klar bestimmten Stelle.

Denn, da der Krone Schweden die Ertz- und Bißtümer Bremen und Verden zur anverlangten Genugthuung Titulo Ducatus abgetretten werden mußten, hieß es dabey unter anderen:

> Cessante Capitulorum Administratione & Gubernatione Terrarum ad hos Ducatus pertinentium.

Art. 10. §. 7.

Unstrittig folget daraus, daß denen Domkapiteln zu Bremen und Verden existente casu die volle weltliche Regierung über Land und Leute, und mit solcher die Landeshoheit in allen ihren Abflüssen zugestanden seye, und daß mithin auch anderen Domkapiteln zur Zeit des erledigten Bischöflichen Stuhls eine gleiche Gubernatio terrarum, nicht aber eine bloß auf die Casus imminentis damni vel periculi begränzte Verwaltung zustehen müsse.

Je tiefer man hiebey dem Sinn und Verstand deren paciscirenden Mächten nachgehet, desto richtiger werden diese Schlüsse.

Denen Domkapiteln ist neben dieser Verwaltung, und Landesregierung, auch das Sitz- und Stimme-Recht auf allen und jeden ordentlich- und ausserordentlichen Reichsversammlungen namentlich ausbedungen, oder besser zu sagen, unwiederruflich bestättiget worden.

Supr. alleg. Art. 5. §. 21.

Gleich dann die Domkapiteln zu Minden und Freysingen, in Kraft dessen schon vorher an denen Reichsabschieden von den Jahren 1555. und 1559., nachher aber die Kapitularen des Hochstifts Worms an dem jüngern Reichsabschied vom J. 1654. den weesentlichen Antheil genommen haben.

Sind die Domkapiteln zum Sitz- und Stimm-Recht auf Reichstägen befähiget; so kann ihnen auch, bis zur Wiederbesetzung des erledigten Stuhls, der Reichsständische Karakter Repräsentatitius nicht bestritten werden.

Constitutivum enim status Imperii est jus sessionis & suffragii, wie solches die Reichsabschiede de An. 1548. §. wann auch ꝛc. de 1544. §. und als sich im Anfang ꝛc. de 1559. §. als sich dann ꝛc. de 1576. §. ferner, und zum siebenden ꝛc. in verbis:

Nicht Stimm und Stand in Reichsversammlungen hat ꝛc.

nicht undeutlich erklären, woraus in einem umgekehrten Schluß folget:

Wer Stimm und Stand in Reichsversammlungen hat, der ist ein Reichsstand.

PAUERMEISTER de Jurisdict. Lib. 1. Cap. 8. n. 4.
HUGO. de Stat. Regim. Germ. Cap. 3. S. 2. n. 42.
CONRING. Diff. de Civ. Imp. Germ. §. 6.

Selbst die angedeutete Stelle des Friedens leistet abermals für diesen richtigen Satz die Gewährschaft

prout quisque Statuum particeps fuit.

Kan denen Domkapiteln der Reichsständische Caracter repræsentatitius nicht bestritten werden, so ist das Consecutivum davon die Verwaltung der Landeshoheit in ihrem ganzen Umfang.

Jus enim Superioritatis ipsi est propria affectio, & essentiale Consecutivum status; ita, ut posita vel negata qualitate status, ponatur vel negetur jus territoriale. SCHWEDER Introd. ad jus publ. part. 6pec, Sect. 1, Cap. 30. §. 10.
STRAUCH. Diff. Exot. 4. Theff. 22.
GAIL. Lib. 1. Obf. 30. n. 12.
SÜNDERMAHLER in Diff. de Tutela Episcop. impub. n. 10.
HONTHEIM in Hist. Trev. Dipl. Tom. III. in Diff. ad fæculum 17. & 18. §. 2.
Kreitmeier in den Anmerkungen über den Cod. Maxim. Bavar. Civil. Part. V. Cap. 13. §. 35. n. 4.

Besonders merkwürdig aber ist, was Boehmer Instit. Jur. Canon. ad Lib. 3. tit. 9. §. 2. & 3. hierüber geäussert hat, allwo er sich in folgenden sehr kernhaften Worten ausdrückt:

Sede vel absolutè, vel secundum quid vacante, Regimen interim redit ad Capitulum.

Hanc Administrationem Regiminis in Ecclesiasticis & Secularibus

I. Capitulum exercet proprio Jure ex Lege, non alieno Nomine (Instr. Pac. Art. 5. §. 21. ibi. & quibus Administratio & Jurium Episcopalium Exercitium competit) æque ut Vicarii Imperii.

IV. Superioritatem territorialem interim exercent, cum administrationem & exercitium jurium Episcopalium habeat, hoc vero tam Ecclesiastica, quam temporalia Territorio cohærentia sub se continent.

Est præterea Status Imperii, legitimus Superioritatis territorialis possessor. Denique ipsum Territorium cum Regalibus magis Ecclesiæ (dem Stift) cui præfuit Epiſcopus, quam huic conceſſum, adeò, ut per hujus Bannum Imperii, illa Regalibus & Bonis Imperii, quibus Epiſcopus inveſtitus fuit, privari non poſſit. Jam verò Capitulum ipſam Provinciam interim adminiſtrat, ergo ea quoque, quæ illi innexa & incorporata ſunt ſub qualitate ſeculari.

Deutlicher kann man nicht ſprechen. Wäre es aber gleichwol möglich, an dem Verſtand des Geſätzes, und dieſer damit harmonirenden Stelle annoch zweifeln zu können; ſo meynte das Domkapitel zu Speyer doch immer, daß ein unwiderſprochener Gebrauch, ein gerade nach der allgemeinen Stimme des Geſätzes allgemein eingeführter Gebrauch der beſte Dollmetſcher ſeyn müßte.

Per obſervantiam enim conſtat, quid partes ſenſerint.
Cap. cum dilectus. de Conſuet.

Wie viele Beyſpiele, vollkommen paſſende Beyſpiele (welche Seneca fidem occulatam zu nennen pflegte) ſind nun aber nicht in der teutſchen Geſchichte darüber aufgezeichnet?

Das Domkapitel zu Magdeburg erlaubte ſich auf dem Weſtphäliſchen Friedenskongreß in einem öffentlichen Maniſeſt, und aus verſchiedenen Kurbrandenburgiſchen Aſſecurazionen zu behaupten, daß ihme Sede vacante die völlige freywillige Regierung des Erzſtifts zuſtehe.

MAYERN Act. Pac. Tom. IV. pag. 246. & 247.

Ueberzeugt von der Richtigkeit einer ungebundenen Domkapitliſchen Adminiſtration, aſſecurirten die beede Herzogen Philipp Sigismund, und Friederich Ulrich von Braunſchweig im Jahr 1616. das Domkapitel zu Halberſtatt, daß der poſtulirte minderjährige Herzog Chriſtian vor dem Antritt der Regierung alles, was von dem Domkapitel in Regierungs- und anderen Sachen gehandelt und verordnet worden, zu ratifiziren verbunden ſeyn ſolle.

LÜNIG. Spicil. Ecclef. Tom. 18. pag. 815.

Auf die nemliche verbündliche Art verſicherte der, zum dortigen Biſchof erwählte Erzherzog Leopold Wilhelm von Oeſterreich, unter der vorläufigen Garantie Kayſers Ferdinand des II. die Verhandlungen und Abſchiede des Domkapitels währender Sedisvakanz beſtättigen zu wollen.

Lünigs Reichs-Archiv. Part. Spec. Tom. V. pag. 518.
MAYERN Act. Pac. Tom. IV. pag. 260.

Nicht anderſt dachte von denen Domkapitliſchen Verwaltungs-Rechten der zum Hochſtift Merſeburg berufene Herzog Moriz von Sachſen, da er in ſeiner Kapitulazion vom 4 Julii 1712. alles genehm zu halten verſprach, was das Kapitel zur Zeit der Erledigung zu verordnen für gut gefunden hat.

LÜNIGS Spicil. Ecclef. Tom. 18. pag. 876.

Dahin zielet nicht minder die von dem Domkapitel zu Naumburg unterm 3. May 1717. allenthalben in das Land bekannt gemachte Sedisvakanz, wodurch die Unterthanen an die Capitulo bereits abgelegte Erbpflicht erinneret, und demſelben treu und gewärtig zu ſeyn ermahnet worden ſind.

LÜNIG. Ibid. pag. 891.

Eben ſo laut und unbedenklich ſprach das Domkapitel zu Hildesheim, da es in Sequelam der Kammergerichtlichen Urthel vom 17. Dec. 1629. durch ſeine, denen Fürſtlichen Immiſions Kommiſſarien beygeordnete Deputirte ſich die Beamten und Unterthanen zu Grunde, Derzen, Hammelen, Lauenſtein, Poppenburg ꝛc. auf den Fall der Sedisvakanz verpflichten ließ.

LÜNIG. Tom. 16. pag. 275.

Und da es ferner noch zu Anfang dieſes Jahrhunderts unter Vermittelung der Kur- und Fürſtlichen Häuſer Braunſchweig und Lüneburg, auch des Niederſächſiſchen Kraiſes Directorii mit der Ritterſchaft und Ständen zerſchiedene wichtige Religions- und andere Strittigkeiten abgeglichen,

LÜNIG Cit. Loc. pag. 290.

ja dabey noch gar verſichert hat, den künftigen Hochſtifts-Regenten zu deſſen Veſthaltung per Pacta Capitularia mit allem Ernſt und Kräften verbinden zu wollen.

Einen noch deutlichern Aufſchluß giebt die, in die Zahl deren Reichsſazungen aufgenommene meine Osnabrügische perpetuirliche Kapitulazion, von dem Sinn deren pacifizirenden Mächten; maßen darinn vesigesetzt ist:

> Daß der Electus vel Postulatus, so lange er von Kayserlicher Majestät die Regalien nicht erhalten, sich keiner Regierung unterfangen, die Administration aber bis dahin dem Domkapitel völlig belassen, hiernächst dasjenige, was von dem Domkapitel tempore competentis Administrationis den Rechten, Gewohnheiten, und dieser Kapitulation gemäß verordnet worden, von dem Electo vel Postulato bestättiget, auch alles, was das Domkapitel vacante Sede verschrieben und versiegelt hat, so weit es dem allgemeinen Friedensschluß, und dieser Kapitulazion nicht zuwider, unbisputirlich gehalten werden soll.
>
> MAYERN Act. Pac. Execut. Tom. II. pag. 542. & 547.

Das Domkapitel hat also die völlige Administrazion. Eine Verwaltung, die keine Gränzen hat; die ohne Schmälerung in der Allgemeinheit alles einschließt;

L. 2. §. ad filiorum Cod. quando & quibus quarta pars debeatur.

L. recte 15. de Verb. sign.

Eine Verwaltung, die der erwählte Bischof, wenn sie nur dem Recht und den guten Gewohnheiten angemessen ist, gut heissen muß, und die mithin den wahren Caracterem repræsentatitium Status zur Zeit der Sedisvakanz auszeichnet.

Eine Verwaltung von dieser Art führte schon das Domkapitel zu Speyer selbst gegen die Mitte des vorigen Jahrhunderts, da der Bischöfliche Stuhl bey der Gefangennehmung des Kurfürsten Christoph Philipp von Sötern für erlediget geachtet werden konnte.

Ohne Scheu und Bedenken erklärte sich dasselbe im Angesichte Kayserlicher Majestät, und sonst allenthalben, für den von Rechts- und Gewohnheitswegen eintrettenden Administratoren des Fürstlichen Hochstifts, und Niemand (die alleinige Stadt Speyer ausgenommen) widersprach ihm diesen Karakter.

Zifer 14. 15. 16. 17.

Zifer 14. Aber auch diese mußte sich endlich bequemen, auf ausdrückliche Kayserliche Anweisung, 15.16.17 das Domkapitel in solcher Eigenschaft zu erkennen.

Zifer 18.

Zifer 18. Mit dieser Kayserlichen Anweisung fallen zugleich alle nur denkbare Zweifel, daß die Domkapitlische Verwaltung blos eine ad Casus imminentis damni & periculi eingeschränkte Verwaltung gewesen seye, über einmal hinweg; angesehen es darinn viel zu deutlich heisset:

> Daß die Stadt erwägtes Domkapitel in Uebung aller Fürstlich-Speyerischen Rechten und Gerechtigkeiten, wie die auch Namen haben mögen, nicht behinderen solle.

Hatten also die Domkapitlisch-Speyerische Regierungs-Befugnisse während Sedisvakanz schon damals ihren Grund in dem Recht und Herkommen, und erstreckten sie sich bereits in solchen entfernten Zeiten auf alle und jede Gerechtsame des erledigten Hochstifts; so hat das vermalige Domkapitel unter dem Schutz des Westphälischen Friedens, und des damit übereinstimmenden längeren Herkommens noch weit mehr Ursache, zu hoffen, daß Eure Kayserliche Majestät nach diesen näheren Entdeckungen nicht gemeynt seyn werden, auf einem Abschluß zu beharren, der an seinen Verwaltungs-Rechten nichts, als einen unbedeutenden Namen übrig lassen würde.

Allenfalls aber, und wenn je dabey noch eine Dunkelheit denkbar seyn sollte, die Wiederaufhebung des ehevorigen Konklusums zu erkennen; so dörfte doch wenigstens hier der Fall seyn, nach denen Wahlvertragsmäßigen Insicherungen, über den eigentlichen Sinn der mehr angedeuteten Friedensstelle bey dem versammelten Reich die nähere Auslegung einzuholen.

Capitul. noviss. Art. 2. §. 5.

Gelegenheitlich deſſen, da Eure Kayſerliche Majeſtät die Domkapitliſche Verwaltungs-Rechte für die Zukunft beſtimmten, verurtheilten Allerhöchſtdieſelbe zugleich die noch lebende individua des Speyeriſchen Domkapitels zum Erſatz jener Interregnums-Gelder, die ſie bey der letztern Sedisvakanz bezogen haben, und unterſagten beynebſt dem Domkapitel, in ähnlichen Fällen allen Bezug an Geldern und Naturalien, bey Strafe der doppelten Rückerſtattung.

Unverbrüchlich wird erſagtes Domkapitel für die Zukunft jenes erfüllen, wozu es ſich in der allerunterthänigſten Partitionsanzeige bereits erbotten hat; und mit der nemlichen Zuverläſigkeit verſichert nun auch Eure Kayſerliche Majeſtät daſſelbe hiemit allergehorſamſt, daß es ſich eben ſowohl alles anderweiten Bezugs an Naturalien, oder ſonſtigen Nutzbarkeiten, wie ſie immer Namen haben mögen, zu enthalten wiſſen werde.

Wäre das Domkapitel fähig, weniger groß zu denken, als es denkt; ſo möchte ihm die Verzicht auf dieſen, in dem Hochſtift Speyer, und ſonſt allenthalben uralt hergebrachten Genuß noch einigermaaßen Mühe machen können. Da es aber deſſen nicht fähig iſt; ſo wird es ihm ſehr leicht verſchmerzlich, der allerhöchſten Willensmeynung Eurer Kayſerlichen Majeſtät ſich in dieſem Belang mit der tiefſchuldigſten Verbeugung zu fügen.

Nur aber für das verfloſſene finden die Theilnehmere ſich und ihrer mit verflochtenen Ehre, die unter dem rauhen Laut des Spolien Namens, wie ihn der Herr Fürſt-Biſchof (ſeine eigene Verurtheilung nicht erwartend) geſchildert haben mag, viel zu ſehr leidet, den Dienſt ſchuldig zu ſeyn, noch fernerweit all jenes vorzulegen, was ihren guten Glauben kennbarer auszeichnen mag.

Unläugbar iſt es, daß der Clerus ſchon in den erſten Zeiten der Kirche ſich zur Erbſchaft der Biſchöffen berechtiget gehalten, und dieſe Erbnahme ganze Jahrhundert hindurch bis auf den Augenblick, da die Kayſer aus dem angenommenen Grund des oberſten Rechts über die Kirchen ſich damit zu bemengen anfiengen, fortgeſetzt habe.

Unläugbar iſt es ferner, daß, da die Kayſer das Unregelmäßige dieſer Bemengung gewiſſenhaft erwogen, und ſich derſelben (wiewohl ohne den mindeſten Erſatz) entſchlagen haben, jene Gewohnheit bey der vorzüglichen Geiſtlichkeit wieder aufgelebet, und in einer Reihe von unendlichen Jahren fortgepflanzet worden ſey.

Unläugbar iſt es alſo auch, daß dieſer lange Gebrauch die Domkapiteln über den Strupel eines Misbrauchs hinausgehoben habe.

Cum ex longiſſimi temporis Lapſu colligatur bona fides.
Mynsing. Centur. I. Obſ. 30.
Harprecht Cenſ. 6. n. 350.
Boehmer Jur. Eccleſ. Lib. II. tit. 26. §. 56.

Das Domkapitel zu Speyer weiß zwar gar wohl, was ſchon das Concilium Tarraconenſe Cap. 12. dießfalls verordnet hat, Kraft deſſen zum Beſten der Inteſtat-Erben das Biſchöfliche Vermögen richtig ad Inventarium aufgenommen, und von denen Presbyteris & Diaconis davon nichts heimlich unterſchlagen werden ſollte.

Allein dieſes Kirchengeſatz konnte daſſelbe nie eines begangenen Unrechts überzeugen.

Dort war die Frage von dem Privat-Eigenthum der Biſchöffe, worauf deſſen nächſte Blutsfreunde, nach der natürlichen Erbordnung, einen gerechten Anſpruch zu machen hatten.

In dem untergebenen, und andern ähnlichen Fällen aber iſt die Frage von der Erſparnis, die aus denen Kirchengütern durch eine gute Wirthſchaft geſammelt worden iſt. Von ſolchen Kirchengütern, die neben dem Unterhalt der Kirche nicht dem Biſchof allein, ſondern auch ſeinen in Gemeinſchaft lebenden Brüdern zugedacht worden ſind.

Woher kann alſo das Domkapitel eines Spoliums, oder nach dem eigentlichen Verſtand, welcher bey deſſen Verurtheilung unterſtellt wird, eines Raubs beſchuldiget werden, wenn es bey der Privatverlaſſenſchaft ſeines Biſchofs ganz reine Finger hält, und ſich nur einen Theil der Erſparnis zueignet, die mit jener Verlaſſenſchaft in keiner Verbindung ſtehet? und die nach dem

Tod

Tod des Bischofs in die ursprüngliche Gemeinschaft gleichsam wieder zurückfällt? Da die Natur und Eigenschaft der Kirchengüter (der Absonderung zwischen dem Bischof und seinen Brüdern ohngeachtet) dennoch immer, Dispensationis Norma nonnihil dantaxat immutata, die nemliche geblieben ist.
    v. Espen Part. II. tit. 32. Cap. 6. §. 21.

Eure Kayserliche Majestät verwerfen zwar den Domkapitlischen Bezug nicht sowohl aus diesem, mit dem Verhältnis des alten Spoliums Rechts ohnehin unvereinbarlichen, sondern vielmehr aus dem besondern Grund, weil Allerhöchstdieselbe nicht zugeben könnten, daß solchergestalten der lehenbare Fundus geschwächet werde.

Allein das Domkapitel muß hier abermals die Respektsvolleste Beobachtung machen, daß seines Wissens der Ertrag des Lehens, und die von demselben abfallende Renten mit dem Lehen selbst nicht einerley Verhältniß haben, sondern daß vielmehr die bereits eingeheimbste Lehensfrüchte die wahre Natur des Eigenthums anzunehmen pflegen.

Daher kommt es ohne Zweifel, daß es dem Vasallen ohnbenommen ist, den Genuß der Lehens-Einkünften zu verkaufen, zur Aussteuer zu geben, und zu verpfänden.
    Struv. ad Jus feud. Cap. 12. §. 7.

Und daher kommt es nicht minder, daß es iedem Richter erlaubt ist, die Immißion in die Lehens-Nutzbarkeiten, wenn der Vasal keine andere Güter besitzt, zu erkennen.
    Gail. Obs. 117.

Sind demnach die Hochstiftische Kassen-Ersparnisse keine Lehen, sondern ein wahres Eigenthum, wofür sie dann wirklich gehalten werden müssen, weil anderer Gestalten der Vasal selbst, einige Schankungen oder Vermächtnisse darauf zu machen, unter dem immerwährenden Widerruff, daß der lehenbare Fundus dadurch geschwächet würde, gebundene Hände hätte; so kann auch dieser Gedanke die Unterlage nicht wohl seyn, eine Domkapitlische malam fidem darauf zu bauen.

War doch das Domkapitel zu Speyer schon in der Mitte des zwölften Jahrhunderts durch Konrad dem II. und wie die Urkunde deutlich sagt, per Legem antiquam à suis Prædecessoribus Regibus confirmatam, ermächtiget, von denen rückbleibenden Mobilar-Ersparnissen seiner Bischöffe den dritten Theil zu beziehen, wenn nur nach Abzug der, für die Arme gewidmeten Terz, der übrige dritte Theil dem Nachfolger zur nöthigen Verwendung auf dem Fond ohngeschmälert belassen wird.

Zifer 19.

Ohne allen Anstand verstehet sich diese Erbnahme von der aus den Stifts-Einkünften gesammelten Ersparniß, da es schon längst zuvor durch das Concilium Antiochenum & Calcedonense vestgesetzt war:

> Ut, si contigerit Episcopum è vita migrare, iis manifestis existentibus, quæ sunt propria Episcopi, Prætextu Ecclesiasticarum rerum non turbentur.

Hoffentlich sollte doch diese Kayserliche Bemächtigung das Domkapitel gegen alle Vorwürfe der Plünderung decken; wenigstens in wie lange nicht durch andere ausdrückliche Verbote der, daraus resultirende gute Glauben neuerdings in einen sträflichen Misbrauch umgeformet werden kann.

Jene bekannte Satzungen Otto des IVten und Friederich des IIIten sind es einmal gewiß nicht, die dieses bewirken können; denn sie verdammen nur das, was vorhin ein und andere Kayser, ohne Grund und Titel, von den Bischöflichen Verlassenschaften, und zwar ohne Mäßigung, bezogen haben; und bestättigen noch im Gegentheil durch die Worte: suis Successoribus servanda &c. die aufgestellte Erbfolge, wozu nach der Conradinischen Urkund das Kapitel, die Arme, und der neuerwählte Bischof betreffen sind.

Scheinet aber etwann diese Urkund zu alt, und auf die heutige Umstände nicht vollkommen passend, obgleich das Alter bey Gewohnheiten iust der richtigste Wegweiser ist, so, wie es Bonifacius der VIIIte in dem umgekehrten Falle, wenn die Bischöffe sich in die Erbschaften ihre

Diöze-

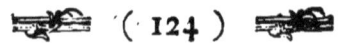

Diözesan-Geistlichen mischen wollen, für den Abfall von der Regel genommen hat.
Cap. 9. de Offic. ordinarii in 6to. Nisi speciali Privilegio vel Consuetudine eisdem competere dignoscatur &c.

So fehlet es auch an richtigen Ueberzeugungen von den jüngeren Zeiten noch nicht, die dem guten Glauben des Domkapitels einen merklichen Schwung geben müssen.

Dem Domkapitel zu Osnabrügg ist es zugelassen, Reichsgesätzmäßig zugelassen, zur Zeit des erledigten Bischöflichen Stuhls so lange, bis der erwählte oder postulirte Bischof sich über die beschehene Nachsuchung der Regalien legitimirt, alle und jede Landes-Revenüen zuzueignen, und es ist ihm noch so gar, doch abermals Reichsgesätzmäßig, zugelassen, von der Zeit jener Legitimation so lange, bis von dem Sterbtag des letztabgelebten Bischofs 6. Monat verstrichen sind, die Einkünfte des Landes mit dem neo-Electo vel Postulato gleichheitlich zu theilen.
MAYERN Act. Pac. Execut. Tom. II. pag. 542. §. 23.

Was mag doch wohl Kayser und Reich zu dieser Bestimmung bewogen haben? Ruhen die Ursachen dessen nicht darinn, weil einstweilen das Lehen samt seinen Nutzbarkeiten an das Domkapitel übergehet, und weil dasselbe für die lästige Zwischenregierungs-Beschäftigungen gewiß eine Belohnung verdienet; so weiß man sich keinen andern Grund davon zu denken.

Trift denn nun aber bey dem Domkapitel zu Speyer nicht all dieses in eben so voller Maas ein? und wer wird bey einem so glänzenden Muster noch ferner zweifeln wollen, daß seine Meynung bey dem Bezug der besagten Interregnums-Geldern rein und unschuldig gewesen seye?

Was ehedem Kayser Julian in L. 3. §. 2. ff. de Collat. bon. gesagt hat:
quod dico Exemplo, manifestius fiet.
wird auch hier ohne allen Anstand von Ferdinand dem IIIten, von dem ganzen Gesätzgebenden teutschen Körper gesagt werden können.

Schon wußte der nämliche Kayser, und mit ihme das ganze Kurfürstliche Kollegium, welche nachher die Mitverfasser jener Osnabrüggischen perpetuirlichen Kapitulazion geworden, daß das Speyerische Domkapitel zur Zeit der Görterischen Geschichte sich seine Zwischenregierung aus denen Hochstifts-Einkünften vergolten habe; und jener und diese fanden es für billig.

Man sehe zurück auf die Beylagen 11. 12, 13.

Unbillig kann es mithin nicht erst jetzt seyn, wenn das Domkapitel an diesem dreyfachen Leidfaden fortgewandelt ist. Zumalen, da es bey dem Bezug der Interregnumsgeldern bey einem erfundenen baaren Vorrath von 145000. fl., die Naturalien nicht mit eingerechnet, das Maas der Konradinischen Vorschrift eingehalten hat.

Conscientia rei alienæ, und zwar nur eine Conscientia qualificata karakterisirt den malam fidem;
FABER. Lib. 7. Cod. tit. 13. Def. 12.
LYNCKER Lib. 1. Resp. 91. n. 31.
MEVIUS Part. 2. Decis. 42.
HARPRECHT Consil. 30. n. 98.

Mit diesem groben Gepräge hat jedoch das Domkapitlische Benehmen gar nichts ähnliches.

Unter dem Schutz eines uralten Gebrauchs, unter der Bedeckung Kayserlicher Siegel und Briefen, und bey so laut sprechenden Reichsgesätzmäßig gutgeheißenen Vorgängen, konnte demselben weder ein Zweifel noch Irrthum, am allerwenigsten aber die Ueberzeugung eines bösen Gewissens aufsteigen, daß die Beziehung der Interregnums-Gelder eine Gattung des Unrechts seye, welches statt der geringsten Ahndung den Ersatz zur Schuldigkeit mache.

Nicht einmal der Schein einer ungleichen Vermuthung kann hierneben bestehen. Die Meynung, dazu befugt zu seyn, ist dadurch gerechtfertiget, und diese Meynung heißt bona fides.
L. 109. ff. de Verb. signif.

Die Folge davon ist diese: daß die bezogene Nutzbarkeiten, besonders, da die Versährung dazu gekommen ist, denen Theilnehmern unwiederruflich eigen geworden sind.

Fr.

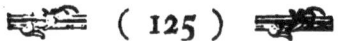

Pr. J. L. 4. §. 19. ff. de Usucap. L. 40. in fin. ff. ibidem.

Die theilhabende Kapitularen zu Speyer vertrauen ganz auf die Gerechtigkeit Euer Kayserlichen Majestät, daß sie bey solchen neuen Umständen und Beobachtungen, auch in diesem Belang, mit ihrer Loszehlungsbitte von allem Ersatz nicht fehlgehen werden.

Mit dem nemlichen lebhaften Vertrauen erwartet daffelbe noch ferner, daß seine niedergedrückte Grund- und Erbherrschaft wieder aufwachen werde, sofern Euer Kayserliche Majestät das Neue, welches auch bey diesem Artikel annoch anzubringen seyn dörfte, Allerhöchst Dero Aufmerksamkeit würdigen sollten.

Immer waren es nur die Kirchen, die zum öftesten ganz allein, manchmalen aber mit dem Bischof und Stift, als das Subjekt aller Besitzungen, genennet wurden, wenn je von einer Erwerbung, oder der Wiederabtrettung, oder von dem ferneren Fortbehalt des Eigenthums die Rede gewesen ist.

Schon die Konradinische Reichs-Satzung vom Jahr 1039. beym Lünig Corp. Jur. Feud. pag. 19. giebt darüber das Zeugnis;
    Bona & Prædia Ecclesiis Dei quæsita.

Heinrich der Vte im Edikt von 1111. bestättigt es:
    Da er die Einziehung der Güter und Regalien, quæ à Carolo, Ludovico, Ottone, & Henrico Ecclesiis collata sunt, für einen Kirchenraub hielte ic.

und Friederich der IIte in seinen bekannten Satzungen de juribus Principum Ecclesiasticorum vom Jahr 1220. ist vollends Bürge dieser Wahrheit.
    Antiqua Thelonea & Jura Monetarum eorum Ecclesiis concessa inconvulsa & firma conservabimus.

Was hier in der Allgemeinheit gesagt ist, kan die Domkirche zu Speyer auf sich insonderheit anwendbar machen: wie es die bereits oben unter den Zifern 3. 4. 5. 6. 7. und 8. beygebrachte Urkunden bewähren, und die älteste Lehenbriefe, vorzüglich jener Friderichs des IIten bekräftigen.

    Haben ihme, seiner Kirchen und Stift zu Speyer Fürstenthum Regalia ic. mit allen Ehren, Rechten, Nutzen, Gerichten, und Zugehörungen gnädigliich geliehen ic. Lünigs Corp. Jur. Feud. Tom. I. pag. 431.

Die Repräsentanten solcher Kirchen sind neben dem Bischof die Kapiteln, und diese Repräsentantschaft gründet sich in jener Gemeinschaft, in jener engen Verbrüderung, welche das Chrodegangische Institut gestiftet, und das Kanonische Recht beybehalten wissen wollte.

    Fraternitati tuæ mandamus, quatenus in Negotiis Ecclesiæ tuæ fratres tuos requiras, & cum eorum Consilio vel Sanioris partis eadem pertractes, & quæ statuenda sunt, statuas, & errata corrigas, & evellenda dissipes.
    Cap. 5. de his, quæ fiunt &c.

Analogische Verhältniffe von dieser Art sind in dem teutschen Reiche gar nichts unbekanntes.

So ist das, aus der an die sämmtliche Nachkommenschaft geschehenen Verleihung der Regalien entstandene Gesamt-Eigenthum der ganzen, vom ersten Erwerber abstammenden Familie eine ganz offenkündige Sache.

So sind ferner die Regalien der Reichsstädte, gleich anderen Gütern derselben, ein Gesamt-Eigenthum des Burgermeisters, Raths, und der Gemeinde, wie zum Beyspiel:

    Burgermeister, Rath, und gemeine Stadt zu Dortmund mit der Erb-freyen Grafschaft zu Dortmund.
    Burgermeister, Rath, und gemeine Stadt Kempten mit denen, von dem dortigen Gotteshaus käuflich an sich gebrachten Reichslehenbaren Regalien.
    Burgermeister, Rath, und Bürger der Stadt Rothweil, mit der freyen Pürsch auf dem Schwarzwald.

Burgermeister und Rath zu Wimpfen, und derselben gemeine Stadt, mit der dortigen Vogtey, Kraft der Lehenbriefe bey
Lünig Corp. Jur. feud. Tom. I. pag. 1170. 1174. 1186. und 1194.

als mit dem gesamten Lehen-Eigenthum der Stadt beliehen werden.

Durch die nachgefolgte Sönderung der Bischöffe von ihren Brüdern hat sich jenes repräsentativische Verhältnis weder aufgelöset, noch ist etwas von denen kirchlichen Eigenthumsrechten auf die Bischöffe mitübergangen; denn ihre äusserliche Beschäftigungen bestunden noch immer in der blosen thätigen Verwaltung.

Fleury in Instit. Jur. Ecclef. Part. I. Cap. 13. §. 1.

Einen sehr deutlichen Aufschluß darüber gibt das teutsche Lehenrecht.

Verwirkt ein Bischof aus dem Grund der Felonie die Reichslehenbaren Regalien und Weltlichkeiten; so verliehrt die Kirche dabey nichts, sondern sie besorgt solche forthin durch die noch übrige Repräsentanten, nemlich das Kapitel, dessen ruhendes Recht bey Erlöschung der Bischöflichen Verwaltung aufzuleben anfängt, wie solches die Beyspiele mit Bischof Hartwich zu Bremen, und Bischof Ulrich zu Halberstatt bewähret haben.

Quia non Perſonis, ſed Eccleſiæ perpetualiter à Principibus tradita ſunt.
Otto Frising. in Rebus gestis.
Frider. I. Lib. 2. C. 12.
Itter de feud. Imp. Cap. 24. f. 1023.
Struv. Syntag. Jur. feudal. Cap. 15. §. 15.

Eben so wenig verlieret die Kirche durch den Tod ihrer Bischöffe; die Regierung, die Verwaltung ihrer Rechten wächst ausgeführtermaaßen dem mitrepräsentirenden Domkapitel ohne weiteres anheim.

Aus keinem anderen Grund hat der Westphälische Friede
Art. 5. §. 17.

verordnet, daß der erwählte oder poſtulirte Biſchof in einer vorläufigen Kapitulazion beſchwören ſoll,
ſe ſuſcepto Eccleſiaſticos Principatus nequaquam jure hæreditario poſſeſſurum, aut id acturum, ut hæreditaria ſiant.

weil das Eigenthum deren an die Kirche geſtifteten Gütern und Regalien bey der Kirche beſtehet, und weil das Domkapitel ſogar Sede repleta neben dem Biſchof das repräſentativiſche Subjekt von der Weeſenheit ſolcher Güter und Regalien iſt.

In dieſem, ſchon durch die Pariziones-Anzeige näher erläuterten Verſtand, haben ſich bey jeder Gelegenheit die Domkapiteln als den Mit-Erb-und Grundherrn der Stifter öffentlich hingeſtellt, und in dieſem gemäßigten Verſtand ſind ſie immer dafür unwiderſprochen erkannt worden.

Die teutſche Geſchichten liefern abermals in dieſem Belang unzählige Beyſpiele, welche theils wörtlich, theils in arquipollenten Ausdrücken die Grund-und Erbherrſchaft der Domkapiteln über allen Widerſpruch hinausſetzen.

So erlangte die Kirche zu Würzburg im Jahr 1000. von Otto dem IIIten das Kaſtel Salza mit allen Zugehörungen, als eigen.

Lünigs Spicil. Ecclef. Tom. 16. pag. 935.

So erhielte die Kirche zu Freyſingen von Heinrich dem IIIten im Jahr 1040. als ein ewiges Eigenthum den ſogenannten Curtem Alaris.

Idem Tom. 18. pag. 518.

Mit eben ſo viel bedeutenden Worten vermachte Herzog Ludwig in Beyern unter der Beſtättigung Philipp des II. der Kirche zu Regensburg im Jahr 1205. verſchiedene Prædia & Castra *perpetuò* poſſidenda.

Lünig Tom. 16. pag. 826.

So vertauſchte Biſchof Johann zu Straßburg mit ſeinem Kapitel an König Heinrich
dem

den VII. mit Gutheissen Friderici pulchri mehrere Städte und Ortschaften, welche die Kirche zu Strasburg à Tempore, cujus non exstat Memoria, *tanquam sua besessen* hat, und wie sie bis dahin der Kirche, dem Bischof, und dem Kapitel zugehörig gewesen sind.

Lünig Tom. 16. pag. 877. & 878.

Von daher stellte das Domkapitel zu Hildesheim in sequelam der, wider Herzog Friederich Ulrich zu Braunschweig ergangenen kammergerichtlichen Urthel vom Jahr 1629. zur Ergreifung der Possession in dem abgenommenen Flecken seine Vollmacht aus.

Lünig. ibidem pag. 275.

Und eben von daher protestirte das Domkapitel zu Lüttich gegen den 28ten Artikel des Nimweger Friedens im Jahr 1697. In wie weit er dem *Juri Episcopatus Leodiensis* wegen der Herrschaft Bouillon abbrüchig gewesen ist.

Lünig. cit. Tom. pag. 550.

Sind diese Zeugnisse noch etwann zu dunkel, so haben die teutsche Jahrbücher noch wohl deutlichere Stellen darüber aufzuweisen.

So bestättigte Maximilian der erste dem Bischof Wigelius zu Passau, seiner Kirche, Stift, Dompropst, Dechant, und Kapitel im Jahr 1501. alle Freyheiten, Rechte, Gericht, Mauth, Zölle, Geleid, Wildpenne, Eigenschaften, und Grundrechte, und Karl der Vte wiederholte solches im Jahr 1521. mit den nämlichen Worten.

Lünig Tom. 16. pag. 815. & 817.

Es bediente sich nicht minder Karl der IV. da er der Kirche zu Speyer den Udenheimer Zoll schankungsweise überliess, des merkwürdigen Ausdrucks:

Eidem Spirensi Ecclesiæ Teloneum in Udenheim fluminis Rheni in veram & perpetuam Hæreditatem, Proprietatem, nec non justæ & veræ Hæreditatis & Proprietatis Possessionem & Titulum benigne largimur.

Lünig ibidem pag. 839.

Dabey blieb es aber noch nicht, auch im Angesicht des gesammten Reichs, und zumalen in einer der wichtigsten Epochen von Teutschland, wo man mehr, als jemals, alles auf die Waagschale zu legen pflegte, wurde die Domkapitlische Sprache von der Erb- und Grundherrschaft ohne allen Widerspruch und Ahndung gedultet, welche doch eben so wenig, als jetzt, zu dulden gewesen seyn würde, wenn sie das wäre, was sie wirklich seyn soll.

Mitten in denen Friedensunterhandlungen zu Osnabrügg und Münster nannte sich das Erzstift Maynz in einem summarischen Bericht, die Landeshoheit zu Erfurt betreffend, den Erbherrn der Stadt.

Londorp Act. publ. Tom VI. pag. 68.

Bey eben diesen Friedensunterhandlungen erklärte das Domkapitel zu Halberstatt mit einer standhaften Freyheit:

Daß ihme Kraft habender Erbgerechtigkeit die freye Wahl und Postulation der Bischöffe gebühre; daß es solche Erbgerechtigkeit, wie auch andere in statu politico & Ecclesiastico hergebrachte Capitulationes & Pacta etliche hundert Jahr ohne eines Menschen Widerspruch ausgeübet habe, und daß es dahero schon ab antiquo in dem Römischen Reich für den Erbherrn gehalten worden seye.

Londorp ibidem pag. 263.

Herzog August von Braunschweig-Wolfenbüttel unterstützte diese Vorstellung des Kapitels bey denen Kayserlichen Plenipotentiariis durch die nachdrückliche Aeusserung:

„Daß durch die vorwaltende Traktaten denen unzweifentlichen Erbherren des Stifts „Halberstatt, nemlich dem Domkapitel sein, an die 900. Jahre lang beständlich und „rechtmäßig ersessenes Eigenthum und Macht, darüber zu disponiren, so wenig, als: „jemand anderen in dem seinigen benommen werden könne, — — — — —

MAYERN

MAYERN Act. Pac. Tom. VI. pag. 404.

Leopold Wilhelm Erzherzog zu Oesterreich hielt unter den Augen, und unter der ausdrücklichen Aſſeturazion ſeines Herrn Vaters Ferdinand des II.

MAYERN Act. Pac. Tom. IV. pag. 260.

nicht nur für ſehr nützlich, ſondern auch dem alten Herkommen gemäß:

> Daß alle Offizianten, in ſpecie aber Kanzler und Räthe, Ober- und Hauptleute, Amts- und andere Stiftsdiener, ehe ſie von ſeinen Deputirten introduzirt würden, auch dem Domkapitel als Erbherrn in Loco Capitulari mit Eid und Pflicht ſich verbinden ſollen, auf begebende Sedisvakanz Niemand anders, als das Domkapitel für ihre Herren zu erkennen.

Lünigs Reichsarchiv Part. Spec. Tom. V. pag. 518.

Auf dem nemlichen Friedenskongreß behauptete das Domkapitel zu Magdeburg in einer ſummariſchen Anzeige wider die- von Marggraf Chriſtian Wilhelm zu Brandenburg ex Capite Amnestiæ geſuchte Reſtituzion zum Primat und Erzſtift mit heller Stimme:

> Daß es, als der Erbherr des Landes, wofür es von denen Rechtslehrern, und aus alten privilegirten Conceſſionibus erkannt worden, ſich zu einer neuen Poſtulazion, und Koadjutoriewahl beſtens befugt gehalten habe.

MAYERN ibidem pag. 195.

Und der Erzbiſchof Auguſt wiederholte dieſe Stimme in einem öffentlichen Manifeſt:

> Daß dem Haus Brandenburg aus denen beſchwornen Aſſeturazions-Urkunden kein Recht an das Erzſtift Magdeburg eingeräumt, ſondern die freye Wahl des Domkapitels, als des Erbherrn im Lande offengeblieben ſeye.

MAYERN Tom. IV. pag. 244.

Auch in einer, von dem Domkapitel zu Minden allda übergebenen Informazion, ließ daſſelbe ohnbedenklich einflieſſen, daß es der Erbherr des Stifts, und von dem zum Adminiſtratoren erwählten Herzog Chriſtian von Braunſchweig-Lüneburg in den ausgeſtellten Reverſalien dafür erkannt worden ſeye.

MAYERN Tom. III. pag. 638.

So berarf ſich nicht minder das Domkapitel von Ratzeburg auf ſeine beynahe 600. jährige Stiftung, und andere von Kayſern zu Kayſern beſtättigte Privilegien, Kraft deren ihme die Erbgerechtigkeit mitgetheilet, und es auch von andern Kapiteln im ganzen Römiſchen Reich für den Erbherrn geachtet worden ſeye.

MAYERN Tom. IV. pag. 343.

Und ſo laut ſprach endlich das Domkapitel zu Osnabrügg in der Beantwortung deren Braunſchweig-Lüneburgiſchen Betrachtungen zur perpetuirlichen Wahlkapitulazion,

> Daß es nicht gemeynt ſeye, als der Prinzipaleſte Stand, und Erbherr des Stifts, ſeinen Einfluß nur auf Handlungen, wozu die Jura Canonica ſolchen erforderen, einſchränken, alle andere, nach dem Exempel deren übrigen Kathedralkirchen im Reich hergebrachte Gerechtſame hingegen ſich entziehen zu laſſen.

MAYERN Tom. VI. pag. 509.

Das Domkapitel zu Speyer war nicht das letzte, welches ſich ebenfalls und allenthalben öffentlich dafür gehalten hat. Die ſchon oben unter Zifern 14. 16. 17. bemerkte Beylagen leiſten dafür die Gewährſchaft.

Nirgends wo laſſen ſich die geringſte Spuren entdecken, daß man je dieſen Ausdruck für verfänglich geachtet, und das Verfängliche widerſprochen habe.

Nach dem trockenen Buchſtaben der Geſätzen wiegt eine ſolche vervielfältigte Duldung eben ſo ſchwere, als der ausdrücklich übereinſtimmende Willen.

L. 1. Cod. de Remiſſ. pign.

Aber

Aber auch diesen, in einer dringenden rechtlichen Vermuthung liegenden Willen haben Ferdinand der III. und seine zum Münsterischen Kongreß akkreditirte Gesandte noch in ganz andere Wege bethätiget.

Schon enthält die Domkapitlische Parisions-Anzeige, was der 11te Artikel des Münsterischen Friedens de Ulæfa — Episcopo & Capitulo Spirensi in Castrum Philippsburg permanente proprietate geordnet hat; und es ist also, wenn je ein Zweifel an dieser Stelle möglich bleiben kann; nur noch übrig, den eigentlichen Sinn der unterhandelnden Theilen näher zu erforschen.

Bekanntlich spannten die Französische Gesandte noch unterm 7ten April 1646. den Bogen ihrer Satisfaktions-Forderungen auf die Vestung Breysach, das obere und untere Elsaß, Breyßgau, und die Waldstädte,

MAYERN Tom. III. pag. 3.

welchen sie jedoch unterm 9ten ejusdem mit Verzicht auf das Breißgau und Waldstädte (doch so daß ihnen statt dieser Philippsburg, Benselden und Zabern eingeräumt werden sollte) herabzustimmen für gut gefunden haben.

Ibidem pag. 4.

Die Kayserliche Bevollmächtigte erklärten dagegen unterm 14ten des nemlichen Monats: Quod ad Benfeldum attinet, itemque Tabernas Alsatiæ & Philippsburgum, cum hoc ad Episcopatum Spirensem, illæ vero ad Episcopatum Argentoratensem pertineant, æquum est, ut *ad suos Dominos* redeant.

Ibidem pag. 6.

Sie ersuchten zugleich die Mediatores denen Franzosen begreiflich zu machen, daß, wenn man auch Philippsburg abtretten wollte, dieses Pactum jedoch *absque* Capituli & Cæsaris Consensu von keiner Gültigkeit seyn würde,

Ibidem pag. 27.

und brachten endlich unterm 23. May als ein Ultimatum in Vorschlag:

Daß die beede Waldstädte Laufenburg und Rheinfelden, wie auch Benselden und Zabern der Krone Frankreich überlassen, jedoch bey denen zwey letztern die Eigenthumsrechte und Gerechtigkeit bey dem Stift verbleiben sollten.

Ibid. pag. 28.

Nach diesen Begriffen von der Speyerisch- und Straßburgischen Grundgerechtigkeit, fertigten hiernächst die Kayserliche den Aufsatz, welcher dann auch den 5. Sept. 1648. so, wie er de proprietate Episcopo & Capitulo permanente lautet, unterzeichnet worden ist.

MAYERN Tom. V. pag. 134. Tom. VI. pag. 386.

Soll es wohl bey solcher Lage noch wohl einen Anstand haben mögen, die Domkapitlisch-Speyerische Grund- und Erbherrschaft zu verkennen? Bey einer Lage, die durch den 4ten Artikel des Nimweger- und den 2ten des Ryswickischen Friedens bestättiget, ja so gar durch ein Kayserliches Handschreiben

Beylage zur Parisions-Anzeige sub Nro. 19.

so hell, als der Tag, ausgezeichnet ist, und von der man mit einer unumstößlichen Richtigkeit sagen kann, quod ex præcedentibus & subsequentibus colligatur intellectus.

Selbst die höchste Reichsgerichte, von denen man gleichwol nicht erwarten kann, daß sie den Mißbrauch in seiner Aufkeimung ernähren werden, haben die Domkapitlische Grund- und Erbherrschaft als einen richtigen Wertsatz ihrer gerichtlichen Einleitungen angenommen.

Ein Beweis davon ist in der abschriftlich beygehenden Fertigung unter dem

Zifer 20. Zifer 20.

anzutreffen, da das Kayserliche- und Reichs-Kammergericht in Sachen des Grafen Philipp von Manderscheid und Blankenheim wider Kur Trier, und das dortige Domkapitel, zerschiedene eingejegene Lehen betreffend, die gebettene Ladung gegen das letztere, als den Erbherren des Stifts, mitzuerkennen, kein Bedenken getragen hat.

Vergeblich würde man etwann sagen wollen, daß erwehntem Domkapitel lediglich nur in parte narrativa diese Eigenschaft beygeleget; solche jedoch in parte dispositiva ganz ausser Acht gelassen, mithin auch von ersagtem höchsten Reichsgericht, als eine richtige Wahrheit, nicht angenommen worden seye.

Denn ist die Domkapitlische Grund- und Erbherrschaft ein Unding, und stehet es platthin in der Willkür eines zeitlichen Fürst-Bischoffen, erledigte Lehen auch ohne den Einfluß seines Domkapitels wieder anderweit zu begeben, wie Eure Kayserliche Majestät bey dem 20ten Artikel der jüngern Bischöflichen Wahlkapitulazion dafür gehalten haben; so würde die Beyladung des Trierischen Domkapitels in jener Sache ganz unnütz gewesen seyn. So etwas Unnützes aber von einem höchsten Reichsgericht auch nur zu vermuthen, ist schon ohne weiteres harte Beleidigung.

Da aber das Kayserliche Reichskammergericht dennoch die Ladung an ermeltes Domkapitel miterkennet hat; so ist es gewis sehr natürlich, daß es dabey eine geltende Domkapitlische Grund- und Erbherrschaft unterstellt habe.

Wahrscheinlichermaaßen dachte diese höchste Gerichtsstelle davon eben so, wie bey einer andern Gelegenheit die gesammte Kur- und Reichsständische Gesandte davon gedacht haben.

Offenkündig sind jene gefährliche Bewegungen, durch welche Kurfürst Christoph Philipp zu Trier sein rechtmäßig bestehendes Domkapitel zu unterdrücken gesucht hat.

Kurfürsten, Fürsten, und Stände des Reichs glaubten einmüthig, daraus den Fall zu entdecken, der die Eintretung ihres Ansehens zur Nothwendigkeit machte.

Sie mahneten dahero in einem nachdrücklichen Schreiben vom 5ten Juny 1646, ermeltem Kurfürsten:

> Sein von Kayser und Reich erkanntes altes rechtmäßiges Domkapitel an dem vollkommenen Genuß des teutschen Friedens nicht zu behindern, sondern in den Stand, in welchem sich dasselbe, als des Erzstifts ungezweifeltem Erbherr, vor denen erhobenen Irrungen befunden, plenarie zu restituiren.

und erinnerten zugleich die Landstände und Unterthanen,

> mit Hindansetzung des vermeynten Koadjutoren sich nach dem Innhalt Instrumenti pacis, und sonst hergebrachter Schuldigkeit pure & simpliciter in Terminis deren, Ihro Kurfürstliche Gnaden, und Einem Hochwürdigen Domkapitel geleisteter hochverbündlicher Pflichten, und Erbhuldigung zu halten.

LONDORP Act. pub. Tom. VI. pag. 547.

Wenn Observazionen und Gebräuche so gar bey denen höchsten Gerichtsstühlen die gewisse Richtschnur sind, wornach die Bescheid und Urtheile bemessen werden können und sollen,

K. H. R. Ordnung Part. I. §. 15.

so dörfte das Domkapitel zu Speyer auch in diesem Belang noch wohl etwas Günstigeres zu erwarten haben.

Das Herkommen, nach welchem sich die Domkapiteln zu allen Zeiten als die Erb- und Grundherren der Stifter hingestellet haben, ist uralt. Es ist durchaus übereinstimmend, und mit einer mehr als hinlänglichen Vielheit der Fällen ausgerüstet. Kayser und Reich wußten es, und weit entfernt, solches je zu widersprechen, gaben sie ihme vielmehr durch Worte und Nachahmungen den Beyfall.

Denen hergebrachten Domkapitlischen Grund- und Erbherrschafts-Ansprüchen fehlet also nichts, was ihre Rechtmäßigkeit nur im mindesten zweifelhaft machen könnte, und diese Rechtmäßigkeit giebt ihnen die Qualifikazion zu einem Reichsherkommen, welches nach der angedeuteten gerichtlichen Vorschrift beobachtet werden soll.

Gewinnt nun aber die Erb- und Grundherrschaft allemal in dem eingeschränkten Parizions-

(131)

ponsmäßigem Verstand genommen) hiedurch ein anderes Ansehen, wie das Domkapitel zu Speyer bewandten Umständen nach zuversichtlich hoffen darf; so treten zugleich die natürliche Folgen ein, daß auch die, durch den 4ten Absatz des Conclusums vom 28. August 1781. aufgehobenen Stellen der jüngern Bischöflichen Wahlkapitulation neuerdings wieder in ihre vorige Verbündlichkeit übergehen müssen; Denn sie sind nur darum verworfen worden, weil man die Domkapitlische Grund= und Erbherrschaft für verwerflich geachtet hat.

Wäre jedoch die Domkapitlische Grund = und Erbherrschaft wirklich das, was sie nicht ist; sollte wohl darum allein, und wegen einem einzelen irrigen Grund das verbündlichte Geding selbst, welchem außer deme noch andere Gründe der Billigkeit und des Anstandes zur Seite stehen, schlechterdings verworfen zu werden, verdienen?

Der Westphälische Frieden Art. V. §. 17.

Gestattet denen neuerwählten oder postulirten Bischöffen, sich mit ihren Domkapiteln über gewisse Kapitulations = Punkten, in wie weit sie denen Reichs = Fundamental = Gesätzen nicht zuwider sind, zu vergleichen, ja er will so gar, daß sie durch solche Kapitulationen alles Erbrecht auf das Stift abschwören sollen,

spondeant in suis Capitulationibus &c.

und Eure Kayserliche Majestät sind damit einig, da Allerhöchstdieselbe die, mit dem letzigen Herrn Fürst = Bischoffen zu Speyer errichtete Wahlkapitulation in allen übrigen unerinnert gebliebenen Punkten auf ihrem vollen Werth haben beruhen lassen.

Denen Reichs=Fundamental=Gesätzen ist es nicht zuwider, wenn der neuerwählte Bischof der ansehnlicheren Klasse seiner Fürstlichen Dienerschaft die Freyheit von denen ordinairen Personal = Prästationen ertheilt, oder die schon vorhin genossene bestättiget; Denn diese Freyheit ist eine Folge der Landesherrlichen Macht; sie gründet sich schon in denen gemeinen Rechten, und auch damit scheinen Eure Kayserliche Majestät vor der Hand einverstanden zu seyn, da Allerhöchstdieselbe durch die verworfene Gleichstellung der Domkapitlischen Dienerschaft mit der Fürstlichen die Freyheit der letzteren gutgeheißen haben.

Eben so wenig ist es aber auch denen Reichs = Fundamental=Gesätzen zuwider, wenn ein Domkapitel bey der Wahl seines neuen Bischofs (sey es nun aus dem Grund der Erbherrschaft, oder einem andern) nach dem Beyspiele der Fürstlichen Diener, die nemliche Freyheit von personal Lasten für die Domkapitlische wünscht, und wenn der Neoelectus vel Postulatus solche verwilliget; Denn sonst hätte der 25te Paragraph der Osnabrüggischen perpetuirlichen Wahlkapitulation, worinnen es ausdrücklich heisset :

Maaßen auch des Domkapitels eine gleiche Freyheit in personal = und Real=Prästationen, als die Fürstliche Bediente, zu geniessen haben sollen &c.

von Kayser und Reich nimmermehr zugegeben werden können.

Eure Kayserliche Majestät selbst können noch letzthin keiner andern, hievon abweichenden, Meynung gewesen seyn, da Allerhöchstdieselbe, des Fürst = Bischöflichen Gesuchs ohnerachtet, den Vertrag vom Jahr 1760. und mit solchem zugleich die, bey Ausgleichung der 17ten Beschwerde für den Domkapitlischen Obleyen Schultheißen zu Dieverfeld festgesetzte personal Freyheit von allen ordentlich = und außerordentlichen Frohndiensten begnehmiget haben.

War der Vertrag vom Jahr 1760. ein hinlänglicher Grund, den Domkapitlischen Schultheißen von allen personal Lasten los zu zählen; so muß es die längere Wahlkapitulation in Hinsicht auf die höher karakterisirte Domkapitlische Dienerschaft noch weit mehr seyn, wenn auch gleich keine Grund = und Erbherrschaft bestehen sollte.

Bestehet also die Wahlkapitulationsmäßige Uebereinkunft ohne den Einfluß einer Domkapitlischen Erd= und Grundherrschaft an und für sich selbst; Eine Uebereinkunft, die der Herr Fürst= Bischof zu Speyer, vermög seiner eigenen Vorstellung vom 27. Nov. 1778. aufzuheben nicht beziehlet hat; Eine Uebereinkunft, gegen welche bis daher kein rechtmäßiger Kontradiktor aufgetretten ist;

R 2   so so will es dem implorantischen Domkapitel ungemein hart scheinen, wegen einer einzelnen, blos zu mehrerem Anstand entlehnten, und nur aus Mangel einer genugsamen Aufklärung für verwerflich geachteten Beweguraſache, den bieher einschlagenden 1yten Artikel des Wahlvertrags ſelbſt aufgehoben und zernichtet zu wiſſen.

Faſt eine gleiche Beſchaffenheit hat es mit der Aufhebung des 20ten Artikels des gedachten Wahlvertrags.

Nirgendswo iſt ein beſtimmtes Geſätz erfindlich, welches gebiethet, daß offen gewordene Lehen, wenn es auch gleich feuda infeudari ſolita ſind, wieder zu Lehen gegeben werden müſſen; ſondern die Lehrer des Lehenrechts ſtimmen nur darinn überein:

> Quod Prælatus res Infeudari ſolitas & ad Eccleſiam reverſas etiam ſine ſolennitate ad Alienationem requiſita alteri de novo in feudum concedere *poſſit*.
> ROSENTHAL de feud. Cap. 4. Concluſ. 21. & ibi alleg. Auth.

Auch Eure Kayſerliche Majeſtät ſind von dieſem allgemeinen Dafürhalten keineswegs abgewichen, da Allerhöchſtdieſelbe die Landes- und Lehenherrliche Willkür wörtlich dabey unterſtellet haben.

Frey von allem Zwang hatte der Herr Fürſt-Biſchof zu Speyer vor- und nach ſeinem Wahltag dieſe Willkür vollkommen, vor ſeinem Wahltag, da er ſämtliche Wahlkapitulazionsmäßige Poſtulata für billig, und den erwählenden Fürſt-Biſchoffen zu deren Erfüllung ſchuldig erklärte;

Ziſer 21.

§. *ifer* 21.

und nach ſeinem Wahltag, da er erſt alsdann die Kapitulazion ſelbſt ohne alles Bedenken beſchworen und beſiegelt hat.

An der Gültigkeit ſolcher Bedingen hat es doch wohl keinen Anſtand, in wie ferne nur dabey keine unbillige, keine Reichsgeſätzwidrige Bedingniſſe mitunterlauffen: Dann auch dafür ſind abermals die Lehrer der Lehenrechts vollgewichtige Bürgen;

> Si tamen quoad hæc aliqua ſpecialis inter Prælatum & Capitulum ſubſiſtat Conventio, ut res omnes Eccleſiæ aperiundas de novo elargiri non deberet; id certè obſervandum foret.
> ROSENTHAL. cit. Cap. Concl. 22. n. 4.

Wo iſt nun aber an der befragten Stelle der jüngeren Wahlkapitulazion in ihrem ganzen Umfang etwas bemerklich, welches auch nur den Schein einer Unbilligkeit verrathen könnte? Jenes nicht thun wollen, wozu man keine Schuldigkeit auf ſich hat, iſt ein lauteres Recht der natürlichen Freyheit.

Der Herr Fürſt-Biſchof zu Speyer ſchickt bey jeder Gelegenheit die feurigſte Verſicherungen voraus; wie ſehr ihme das Aufnehmen ſeines Hochſtifts am Herzen gelegen ſeye.

Letzteres geſchieht wirklich dadurch, wenn rückfallende Lehen nicht wieder begeben werden; und das Domkapitel verdienet alſo noch Dank, daß es durch ſein Wahlkapitulazionsmäßiges Poſtulatum dieſer rühmlichen Abſicht entgegen gegangen iſt.

Reichsgeſätzwidrig kann die erwehnte Stelle noch weit weniger genannt werden; Denn ſchon von den Zeiten Karl des Vten iſt es in allen Kayſerlichen Wahlverträgen zur Gewohnheit worden, die beſondere Klauſel einzurücken:

> Wenn auch Lehen dem Reich und Uns bey Zeiten unſerer Regierung eröffnet, lediglichen heimfallen werden, ſo etwas merklichen ertragen, die ſollen und wollen wir ferner Niemand verleihen, ſondern zu Unterhaltung des Reichs, Unſer- und unſerer Nachkommen behalten, einziehen, und inkorporiren.

Nichts iſt richtiger, als die Schlußfolge vom Groſſen ins Kleine. Das Ziel und Ende bey einem wie dem andern iſt hier das nemliche; den alleinigen Unterſchied abgerechnet, daß die eröfnete Kurfürſtenthümer wieder begeben werden müſſen, als welche die güldene Bulle der beliebten Zahl halber beybehalten wiſſen will.

Haben

Unbegreiflich bleibt es, also nochmals, daß auch dieser Punkt die Strafe der Kaffation von Amtswegen verwirkt haben könne, wenn gleich gesetzten, aber nicht eingestandenen Falls eine nichtige Grund- und Erbherrschaft dabey unterstellt worden seyn sollte.

Doch eben wegen so vielen unbegreiflichen Dingen hoft nunmehr das implorantische Domkapitel, nach einer genaueren Durchsicht dieser neuer Entdeckungen ein besseres Geschicke.

Möchte es nur demselben hieben erlaubt seyn, die Ursachen näher entwickeln zu dörfen, die es ermunteren müssen, für die Erhaltung seiner Senats- und Erbherrschaftlichen Rechte mehr, als jemals zu wachen! Alle widrige Vorurtheile von verwerflichen Anmassungen würden sich gewiß darinn verliehren.

Indessen können dem scharfen Blick Eurer Kayserlichen Majestät schon viele solcher Angst- und Sorge vollen Ursachen aus denen eigenen Aeusserungen und Anträgen des Herrn Fürst-Bischoffens zu Speyer bemerklich werden.

Höchstdieselbe durchkreuzen unter den Augen des höchsten Reichsrichters, und jenen des Publikums in öffentlichen Druckschriften die Domkapitlische Grund- und Erbherrschaft als Einbildungen und Träume,

Zifer 1. zur Parizions-Anzeige.

welche Sie gleichwol als einen richtigen Werksatz mehrerer Kapitulazions-Punkten, die darauf gebaute Punkten selbst aber für billig anerkannt haben.

Soll wohl dies der Weeg seyn, zu dem Frieden zu gelangen, den Sie in eben jener Druckschrift durch den umgeänderten Spruch des Propheten Jeremias: Pax, & erat Pax vera, öffentlich gewunschen haben.

Die wahre Grundveste des Friedens bestehet in der heiligen Beobachtung des gegebenen Worts. Dahin deutet der schöne Spruch des Psalmisten:

Ich will meinen Bund nicht entheiligen, noch kraftlos machen, was aus meinen Lefzen ist hergangen.

und dies war schon zu allen Zeiten die Sprache der Weltweisen, welche die Treue und den Glauben bey menschlichen Handlungen den Grund der Gerechtigkeit zu nennen, und den Verstand dessen durch die weitere Verdollmetschung:

Mein Wort ist das deinige werden,

auszudrücken pflegten.

    Cicero de Offic. Lib. 1.
    Ovidius im 2ten Buch der Verwandlung.
    Plato de Republica.
    Apulejus de Platone.

Seine Hochfürstliche Gnaden erklären in gemelten Druckschriften ferner ohne Bedenken und Anstand:

Daß aus ihrer beschwornen Wahlkapitulazion selbst keine Verbündlichkeit entspringe, und daß die Gewalt in ihren Händen stehe, alles das zu entfernen, wozu Sie durch solche widerrechtlich gebunden werden wollten.

Ungefähr heißt dies so viel, daß es von Ihnen abhänge, die Wahlkapitulazion zu halten, oder nicht.

Sind denn aber auch die Gesätze damit einig? Enthält der Wahlvertrag der Kirche und dem Staat nichts nachtheiliges, so ist und bleibt dessen Erfüllung heilige Pflicht, und doppelte Pflicht für einen Geworbten.

    Cap. cum contingat. 28. de Jurisjur. Auth. Sacramenta puberum.
    Cod. Si adverf. vendit.

Enthält er aber auch wirklich etwas nachtheiliges; so ist es eben so platthin mit der Aufhebung des Eides noch nicht ausgemacht;

Innocentius der IIIte in Cap. 27. de Jurisjur. Pius der Vte, Gregorius VIII. und

Inno-

Innocentius der XII. nahmen es in ihren bekannten Satzungen weit strenger auf, wenn der Fall wirklich geschehen sollte.

Endlich nahmen auch Seine Hochfürstliche Gnaden noch ganz leicht auf, bey Eurer Kayserlichen Majestät um die Aufhebung der Verträge von den Jahren 1760. und 1771. in Belang der ordinairen Kollekten zu bitten.

Nichts ist also verbündlich genug, was Höchstdieselbe nicht anzufechten vermögen.

Dem Domkapitel sind zwar die Ursachen unbekannt, aus welchen der Herr Fürst-Bischof so weit zu gehen, sich berechtiget geglaubt haben mag.

Wenn es aber dabey betrachtet, daß
A.) von Eurer Kayserlichen Majestät der Vertrag vom Jahr 1760. überhaupt, und mithin auch in diesem besondern Belang ausdrücklich begnehmiget worden seye; daß
B.) Seine Hochfürstliche Gnaden als vieljähriger Domdechant zu Speyer, nicht nur aus der Einsicht deren Domkapitlischen Urkunden, Titres, und Gründen,

Man sehe darüber den Eingang des Vertrags von 1771.

sondern auch aus denen vorderen Anerkenntnissen deren abgelebten Bischöffen von Schönborn, von Rollingen, von Orsbek,

ibid. §. 2. ad Gravamen 6.

überzeugt gewesen seyen, daß ein zeitlicher Hochstifts-Regent in denen Domkapitlischen Ortschaften Jöblingen, Weschbach, Ketsch, und Nöttersheim weder auf die Landeshoheit, noch Gerichtbarkeit, mithin auf das davon abfliessende Kollektazionsrecht nicht den allergeringsten Anspruch zu machen habe; daß

C.) Höchstdieselbe diese Ueberzeugung nochmals per Expressum zum Kabinets-Protokoll mit dem merkwürdigen Beysatz bestättiget haben:

Gestalten ein Bischof und Hochstifts-Regent, welchem eben so, wie ihnen, die diesfallige Domkapitlische Zuständnissen bekannt wären, ein so anderes nie ohne Gewissens-Beschwernis unausgeglichen hätte belassen können, und Sie dahero auch so gar der Posterität zur Nachricht hiedurch nicht unangemerkt lassen wollten, daß, wofern Sie nicht selbst Bischof und Regent, sondern nur ein Rath eines Speyerischen Fürsten wären, Sie auch alsdann Ihrer Ueberzeugung, fort Gewissens und Pflichten halber nicht anderst gekönnt hätten, als die Eingehung dieser neuerlichen, in Recht und Billigkeit, auch sonstigen guten Absichten gegründeten Uebereinkunft auf alle Art und Weise anzurathen.

Zifer 22.

Zifer 22.

Daß Sie noch ferner

D.) ihre nachgeordnete Landes-Regierung sowohl, als auch Dero geistlichen Rath zur genauen Beobachtung dieses Vertrags angewiesen haben;

Zifer 23.

Zifer 23.

Und daß Sie endlich

E.) deme ohngeachtet gegen alle ihre Ueberzeugungen, ohne Rücksicht auf das, von dem Domkapitel aus purer Devozion gemachte beträchtliche Opfer der Landesherrlichkeit, nun auch noch damit umgegangen seyen, demselben den geringen Ueberbleibsel deren vorbehaltenen Abflüssen vollends zu entziehen; So hat erjagtes Domkapitel wahrhaft Ursache, für seine Domkirche zu zittern, wenn nun auch endlich seine so sehr gemäßigte Emats- und Grundherrschaftliche Rechte ganz aufgehoben bleiben sollten.

Tiefer, als was diese, aus denen zur Zeit gepflogenen Verhandlungen selbst gezogene Beobachtungen Eure Kayserliche Majestät allschon bemerklich machen können, gedenket das Domkapitel zu Speyer dermalen aus angewöhnter tiefschuldigen Verehrung nicht einzugehen.

Indessen

Indeſſen nimmt Daſſelbe doch vorläufig dieſes, ihm nun erſt bekannt gewordene Geſuch des Herrn Fürſt-Biſchoffens hiemit zu ſeiner künftigen Benehmung als einen gerichtlichen Beweis an, daß Höchſtdieſelbe wirklich jenen Schritt gemacht haben, der das Domkapitel nach dem trockenen Buchſtaben der Uebereinkunſt vom Jahr 1771. ermächtigen ſoll, ſeine Gerechtſame eben ſo, als wenn dieſer, und der Vertrag von 1760. nie verabſchloſſen worden wäre, zu reklamiren, und in dem rechtlichen Wege geltend zu machen.

Endlich aber ergehet an Eure Kayſerliche Majeſtät Anwalds, Namens des implorantiſchen Domkapitels alleruntertthänigſte Bitte, daſſelbe aus denen vorgelegten neuen Gründen, und Urkunden gegen das ergangene Allerhöchſte Reſcript vom 28. Aug. 1781. in denen hier angedeuteten Punkten, ex generali Clauſula, ſi qua mihi juſta Cauſa videbitur, & ex nobili Officio Judicis zu reſtituiren, ſe fort die, bereits in der Parizions-Anzeige darüber geäuſſerte Erklärungen für hinlänglich anzunehmen, nicht minder die theilnehmende und noch lebende Kapitularen ſo, wie die bereits verſtorbene, und ihre Erben, von dem Erſatz deren bezogenen Interregnums-Geldern allergerechteſt loszuzählen.

Deſuper &c.

SUBAD-

SUBADJUNCTA.

Zifer 1.
Spezial-Vollmacht des Domkapitels an den Reichs-Hof-Raths-Agenten zu Wien.

Zifer 2.
Spezial-Vollmacht des Domkapitlischen Sachwalters an den Agenten.

Zifer 3.
Copia Privilegii Kylderici seu Hilderici Regis Francorum
de Anno 665.

HILDERICUS, Rex francorum. Viris illustribus Ducibus seu Comitibus. In hoc Regni nostri terrena spatia sub tranquillitate manere censemus, & ad eternam misericordiam nobis pertinere confidimus, si opportunitatibus Ecclesiarum aut Sacerdotum producemus ad effectum, atque ideo agnoscat magnitudo seu utilitas vestra, quam nos ad suggestionem Apostolicis viris Patribus nostris Chlodolfo Chrothario Archiepiscopis, ut juris illustribus Amelrico Bonefacio Ducibus seu & per Consilium Emachilde Regine *convenit, ut nos ad Ecclesiam Domine Marie vel Domini Stephani nimetensis Ecclesie* ubi apostolicus pater noster Dragobodus Episcopus esse dinoscitur *vellemus concessisse*, ut nullus judex publicus ex fisto nostro in Curtis Ecclesie sue ubicunque habere dinoscitur, freda nec stopha nec herebanna recipere, nec requirere non presumat, sicut diximus ipsi homines Ecclesie sub omni emunitate debeant consistere & residere. Quapropter præsentem jussimus emanare preceptionem, per quam specialius decernimus ac jubemus ut nullus judex publicus de Curtis presate Ecclesie nimetensis freda nec stopha nec herebannus requirere nec exigere non presumat sed quantumcunque ad partem fisci nostri reddere debuerant, ipse Pontifex sueque Ecclesie ex nostra munificentia valeat habere concessum atque indultum & ut hæc preceptio pleniore obtineatur figure manus nostre signaculis super eam decrevimur roborare.

In fidem Copiæ
GOTTHARD.
Archivarius.

Zifer 4.
Copia Privilegii Immunitatis Caroli M. pro Ecclesia Spirensi
de Anno 782.

CAROLUS Gracia Dei Rex Francorum & Longobardorum Imperator Romanorum, maximum nobis credimus in Dei nomine generare Compendium si justis peticionibus. Sacerdotum vel Clericorum in quo nostris fuerint auribus prolati, perducimus ad effectum & mercedem Lucra conquerimus vel eis delectat pro stabilitate Regni nostri Domini misericordiam frequentius exorare, atque ideo cognoscat magnitudo vestra, Apostolicus Vir Fraido Episcopus nobis innotuit, *eo quod Antecessores nostri ad Ecclesiam Domine Marie vel Domni Stephani in Civitate nemetensi vel Spirensi*, ubi ipse Fraido nunc tempore Pontifex esse dinnoscitur, & nobis ipse Fraido innotuit, eo quod Antecessores Reges seu & Domnus ac genitor noster Pippinus quondam Rex per mercedis Compendium *omnes Debitus quos ad fisci Dicionibus reddere debuerant pro Retributore Dno & scelerum Remissione ad ipsam supradictam Ecclesiam* concesserunt simili modo & nos per Compendium anime nostre, & pro stabilitate Regni nostri *ad ipsam Ecclesiam S. Marie vel Sti Stephani supra dictos Debitos indulgemus,* ea saltem ratione ut nonnullus Judex publicus in Villas supradictæ Ecclesie tam in Spirense quam in Wormaciense vel ubique dominare videntur, nec freda nec stopha nec herebannus requirere non presumat, nisi sicut diximus, ipsi homines supradictæ Ecclesie sub omni Emunitate

nitate debeant confiftere vel refidere. Quapropter decernimus ac jubemus ut nullus Judex publicus de Curiis predicte Ecclefie nemetenfi nec freda nec ftopha nec herebanna exigere non prefumat, fed quantumcunque ad partem fifci noftri reddere debuerunt, ipfe Pontifex fueque Ecclefie ex noftra Munificentia valeat habere conceffum atque indultum. Et ut hec Auctoritas firmiter habeatur vel diuturnis temporibus melius confervetur manu propria fubter eam decrevimus roborare & de annullo noftro juffimus figillare data VIII Kalend Augufti Anno XIIII. & XIIIII. Regni noftri actum Haribergo publico ubi Lippa confluit.

In fidem Copiæ
GOTTHARD.
Archivarius.

Ziffer 5.

Copia Privilegii Ottonis III. de Anno 989.

In Nomine Sancte & individue Trinitatis Otto divina favente Clemencia Rex. Si Peticionibus Sacerdotum, quas noftris auribus infuderint, pro Utilitatibus Ecclefiarum fuarum aliquid accomodaverimus, id procul dubio & ad prefentis vite ftatum & eterne Beatitudinis Premia capeffenda nobis profuturum credimus. Quapropter noverit omnium fidelium noftrorum tam prefencium quam & futurorum induftria, qualiter nos ob amorem Dei & Veneracionem beate Dei genitricis Marie fimulque per Interventum Ruopperti fidelis noftri Spirenfis Ecclefie videlicet Epifcopi *renovari & refcribi* per regalem noftram Munificenciam *jubemus quoddam Preceptum quod piiffimus beate memorie Avus nofter* Dei gracia Cefar Auguftus tam etiam pii nominis genitor nofter Dei nutu fimiliter Imperator Auguftus *Spirenfi Ecclefie* fuifque Proviforibus videlicet Epifcopis domavit atque conceffit, hoc eft, ut nullus Dux five Comes vel ullus Judex publicus ex judiciaria poteftate aut aliqua cujuslibet poteftatis ignota perfona, nifi folus Epifcopus & Advocatus ipfius fupradicte Spirenfis Ecclefie, ex Juffione & Conceffione noftra deinceps poteftatem habeat pro quocunque negocio vel pro aliqua re parva aut magna placitum retinere feu publicum judicium facere infra Civitatem Spira feu Nemeta vocatam aut in Circuitu extra Civitatem, id eft in Villa Spira, & in Marca, que eidem Urbi adjacens eft, aut aliquid per regalem Bannum in Ufum noftri Succefforumque noftrorum exigere, neque aliquid de Prediis vel de Moneta feu de Theloneo vel ex ulla re in fifcum regium transferre. Nec ullus hominum ex fidelibus fancte Dei Ecclefie ac noftris in Ecclefiis aut Locis vel agris feu in reliquis Poffeffionibus *prefate Ecclefie*, quas jufte & racionabiliter poffidere videtur in quibuslibet Pagis vel Territoriis vel quidquid ibidem propter divinum amorem & Veneracionem beate Marie femper Virginis collatum fuerit, ad Caufas audiendas vel freda exigenda aut Manfiones vel paratas faciendas, aut fidejuffores tollendos, aut ullas reddibiciones vel illicitas Occafiones requirendas, aut homines ipfius Ecclefie tam ingenuos quam fervos injufte conftringendos, ullo unquam tempore inire audeat vel ea, que fupra memorata funt penitus exigere aut exactuare prefumat. Sed liceat ibidem Deo famulantibus fub noftre Immunitatis Tuicione quieto ordine vivere ac refidere, quatenus melius delectet illis omni tempore pro nobis atque ftabilitate totius regni à Deo nobis collati domini Mifericordiam attentius exorare Et ut hec noftre Conceffionis auctoritas cunctis fancte Dei Ecclefie filiis noftrisque fidelibus melius credatur ac diligencius perpetuum obfervetur hanc Cartam infcribi juffimus & Sigilli noftri Impreffione fignatam manu propria noftra fubtus eam firmavimus.

Signum Domini Ottonis gloriofiffimi Regis Ludebaldus Epifcopus & Cancellarius vice Willigifi archi Epifcopi recognovi.

Data iij Kal. augl. anno Dominice Incarnacionis D. Ì Ì ÌL. LXXXViiij Ind. ij. anno autem tertii Ottonis regnantis sexto actum Ingilenheim feliciter Amen.

In Fidem Copiæ
GOTTHARD
Archivarius.

Ziffer 6.
Copia Privilegii Henrici II. Regis de Anno 1003.

In Nomine sanctæ & individuæ Trinitatis Heinricus divina favente Clementia Rex. Si petitionibus Sacerdotum, quas nostris auribus infuderint, pro Utilitatibus suis & Ecclesiarum suarum aliquid accomodaverimus, id procul dubio & ad præsentis vitæ statum, & Æternitatis beatæ præmia capessenda nobis profuturum credimus. Qua propter noverit omnium fidelium nostrorum tam præsentium quam & futurorum industria, qualiter nos ob amorem Dei & venerationem beatæ Dei Genitricis Mariæ, simulque per interventum Ruopperti fidelis nostri Spirensis Ecclesiæ videlicet Episcopi *renovari & rescribi* per regalem nostram Munificentiam jubemus quoddam preceptum, quod piissimus beatæ memoriæ Senior noster, & antecessor Otto tertius Imperator augustus *Spirensi Ecclesiæ;* suisque provisoribus videlicet Episcopis donavit, & sicut alii Antecessores Reges & Imperatores concessit. Hoc est, ut nullus Dux sive Comes vel aliquis publicus judex vel ullus ex judiciaria potestate, aut aliqua cujuslibet potestatis ignota persona nisi solus Episcopus, & Advocatus ipsius supradictæ Spirensis Ecclesiæ ex jussione & Concessione nostra deinceps potestatem habeat pro quocunque Negocio vel pro aliqua re parva aut magna placitum reunire, seu publicum judicium facere infra Civitatem seu Nemetum vocatum. Aut in Circuitu extra Civitatem id est in villa Spira & in marcha, quæ eidem urbi adjacens est. Ut aliquid per regalem bannum in usum nostri Successorumque nostrorum exigere, neque aliquid de prædiis vel de moneta seu thelonio vel ex ulla re in fiscum regium transferre. Nec ullus Hominum ex fidelibus sanctæ Dei Ecclesiæ ac nostris in Ecclesiis aut Locis vel agris seu in reliquis Possessionibus præfatæ Ecclesiæ, quas juste & rationabiliter possidere vicetur, in quibuslibet Pagis vel Territoriis vel quicquid ibidem propter divinum amorem & venerationem beatæ semper Virginis collatum fuerit ad Causas audiendas vel freda exigenda aut mansiones vel paratas faciendas aut fide jussores tollendos aut ullas redhibitiones vel illicitas occasiones requirendas, aut Homines ipsius Ecclesiæ tam ingenuos quam servos & manddingos injuste constringendos, ullo unquam tempore inire audeat vel ea quæ supra memorata sunt, penitus exigere aut exactuare presumat. Sed liceat ibidem de famulantibus sub nostre immunitatis tuitione quieto ordine vivere ac residere quatenus melius illis delectet omni tempore pro nobis atque stabilitate totius Regni à Deo nobis collati Domini misericordiam attentius exorare, & ut nostræ Concessionis auctoritas stabilita & inconvulsa permaneat, hanc nostri precepti paginam manu propria roborantes nostræ imaginis Sigillo imprimi jussimus.
Signum Domini Heinrici secundi Regis invictissimi

Egilbertus Cancellarius vice Willegisi ArchiCapellani recognovit. Data 3. idus Junii Anno 1003.

Sigillo illæso circumscriptum
✠. Heinrichus Dei gratia Rex.

Data 3. Idus Junii Anno Incarnationis Dominicæ MIII. Indict. 1. anno vero Domini Henrici Regis II. secundum actum Bubenberge.

In fidem Copiæ
GOTTHARD.
Archivarius.

Ziffer

Ziſer 7.

Copia Privilegii Caroli quarti Romanorum Imperatoris de Anno 1366.

In Nomine Sanctæ & individuæ Trinitatis feliciter Amen.

CAROLUS quartus divina favente Clementia Romanorum Imperator femper auguftus, & Bohemiæ Rex. &c. &c. ad perpetuam rei memoriam: Etfi de innata Imperialis Manfuetudinis benigna Clementia in fingulis fubjectorum nobis Commodis noftra delectetur ferenitas, fanctarum tamen Ecclefiarum commodis, & quieti, & ipfarum procurandis Honoribus, ad Laudem Dei, & falutis noftræ augmentum, ficut ex affumpto Imperialis Dignitatis tenemur Ofiicio, finceriori femper affectu dignamur intendere, ut hi, quos divina Providentia fuo deputare curavit Mysterio, fub felici noftro Regimine, omni· Tranquillitate, eo fincerius famulentur altiffimo, quanto gratioribus fe viderint noftræ protectionis Præfidiis communitos. Sanè venerabilis Lampertus, Spirenfis Ecclefiæ Epifcopus, Princeps, Confiliarius, & devotus nofter dilectus, ad noftram accedens præfentiam, nobis humiliter fupplicavit; quatenus fibi, & Ecclefiæ fuæ Spirenfi, univerfa & fingula Privilegia, Litteras, Libertates, Gratias, Jura, & Indulta, quæ, & quas à recolendæ memoriæ, divis Romanorum Imperatoribus & Regibus, Antecefforibus noftris, & aliis Principibus & Perfonis quibuscunque, fuper quibuscunque Rebus, Bonis, Poffeffionibus, Juribus, & Honoribus, obtinuiffe nofcuntur, nec non omnia, & fingula eorum Judicia, Alta, & Baffa, ac Jurisdictiones, Confuetudines, & Ufus eorundem, & quidquid dicta Ecclefia licite poffidet, vel quafi, & præfertim Jura, & bona infrà fcripta approbare, ratificare, authorizare, innovare, & de novo concedere, & confirmare, ipfumque & Ecclefiam fuam Spirenfem cum omnibus eorum Bonis & rebus, in noftram, & Imperii facri Protectionem recipere, Auctoritate Cæfarea dignaremur gratiofè, Jura, autem quæ dictus Epifcopus, in præfata Civitate Spirenfi, habere dignofcitur; Sunt hæc imprimis, ut quilibet Epifcopus Spirenfis, pro tempore exiftens, poffit fabricare monetam auream, & argenteam, legalem & dativam, item quod dictus Epifcopus in præfata Civitate, habeat fcultetum, & omnes Officiales fæculares conftituere, & ponere, & quod omnia Judicia fæcularia ab eo ad eum, tanquam à vero Domino immediatè dignofcantur, dependere, & pertinere: Item, quod Curiæ Epifcopi, Canonicorum, Clericorum, & Converforum Civitatis Spirenfis, & eorum familiares, Immunitate Ecclefiaftica gaudere debeant: Item, quod Arca, five Curia, citra Cyphum vulgariter dicta der Napff, verfus Ecclefiam, fimili Ecclefiaftica Immunitate debeat gaudere: Item, quod Officiales fæcularium officiorum feu Judiciorum Epifcopi Spirenfis pro tempore exiftentis, debeant effe liberi, immunes, & exempti, ab omni Impofitione & Vexatione quorumcunque, Magiftrorum, & Confulum, dictæ Civitatis, Item, quod Magiftri, Confules, Cives, & Inhabitatores dictæ Civitatis Spirenfis, qui ad annos Difcretionis pervenerunt, Epifcopos pro tempore exiftentes, ritè, legitimè, & Canonicè confirmatos, tanquam eorum veros Dominos, in temporalibus & fpiritualibus, absque omni Contradictione, in dicta Civitate Spirenfi teneantur reverenter recipere, ac eis fidelitatis & fubjectionis juramentum præftare. Cæterum Caftra, Oppida, Jura, & Jurisdictiones infrà fcriptæ ad Epifcopos Spirenfes pertinentes, & pertinentia funt hæc videlicet Grumbach &c. &c. &c. Item Caftra Kirweiler, Spangenberg, Keftenburg, Rieperg, & Deidesheim, cum Villis Berghaufen, Dudenhoffen, Waltzheim, Seifferftatt, Heinhoffen, Harthaufen &c. &c. &c. Nos igitur præfati Epifcopi Spirenfis, varia Donationis Infignia, & alia multiplicia probitatis & virtutum merita, quibus ipfe & fui Anteceffores Spirenfes Epifcopi, noftram Celfitudinem, & facrum Romanum Imperium, ftuduerunt hactenus attenta diligentia fpecialiter venerati clarè noftræ mentis oculis intuentes, ipfius fupplicationibus ab omnipotentis Dei, & gloriofæ Mariæ Intemeratæ Virginis, cujus pretiofo vocabulo decoratur Titulus Ecclefiæ fuprà dictæ,

Reve-

Reverentiam, nec non sincerae Devotionis affectum, quem ad dictam Ecclesiam semper gessimus, & prae caeteris habere dignoscimus, inclinati benignius praesertim cum supplicatio praedicta de fonte rationis emanet, & juste petentibus non sit denegandus assensus, praefato Episcopo, & suis Successoribus, Episcopis & *Ecclesiae* Spirensis in perpetuum, universa & singula Privilegia, Litteras, Libertates, Gratias, Immunitates, atque indulta, quae, seu quas, à recolendae memoriae divis Romanorum Imperatoribus, seu Regibus, Antecessoribus nostris, & aliis Principibus, aut Personis quibuscunque, ritè obtinuerunt, in omnibus suis Articulis, Continentiis, Sententiis, Tenoribus, Clausulis, & punctis de verbo ad verbum, prout scripta, seu scriptae sunt, ac si Tenores omnium praesentibus specificè forent inserti, seu insertae, & etiamsi de his, jure vel Consuetudine, deberet fieri mentio specialis, nec non omnia Jura, Castra, Oppida, Conductus, Teleonia, Villas, Sylvas, & Bona supra scripta, *ac etiam alia Bona ejusdem Spirensis Ecclesiae* cum Villis, Hominibus, & Dominiis, Bonis, Curiis, agris cultis, & incultis, Vineis, Praediis, rusticanis, & urbanis, judiciis altis & bassis, jurisdictionibus, Bannis, Teloniis, Conductibus, forestariis, inhibitionibus ferinarum, Redditibus, Censibus, Utilitatibus, Poenis, Sylvis, rubetis, venationibus, aucupationibus, pratis, pascuis, aquis, molendinis, aquarumve Decursibus, piscinis, & piscaturis, montibus, vallibus, planis, metis, Circumferentiis, Districtibus, Militibus, Clientibus, Vasallis, Vasallagiis, feudis, feudatariis, Advocatis Monasteriorum, juribus patronatus, Ecclesiarum Collationibus Beneficiorum, servitoribus, proprietariis, pignoribus, etiamsi àb Imperio tenerentur, Consuetudinibus, Usibus, Honoribus, nec non universis, & singulis aliis Attinentiis & Pertinentiis, quibuscunque etiam specialibus vocabulis valeant designari, ad praemissa spectantibus, *& quidquid eadem Spirensis Ecclesia in praesentiarum licitè possidet, vel quasi, & in futurum, justis & rationabilibus modis, & veris Titulis, praestante Domino, potest adipisci,* animo deliberato, non per errorem, aut improvidè, sed ex certa nostra scientia, sano Principum, Comitum, Baronum, & aliorum nostrorum, & Imperii sacri fidelium accedente Consilio, Auctoritate Caesarea, & de plenitudine imperialis potestatis, prout digne possumus, approbamus, ratificamus, innovamus, de novo concedimus, & confirmamus gratiosè omnem defectum, siquis obscuritate vel dubia Interpretatione Verborum, obmissae solennitatis, aut Ceremoniarum, aut alia ex Causa quacunque reperiretur in praemissis, eadem Auctoritate Caesarea, penitus abolentes, & ne quisquam praefatos, Episcopum, suos Successores, & Ecclesiam Spirensem, in praemissis aliqualiter indebite perturbet, gravet, seu molestet, Imperiali Auctoritate, ac sub poena Banni imperialis, nec non amissione Privilegiorum, quorumcunque, quae à nobis, praedecessoribus nostris praedictis, & Imperio sacro obtinet, firmiter inhibemus, praefatosque Episcopum, & Ecclesiam Spirensem, cum eorum bonis, rebus, & juribus, in nostram, & Imperii Protectionem, salvam Guardiam, & Tuitionem plenam, Benignitate solita assumentes, & ut praefatus Episcopus Spirensis, & sui Successores, eo ferventius & ardentius ad nostrae, & sacri Imperii incitentur obsequia, quanto à nostra Celsitudine gratioribus favoribus, & benignioribus Libertatibus se senserint communitos, eisdem ut pro sua, Ecclesiae suae Spirensis, ac Libertate, Privilegiorum, Jurium, Bonorum, & aliarum rerum suarum spiritualium, & temporalium Protectione, Gubernatione, & Tuitione, contra Invasores, Oppressores, Offensores, Turbatores illicitos, Violentiam vel Injuriam indebite inferentes quoscunque bellum indicere, & per se alium, vel alios Armis praestare, ipsos capere, & in personis & rebus invadere, Civitates, Oppida, Castra, & alia ipsorum Bona obsidere, ante ipsa Castra metari, Expugnacula & Castra aedificare, dictorumque Offensorum & Invasorum Civitates, Oppida, Castra, & alia Loca, Balistis, machinis, & aliis instrumentis quibuscunque expugnare, & viriliter debellare, & in his gladii Potestatem exercere, Auctoritate propria absque omni alia nostra, Successorumque nostrorum Romanorum Imperatorum & Regum Requisitione, vel Licentia, ac sine Citatione, & praetermisso juris ordine quocunque, & nulla interveniente sententia, etiamsi hujusmodi Ultio ex

Inter-

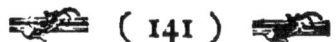

intervallo fieret, liberè poſſint ac valeant Auctoritate Cæſarea prædicta, Benignitate ſolita, & ex innata nobis pietatis Clementiâ gratioſè diximus concedendum. Notanter etiam Auctoritate Cæſarea prælibata, Epiſcopis, & Eccleſiæ Spirenſi, hanc ſingularem Gratiam facimus, quod ſi quisquam, per Violentiam, metum qui cadere poteſt in conſtantem Virum, aut alius illicite contra dicta eorum Privilegia, Litteras, Libertates, Jura & indulta, præſcripſiſſet, aut res eorum Uſucapione cœpiſſet, aut ſi ipſi dictis Privilegiis, Libertatibus, Litteris, juribus, & indultis in antea ſine Impedimento, & libere uti poſſint ac valeant, ac ſi tales Præſcriptiones, Uſucapiones, Abuſiones, Negligentiæ nunquam evenisſent, inſuper ex ſpeciali indulto, & auctoritate Imperiali memorata eisdem Epiſcopis, & Eccleſiæ Spirenſi, gratioſè concedimus, quodipſi in ſingulis Oppidis ſuis, ubi eis utile & expediens viſum fuerint, forum ſeptimanale, pro Utilitate publica, Oppidorum, Hominum, Inhabitatorum ipſorum inſtituere, indicere, & noſtra, & Imperii ſacri Auctoritate publice facere & proclamare valeant, ſicut id ipſum eisdem videbitur expedire, noſtris & Imperii ſacri in prænisſis, & aliorum in aliis juribus ſemper ſalvis, & quia parum eſſet, aliquem in protectionem recipere, niſi eſſent Viri, Virtutum Luce conſpicui, fidelitate ſinceri, & Nobilitate ſtrenui, qui in protectionem receptos fideliter tuerentur, nolentes igitur dictum Lampertum, ſuos Succeſſores pro tempore exiſtentes, & Eccleſiam Spirenſem, ab aliquo indebite prægravari, eisdem Venerabiles, Trevirenſem, Moguntinenſem, & Colonienſem, Eccleſiarum Archiepiſcopos, illuſtres Comites palatinos Rheni Principes Electores, Argentinenſem Epiſcopum, pro tempore exiſtentes, nec non Cives, & Civitates, Moguntinenſem, Wormatienſem, & Argentinenſem, fideles noſtros dilectos, præfata Auctoritate imperiali, pro nobis, & dictis noſtris in Imperio ſucceſſoribus, Conſervatores, Defenſores, Gardiatores, & veros Protectores, & legitimos ordinavimus, conſtituimus, fecimus, creamus, facimus, ordinamus tenore præſentium, & creamus, ea tamen Conditione adjecta, quod prædicti Conſervatores, Defenſores, & Protectores, & quilibet eorum in ſolidum, ita quod non ſit melior Conditio occupantis, ſed quod unus eorum inceperit, alter eorundem proſequi valeat & finire (dum tamen & quoties ab ipſo Lamperto, aut ſuis Succeſſoribus prædictis, ſuper eo fuerit, & fuerint requiſiti) Invaſores, Perturbatores, Injuriatores, Oppreſſores, & quoscunque Malefactores Epiſcoporum, & Eccleſiæ Spirenſis, ſi hujusmodi oſtenſio in perſonis aut rebus eorundem eveniant, legitimè citare, & in hujusmodi Cauſis ſimpliciter & de plano absque ſtrepitu & figura judicii, juxta modum & formam Imperialis Curiæ debitè procedere, & de Offenſis & Injuriis ritè cognoſcere, ipsoſque Invaſores, Offenſores, Perturbatores, & Injuriatores, ab eorum Inſolentiis compeſcere, & eos, prout juſtum & æquum fuerit, ad hoc etiam, ſi opus fuerit, Executione gladii materialis adhibita, vigoroſe comprimere, eisdem ſilentium imponere, & omnia & ſingula facere, & Auctoritate Cæſarea libere & rationabiliter exercere poſſunt & valeant, quæ ad Officium Conſervatorum jure & Conſuetudine pertinent, & poterunt quomodolibet pertinere, etiamſi Mandatum exigant ſpeciale, gratum & ratum perpetuò habere volentes, quidquid dicti Conſervatores communiter vel diviſim egerint, fecerint, aut ordinaverint in prænisſis & quolibet præmiſſorum; Nulli ergò omnino hominum liceat, hanc noſtræ Confirmationis paginam infringere, vel ei auſu temerario contraire; Siquis autem hoc attentare præſumpſerit, pœnam noſtræ Indignationis & Centum Marcharum puri auri, irremiſſibiliter ſe noverit incurſurum, quarum medietatem imperiali Ærario, & aliam Injuriam paſſorum Uſibus volumus applicare. Signum Sereniſſimi Principis & Domini, Domini Caroli quarti, Romanorum Imperatoris invictiſſimi & glorioſiſſimi, Bohemiæ Regis, Teſtes hujus rei ſunt illuſtres, Rudolphus Saxoniæ Dux, ſacri imperii Archimarſchallus & Otto Marchio Brandenburgenſis, ſacri Imperii Archicamerarius, Principes Electores, Venerabiles, Joannes Archiepiſcopus Pragenſis, Apoſtolicæ Sedis Legatus, Joannes Olomucenſis, ſacræ imperialis Aulæ Cancellarius, Theodoricus Meten, Petrus Curien, Joannes Brixenſis, Albertus Luto Muslen, & Rudolphus Verden, Eccleſiarum farum Epifcopi, illuftres, Joannes Marchio Moraviæ. Albertus & Leopoldus Auftriæ, Styriæ, & Carinthiæ &c. Albertus Magnopolen, Henricus & Rupertus Ligniten — Pyrzinico Tefchien — & Bolco Opulien — Duces, Spectabiles, Burkard. Burggravius Magdeburgenfis, Imperialis Curiæ Magifter, Ulricus & Joannes Landgravii Leuchtenbergenfes, Henricus de Schwartzenberg, & Leopoldus de Hals, Comites, Nobiles Borfo de Riefenberg, Petrus de Janowütz, Benehlius de Wartenberg, Thymode Coldiz, Wilhelmus Hafs, & Boto de Laftolwütz, Imperialis Cameræ Magiftri, Henricus Zegelheim jmperialis Coquinæ Magifter, & alii quam plures, Noftri & Imperii facri Principes, Nobiles & fideles, præfentium, fub noftræ jmperialis Majeftatis Sigillo, Teftimonio Litterarum datum Pragæ Anno Domini Millefimo, Trecentefimo, Sexagefimo Sexto. Indictione quarta XIII. Calend. Maji, Regnorum noftrorum Anno vicefimo, Imperii verò duodecimo.

In Fidem Copiæ
GOTTHARD
Archivarius.

§. fer. 8.
Copia Privilegii Caroli quinti Romanorum Imperatoris de Anno 1541.

CAROLUS quintus divinâ favente Clementiâ Romanorum Imperator Auguftus, ac Rex Germaniæ, Hifpaniarum &c. &c. Etfi ad Univerforum Imperii fubditorum procurandos Honores, & Commoda promovenda, propenfi fumus, illos tamen Gratiis & Liberalitatibus afficere, veteraque ipforum Privilegia innovare & augere, ftudiofius cupimus, quos divino mancipatos Cultui jugiter fcimus obfequio inhærere Salvatori, quique & fidei Conftantia ergâ Nos, Anteceſſoresque noftros & facrum Imperium claruerunt, fanè ad noftram accedens Præfentiam, venerabilis Philippus Epifcopus Spirenfis, Princeps, & Confiliarius nofter devotus, dilectus, nobis exhibuit quoddam Privilegium, Divi Caroli Romanorum Imperatoris, hujus Nominis quarti, Prædeceſſoris noftri, auguftæ memoriæ, cujus Tenor fequitur in hæc verba:

In Nomine Sanctæ & individuæ Trinitatis feliciter Amen.

Carolus quartus divinâ favente Clementiâ Romanorum Imperator femper auguftus &c. &c.

Datum Pragæ Anno Domini Millefimo, Trecentefimo, Sexagefimo Sexto. Indictione quarta XIII. Kalend. Maji, Regnorum noftrorum Anno vicefimo, Imperii verò duodecimo. &c.

Nos igitur Majorum noftrorum Veftigiis inhærentes, quos ad memoratam Ecclefiam Spirenfem inter alias præcipuam Caufam, Studium, & propenfionem, geffiſſe, ipfamque Ecclefiam Cathedralem à fundamentis Ædificii erexiſſe, & in ea fepulturam elegiſſe, Compertum habemus, & quorum etiam Monumenta, in hodiernum usque Diem, illic vifcentur, attendentes infuper, ipfius Principis, & Confiliarii noftri Philippi Epifcopi Spirenfis multiplicia Probitatis & Virtutum merita, nec non finceræ Devotionis affectum, & puræ fidei Conftantiam, quibus ipfe, & fui Anteceſſores Spirenfes Epifcopi Prædeceſſoribus noftris, ac Nobis, & facro Romano Imperio, fe fe promptos exhibuerunt, & propterea ipfius Philippi precibus, cum ob fuprà dictas, tum ob alias rationabiles Caufas, benignius inclinati, ac inprimis ob Reverentiam Dei omnipotentis, ac intemeratæ Virginis Mariæ, ejus Genitricis, cujus pretiofo vocabulo Titulus memoratæ Ecclefiæ decoratur, ad hæc finceræ devotionis affectum; quem nos ipfi ad hanc Ecclefiam, præ cæteris, gerimus, animo deliberato, ex certâ noftrâ fcientiâ, fano accedente Confilio, & jmperiali Auctoritate noftrâ prænominato Philippo Epifcopo Spirenfi, ejusque fucceſſoribus Epifcopis, *& Ecclefiæ Spirenfi* in perpetuum, præinfertum divi Caroli quarti Prædeceſſoris noftri Privilegium, ac in eo contenta, nec non univerfa & fingula alia Privilegia, Literas, Libertates, Emunitates, Jura, & Indulta,

quæ,

quæ, & quas, à recolendæ Memoriæ divis Romanorum Imperatoribus, & Regibus, Antecessoribus noſtris, ab aliis Principibus, & Perſonis quibuscunque ritè obtinuerunt in omnibus ſuis Articulis, Continentiis, Sententiis, Tenoribus, Clauſulis, & punctis, de verbo ad verbum, prout ſcripta, ſeu ſcriptæ ſunt, & quorum omnium tenores, nomina, & Cognomina, perinde, ac ſi de verbo ad verbum præſentibus inſerta eſſent, ac pro inſertis & ſpecialiter expreſſis habemus, & haberi volumus, etiamſi jure, vel ex Conſuetudine, de illis fieri deberet mentio ſpecialis, nec non Regalis, Caſtra, Oppida, Villas, Homines, Res, Bona, & Jura quæcunque ſuprà dicta, unà cum Attinentiis, & Pertinentiis, quibuscunque etiam vocabulis valeant deſignari, ad præmiſſa ſpectantibus. Et quidquid eadem Spirenſis Eccleſia in præſentiarum licitè poſſidet, vel quaſi, & in futurum juſtis rationibus, modis, & veris titulis, præſtante Domino poterit adipiſci, prout dignè poſſumus, approbamus, ratificamus, innovamus, de novo concedimus, damus, & confirmamus gratioſè, præſentium ſerie ac tenore, ſupplente præfata noſtra Auctoritate Cæſarea omnem Defectum, ſiquis Obſcuritate, vel dubia Interpretatione verborum, omiſſæ ſolemnitatis, aut alia ex Cauſa quacunque reperiretur in præmiſſis; prætereà præfatum Principem, & Conſiliarium noſtrum Epiſcopum, ejusque ſucceſſores, & Eccleſiam Spirenſem; Una cum omnibus & ſingulis eorum Bonis, Rebus, & Juribus tam præſentibus, quam futuris, in noſtram, & ſacri Imperii Protectionem, Salvam Guardiam, & Tuitionem plenam aſſumpſimus, & ſumimus per præſentes, & ne quiſpiam præfatum Epiſcopum, ſuosque ſucceſſores, & Eccleſiam Spirenſem, in præmiſſis aliqualiter temerè perturbare, gravare, aut moleſtare, præſumat, eisdem præter Conſervatores, Defenſores, & Protectores, in præinſerto Privilegio Caroli quarti Prædeceſſoris noſtri conſtitutos, Judicem & Aſſeſſores Judicii Imperialis Cameræ, & Curiæ noſtræ conjunctim, & diviſim, præſentes & futuros, Privilegiorum, Libertatem, Rerum, Bonorum, Juriſdictionum, & Jurium quorumcunque tam perſonalium, quam realium, ac mixtorum, & hujus noſtræ Confirmationis, Salvæ Guardiæ, & Protectionis Conſervatores, unà cum prædictis Conſervatoribus, ut præfertur deputatis, in ſolidum nomine, & vice noſtri damus, eligimus, & deputamus, eisdem, & cuilibet ipſorum, ſerio, & ſub noſtræ, & ſacri Imperii gratiæ obtentu præcipientes, & mandantes, quatenùs ipſi, & aliqui ipſorum, qui ſuper tuitione & Defenſione jurium, Privilegiorum, Libertatum, ac Juriſdictionum, præfati Epiſcopi, ſuorumque Succeſſorum, & Eccleſiæ Spirenſis, & hujus Confirmationis, Salvæ Guardiæ, & Defenſionis noſtræ requiſitus aut requiſiti fuerint, toties quoties ſe Caſus obtulerit, eidem Epiſcopo, & ſuis Succeſſoribus, ac Eccleſiæ Spirenſi efficaci defenſione, noſtra imperiali Auctoritate aſſiſtant, non permittentes, eos in Perſonis, Privilegiis, Libertatibus, Juriſdictionibus, Bonis, Poſſeſſionibus, fructibus, reditibus, proventibus, & aliis quibuscunque ſuis juribus, per quempiam indebitè moleſturi, inquietari, ſeu perturbari, vel eis gravamina, damna, ſeu Injurias, irrogari, ſed ipſos ex noſtræ Imperialis Celſitudinis Poteſtate tueri, defendere, fovere, & manutenere ſtudeant, Invaſores, Occupatores, Detentores, Injuriatores, Perturbatores, Moleſtatores, & offenſores, prædicti Epiſcopi, ſuorumque Succeſſorum, & Eccleſiæ Spirenſis, ac Perſonarum, & Jurium ſuorum Læſionem facientes, cujuscunque Dignitatis, Status, Ordinis, aut Conditionis exſtiterint, quandocunque, & quotiescunque, opus fuerit, etiam ad pœnas inferiùs expreſſas contra eos præcedentes, ipſosque vice & authoritate noſtra Cæſarea compeſcant, & compellant, ut à turbationibus hujusmodi deſiſtant, aliaque faciant & exequuntur, quæ in præinſerto Privilegio divi Caroli quarti, Prædeceſſoris noſtri, latiùs continentur, & quæ ad officium Conſervatorum, jure vel Conſuetudine pertinent, & poterunt quomodo libet pertinere, etiamſi talia forent, quæ Mandatum exigerent magis ſpeciale, gratum, & ratum habituri, quidquid dicti Conſervatores communiter vel diviſim egerint, fecerint, aut ordinaverint, & quolibet præmiſſorum, hac Edictali Sanctione ſtatuentes & volentes, quod nulla Perſona, alta, vel humilis, Eccleſiaſtica, vel ſæcularis, Communitas, Civitas, vel Uni-

Universitas, communiter vel divisim huic nostræ Approbationi, Ratificationi, Authorizationi, Innovationi, Concessioni, & Confirmationi, contraire quovis temerario Ausu præsumat, seu hanc paginam nostram quovis modo violare; quatenùs nostram, & Imperii sacri Indignationem gravissimam, & ultrà pœnas in præinserto divi Caroli quarti, aliisque Prædecessorum nostrorum, ac nostris Privilegiis, Spirensis Ecclesiæ concessis, & alioqui contrà Turbatores Ecclesiarum, seu Ecclesiasticarum Personarum, Rerumque ac Bonorum suôrum, à jure Canonico seu Civili, quomodolibet statuta, pœnam quinquaginta Marcharum puri Auri, cupiant evitare; quarum Dimidiam, Imperiali Fisco, seu Ærario nostro, reliquam vero partem Injuriam passi seu passorum usibus decernimus applicandam, in præmissis tamen, Nostris, & Imperii sacri, & aliorum in aliis juribus semper salvis, harum Testimonio Literarum, manu nostra subscriptarum, & sigilli nostri Appensione munitarum; data in Civitate nostra Imperiali Ratisbona, die 2. Mensis Maji, Anno Domini Millesimo, quingentesimo, quadragesimo primo, Imperii nostri vigesimo sexto.

CAROLUS.
Ad Mandatum Cæsareæ & Catholicæ Majestatis proprium.
J. F. Brenburger *mpria.*

In fidem Copiæ
Gotthard.
Archivarius.

Sifer 9.
Copia Antwort-Schreibens an die Kurfürstliche Herren Abgesandten zum Kurfürstlichen Kollegialtag.

Hochwürdig, Hoch, und Wohlgeborne, auch Edel, Vest und Hochgelehrte, insonders Hochgeehrte und liebe Herrn.

Daß die Römisch-Kayserliche Majestet dem Chur-Trierischen Restitutions-Wesen, ehestens ein Ausschlag zu geben, des Hochlöblichen Churfürstlichen Collegii zu Nürnberg Bedenken, durch dero anwesenden Kayserlichen Abgesandten allergnedigst erfordern, und dahin urgiren lassen, daß dasselbe Ihro Kayserlichen Majestet an handen zu geben, neben anderen das gemeine Wesen concernirenden schwer wichtigen Puncten, dieses Werk in reiffe Deliberation zu ziehen, und zu befürderen sich verglichen, haben wir auß der Herrn, und derselben eingeschickter wohlgemeinter Communication, mit angehencktem Erbieten der genaigtwilligen Beobachtung unsers dabey unterlauffenten Interesse, zu recht erhalten. Gleich nuhn hieran uns hoch und mercklichen gelegen, als befinden wir uns dardurch gegen die Herrn, und denselben so mehrers obligirt, und thun in danck nehmiger acceptation dessen unsere hiervorn auffgehaltenen Craißtag zu Franckfurth eingereichte schriftliche Gravamina mit einem geringen Zusatz beykommendt einschieden, mit wiederhohlter dienst- und freundtlicher Bitt, dieselbe in zeitige Consideration zu ziehen; und dergestalt dem gantzen Churfürstlichen Collegio, nach beywohnender Dexteritåt zu recommendiren, daß sie zu deren hochnotwendigen Erledigung mit freumüthigem Raht, und hochmögender Authoritet derselben der Römisch-Kayserlichen Majestet vor würklicher Restitution beweglichen vorgebracht, demselbett völlig abgeholfen, und zu beständiger Versicherung den Articulen einverleibt, und vestiglichen eingebunden, auch wir jederzeit dabey manutenirt, und absönderlich assecurirt werden mögen. Dessen, wie auch sonsten, was dieses Restitutions-Wesen vor einen Außgang gewinnen möchte, die Herrn, und dieselbe, so viel sichs thun laßt, uns parte zu geben sich wollen großgünstig und günstig belieben lassen. Erweisen uns hierin ein besonder favor, und dem gantzen Stifft ein vorsprießendes Werck, so wir gegen die Herrn und dieselben samt und sonders andererweitig zu begebenheiten, mit beliebiger Dienst- und Freundtschaffts Bezeügungen zu erwiederen in kein Vergeß stellen wollen. Gottes gnadenreichen Direction und Beystandt zu glücklicher Expedition Deroselben

den vorhabender allgemeiner ungerechter unſer particular Beruhigung treulichſt empfehlendt.
Speyer den 3ten Aprilis Ao. 1640.

Euer Hochw. und der Herrn

Dienſt und freundtwillige
Dechant und Capitul des Dohmb
Stiffts daſelbſten.

Ziffer 10.
An Kayſerliche Majeſtät.

Allerdurchleuchtigſter, Großmächtigſter, unüberwindlichſter Römiſcher Kayſer, Euer Kayſerlichen Majeſtet ſeien unſere andechtige Gebett, auch allerunterthänigſte getreue willigſte Dienſt jederzeit bevor, allergnädigſter Herr.

Wie eifferig und embſig Euer Kayſerliche Majeſtet von Anbeginn dero angetrettenen Königlich- und Kayſerlichen Regierung, aus Königl. und Kayſerl. Gemüht tragenden vätterlichen Lieb, Treu, und zuneigender Vorſorg zu des allgemeinen Weſens im H. Reich teutſcher Nation, Beruhwigung, Reſtablirung, und Wiedereinſetzung ſo wohln des allenthalben zerfallenen Univerſal Friedens, als auch zwiſchen den Ständen und andern in particulari entſtandenen Mangel, gefehrliche Zwiſpalt, Mißverſtandt, Zertrenn- und Abſönderungen, auch anderen zugetragenen Unrichtigkeiten, mit zeittigem Raht zu begegnen, demſelben durch gebührende Wege abzuhelfen, und beſtendige Ruhe, Frieden, Einigkeit, Recht und alle Wohlfahrt treulich zu befördern, zu pflanzen, und zu erhalten, zu derſelben ohnſterblichen Ruhm ſich bemühet, und annoch beſtendig nachhangen, haben wir, gleich es der ganzen Welt khündig, an unſerem geringen Orth, in ſonderbahrer Königl. und Kayſerl. Milte hoch erſprießlich empfunden, zu deſſen allerunterthänigſter ſchuldigſter Erkhantnus Gott den allerhöchſten mit eyffrigem inbrünſtigem Gebett demütigſt täglichen anrufendt, daß ſein Allmacht Euer Kayſerlichen Majeſtet mit lang begagender Leibs Gefriſtigkheit und Kayſerl. Wohlfarth dermahlen zu ſolchem Chriſtlichen Werk, und intentionirten heylſamen Zweck glücklichen zu verhelfen, gnediglichen geruhen wollen, zumahlen dann Euer Kayſerliche Majeſtet in dero Vorhaben Ihro Churfürſtlich Gnaden zu Trier unſers Herrn Biſchoffen zu Speyer, und Herrn Ordinarij Reſtitution zu befördern, allergnedigſt bedacht, und ſolches dem ganzen hochlöblichſten Churfürſtlichen zu Nürnberg, durch deren anſehnlichſte Räht und abgeordneten verſandten Collegio eröffen laſſen, und Ihro Churfürſtliche Gnaden zu Maintz, als des Hochſtifts und Bisſtums Speyer Metropolitanus, in gleich tragender Vätterlicher Vorſorg, und gnedigſter Protection uns daſſelbe communiciren, und was neben allgemeinen Weſens Conſideration dieſes Stiffts Wohlſtandt und Beruhwigung in particulari erforderte, gehorſambßlichen einzubringen, gnedigſt erinneren laſſen. Darauf wir bey unſeren, jedoch mit Euer Kayſerlichen Majeſtet ausdrücklichen allergnedigſt Belieb- und Billigung, auch von Recht und Gewohnheit — Sonderlich aber der geſchwornen Biſchöfflichen Capitulation halber ſaſt mühſelig aufgenommene Adminiſtration dieſes Stiffts aus Ihro Churfürſtl. Gnaden zu Trier, an ein und andern beſonders abgegangenen ſcharpff bedrohenden Bevelch und Handtbriefflein, ein ſonderbahre diſplicents, und ſchwer Churfürſtliche Ungnaden erſpürendt, in zeittiger Vorbeigung, und Enthöhung aller beſorgenden gefährlichen Weiterungen, Unruhe, und Streittigkeiten, zu dieſes Stiffts, und unſerer hohen Dohmbkirchen nachtragenden Schaden, unſere verpflichte Schuldigkeit zeittig zu beobachten, etliche zuſammen getragene Beſchwer- und Verſicherungspuncten Ihro Churfürſtl. Gnaden zu Maintz gehorſambßlichen überreicht. Und alldieweilen anjetzo wir in erfarung bringen, daß dieſelbe allbereit, vermittelſt Ihrer Churfürſtlichen Gnaden zu Maintz auf Deroſelben gnedigſt gutt- Befinden Euer Kayſerlichen Majeſtet vorgetragen, und damit wir in allerunterthänigſt obliegender Schuldigkeit prævenirt worden. Denen wir zwar, als höchſt und mehr vermögendes billigen platz geben, nicht ſo weniger unſers theils der Gebührnus, auch allerunterthänigſt gehorſambſt zu bezeigen, haben wir dieſelbe beyekommendt, mit einem Zuſatz in ein und andern puncten Euer Kayſerlichen Majeſtet

ſelbſten

selbsten zu offeriren, und zugleich demütigst zu bitten, nicht umbgehen sollen, noch wollen, durch Dero Kayserliche Authoritæt die allergnedigste Anfügung zu thun, daß derselben allen und jeden vor würcklicher Restitution allerdings abgeholffen, zu beständiger Versicherung deren Capitulation eingerückt, und wir dessen absonderlich assecurirt werden mögen. Der allerunderthenigsten veranlaßlichen Hofnung, es werden Euer Kayserliche Majestet Dero zu aller Friedsamkeit und Einigung gegen menniglich bezeigenden Kayserl. Eiffer gleicher Gestallt, zu erwünschter und einmütiger Zusamsetzung und Verbindung dieses Stiffts, und unserm durch dero allerlöblichsten Herrn Vorfahrern christmiltester Gedechtnuß insonderheit begnadigte, und zu deren Kayserl. Ruhe Statt erwehlte Dohmkirchen allergnedigst erreigen zu lassen, dieselbe, und uns dabey jederzeit zu manuteniren, und in stetten Kayserlichen Hulden zu conserviren geruhen.

Welche Kayserliche Gnadt Gott zuvorderst, als wahrer Vergelter aller Gutthaten, insonderheit den Geistlichen und Kirchen erwiesen, reichlichen, zeit und ewiglichen belohnen, und mit oblauts angedeuttem demütigstem Gebett solches zu erbitten, auch mit allen underthenigsten getreuesten möglichsten Diensten zu verdienen, uns jederzeit befleißigen werden. Und thun Euer Kayserl. Majestet in des Allerhöchsten Göttlichen Schutz, Deroselben allermiltesten Kayserlichen gewogenen Gnaden aber uns allerunderthenigst befehlen. Speyer den 7ten May Anno 1640.

Euer Kayserlichen Majestät

allerunderthenigste, demütigste und
gehorsambste Caplän
Dechant und Capitul des Dom Stiffts
daselbsten.

Zifer II.

Gravamina. Des Hochwürdigsten des Heil. Röml. Reichs Churfürsten zu Maintz Herrn Rähte, und Abgeordnete zu angestelltem Churfürstlichen Correspondenz Tag zu Nürnberg werden durch ein Dohmb Capitul zu Speyer, Jhro Churfürstlichen Gnaden zu Trier und Bischofen zu Speyer Restitution halben, nechst dienst- und freundlicher Dancksagung der beschehenen Notification nachfolgende Puncten bey der Röm. Kayserl. Majestet und vorhabenden Churfürstl. Collegial Conferenz, umb des dabey versirenden mercklichen Interesse willen, zu künfftiger beständiger Sicherung, Ruhe, und Friedens, auch Verhüttung aller besorglichen widerrechtlichen Ungelegenheiten und Strittigkeiten zu beobachten eingeschickt.

Demnach bey gestalter Berendterung Jhro Churfürstl. Gnaden zu Trier unsers Herrn Bischoffen und Ordinarii, des gantzen Landts und Bißtumbs Speyer, ohne Vorsteher hülfflos gestanden, und dahero erfolgt, daß frembde militairische Commendanten zu des Stiffts höchstem Nachtheil, und befahrender eüsersten Ruin in politicis ein- und andere Administration an sich zu ziehen, und de facto durchzutringen angemaßt, ein Dohm Capitul zu Speyer dergleichen bevor gestandenen, und noch obhändenen andern Unheil des Stiffts in Zeiten vorzubauen, und so viel möglichen abzuwenden, bey jetzt regierender Röml. Kayserl. damals Königl. Majestet, durch dessen abgeordnete zu Wallerstein im Jahr 1635. umb gnedigst Hülff, Rath, und Manutenents underthenigst angelangt, und auff jhro Königl. Maiestet versicherte Königl. Protection, auch gnedigster Beliebung und Anweisung: **Das von Rechts und Gewohnheits wegen, bevorab vermög geschworner Bischöflicher Capitulation die Administration auf ein Dohm Capitul devolvirt, und anerwachsen seye,** wir dieselbe gehorsamst auff- und anzunehmen in pflichtiger Oblag, uns schuldig ermessen, auch alsobalt würcklichen underzogen haben; So hernach nit weniger von weilandt nechst abgelebte Röml. Kayserl. Majestet allergloswürdigster Gedechtnus allergnedigst confirmirt, als von andern Churfürsten, und gemeinen Ständen des Heil. Röml. Reichs dafür gehalten, und angenommen worden, folgents also mit wohlbedachtem reiffem Raht dieselbe nach bestem Vermögen zu führen, Uns befließen, und alles dergestalt

der-

verhandelt, und verordnet, daß wir solches gegen Gott, Jhro Kayserl. Majestet, allen Ständen, und ohnpassionirten Hertzen wohl getrauen zu verantwortten.

Dahero alle Anwesende Churfürstliche Hoch- und Ansehnliche Herrn Räthe, und Abgesante dienst- und freundtlichst ersuchend, das Werck dahin zu richten, damit nachgesetzte Puncta und Gravamina durch die Römi. Kayserl. Majestet vor würcklicher Restitution derselben Articulen mögen eingerückt, und vestiglich eingebunden werden.

1. Erstlich. Daß Jhro Chur- und Fürstliche Gnaden in allem demjenigen, was in der geschwornen Bischöflich-Speyerischen Capitulation von Puncten zu Puncten begriffen, dero Pflichten gemäß sich verhalten, und keine Enderung dagegen immer vornehmen soll.

2. Wie dan deme zufolg, und zum andern jedesmals Sie außer dem Bißthum anderwehrts sich eine zeitlang uffzuhalten begeben würden, vermög angeregter Capitulation einen Stattbalter cum Consensu & ex Gremio Capituli beym Stifft verordtnen, und hinterlassen sollen, deme indessen die Ufsicht in Regierungssachen, mit Wissen Capituli, und nach dessen Gutachten befohlen, und vertrauet werden. Wie dan, doch solches von Jhro Churfürstlichen Gnaden vor diesem, als Sie nacher Trier, oder anderwerts verreist, und erlassen, vielt Ungelegenheitt dem Stifft erwachsen.

3. Ferners, daß Jhro Churfürstliche Gnaden, wie auch alle künfftige Bischöffe zu Speyer, in keiner andern Potentaten, Fürsten, Herrn, Landschafften, Staaten, und dergleichen Confoederation wegen des Fürstlichen Stiffts und Bißthum Speyer, ohne Consens Capituli sich zu begeben macht haben sollen, und denjenigen, so mit Franckreich, Cardinal Richelieu, Coadjutorien, oder sonsten bereits vorgangen, vor allen Dingen zu renunciiren, und solche zu cassiren sein sollen.

4. Item, daß Jhro Churfürstliche Gnaden als Bischof zu Speyer keinen Commendanten in der Vestung Philippsburg, Magdeburg, und anderen des Stiffts Orten an- und einnehmen sollen, ohne sonders vorhergehenden Capitular-Consens, dieselbe auch jederzeitt mit sonderbaren Pflichten beladen, so sie einem Dohm Capitul zugleich in præsenz des abgeordneten schwören, und ablegen sollen.

5. Gleicher Gestalt, daß die Citationes, Comminationes, Excommunicationes, so wider Capitulum, theils in dessen Exilio zu Cöln, theils bey dessen Wiederkunfft zur Residents stelle anhero, und zeit geführter Administration, wie auch andere insgemein, so sich mit Ahat und Dhat gebrauchen lassen, von Jhro Churfürstlichen Gnaden vorgenommen, wie nit weniger andere schimpfliche wider ein Dohmb Capitul, einige Personen desselben, Officianten, oder sonsten abgegangene Brieff, und Bedreuungen, cassirt werden, und hinführo Capituli und dessen einverleibten Membris damit verschont bleibe.

6. Sollen auch Jhro Churfürstliche Gnaden als Bischof zu Speyer, die Prælaturen, Dignitates, Beneficia, so bishero à Sede Pontificia, oder per Electionem, oder sonsten von einem, und andern erhalten, und cum Consensu Capituli in Possessione seyn, nicht begeren zu widersprechen, noch einige Turbation darin nit vornehmen, noch thun lassen, sondern es in dem Statu, wie es sich jetzo befindt, ohne einigen Eintrag ruhiglich verbleiben.

7. Ebenmessig die Officia von den Beampten, und Dieneren des Stiffts, so vor diesem gewesen, und jetzo noch in Diensten seyn, nit abnehmen, oder einigen entsetzen, sondern dieselbe bey ihren Officiis bleiben lassen, auch diejenige, so vor diesem angenommen, oder künftig angenommen werden mögen, ihre Pflicht und Revers Capitulo, vermög der Capitulation, und alten Herkommens leisten und übergeben sollen.

8. Das wenige auch, was den Herrn Capitularn zu einer Ergezlichkeit der Mühwaltung wegen geführter Administration von des Stiffts Intraden, oder sonsten zukommen, sollen Jhro Churfürstliche Gnaden nicht Macht haben zu repetiren, wie in Gleichem auch diejenige Kosten, welche uff die Raisen nacher Regenspurg und daselbsten, oder sonsten in andere Weeg

uffgienuffylengen, wie auch in das gemein, einigen angegeben Schaden, Verluſt, und Abgang an Rechten, Gülten, Gütteren, Land und Leuth, wie es Nahmen haben mag, von Zeit geführter Adminiſtration, noch ſo lang wir dieſelbe unternehmen werden, nit uffrechnen.

9. Item, daß Ihro Churfürſtliche Gnaden die Schuld-Verſchreibungen von der Statt Speyer und wegen Gregorianer Geldes, Straßburg, welches ſie zu ſich genommen, wieder in Archivum zu lieferen ſchuldig ſeyn ſollen.

10. Demnach auch Ihro Churfürſtliche Gnaden eine groſe Schuldforderung prætendiren, wegen der Speza, ſo in Franzöſiſchen Weſen beſchehen, daß ſolche nit de facto uffgehalten, ſondern allein bey der Röm. Kayſerl. Majeſtet, ob ſie wollen, ſuchen mögen. Und doch das Stifft etwas ſchuldig, ſie ſich mit ordentlicher gewöhnlicher General Verſchreibung und Hypothec uff der Landſchreiberey wollen begnügen laſſen.

11. Fürnehmlich auch, daß Ihro Churfürſtliche Gnaden die Hauptfrevel, der underſchiedliche nit in Computum kommen, vermög der Capitulation zur Rechnung beybringen.

12. Und demnach wehrender Belägerung der Veſtung Philippsburg, zu Dienſten Ihrer Kayſerlichen Majeſtet notwendig etlich Silber Geſchirr vermünzt, und Geld uffgenommen, davor des Stiffts Landtſchreiberey Geſell obligirt worden, daß ſie ſolche Obligation genehm halten, und deswegen Capituli Geſell ohnangeſprochen laſſen wollen, ſondern von der Landſchreiberey verpenſionirt werden, wie auch diejenige Gelder, ſo ſie bey dieſer wehrender Adminiſtration uff des Stiffts Landſchafft, Landtſchreiberey oder Lehen uffgenommen, auch alle andere Prætenſionen, ſo noch zur Zeit nit bekannt, und etwann künfftig uff das Stifft mögten angebracht und liquidirt werden, uff ſich und die Landtſchreiberey zu nehmen, und von derſelben zu contentiren.

13. Ebener maſſen, daß Ihro Churfürſtliche Gnaden die Gelder, ſo von der Landtſchreiberey und Kellereyen zu den Officiis des hohen Dohmſtiffts, davon der Gottes Dienſt zu erhalten, neben Erſtattung des Ausſtandes, weilen man dagegen zu anderen Uffnahmen bedacht ſeyn müſſen, järlich zu erlegen, ſo viel möglich, befürderen, und ohne Uffenthalt der Schuldigkeit nach, zalen laſſen ſollen.

14. Gleicher Geſtalt, da Capitulum einem oder dem andern ein Exemption über ihre Güter, Freyheit, und Privilegia, wehrender dieſer Adminiſtration ertheilt, ſolche ratificirt werden ſollen.

15. Dieweil auch Ihro Churfürſtliche Gnaden die Hirſchhorniſche Lehen ſine Conſenſu Capituli uff dero Vettern Johann Reinhardt von Söttern transferirt, und jetziger Zeit wegen des Stiffts-Verödung, äuſſerſter Ruin, und aller Orthen Mangel, nit verantwortlich, bey ſolchen Extremiteten die Lehen und Mannſchafft zu begeben, daß, indeme Ihro Churfürſtliche Gnaden nichts ohne ausdrücklichen einhelligen Conſens Capituli vom Stifft zu begeben, Macht gehabt, oder haben ſoll, ſondern vielmehr die Zeiten zu conſideriren, des Stiffts Nutzen, und Verbeſſerung zu betrachten, als anderwerts die Mannſchafft zu begeben.

16. Wie auch, daß alles dasjenige, was bey dieſem Kriegsweſen aus der Veſtung Philippsburg, und anders wob äuſſerem Biſtumb an Vorrath, Gelder, Documenten und ſonſten abgeführt und transportirt, ſolches alles angezeigt, auch ſo viel möglich wieder beygeſchafft, und erſetzt werde.

17. Endlichen, daß ſich Ihro Churfürſtliche Gnaden crefftiglich obligiren, und reverſiren wollen, daß Sie alles dasjenige, was bey alſo geführter rechtmeſiger Regierung ein Dohm Capitul vor ſich geſamb und ſonders, oder durch des Stiffts Beampte oder Diener tam omittendo quam committendo verhandelt und vornehmen laſſen, ſo wohl in ſpecie als in genere, wollen ratificiren, und genehm halten, und uff keinerley weiß und weeg retractiren, weder Capitulum noch Landſchafft, noch Jemand, wes Standes der ſeye, geiſtlich, oder weltlich, weder in geſampt noch ſonder, weder Beampten noch Diener icht was entgelten, oder gegen

einige

einige Versohn, wegen dessen so vor oder bey wehrender Administration in einem oder andern vorgangen, kein Ungnadt tragen, sondern alles so wohl in geistlichen sachen, wie obgemeldt, als auch in weltlichen Officiis, und allen andern, in welchem Statu es sich anjetzo befindet, und noch ferner biß zu würcklicher Restitution Ihrer Churfürstlichen Gnaden, und derselben wieder Anherokunfft sich befinden würdt, ohne einige Verenderung verbleiben lassen wollen und sollen.

Also in allen, was zu des gemeinen Stiffts Nutzen, und der Landtschafft, so jetzo zu den höchsten Extremiteten verderbt und hingericht, wieder auffbringen so viel mensch- und möglich, dienen und ersprießlich seyn mag, ohne Erinnerung aller derienigen sachen, so vorher gangen, befürdert, und die gewünschte Ruhe, ohne fernere Zerrüttung gepflanzt, erhalten, und alles besiglich versichert werden möge.

Und laßt man im übrigen, uff sicherliche Assecuration obiger Puncten, die völlige Restitution Ihro Churfürstlichen Gnaden zu Trier, Bischoffen zu Speyer (so wir als unsern Ordinarium sonsten gebührender Massen zu respectiren uns schuldig erkhennen) der Röml. Kayserl. Majestet unserm allergnedigsten Herrn, ganz zumahl frey ledig heimbgestellt seyn, wie sichs des Heil. Röml. Reichs und der Kirchen Noturfft nach nützlich befrieden wirdt. 3ten Aprilis An. 640.

NB. Ad finem quinti Gravaminis annectirt worden
16. Aprilis An. 640.

Wie auch sonsten, das in wehrendem Exilio durch einhellige Consens, und Capitular-Schluß zu Cöln durch die mehrere Anzahl der Capitularen gehaltenes Capitul, und was von demselben in geistlich- und weltlichen sachen tractirt, vorgenommen, und geschlossen worden, in keine weiß oder weeg zu disputiren, infringiren, vernichtigen, und umbzustossen begeren, noch Capitulo, darauf sampt. Capitularen geschworen, in negociis Capituli einige Maas, Ziel und Ordnung nicht versetzen sollen noch wollen.

Ad 4tum in fine zugesetzt worden 7ten Maji An. 640.

Und dan ausser, was bereits im Bau, und weesen, an denen, und anderen Orthen des Stiffts Speyer kein neu veste Schantze, Fortifications- oder Defensions-Werck, ohne Vorwissen, Special-Consens, und Approbation eines Dohm Capituls zu bauen, und auffzurichten, vornehmen, oder außführen solle.

Ad finem 13. Gravaminis.

Auch sonsten ermeltes Dohmstiffts Prælaten, Capitularen, und anderen angehörigen Versohnen jährliche Intrada und Einkomesten, keinesweegs, unter was Prætext das geschehen mag, sperren, hinderen, oder selbsten thätlicher weiß einziehen sollen.

Ziffer 12.
Copia Chur-Maintzischer Abgesanten zu Nürnberg Schreibens an Capitulum.

Hochwürdige, Wohl-Edle, Insonders Großgünstige, Hochgeehrte Herrn Vettere, auch gnedige Herrn!

Wir haben zu Handen wohl gelieffert empfangen, was Dieselbe und Euer Gnaden unter dato Speyer den 3ten hujus durch Wiederbringern dieses ihrem abgeschickten Botten und in der Chur-trierischen Restitutionssache freundt- und gnediglichen anvertrauen wollen. Gleichwie wir nun denen Herrn Vettern und Euer Gnaden alle angenehme Freundt wohlgefellige, auch resp. underthenige Dienste zu erweisen von Herzen geneigt seyndt, also haben wir auch nit unterlassen, dasjenige, was sie bey dieser unsers Ermessens, annoch sehr zweiffelhaften Restitution, uns in ihrem Nahmen ohnschwer zu beobachten, recommendiren wollen, mit allem Vleiß ins Werck zu setzen, und die befundene Notturfft nit allein dem Collegial Bedencken mit sondern Nachtruck einzurucken;

V p son-

sondern auch alle ihre Gravamina demselben Copialiter beyzuschliessen, und der Röml. Kayserl. Majestet zu Erraichung angeregten Zwecks allerunderthenigst zu recommendiren nicht unterlassen, alß zweiselend jhro Majestet hiernechst, und uff erlangten Frieden im Reich, oder wenigstens verhüttende mehrere Appertur befelhen, bey vorgehender Restitution des Herrn Churfürsten solche in Consideration zu ziehen, und denen gegen dieser verdriesslichen sachen ihre abhilfliche Maß geben zu lassen, allergnedigst geruhen werden. Worinnen wir sonsten denen Herrn Vettern und Euer Gnaden einige andere angenehme Nutzen, und ersprießliche Dienste werden erweisen können, darzu haben sie uns sampt und sonders jederzeit willig und geflissen, und hetten wir dieser sachen halber gegen Dieselbe etwas Specialius herauß zu lassen kein sonders Bedenken getragen, dafern der Feder zu trauen, und die Interception der Schreiben jetzigen gefährlichen Zeiten, noch nicht zu befahren gewesen, würdt ob Gott will, in kurtzem Gelegenheit geben, von dieser und anderen mehr sachen mit einander vertraulicher zu conferiren. Die Herrn Vettern und Gnaden dabey Gottes Gnadenreichen Schutz trewlichst empfehlendt. Nürnberg den 26ten Aprilis An. 1640.

Der Herrn Vettern und Gnaden
dienstbereitwillige auch underthenige
Hugo Eberhard Cratz von Scharpfenstein,
Gerhard von Waldenburg.

Georg Reichersberger.

Den Hochwürdig- und Wohlgebohrnen, auch Wohledelgebohrnen Dechant und Capitul des Hohen Dohm-Stiffts zu Speyer, unseren insonders Groß-Hochgeehrten Herrn Vettern, auch gnedige Herrn.

Zifer 13.
Copia Domkapitlischen Schreibens an die Römisch-Kayserliche Majestät.

Allergnedigster Kayser und Herr!

Euer Kayserliche Majestet tragen ohne allerunderthenigste unsere Erinnerung in allergnedigsten Andenken, was maßen des hochwürdigen Fürsten und Herrn Herrn Philipp Christoph Ertz-Bischoffen zu Trier und Churfürsten unsers gnedigsten Herrn und Bischoffen so wohl gegen die von uns bey Gestaltsamer Dero Abwesenheit, mit Euer Kayserlichen Majestet allerzweiffister Approbation und Genehmbhaltung, auch jüngst zu Regenspurg wiederhohlter Bestettigung geführter Administration des Stiffts Speyer bezeigter Churfürstlicher Displicenz und Ungnaden, daß auch sonsten zwischen Deroselben und Uns enthaltenen verschiedenen Mißverstandt, damit neben dem allgemeinen Wohlwesen vermittels Euer Kayserlichen Majestet allerhöchsten Authoritet, die innerliche Ruhe und Frieden in diesem gantz zu grund gerichteten Stifft, sobaß zwischen dem Haupt und Glieder eine rechtschaffene vertrauliche Intelligentz zugleich wieder eingeführt, stabilirt, und fortgepflantzt werde, etliche Beschwerungs puncten hiervor abzufassen undt Euer Kayserliche Majestet in allerunderthenigst demütigster Submission dieselbe bey vornehmender Restitutions Handlung Ihro Churfürstliche Gnaden in allergnedigster Consideration zu halten und zu recommendiren, und zu dem End uns eine geraume Zeit darzu allergnedigst zu beschreiben, wie nicht weniger nachfolgendes in ermessener mehr gedeihlicher Aufnahmb, und derselben facilitirter Accommodation und Hinlegung zur particular Composition dero allergnedigsten Consens zu geben, allerunderthenigst gehorsambst anzulangen, wir unumgänglich bewogen und angetrieben worden, wie auch was Euer Kayserliche Majestet darauff in Fortsetzung solches Restitutions Werth die Pacifications-Conditionen dieses hohen Capituls von unsertwegen allergnedigst miteinrücken lassen, ab welcher allergnedigster Kayserlicher Beobachtung

wir

wir nochmals zuvorderst allerunderthänigst schuldigsten Danck sagen, und obwoln wir keinen zweifel setzen, es werden Kayserliche Majestet ohn und für sich selbsten der zu allgemeinen Reichs und aller Stadt particular Frieden tragende so vielfältig bezeugte, und durch die ganze Welt zu Dero ewigen Ruhm angerühmte Begierde diesem Stifft und uns ferners erscheinen, und demnach bey den angefangen Tractaten also verfahren zu lassen, auf daß nicht allein die bereits dessenthalben den Conditionen einverleibte puncten ohngeändert gelassen, sondern auch die übrige, ohne welcher gleichmeßiger Benehmung kein Recht besteubige Fundamentum pacis geleget, sondern die zweyspaltige Trennung mit solchen Differentien immer continuiren, auch bey deme anbereits von Ihro Churfürstlichen Gnaden, wie wir wehmütigst vernehmen müssen, aus gelassenen starcken Contradictionen, Protestationen, und Reservationen, zu ohnbeliebiger Weiterung Anlaß geben möchten, zugleich bey- und hingelegt; und bernahlen dieses Stifft und wir solches höchst nöthigen innerlichen Ruhe, Fried, Tranquillitet und Einigkeit vorsichertich und beharrtich erfreuet wurden. Dannenhero und alldieweilen dieses Stiffts Conservation und Wohlfart darvon merklich dependirt, hievon auch das Ansehen gewinnen wollen, als solten theils unsere eingereichte Gravamina in suspenso gehalten und ausgesetzt werden.

Als haben wir in antreibender pflichtlichen Oblag Euer Kayserlichen Majestet al solche Gravamina und Misheligkeiten beykommendt nochmals allerunderthänigst einzuschicken nicht umbgehen sollen, Euer Kayserlichen Majestet zugleich allerunderthänigst demütigst gehorsamb bittend, da wir keine andere Hülff und Zuflucht, als zu Deroselben als allerhöchsten Oberhaupt und Schutzherrn der Kirchen und Geistlichen haben können, in diesem ganzen Werckh, auch und jederzeit uff dieselbe allein gelendet, daß Euer Kayserliche Majestät derselben, da etwann bey vorhabenten allgemeinen Friedens Tractaten diese sach ad motum kommen sollte, deren hohe Noth und Wichtigkeit nach ebenmeßig ihre abhülffliche Maß zu geben geruhen wollen, Euer Kayserliche Majestet damit Gottes getreuesten Bewahrung, zu allen Kayserlichen hohen Ruhm und Friedenstand zeit und ewiglich, auch diesen Stifft und uns zu Kayserlichen mildesten Hulden und Gnaden allerunderthänigst beschehendt. Speyer den 3. Februarii An. 640.

Euer Kayserlichen Majestet

allerunderthänigst demütigst und
gehorsambste Caplän
Dechant und Capitul des hohen
Dom-Stiffts daselbsten.

Zifer 14.
Copia Commissorii.

Unsern Freundlichen Gruß und alles Liebs bevor Ehrwürdiger Wohlebler und vester freundliche liebe Chor-Brüder Schwäger und Vetter.

Ob Wir zwar gänzlich verhofft, es würde zu solchem Stand gerathen, daß man sich ohne Gefahr hinauf sich begeben, und dem obliegenden Beruef gebührlichen abwarten, auch bey dieser mit ihrer Churfürstlichen Gnaden zu Trier unserm Bischofen zu Speyer und Herrn Ordinarij Persohn beschehener Verenderung, und dahero uns angefallener Administration dem Stlefft, und armen verlassenen Unterthanen nach Möglichkeit hette können vorstehen. So vernehmen wir jedoch leider wegen des Feindts grassirenden Gewalts durchzukommen (wie hoch wir auch hierunter uns bemühet, ohnmöglich, Inmassen dan neben uns theils Generale theils andere vornehme Persohnen von der angefangenen Raise, welche von uns ydoch, so baldt wir einige sichere Mittel finden oder erdencken werden können, widerumb an die Handt soll genommen werden) zurück sich begeben müssen. Diewell gleichwohl die höchste Noturfft erfordert, daß immittels so viel immer seyn kan dem Stlefft und dessen angehörigen Unterthanen geholfen werde; Als haben wir uff Euer Ehrwl. undt Ihnen Herrn Oberamtmann beyligende Instruction sub Lit. A. lassen verfertigen und uffsetzen, freundlich begehrendt Sie wöllen dem Stlefft zum Besten zu der Königlichen Majestät in Ungarn, unsern
gnedig.

gnedigsten König und Herrn sich erheben, eingeschlossene Credential-schreiben (davon Abschrifften hieben sub Lit. B.) gebührendt einhändigen, und dasselbe vorbringen und verrichten was in berührter Instruction mit mehreren, ist vermeldet. Solches wollen wir umb sie sämptlich freundtlich hingegen erkhennen, und thun dieselbe hiemit in Schutz des Allerhöchsten treulich befehlen. geben Cöln den 31ten Augusti An. 1635.

Dechant und Capitul des Dhombstiffts Speyer.

Dem Ehrwürdigen Wohledlen und Vesten Adolf von Venningen der Dhombstiefft Speyer und Eichstett Capitularn und Wolff Heinrich von und zu Weingarten Oberampts mann zu Kirchweyler unsern freundlichen Chorbrüdern Schwägern und Vettern.

INSTRUCTION.

Was bey dem Durchleüchtigsten Grosmächtigsten Fürsten und Herrn Herrn Ferdinand dem dritten zu Ungarn, Böheimb, Dalmatien, Croatien, und Schlavonien König, Erzherzog zu Oesterreich, Herzog zu Burgund, zu Luxemburg, in Schlesien, zu Steyer, Kärndten, Crain, und Württemberg, Marggraven zu Mähren, und Laußnitz Graven zu Habsburg und Tyroll unserm gnedigen König und Herrn in unser des Dohm Capituls zu Speyer nahmen die Wohl Ehrwürdige Wohledle und Veste Adolph von Venningen der Dohm-Stiffte Speyer und Eichstett Capitularis, auch Wolff Heinrich von und zu Weingarten Ober Amptmann zu Kirchweyler underthenigst vorbringen sollen.

Anfänglich daß wir zu sonderbahrem Trost verstanden, was gestalt Ihre Königliche Majestet mit dero Siegreichen Armada zu Fortsetzung dero ansehentlichen Victorien (deroweg en dem Allerhöchsten zuvorderist billigst zu dancken) und Rettung der vertriebenen Churfürsten und Stände des Heil. Röml. Reichs, auch völliger Beruhigung des gemeinen Catholischen Wesens, dem Stifft Speyer und Rheinstrom genähert, und bereits glücklich darinn angelanget, deroweg en ob zwar unser Schuldigkeit wehre Ihr Königlichen Majestet in der Persohn unterthäulugst uffzuwarten, auch zu congratuliren, und unsere undertheuigste willigste Treue und Zunaigung selbst in der That zu erweisen, so weren wir yedoch (welches uns nicht wenig schmertzt) wegen des Feindts Zwischen-weg grassirenden Gewalts, wie hoch wir auch hinauf zu kommen, und unserm obliegenden Berueff abzuwarten wir uns bemühet, noch zur Zeit hieran laider verhindert, Inmassen dan neben uns theils Generaln und andere hohe Personen von den so oft und unterschiedliche mahlen angefangene Raisen (welche von uns so baldt wir einige sichere mittel und Gelegenheit finden oder erdencken werden können, wiederumb an die Handt sollen genommen werden) zurück sich begeben müssen; bete darumb Sie Beede freundlich ersucht bey höchstgedl. Königl. Majestet in unserem Namen solche Congratulation unterthenigst zu verrichten, daß solche nicht ehender beschehen wegen obberührter Ursachen undthenigst zu entschuldigen, und vor die sonst lang dem gemeinen Catholischen Wesen zum Besten getragene Sorgfalt und außgestandener Mühseligkeit und Gefahr höchstes Fleiß zu dancken mit innerlicher und hertzlicher Anwünschung, daß der allmechtig Gott dero Königlichen Intentionen zum beyhsamen Zweck glücklich verhelfen und secundiren, nicht weniger dee Königlichen Persohn mit guetter Gesundtheit und langem Leben gefristen, auch mit ebigstem ein siegreich gäntzlich Ueberwindung dero Feind gnädiglich wolle verleyhen.

Hiebeneben so lebten wir gantz gewisser Hofnung, es würde Ihr Königliche Majestet unser unter dato 19ten Aprilis dies Jahrs an Sie abgelassenes unterthenigstes Schreiben zu recht seyn eingehändigt, und daraus gnedigst haben vernommen, daß wir ungern die von einem und antern geübte vertiefte Procoduren gesehen bey der Röml. Kayserl. Majestät unserm allergnedigsten Herrn oberzeit treulichst gehalten, und alles dasjenige getan, was von einem getreuesten Stieff und Unterthanen immer hette können oder mögen beschehen.

Weilen dan bey dieser mitt Ihr Churfürstlichen Gnaden zu Trier unsere Bischofen zu Speyer und Herrn Ordinarii Persohn beschehener Verenderung von Rechts und Gewohnheit wegen

des

(153)

des Stiffts Speyer Administration Capitulo als Erbherrn heimgewachsen, und aber wegen ob angezogener notorischen Unsicherheit man gänzlichen verhindert worden, dem verlaßenen armen Stieffs, und dessen ausgemergelten Unterthanen behülflich assistens zu leisten, und pro posse (wie man gern wolt) vorzustehen. Als werden Ihr Königl. Majestät als ein glorwürdigster König und Herr unterthenigst gebetten, Sie wollten das Stieffst Speyer neben dero Dohmkirchen (allda Ihro hochlöblichste Vorfahren dero Ruheplatz seliglich erwählt) auch dessen ehlendigste angehörige und Underthanen in Königl. Gnaden und Hulden annehmen, und vertretten, auch vohr völligem Verderben Undergang gnedigst erhalten, die so neben dem es zu der Ehr Gottes auch zu Ihro Königl. Majestät unsterblichen Ruhm und Glori gereichet werden, wir neben dem Stifft und Underthanen mit unserem stett werhrenden Gebett Gott vor dero Königl. bleibenden Wohlstandt auch mit unseren underthenigsten möglichsten getreuesten Diensten zu erkennen bereith und willig. Was nun unsere beede Deputirte hierin verrichten und erlangen werden, darüber wollen wir ihr schriftlichen Bericht gewertig seyn, und diese Mühewaltung andertwerths freundlich wiederumb erkennen. Geben Cöln den 31ten Augusti An. 1635. und unsern gewöhnlichen Capitular Insiegell.

Nr. 15.
Copia Domkapitlischen Schreibens an die Römisch-Kayserliche Majestät.

Allerdurchleuchtigster Grosmechtigster und unüberwindlichster Römischer Kayser.
Euer Kayserlichen Majestät seyen unsere andechtigste Gebett zu Gott, auch allerunderthenigste getreueste und willigste Dienst jederzeit bevor.

Allergnedigster Kayser!

Die khundbahre Rechten und das bekhante Herkommen, geben es, daß, uff den fahl ein Bischoff in Gefangenschafft gerathet, alsdan dessen Capitulo, des Stiffts Administration heimbwachset, und zu verwalten obliegt. Dieses so viel das Stifft Speyer belangt, bringt ebenmessig mit sich, die vor Ihro Churfürstliche Gnaden zu Trier, unserem Bischoffen zu Speyer selbsten, im Jahr Tausent Sechshundert, und zehen am 22. Octobr. geschworne Bischöfliche Speyerische Capitulation, inmaßen auch höchstgedachte Ihro Churfürstliche Gnaden, so wohl aus Gendt, in einem Schreiben an unsern Thumb-Dechanten selbige gut geheißen; sondern auch, wie Sie hierdurch nacher Lintz geführt worden, den anwesenden Dechant und Capitul die Administration, mitt mehreren anbefohlen. So haben nit weniger Euer Kayserliche Majestät in der An. 1635. den 11. Novembris zu Wallerstein unseren abgeordneten ertheilten allergnedigsten Resolution, nachstehende Formalia einrucken laßen: So viel die Administration dieses Fürstlichen Stiffts anreichte, ermessen Euer Majestet in allweg für Billig zu seyn, daß uns hierinn einiger eintrag, oder Hinderung nicht beschehen soll, derowegen Sie es gehörigen Orthen, und den zu Philippsburg anwesenden Commendanten und Obristen Bamberger allergnedigst anbefehlen wollen, sich gegen uns jederzeit in allem Respekt zu verhalten. Hierauff haben wir uns ernannter dieser Regierung würcklich unterfangen, und von Hohen und Niederen Standes-Persohnen für Administratorn erkhennt worden, auch sekhtro Ihro Churfürstliche Gnaden in Verhafftung (wie es weyland die Röml. Kayserl. Majestet Lobseligst Gedechtnus in Dero zu Regenspurg sub dato 20. Decembris 1636. unsern abgeordneten gegebenen allergnedigsten Decreto nennen) gewesen, selbige also geführt, wie wir zu vorderst gegen dem allmechtigen Gott, dan Euer Kaiserlichen Majestät, und diesem Stifft, auch nun und ins künfftig wohl getrauen zu verantworten. Dahero dan uns gar keine Gedanken gemacht, daß jemandt vieletmehr unsere Administration werde controvertiren.

Q q   Diesem

Diesem jedoch zuwider müssen wir ein anders aus höchstgedl. Ihro Churfürstliche Gnaden an hiesigen Landschreibern abgegangen sehr nachdencklichen Schreiben vernehmen, welches Schreiben wir pflichten halber, und wegen der allerunderthenigsten Treüe, so gegen Euer Kayserl. Majestät wir jederzeit, wie noch eüfferigst und beständigst getragen, nitt umbgehen können, Deroselben, wie hiemit beschieht, in glaubwürdiger Abschrift, nitt allein allerunderthenigst zu überschicken: sondern auch die dunckele Contenta zu mehrer Nachrichtung allergehorsamst zu erleuteren, zwar nitt der mainung, Ihr Churfürstliche Gnaden dadurch ainigen Unglimpff zu erwecken: sondern nuhr künfftigen besorgenden Unheilen desto besser vorzukommen; sodan damit wir bey der von Rechtswegen uff uns devolvirter, auch von Euer Kayserlichen Majestät selbsten gebilligter, sonst lang gefuhrter Administration gehandthabt, auch was darin von uns immittelst verordnet, und vorgenommen worden, in seiner Beständigkeitt möge werden erhalten.

Und zwar erstlich, nennen höchstgedl. Ihro Churfürstliche Gnaden in Anfang dero Schreibens den Speyerischen Amtmann und Jäuthen zu Bruchsal (dessen Nahm peter Jacob von Barthenheim) einen angemaßten Commendanten, womit es also bewandt: Daß, als hiebevor Ihro Churfürstl. Gnaden gemeltem von Parthenheim zugemuthet, daß Euer Majestät Soldatesca, welche damahlen uff dem Speyerischen Schloß Grumbach gelegen: davon ab: und hingegen die Frantzösen sollte hineinführen; Nachdem aber der von Partenheim solches ins Werck zu richten sich geweigert, ist er mitt ungnaden angesehen. Und als er hernacher uff vorgehende glorwürdigste Victori vor Nördtlingen Euer Kayserliche Majestät Soldatesca der Statt Bruchsal sich bemächtiget, von höchstgedl. Ihrer Churfürstlichen Gnaden vermuthlich aus ungleichem Verdacht, seines Dienstes gentzlich entsetzt worden.

Wie nun bey Antrettung dieser unser Regierung von uns die hohe Nothwendigkeitt erachtet worden, das Amt Bruchsal mit einem qualificirten Subjecto wiederumb zu besetzen. Haben wir unsers Ermessens nitt ohnbillig ihme von Partenheimb seinen vorigen Dienst zu beziehen anbefohlen, welchem er auch seithero zu unserem, und jedermänniglich guten Contento vorgestanden, wie noch, und kahn weder ihme, noch uns, mitt Fug nitt zugemessen werden, daß gedachte arme Statt Bruchsal, auch die noch wenig übrige elendige Speyerische Unterthanen jenseits des Rheins anjtzo von der einquartierter Chur Bayerischen Soldatesca dergestalt jemmerlich gantz und zumahl werden zu Grund gerichtet, denn es bezeügt unser, bey Euer Kayserlichen Majestät hiebevor zu Wallerstein, der Chur Bayerischen Delogirung halber beschehene allerunderthenigstes Anbringen, es bezeügen die vor einem Jahr zu Regenspurg von unseren damahligen Abgeordneten eingebene und vorgebrachte wiederholte allerunderthenigst Bitt. Es bezeügen die an Ihro Churfürstliche Durchleücht in Bayern ec. selbsten deswegen vielfältig abgegangene bewegliche, ja Blutweinende Schreiben; Es bezeügen die an die Chur Bayerische Generalität underschiedliche und in specie nacher Tübingen (darauff ihr Churfürstliche Gnaden zu Trier deüten) beschehene Abordnungen, daß wir gewißlich an unserm möglichen Fleiß und Sorgfältigkeitt, wie noch uff diese Stundt, nichts haben lassen erstigen. So hat auch die Pforten-Sperrung der Statt Bruchsal darum nicht können helffen, weil vorhin selbiges Orth mit Chur Bayerischer Garnison noch besetzt, auch wie dieser jetziger ohnerträglicher Laß ihnen uff den Halß gelegt worden, die gantze Armée in völligem Marche begriffen gewesen.

Zum andern befehlen höchstgedl. Ihr Churfürstl. Gnaden in angebogenem Schreiben, hiesigem Landschreibern uns zu referiren, daß wir frembdes angemaßtes Geld sollten restituiren. Dadurch wie wir von gedl. Landschreiber Bericht empfangen, bis will verstanden werden, daß die von unsern Abgeordneten nacher Regenspurg und sonsten angewende unterschiedliche nothwendige Reißkosten, und andere Ausgaben (welche von ettlichen entlehnten Geldern hergenommen) wir aus unserm Seckel wieder sollen guett machen, und anjetzo ihr Churfürstlichen Gnaden dargeben, so verhoffentlich niemand uns rechtmessig wird heißen oder billigen können.

Drittens

Drittens und zwar vornehmlich, so gestehen in angeregtem Schreiben viel höchstgebl. Ihr Churfürstliche Gnaden, uns zumahl keiner Regierung, welches jedoch, wie anfangs ausgeführt, den Rechten, dem Herkommen, Ihr Churfürstlichen Gnaden hoch geschwohrnen Capitulation ihrem eigenen Schreiben und mündlichen Befelch, Euer Kayserlichen Majestät allergnädigsten Resolution, ja aller Vernunft zuwider laufft, denn sonsten die arme Speyerische Underthanen gleich den krigen verlassenen Schäfflein, diese Jahr hero leben, und einem jeden zum Raub seyn müssen.

Weil dann allergnedigster Kayser und Herr, hieraus clärlich erscheint, daß höchst gebl. Ihr Churfürstl. Gnaden zu Trier bereiths jetzo uns anfangen zu tormentiren, so bitten wir ganz underthenigst in denen mitt höchstgebl. Ihr Churfürstl. Gnaden zweiffels ohn vorgehenden Tractaten und Verbindlichkeiten, under anderen, bis auch desstiglich schliessen und ratificiren zu lassen, daß unsere bey jetziger Administration geführte Actiones, und beschehene Verordnungen, von höchstgebl. Ihr Churfürstl. Gnaden in keinen Disputat gezogen mögen, weniger retractirt, sondern, weil alles mit wohlbedachtem Rath unserem besten Verstandt nach ist vorgenommen worden, es bestendiglich dabey verbleibe, und daß höchstgebl. Ihr Churfürstl. Gnaden hierüber ihre schrifftliche verbindliche Ratification uns zu ertheilen allergnedigst werden angewiesen.

Hieran erweisen Euer Kayserliche Majestät uns eine hohe Kayserliche Gnadt, so wir mitt andächtigstem Gebett, auch allerunderthenigsten getreuesten Diensten zu beschulden jederzeit wollen seyn geflissen. Und thun Euer Majestät und dero Kayserl. Erzhauß hiemit in Gottes Gnadenreichem Schutz zu allem beliebenden Wohlstandt rc. Dann aber zu allermildesten Hulden uns und das arme hochbedrangte Stifft Speyer allerunderthenigst, und bester massen befehlen. Speyer den 18ten January An. 1658.

Euer Kayserlichen Majestät

allerunderthenigst demütigste
Senior und Capitul des Dohm-Stiffts
daselbsten.

Zifer 16.

Copia der Domkapitlischen Instruction.

Was in unserem des Domkapitels Nahmen zu Speyer bey dem Herrn Statthaltern zue Heydelberg der WohlEdel und gestrenge Peter Jacob von Partenheimb Oberamptmann und Fauth zu Bruchsal anzubringen und verrichten solle.

Nach Ueberandtwortung undt verlesenen Credentialien hette dem Hrn. Statthaltern ahnzudeuten.

Nachdeme bey dieser noch beharrenden Verenderungh mit Ihr Churfürstlichen Gnaden zu Trier unsers Bischoffen zu Speyer und Herrn Ordinarii Persohn die Verwaltung bemeltes Bistumbs Speyer von Rechts und Gewohnheit wegen uff uns als Erbherrn devolvirt, solche Administration auch wir uns dem notleidenden Stiefft zum Besten mit Genehmhaltung der Römisch-Kayserlichen auch in Ungarn Königl. Majestäten rc. unser aller- und gnedigstem Herrn unterfangen rc. hetten, wir uns zue vorderst nichts mehr angelegen seyn lassen, als mit den Catholischen Benachbarten gutte vertraute Correspondentz und Freundschafft, wie vor alters löblich hergebracht, zue pflegen rc. Weil wir dan anietzo verstanden, daß von der Churfürstlichen Durchleucht in Baiern rc. unsern gnedigsten Herrn rc. ihme dem Hrn. Statthaltern das Guberno der undern Pfaltz jenseits des Rheins gnedigst anvertrauet, als hette man nit unterlassen wollen, durch sein des Herrn abgeordneten Persohn Ihnen neben einem glückseligen neuen Jahr hierzu alle Heill und Wohlfartt, und daß er dem gemeinen Wesen zue Gutem solche Guberno in gutter Gesundheit und allem beliebigen Wohlstandt viel Jahr löblichst möge vorstehen, ahnzuewünschen, nit zweiffent, wie seine Herrn Antecessorn als der Herr von Metternich auch in Seeligkeit der Herr von Hartenberg seelig Andenckhens sint, uns dem Domb Capitul zu Speyer, allen gutten nachparlichen Willen und Vertrauen gepflogen, der Herr Statthalter selbiges alles zu

con-

continuiren nicht ohngeneigt seyn werden: Und was anbelangt, wollten nichts liebers wünschen, als die Gelegenheit sich erzeugen möchte, unsere vertrauliche Willigkeit dem Herrn Statthaltern wir in der Thatt erweisen könten.

Bey vorgemeldter aber des Stieffts Speyer von uns übernommener gebühriger Administration, khomme under andern Beschwehrnussen bis vor, was Gestalt verwichenen neüen Jahrs Tagh morgens um 7. Uhr ein Leütenandt von dem löblichen Metternichischen Regiment sampt bey sich habenden Leütern und 24. soldaten zue Grumbach abngelangt, und durch Gewaltsame Trohe-wortt der Statt und des Schloß sich bemächtigt, auch alsbald darauff mit ertheilung underschiedlicher Bevelch der Herrschafft zuständige Früchten zue verkaufen, wie es das Ansehen hab, den Dominatum genzlich an sich zu ziehen, der Start Bruchsall über vorige Einquartirung der 15. Mann, und eines Leütenandts den 4ten Januarii getrohet worden, sie mit noch 50. Mann und Officier zu beschwehren, dhabeneben auch dies angemuthet, daß sie ausserhalb deren gleichfalls noch andere 50. Mann, mit wochentlicher Contribution sollen verpflegen. Ruhn mehre aber dem Herrn Statthaltern selbsten bekhant, und gebe es der tägliche Augenschein, wie das Stifft Speyer und zugehörige Underthanen durch das so lange Jahr dharin grassirtes Kriegswesen, und daraus erfolgten Hunger, Armuth, und Noth ausgemattet, und also gahr verderbt, daß, wo man nicht balde rettet, und zue Hülf khombt, eine genzliche und universal Jahmer ihr Auffoßungh und Desolation zue besorgen. Dieser des anjezo armen Stieffts eylendiger Status wir auch höchstgebl. Königl. Maiestät in Ungarn ꝛc. nit unverborgen gewesen, die derentwegen aus Königlicher Macht und Authorithet als ein gerechtester Herr bey Lebzeiten wohl bemeldten Herrn Hardenberg christmildester Gedechtnus Königliche Ordre ertheilt, das vorhin verderbte Sticfft mit keinen Kriegs pressuren undt Einquartierungen ferner zue beschwehren, und da dergleichen vorgangen oder beschehen weren, solche alsbalden abzuschaffen und deren es zue entheben, welchen gnedigsten Bevelch, wie von anderen Obristen gleichfalls beschehen, offtwohlgemelter der von Harttenbergh gebührend nachkhommen, und nit allein zu Weibstatt und anderen Orthen die Delogirung einen Anfang gemacht, sondern auch völliglich solches aller Orthen ins Werkh gesezet hette; Jamassen er dasselbe auch versprochen, wo nit der erfolgte unzeitige Tod es verhindert. Weil nuhn des Hrn. Statthalters angebohrne hohe Gaben von jedermann gerühmt worden, als hetten wir zue ihm das Vertrauen, Er werde zuvorderst die Unvermöglichkeit und grose Armuth des Stieffts ansehen, und den Fußstapffen seiner Herrn Antecessoren nachfolgen, und nit allein gute vertrauliche Nachbarschafft und Correspondenz pflegen, sondern der Königl. Ordre und des Herrn von Harttenberg gegebene Parole und gemachten Anfangs gemäs, die einlogirte Churbayerische Soldaten lassen abführen, auch die ohne das auch ganz bis uff das Blut ausgepreßte und ausgemattete arme Speyerische Underthanen, damit sie nit völliglich jämmerlich verderben und sterben müssen, der uffgeladenen Beschwehrnussen entheben, und ihrer künftig dhamit verschohnen, vor allem aber ernstliche Bevelch ertheilen, dhamit das Schloß Grumbach als ein Fürstlich Hauß, uff dergleichen noch kein Kayserlicher Obrister oder anderer was von diesem Leütenandt vermessentlich beschehen, zu attentiren unterstanden, gänzlichen delogirt werde, auch der darauf sich befindenden weniger Vorrath ohnberuht verbleibe.

Im Fahl nun wieder Verhoffen die gänzliche Abführung der einquartirter Soldaten nit eingewilliget werden sollte, hette er Herr Abgeordneter dahin vor allem zue sehen, damit gleichwohl die Garnison des Schloß Grumbach ausgeschafft, auch so wohl dieses als andere Fürstliche Häuser neben ihren Gesellen ins künftig mit dergleichen feindlichen auch bey den Kayserlichen und anderen nit gebrauchten vermessener Attentaten mögen verschont bleiben, auch dba je die Arme des Stieffts Underthanen zue belegen, daß die Einlogirung nach solcher Proport'on erfolge, damit sie zu ertragen, undt nit nötig hiedurch der lezte Athem ihnen werde ausgetruckht.

Diese Favor würde dem Hrn. Statthaltern in dieser seiner angehenden Dignitet und Charge bey den angrenzenden Chur-und Fürstenthumben, auch der ganzen Nachbarschafft zue höchstem

höchstem Lob und Ruhm gereichen. Und wir wollen es mit unseren willigen Diensten freund-nachpartlich uff alle Begebenheit erkhennen, die arme Underthanen werden es auch nach Möglichkeit hingegen verschulden.

Was nun der Herr Abgeordneter in einem undt anderen fur Bescheidt empfangen, auch sonsten erhalten wird, dhavon wollen wir seine schrifftliche Relation zue Wiederkunfft gewertig seyn. Signatum Speyer den 7ten January Anno 1636.

Dechant und Capitul des hohen Dhomb.Stiffts Speyer.

Zifer 17.
Copia Domkapitlischen Schreibens an die Stadt Speyer trium Regum Schwuhr betrl.

Ehrenveste, Fürsichtige, Ehrsame, Weise ꝛc.
liebe Nachparn undt Freundt.

Demnach bey jetzigen Reichsständigen Beschaffenheit und Verhinderung des Hochwürdigsten unsers gnedigsten Churfürsten undt Herrn Herrn Philipp Christophen als Bischoffen zue Speyer wir uns verpflicht gefunden, der Verwaltung vorberührten Stieffts Speyer, vermög der Rechten, damitt dasselbe nit in dessen pfleglos verlassen, und nichtes an dessen Regalien, Recht, undt Gerechtigkeiten verabsaumet werden, so viel möglich zue undernehmen, solche auch von der Römisch-Kayserlich auch zu Hungarn und Böheimb Majestet auch anderen Churfürsten und Ständen genehm gehalten und approbirt, deme zufolg auch, so viel möglich, dem also Pfleglos verlassenen Stiefft Vorsehung zue thun, und bemühet, auch einen Ehrsamen und weisen Raht erinnert, bey Beschaffenheit unsers gnedigsten Herrn als Bischoffen zue Speyer den gewöhnlichen Actum in dieser Statt mit Belehnung des Gerichts Schultheisen undt anderer Aempter und wie jährlichen uff 16. Januarii gebräulich, vorzunehmen, Ein Ehrsamer Raht aber sich einer und anderen Ursachen halben, diesen gewöhnlichen und berechtigten Actum vorgehen zue lassen, beschwerdt, welche Ursachen wir unerheblich befinden, auch niemalen Capitulo als Erbherrn, uff dergleichen Reichsthändigen verhinderlichen Fahl, die von allen Rechten anerwachsene Administration zue eines Herrn Ordinarii und zumahl des Stiefts Rechten und Gerechtigkeit erhaltung, sollen oder können verhindert werden, auch weder bey der Röml. Kayserl. Majestet, noch bey unserm gnedigsten Churfürsten und Herrn, als Bischoffen zu Speyer verhoffter Wiederahnkunfft, noch auch sonsten dieses Actus Unterlassung zu verandtworten wissen. Als haben wir Schuldigkeit halben nit umbgehen sollen, zu Erhaltung uralten eines ordentlichen Herrn Bischoffen zu Speyer, und in dergleichen Fällen eines hohen Dohmb Capituls Recht und Gerechtigkeiten, auch Conservirung der gebührenden Justitien hiemit offentlich zue protestiren, in Gegenwart eines Notarii und hierzu erbettener Zeugen, auff daß wir uff angedeute verwaigerliche des Rahts alhier Andtwordt dem Fürstlichen Stiefft so wohl itzigen, als jederzeit regierenden Hrn. Bischoffen zue Speyer, und in allen vacirenden oder dergleichen verhinderlichen Fällen, einem Dohmb Capitul das Geringste nit begeben, sondern alle gebührliche Rechtliche undt anerwachsene Vortheil vorbehalten hiemit austrücklich wollen bedingt haben, mit fernerer Reservirung alles weiterer gedeyhlicher Mittel und nöttige Behelff verpleiben ꝛc. $\frac{16}{6}$ Januarii 636.

Zifer 18.
Copia Schreibens Römischen Kaysers Ferdinand des dritten, — des Dom Capitels zu Speyer geführte Administration betrl. an den Magistrat.

Ehrsame liebe Getreue wir haben die Ehrsame liebe andächtige ꝛc. Dechant und Capitul des Thumb Stiffts zu Speyr gehorsamblich clagend zu vernemmen geben, was massen ihr bey deme mit des Churfürsten zu Trier und Bischoffens zu Speyr ꝛc. bereits etliche Jahr her gewehrtem Zustand, die auf besagtes Thumb-Capitel devolvirte auch von Uns Crast von weylands unserm srl. geliebten Herrn und Vattern Kayser Ferdinando dem andern höchstseeligster Gedächtnus gehabter Vollmacht in anno 1635. confirmirte, und von ihnen nun etliche Jahr hero geführte Administration des Stiessts Speyer nicht zu erkennen, anzunemmen, noch euch mit ihnen in ea qualitate des Administratorn in Ewren mit dem Stiefft gemein habenden Sachen und Strittigkeiten einzulassen, oder einige Conferenz zu pflegen, sondern dieselbe an unserm Kayserlichen Cammer-Gericht als ein angegebene Regierung zu diffamiren, und zugleich die gegen Euch angestellte Rechtliche Procefs ex eo Capite, als sollte die Jurisdictio Cameralis ex parte ipsorum als mediat-Personen nicht fundirt seyn, zu decliniren, nit weniger die Bischöffliche und des Stiffts Speyr in der Statt Speyr hergebrachte Jura und Regalia in Ersetzung auch jährlich auf trium Regum gewönlicher Renovation des Schultheissen und Cammerers Gerichter und ander von dem Stifft dependirender Aemter bis dahero zu hindern, und Euch demselben, so oft sie es vornemmen wollen, mit gleichmessigen Ausflüchten zu widersetzen angemast und unterstanden habet, und uns darbey umb Kayserliche allergnädigste Manutenenz auch fernerer Bestättigung allerunterthänigst angerufen und gebetten.

Wann dann solche Administration des Stiffts Speyr bey jetzigen Zuestandt einem Thumb Capitel daselbsten, nicht allein vermög der gemeinsamen beschriebenen geistlichen Rechten, sondern auch oberstandener von uns Anno 1635. beschehener ausstrüklichester Anweis und Verordnung in Allweeg und von Rechts wegen gebühren thuet, wir auch dieselbe darbey nochmals allerdingens confirmirt und bestettiget haben.

Als befehlen wir Euch hiemit gnädigst und ernstlich, daß ihr mehr besagtes Thumb-Capitel so lang und viel, bis die Sache in ein andern Stand gesetzt und wir ein anderes verordnen werden, für die rechtmäsige Administration des Stiffts Speyr ehret, haltet, und erkennet, demselben in Uebung aller Fürstlich-Speyrischen Rechten und Gerechtigkeiten, wie die auch genennt werden mögen, und insonderheit in Ersetzung, auch jährlicher Renovation oberwehnter Bischöfflicher Amt desgleichen in profecution der gegen Euch an unserm Kayserlichen Cammer Gericht zu recht angestellten Procefsen, noch sonsten in einige Weiß oder Weeg kein Sperrung, Hinderung, oder Eintrag thuet, noch euch hierinn demselben fürters opponiret und widerspennig erzeiget, an dem erstattet ihr unsern gdgsten und ernsten Willen und Meynung, benen wir mit ꝛc. Regenspurg den 21ten Junii Anno 1641.

Ziffer 19.
Extractus Privilegii Magni Conradi secundi de Anno 1140.

In Nomine Sancte & individue Trinitatis CONRADUS divina favente Clementia Romanorum Rex secundus cum Sanctorum Interventu. Si Deo Sanctisque ejus dignam Venerationem impendimus nostri Imperii honorem in præsenti corroborari, & in futuro beate Glorie Coronam nobis preparari credimus Deo Sanctisque ejus humile & devotum Obsequium exhibere satagimus. Beatam igitur Mariam quam Reginam esse scimus Angelorumque mundo edidit Salvatorem pre ceteris post Deum venerantes Ecclesiam Spirensem in honore ipsius à nostris parentibus ab Avo videlicet nostro Conrado proavo Henrico, avunculo Henrico Imperatoribus augustis in eadem Ecclesia consepultis devote constructam & dotatam. Nos quoque ditare, sublimare prediis, familiis, Ornamentis, diversisque Opibus magnificare in Honore Dei & Sancte Marie devote studemus. Cum autem excellencius Ecclesie Ornamentum in vivis Lapidibus, id est in Clerico Literatis, Morigeratis, discretis Religiosis esse scimus, ipsosque in nulla Ecclesia sive Cottidiane stipendio prebende stabilites Deo in divini Officii

Con-

Conſtitutionem poſſe ſervire videmus, idcirco ſummum eſt nobis votum omnes ubique Clericos & precipue noſtros ſpeciales in noſtra ſpeciali ſancta Spirenſi Eccleſia omnibus modis juvare, ditare, honorare. Confirmamus igitur quicquit ab Avo noſtro Conrado Imperatore auguſto predictis fratribus ad Prebendam datum eſt, Johannyngen videlicet cum omnibus ad eandem Curtem pertinenciis &c. Eosdem etiam noſtros in Spirenſi Eccleſia Canonicos clauſtralis Libertati juris ab antiquo conſtituta & à Regibus Hilderico, Ludwico, Dagoberto & ab Imperatoribus Carolo primo, Ottone filioque illius Ottone tercio, Ottone, Henrico Babenbergenſi eis data & confirmata nec non ab avo noſtro Conrado & proavo noſtro Henrico Imperatoribus noſtris auguſtis renovata & corroborata interpellante & orante ſerenitatem noſtram fideli noſtro Sifrido venerabili Spirenſis Eccleſiæ Epiſcopo, Nos quoque honoramus & donamus videlicet unusquisque Spirenſis Eccleſiæ Canonicus ſive nobili ſive humili genere ortus ſive ſit ſanus ſive in Lecto egrotus, liberam habeat poteſtatem allodium ſuum & familiam fratribus pro remedio animæ ſuæ absque omni Convulſione donandi liberam eciam habeat poteſtatem Curtem Clauſtralem cuicunque fratri voluerit & nulli alii corum tribus vel duobus fratribus ſive ſit ſanus ſive in Lecto egrotus absque omni Convulſione donandi. liberam eciam habeat poteſtatem pecuniam ſuam, vinum, frumentum, veſtes equos & omnem ſupellectilem ſuam & quicquit mobilis rei poſſideat inſuper Prebendam ſuam per annum poſt mortem ſuam cuicunque mortalium ſibi placuerit, item coram tribus vel duobus fratribus absque Convulſione donandi, ſi vero antequam quicquit de rebus ſuis diſpoſuerit morti preventus fuerit, fratres pellicias ſupper pellicia tunicos, Camiſias, & quodcunque veſtimentum Linguum habet & Lectum cum Lectiſternico & Lintheamine & Coopertorio ſive pellibus ſi Coopertorio caret, & quibuscunque veſtibus in Clauſtro & ad Chorum utebatur in ſuos uſus recipiant & de prebenda illius per annum ſicut utilius animæ illius viderint, Decanus cum fratribus diſponat, & de reliqua ejus ſubſtancia quam reliquit ipſi fratres & nullus alius hac racione ſe intromittant, ut Heredibus, ſi idoneos habuerit, totam etiam excepta convenienti ſerviencium ipſius remuneracione integre reſignant. &c. *Legem eciam de ſubſtancia defuncti Epiſcopi Spirenſis ab antiquo datam & à predictis Regibus & Imperatoribus confirmatam, Nos quoque corroboramus, damus firmiter tenendam, conſtituimus, ut videlicet ſi ipſe vivens bona ſua non legaverit, fratres omnes veſtes illius Clauſtrales, quas reliquit obtineant; cetera omnia, frumentum, pecunia, Equi, & quicquit mobilis rei poſſedit, in tres partes dividantur, & una tercia pars fratribus, una pauperibus diſtribuatur, una futuro reſervetur Epiſcopo.* Et ut hec noſtra Tradicio & Corroboracio tam de prediis quam de jure preſcripto in omnes retrogeneraciones ſtabilis & à nullo unquam vel Imperatore vel Rege vel Epiſcopo ſive aliquo mortali diſſolvenda permaneat preſentem Cartam noſtri Sigilli Impreſſione inſignari precepimus.

Signum Domini Conradi Romanorum Regis ſecundi.

Ego Arnoldus Cancellarius vice Alberti Moguntinenſis archi Cancellarii recognovi.

Anno Dominice Incarnacionis M. C. X. L. Indict. iij. regnante Conrado Romanorum Rege ſecundo Anno vero Regni ejus iijo Datl. Spire ijo Kal. Aprilis in Chriſto feliciter amen.

Ziſer 20.

Wir Rudolph der Andere vonn Gottes Gnaden erwöhlter Römiſcher Kayſer zu allen zeiten Mehrer des Reichs, in Germanien, Hungarn, Beheimb, Dalmatien, Croatien, Schlavonien Könnig, Ertzhertzog zu Oeſterreich, Hertzog zu Burgundien, Steyer, Kärndten, Crayn, undt Würtemberg rc.

Entpleten dem Ehrwürdigen Lothario Ertz Biſchoffen zu Trper, des heiligen Römiſchen Reichs durch Gallien, und des Königreichs Arelat Ertz-Cantzlern, unſern

lieben

lieben Neven und Churfürſten, ſodann dem Ehrſamen unſerm lieben andächtigen
N. Dechan und Capitel des Ertz Stiffts daſelbſten, unſere Gnade, und alles Guts.

**Ehrwürdiger Lieber Neve, und Churfürſt.
Auch Ehrſam Liebe Andechtige!**

Unſerm Kayſerlichen Cammer-Gericht hat der Edel unſer und des Reichs lieber Getreuer Philippus Graf zu Manderſcheid und Blanckenheim ſupplicirend fürbringen, was Geſtalt weylandt der Edel Dietherich auch Graf zu Manderſcheid und Blanckenheim in Zeit ſeines Lebens unde deſſelben verlittenen etliche vortrefentliche anſehnliche Lehnſtücke nicht allein wegen gemeltes Ertz Stifft Trier, ſondern auch von den Churfürſten daſelbſten, als Einhabern der Herrſchafft Schönecken unndt Schönberg bekanntlich die Dörfer Stattfeld, unndt Weidenbach, vermög alter unndt neuer Lehenbrieff, welche in proceſſu Cauſæ originaliter verbracht werden ſollen, als weylandt Margarethen vonn Sambreff nachgelaſſener Erben unndt Beſiztern der Herrſchafft Kerpen bis in ſeinen tödlichen Abgang zu Lehen getragen, ruiglich beſeſſen, unndt eingehabt, auch nach deſſelben tödlichen Abgang als gemeine Grämliche, unndt theils titulo oneroſo von dem Vorfahren herflieſſende unndt acquirirte Lehenſtücke, uff ſein Supplicantens Ehefrauen weylandt Catharinen Gräfin zu Manderſcheid Blanckenheim gedachten Graf Dietherichs einzige damalen noch lebende gerechte Schweſter, unndt Erbin, unndt nach derſelbigen gleichmeſigem Ableiben uff ihnen Supplicanten mit ihr ſämptlich erzeugten jungen Sohn, und Tochtern gefallen, unndt vererbt ſeyn.

Ob dann wohl Er ſowohl bey dem verſtorbenen unndt jetzigen D. Churfürſtlichen Gnaden, als auch Euch deroſelben Thumb-Capitul dahin ſey verwieſen worden, vielfaltig umb die Belehnung mit beſtändiger Ausführung ihres Rechtens Schrifft-unndt mändtlich durch ihre Geſandten anſuchen laſſen, auch darzu viel gute, aber vergebliche Vertröſtung erlangten, ſo hätte doch der verſtorbene Dr. L. Vorfahr Churfürſt zu Trier, weylandt Ertz Biſchoffen Johann obgedachter Lehen-Stuck als dem Ertz-Stifft Trier vermeyntlich heimgefallen, widerrechtlich eingezogen, unndt dieſelbe ohne Vorwiſſen unndt Belieben Ewere des Thumb-Capituls als der Erb-und Grund-Herrn vermög uffgerichter Capitulation Brieff zu verlehnen unndt anzuſetzen verweigert.

Wann aber ihme Supplicanten als rechtmäßigen Adminiſtratorn ſeiner minderjährigen jungen Erben unverantwortlich, jetzt gemelte Lehen-Stuck ohne Fug unndt Recht hinzugeben unndt zu verlaſſen, unndt dann ſowohl D. L. als er dem Heil. Reich immediate, ihr das Thumb Capitul aber dabin ſich E. L. als uff die Erb-und Grund-Herrn jederzeit gezogen, tanquam Conſortes ejusdem Litis immediate, unndt darzu ſtreitige Lehenſtuck underſchiedlichen Curiis feudalibus unterworfen, alſo unſers Kayſerlichen Cammer Gerichts Juriſdiction tam ob Continentiam rerum ſub diverſis Curiis dominicalibus ad eundem Dominum & Superiorem reum ſpectantibus, quam perſonarum überflüßig ſundirt ſeye, auch die Austräge nicht ſtatt haben könnten, noch auch ſolche ſich ad pares Curiæ feudalis gehörig ſeyen, demnach umb dieſe unſere Kayſerliche Ladung wider E. L. unndt Euch zu erkennen, unndt mit zu theilen, unterthenigliche anruffen, unndt bitten laſſen, auch erlangt daß ihme dieſelbe anheut dato erkhandt worden iſt.

Darumb ſo heiſchen unndt laden wir E. L. unndt Euch, daß dieſelbe und Ihr auf den 23ten Tag Monats Febr. noch künfftigen Sechszehen Hundert unndt ſiebenden Jars, den wir dero unndt Euch vor den erſten, andern, dritten, letzten, und endlichen Rechtstag ſetzen, und benennen peremptorie, oder ob derſelbige nicht ein Gerichtstag ſeyn würde, den negſten Gerichtstag darnach ſelbſten oder durch einen Bevollmächtigten Anwalden an demſelben unſerm Kayſerlichen Cammer-Gerichte erſcheinet, Ihme Klegern derowegen im Rechten gebührlichen zu antworten, darauf der Sachen, unndt allen ihren Gerichtstagen, und Terminen bis nach endlichem Beſchluß unndt Urtheil auszuwarten.

Wann D. L. unndt ihr kommen, unndt erſcheinen, dann alſo, oder nit, ſo wird doch nicht deſto weniger uff des gehorſamen Theils, oder ſeines Anwalds Anruffen, unndt erforderen

hierinnen

sterialien in Rechten gehandelt, und procidirt, wie sich das seiner Ordnung gebührt. Darnach wisse sich D. L. undt ihr Euch zu richten.

Geben in unser undt des heiligen Reichs Stadt Speyer den vier undt zwanzigsten Tag Monats November nach Christi unsers Lieben Herrn Geburt Sechzehen hundert undt im Sechsten, unserer Reichs des Römischen undt Beheimischen im zwey undt dreyßigsten und des Hungarischen im fünf unndt dreyßigsten Jahre.

Ad Mandatum Domini electi
Imperatoris proprium

Schweigkhardt Zegeler
Hl. Verwalter.

ENGELBERTUS KNOLLER
Judicii Imperialis Cameræ Protonotarius
mit ppke.

Zifer 21.

Extractus Interregnums Protokolls d. d. 4ten Maji 1770.

PRÆSENTIBUS.

D. Decano Com. de Limburg Stirum.
D. Scholast. de Mirbach.
D. Com. ab Hoensbroeck.
D. Com. de Montfort.
D. Com. de Stadion.
D. de Greiffenclau.
D. de Mirbach.
D. de Beroldingen.
D. de Wessenberg.
D. de Walderdorff.

§. II.

Des Herrn Dombdechants Hochwürden proponiren, wie dermalen an Fertigung einer Capitulation zu denken wäre, wollten also Reverend. Capitulo überlassen haben, ob, und auf was Art solche aufgesetzt, und ob nicht hierzu einige Hochwürdige Herren, welche mit denen Hochwürdigen Herren Statthaltern, deserttwegen zu communiciren hätten, zu ersuchen, auch ob nicht ante Electionem Capitulatio von sämtlichen Hochwürdigen Herren zu beschwöhren ic.

CONCLUSUM.

Per majora werden des Herrn Kapitulam Freyherrn von Wessenberg und Freyherrn von Walderdorff Hochwürden ersuchet, die Puncta Capitulationis mit Syndico Baur zu entwerfen, auch mit denen Herren Statthaltern die Umstände zu überlegen, sofort das Project singulis Dominis zur Einsicht, hernächst aber Capitulo ad Approbationem vorzulegen, zu welchem Ende Syndico Baur die durante Interregno ad Capitulationem verwiesene Puncten, ex Protocollo zuzustellen wären.

Fernerer Extractus ejusdem Protocolli vom 28ten May 1770.

PRÆSENTIBUS.

D. Decano Com. de Limburg Stirum.
D. Scholast. de Mirbach.
D. Com. ab Hoensbroeck.
D. Com. de Montfort.
D. Com. de Stadion.
D. de Greiffenclau.
D. ab Hutten.

D. de

D. de Mirbach.
D. de Beroldingen.
D. de Weſſenberg.
D. de Walderdorff.
D. àb Hacke.
D. àb Hohenfeld.

§. 2.

Kame zur Propoſition, ob die Wahl⸗Capitulation pro futuro Epiſcopo zu verleſen ſeye.

Dieſemnach votirten des Herrn Dombechants Hochwürden, wie ſie die entworfene Capitulation allbereits geleſen, und gefunden hätten, daß in ſolcher derley billige Bedingniſſen enthalten, welche jeder zu erfüllen ſchuldig wäre, glaubten alſo, es bey dieſer Capitulation zu belaſſen, und dieſelbe dem künftigen Regenten vorzulegen.

CONCLUSUM.

Per majora ſeye es bey der in ganz billigen Bedingniſſen entworfenen Capitulation, ohne daß D. D. Capitulares ſich desfalls Hand⸗Treu geben ſollen, zu belaſſen, und ſolche abermalen zu verleſen.

Ziffer 22.

Copia des von dem Fürſtlich⸗Speyeriſchen Canzler Weiſkirch an den Dom⸗ kapitliſchen Syndikus Baur unterm 20. Febr. 1771.
erlaſſenen Schreibens.

Wohlgebohrner Herr,
Inſonders Hochgeehrteſter Herr geheimbde Rath!

Unſers gnädigſten Herrns Hochfürſtliche Gnaden haben mich per Expreſſum gnädigſt zu authoriſiren geruhet, Euer Wohlgebohrn einen Extractum Cabinetts⸗Protocolli vom 16ten dieſes, in Betref des jüngſthin mit dem Hochwürdig⸗Gnädigen Domkapitel abgeſchloſſenen fernerweiten Vertrags, wie anmit beſchiehet, zu gutfindendem behuſigem Gebrauch zu übermachen, welchem zugleich das im Reverend. Capitulo Spirae ſub 1ma hujus praeſentirte Concept erſt bemeldten Vertrags zurück anbiege.

Anneben lege auch das anverlangte Documentum Sententiae, das kleine Jahrd zu Rheinhauſen betreffend, hier an, und obenverhalte dabey geziemend, was maſſen bis reſpect. von Euer Wohlgebohrn und des Herrn Weyhbiſchoffen Hochwürden und Gnaden wegen vorgenommener Verpflichtung deren Vicariats⸗Perſonen erſtattete Berichte höchſtgedacht Ihro Hochfürſtliche Gnaden ſeiner Zeit unterthänigſt praeſentirt, und von Höchſtdenenſelben gnädigſt aufgenommen worden ſeyen.

Wobey übrigens mit bekannter vorzüglichſter Hochachtung äuſſerſt beharre

Euer Wohlgebohrn

Bruchſal
den 20ten Febr.
1771.

gehorſamſter Diener
F. J. WEISSKIRCH.

Copia Extractus Hochfürſtlich⸗Speyeriſchen Cabinets Protocolli d. d. Bruchſaliae den 16ten Februarii 1771.

ꝛc. ꝛc.

Ferner wurde das nunmehro mit dem Domkapitliſchen Inſiegel gleichfalls verſehene eine Exemplar gehorſamſt reproducirt.

Worauf Celſiſſimus per Expreſſum ad Protocollum declarirten, welcher Geſtalten Sie ab der Thätigung dieſer Uebereinkunft um ſo mehr ein ganz beſonderes Vergnügen ſchöpfeten, je

mehr

mehr Sie sich als ein 15. jähriger Speyerischer Dom. Dechant, und vieljähriger anderweitiger Kapitular, auch ehemaliger Kur- und Fürstlicher geheimer Rath, und respective Regierungs-Praesident in Rucksicht deren vorliegenden Wahl-Kapitulationen nicht allein, sondern auch vermög deren Ihnen gar wohl bekannten Domkapitulischen Urkunden und Titres überzeüget hielten, daß alles, was durch diesen Nachtrag dem Domkapitel zugeeignet worden, demselben ohnumgänglich gebühre, und solcher Gestalten zwar, daß ein Bischof und Hochstifts Regent, welchem eben so, wie ihnen, die dießfällige Domkapitllische Befug- und Zugejtandnissen bekannt wären, ein-so aus deres nie ohne Gewissens Beschwehrung unausgeglichen hätte belassen können; Dahero Sie dann auch so gar der Posteritæt zur Nachricht hier unangemerkt nicht lassen wollten, daß wofern Sie nicht selbst Bischof und Regent, sondern nur ein Rath eines hiesigen Fürsten wären, Höchstdieselbe auch alsdann ihrer Ueberzeugung, fort Gewissen und Pflichten halber nicht anderst gekönnt hätten, als die Eingebung dieser neuerlicher in Recht und Billigkeit auch sonstigen guten Absichten gegründeten Uebereinkunst auf alle Art und Weise anzurathen. ic. ic.

Zifer 23.

Weiterer Extractus Hochfürstlichen Speyerischen Cabinets Protocolli d. d. Bruchsaliæ den 16ten Februarii 1771.

RESOLUTIO CELSISSIMI.

Cum acclusione Extractus hujus Protocolli fiant nunc Rescripta; und zwar ad Regimen Bruchsaliense, dahin:

„Was für eine Uebereinkunft zwischen uns und unserem Fürstlichen Hochstift, dann unserem „würdigen Domkapitel unterm 14ten und respect. 15ten hujus zu beiderseitigem Vergnügen „zu Stande gekommen; solches geben wir Denenselben und euch durch beygehendes Ori„ginale des Endes zu erkennen, daß erwehntes Originale desumpta Copia, an unser Haupt„Archiv zur Verwahrung abgeschicket, und so viel an Denenselben und Euch ist, allseits „genau darauf gehalten, mithin unter andern auch von nun an wegen denen vormals re„solvirten Criminal-Prangern in denen Domkapitularischen Orthschaften alles, so weit nö„thig, wiederum redressiret, und führohin die Verpflichtung deren Domkapitularischen Beamten „unterlassen werde.

„Und da unter anderem numehro auch in Ansehung des Binsheimer Zehenden, und der „so genannten Weydenlache gütliche Auskunft sub Art. IV. dieser neuerlichen Uebereinkunft „getroffen worden; so wollen wir, daß unserm Hofrath und Amtmann zu Grombach (so „wie von Seiten unsers Domkapitels an den Amtmann zu Jöhlingen geschehen wird) als„balden der Auftrag zugehe, womit von demselben am 20ten nächsthin in Gefolg des be„sagten 4ten Artikels der alda erwehnte Zehende und so genannte Weydenlache von wegen „unsers Hochstifts an unser würdiges Domkapitel anwiederum förmlich und urkundlich ab„getretten und überwiesen, auch, wie deme beschehen, Bericht erstattet werde.

Ad Consilium Ecclesiasticum, Vicariatum Spirensem & Cameram aber mitfolgenden:

„Was für eine Uebereinkunst zwischen Uns und unserem Fürstlichen Hochstift, dann unserem „würdigen Domkapitul unterm 14. und respect. 15ten hujus zu beiderseitigem Vergnügen „zu Stande gekommen, solches geben wir Denenselben und euch durch beygehende Abschrift „des Endes zu erkennen, daß, so viel an Denenselben und euch ist, allseits genau darauf „gehalten werde.

Dann wird anbey gehelmder Rath und Referendarius WEISSKIRCH hiemit per Expressum auctorisiret, dem geheimden Rath und Dom Syndico BAUR gleichfalls Extractum hujus Protocolli zum dienstamen Gebrauch zu communiciren.

Zifer

Ziefer 6.
Jovis 11. Augusti 1785.

Zu Speyer Herr Bischof und Fürst contra das Domkapitel daselbst, die anfechten wollende Landesherrliche und Bischöfliche Gerechtsame betreffend.

Absolvitur Relatio & Conclusum.

Ponantur des Herrn Fürst-Bischoffen zu Speyer anderweite Allerunterthänigste Berichte de datis 31. Julii, 18. Augusti, & 10. Novembris, & præsentalis 10. & 26. Augusti, & 16. Decembris anni elapsi ad acta, und ergehet so wohl auf die von dem impetrantischen Herrn Fürsten in denenselben enthaltene Parition ad Conclusa de 28ten Augusti 1781. & 30ten Aprilis 1784. und respective gegen dieselbe gemachte Vorstellungen, dann weitere neuerliche Anzeigen, als auch auf die von dem impetratischen Domkapitel eingereichte Exhibita nachstehender Bescheid, und zwar so viel den impetrantischen Herrn Fürst-Bischoffen betrifft wird

I. in puncto restitutionis Spolii die von demselben in eigenem- und in Namen des itzigen Domdechanten von Hutten gemachte Anzeige, daß diese beyde ratæ bereits ad Cameram restituirt worden seyen, jedoch mit Verwerfung der beyder Gegenständen halber gemachten Vorstellungen, und des dießfalls formirten Erklärungs-Gesuchs, pro sufficienti paritione angenommen, und bleibt im übrigen des Herrn Fürst-Bischoffen Landesfürstlicher Willkühr nunmehro lediglich unbenommen, besagtem von Hutten, dessen Pflichtschuldiges Betragen in Befolgung der bisherigen Kayserlichen Verordnungen Kayserlicher Majestät zum allergnädigsten Wohlgefallen gereichet, den dießfalligen Erlaß leisten zu lassen.

II. Nachdem

A.) Der in dem Conclufo de 28. Augusti 1781. membri III. Lit. D. erwehnte Umstand, daß das unerlaubte Spolium unter dem Vorsitz des Herrn Fürsten als Domdechanten von dem Domkapitel beschlossen worden seye, sich durch die von dem Herrn Impetranten in dem Bericht de dato 31. Julii, & præsentato 10. Augusti anni præteriti angeführten Gründe keineswegs beseitiget findet, sondern vielmehr durch den diesem Bericht sub. N. 96. beygelegten Sess. Balanz-Protokollar-Extract von 25ten April 1770. neuerdings bestättiget, so wie die von dem Herrn Fürst-Bischoffen in seinem ersten Bericht de præsentato 30. Maji 1778. zur angeblichen Entschuldigung fürgebrachte, und in dem untern 4ten Dezember 1781. erstatteten weiteren Bericht wiederhollte Ursache, „daß Er als damaliger Domdechant dieser „Domkapitulischen Anmaßung, wie Er unsonsten gethan haben würde, derowegen nicht habe „vorbeugen können, weilen Er zur Zeit, als wegen Auszahlung der 50000. fl. der Kapitular- „schluß abgefaßt worden seye, nicht gegenwärtig gewesen seye, sondern an dem nemlichen „Tage durch einen Kapitular-Auftrag die zween Statthaltere in Bruchsal der Dienerschaft „vorgestellt hätte „ in dem membro IX. n. 1. Conclusi de 30. Aprilis 1784. billigermaßen als ein wiederholtes Aktenwidriges Angeben verworfen worden ist;

B.) Herr Fürst-Bischof auch, so viel die Gräflich Stadionische ratam belanget, nun das in dem Bericht de dato 24. Novembris & præsentato 4. Decembris 1781. auf den Kayserlichen Beystand zur Aufhebung eines Klosters zu Speyer gerichtete petitum in dem spätern Bericht de dato 12. Maji, & præsentato 17. Junii 1783. widerrufen, äußer dem aber von der nunmehr geäußerten Absicht, den Spolien-Betrag zu mildern Stiftungen nicht verwenden zu wollen, keine Erwehnung gemacht hat, folglich das erstermehnte membrum IX. n. 3. Conclusi de 30. Aprilis 1784. in der Maaß, wie es abgefaßt worden, der Lage der Sache allerwegs gemäs, und der von dem Grafen von Stadion von seiner rata gemachte Gebrauch vor und an sich selbst löblich ist, auch dem Herrn Impetranten übrigens gänzlich anheim gestellet bleibet, daß er statt der vormals geäußerten guten Absicht von der Summa

restitu-

restituenda der übrigen Domkapitularen für einen Gebrauch machen wolle;

Ferner

C.) in dem membro III. Lit. B. Conclusi de 28. Augusti 1781. bereits von Kayserlicher Majestät dem Domkapitel ausdrücklich untersagt worden ist, bey denen nachgelassenen Fürstlichen Ministern, Räthen, oder Dieneren ausser in Casibus imminentis damni irreparabilis die mindeste Aenderung zu treffen, beneuselben an ihrer Besoldung, Gnadengehalt, oder sonstigen Prärogativen etwas zu mindern, oder solche gar abzuschaffen, oder neue aufzunehmen; auch die von dem impetrantischen Domkapitel in der so genannten Parisions-Anzeige so wohl dieserwegen als sonsten aufgestellte Principia, samt denen daraus anmaßlich hergeleiteten respective Auslegungen, Erweiterungen, und Einschränkungen per membrum VIII. Conclusi de 30. Aprilis 1784. verworfen worden sind, pars impetrata zur buchstäblichen Befolgung des obbesagten membri III. Conclusi de 28. Augusti 1781. angewiesen, und die fernerweit dagegen nachgesuchte restitutio in integrum per membrum VI. gegenwärtigen Conclusi abgeschlagen wird, und sich solcher Gestalt von selbsten verstehet, daß dem Domkapitel pro futuro eben so wenig gebühre, seinen eigenen Domkapitulischen Bedienten neue Prädikaten beyzulegen, oder diesem zuwider bereinst gegen die Fürstliche Dienerschaft mit einigen Fürstlicher Seits besorgenden widerrechtlichen Bedrückungen fürzugehen, und endlich

D.) die impetrantische Petita, in so ferne solche für gegründet zu halten sind, durch die nachfolgende Kayserliche Verfügungen ihre Erledigung erhalten, als hat des Herrn Fürst-Bischoffen wiederholtes Gesuch um ein Protectorium, als der Zeit überflüssig nicht statt, sondern lassen es Kayserliche Majestät durchgehends und ein für allemal mit Verwerfung der sämtlichen übrigen petitorum bey dem wörtlichen Innhalt der osterwehnten oberstrichterlichen Erkenntnissen vom 28. August 1781. und 30. April 1784. bewenden.

III. Bleibt die Kayserliche Resolution auf den von dem Herrn Impetranten ad membrum X. Conclusi de 30. Aprilis anni præteriti erstatteten Bericht bis zur Befolgung der dem impetratischen Theil per subsequens Membrum VIII. geschehenen Auflage ausgesetzt.

IV. Hat Herr Fürst-Bischof wegen des in dem Bericht de dato 7. & præsentato 16. Decembris anni elapsi angezeigten, den Neidsheimer Kirchenbau betreffenden facti, wenn das Domkapitel auf seine an dasselbe bereits erlassene Anbdung keine- zu Salvirung seiner Landesherrlichen Gerechtsamen genügliche Antwort geben sollte, das weitere sub separato rubro bey Kayserlichen Majestät vorzustellen.

Diesem nach wird quoad partem impetratam

V. Dessen allerunterthänigste Parisions-Anzeige, sich in Zukunft nach Maaßgabe der Kayserlichen Vorschrift auch allen Bezugs an Naturalien oder sonstiger Zuwendung einiger Utilitäten enthalten zu wollen, für hinreichend angenommen;

VI. Die von demselben nachgesuchte Restitutio in integrum aber ob omnimodam irrelevantiam novorum hiemit abgeschlagen.

VII. Detur eidem ex Officio terminus duorum mensium um denen beyden Conclusis de 28. Augusti 1781. & 30. Aprilis 1784. in allen und jeden Punkten sowohl durch wirkliche Restitution des Spolii, als auch durch eine unumschränkte Parisions-Erklärung vollständiges Genügen zu leisten, sub Comminationibus in dictis Conclusis contentis.

VIII. Hat sich impetratisches Domkapitel in Ansehung der Kammeral- und Landschafts-Rechnungen mit dem in dem von Herrn Fürst-Bischoffen unterm 21. Julius 1784. an Daßselbe erlassenen Schreiben enthaltenen Erbieten, dann der von dem Herrn Impetranten in dem Bericht de præsentato 10. Augusti 1784. bey Kayserlichen Majestät gethanenen Erklärung, welcher Gestalt Herr Fürst-Bischof bereit seye, auch alle-impetratischer Seits davon zu verlangende Auszüge in Abschrift mittheilen zu lassen, zu begnügen, und nach solcher Gestalt genommener Einsicht und respective Erhaltung der nöthig scheinenden Abschriften sodann

X t   und

und allsofort und längstens in Termino duorum mensium den ihm per membrum X. Conclusi de 30. Aprilis Anni præteriti abgeforderten Bericht zu erstatten.

IX. Nehmen Kayserliche Majestät die impetratische Auskunft ad membrum III. n. 3. ejusdem Conclusi in der allergnädigsten Zuversicht für hinreichend an, daß Capitulum im übrigen nicht entstehen werde, denjenigen Kapitularen, deren Geschlecht nach ihrer Aufschwörung in einen höheren Grad des Adels erhoben worden ist, auf derselben Verlangen, den erhaltenen Adels Grad auch in allen negotiis Capitularibus ohne Nachforderung einer höhern Taxe, als worinnen der Receptus bereits aufgeschworen hat, beyzulegen.

J. G. v. Hofmann.

Zifer 7.

Extractus aus dem Abdruck der in Sachen Eines Hochwürdigen Domkapitels zu Speyer contra Jhro Hochfürstliche Gnaden daselbst puncto diversorum Gravaminum übergebenen allerunterthänigsten Gegen = Anzeige ad adversarium Exhibitum d. d. 8. Jan. 1759.

§. 11.

Indiewellen aber unter allen diesen remissivè Hochfürstlichen Vorspiegelungen und gefährlichen Moliminibus jenes adversantische Exhibitum vom 8. Jan. dieses lauffenden 1759sten Jahrs sich auf eine ganz besondere und recht ausserordentliche Art distinguiret, gestalten in demselben solche Dinge angebracht werden, welche in rerum natura nicht einmal erfindlich seynd, sondern Jhro Hochfürstliche Gnaden aus unzeitiger Besorgnus sich allzu frühzeitig beygehen lassen wollen, ob dörfte dergleichen bey einem künftigen Interregno sich etwa zutragen; Als finden unterzeichneten Anwaldes gnädige Herren Principales Dombechant und Kapitul des Kayserlichen hohen Dom-Stifts zu Speyer, um Euere Kayserliche Majestät auch jenes Domkapitularische im letzterem Interregno bezigte denen Reichs = Verfassungen, und deren teutschen Stifterern uralt hergebrachten Befugnüssen gemäse durchaus ganz untadelhafte Betragen und Verfahren allergehorsamst zu hinterbringen, anbey zugleich dem Hochfürstlichen Gegentheil allenthalben die volle Maaß zu geben, nicht unbienlich zu seyn, ermeltes adversantisches Exhibitum etwas näher und umständlicher zu beleuchten und zu beantworten.

Der Hochfürstliche Antrag gehet in Ingressu dieses Scripti dahin, es möchten Euere Kayserliche Majestät vor das künftige und in Casum Sedisvacantiæ solche Verfügungen zu machen allergnädigst geruhen, die welche hinreichend seyen, das Hochstift vor Schaden, und die Hochfürstlich-Speyerische Ministros, Räthe und Bediente vor allerhand Vexationen und Prostitutionen sicher zu stellen.

Was Jhro Hochfürstliche Gnaden zu derley Besorgnus veranlasset haben möge, stehet diesseits nicht zu begreifen, um da weniger, als nicht zu præsumiren, viel weniger Rechtsbegründet contra Capitulum dargethan werden kan, daß dieses, welches doch Sede non vacante, als die Grund = Herren und innerste Gliedere des Hochstifts, aus wessen Gremio ein künftiger Regent und Bischof erwählet wird, in allen wichtigeren das Hochstift betreffenden Dingen und Angelegenheiten nach deutlicher Vorschrift der Canonischen Satz- und Ordnungen um Rath gefragt, auch ohne wessen ausdrücklichen Consens und Einwilligung ab Episcopo in gravioribus nichts Verbindliches geschlossen werden kan, noch soll; und welches Sede vacante in gewisser Maas das so wohl geistlich = als weltliche Regiment zum Besten der Kirche und des Hochstifts zu übernehmen, und zu führen berechtiget ist, dem Hochstift zum Schaden jemals etwas unternehmen, oder diejenige Räthe und Bediente, welche dem Hochstift getreu, aufrichtig, und mit wahrem Nutzen gedienet, unbilliger Weis divexiren, prostituiren und verjagen werde.

Wohl

(167)

Wohl aber ist jedes Cathedral-Capitul nach eben erwehnten Canonischen Satzungen und universal Gewohnheit des Heil. Röm. Reichs befugt, berechtigt und gehalten, eben so, wie ein zeitlicher Bischof Sede plena, also eodem è vivis decedente & sic Sede vacante dasjenige, was dem Hochstift schädlich zu seyn gefunden wird, respective abzustellen und abzuwenden, dessen Nutzen quovis modo zu befördern, unnöthige oder gar untaugliche Räthe, Beamten, und Dienere abzuschaffen, und in so weit es nöthig, andere taugliche und getreue Subjecta anzunehmen, nach einmüthigem Zeugnuß der Canonisten ad
Tit. ne Sede vacant.

Ubi Unanimi ore concludunt, Capitulum posse 1.) condere statuta perpetua etiam super competentibus Episcopo ratione Jurisdictionis ordinariæ, & pertinentibus ad Gubernationem Diöcesis, 2.) de Causis quibuscunque cognoscere, Verbo: posse regulariter ea omnia, quæ competunt Episcopo sede plena jure ordinario, sive deinde sint Jurisdictionis contentiosæ, sive necessariæ, sive voluntariæ.

<blockquote>
Guttierez Can. quæst. Lit. I. Cap. II. n. 10.
Barbosa ad Cap. illa 2. ne Sede vacant. n. 3.
Thomasin P. I. Lib. 3. C. 7.
Engel ad eund. tit. n. 1.
Schmier Jurisprud. Canon. Civil. Lib. 3. Tractat. I. P. I. Cap. 4. Sect. 2. §. 2. & 3.
</blockquote>

Mit welchen dann auch die Interpretes juris publici vollkommen übereinstimmen, per textum expressum in

<blockquote>
Instrum. P. W. Art. 5. §. 17. & 21.
vid. de Bassis Disput. jurid. de jurisdict. th. 44. n. 1.
Bernard. Mulzius in Repræsent. Majestat. p. 3. C. 16.
Hermes Fascic. jur. pub. Cap. 6.
</blockquote>

Dieser allenthalben bestättigten Rechts-Befugnus gemäß wurde sofort bey letzterer Sedisvacanz das Regimen Vicarium des Hochstifts Speyer von dem Domkapitul übernommen, und dergestallt vorsichtig, untadelhaft, und vor das Hochstift ersprießlichst geführet, daß Ihro Hochfürstliche Gnaden bey angetrettener Regierung alle acta & facta Capituli höchst Selbst belobt, approbirt, und solche bis anhero ohnwidersprochen belassen haben. Es muß dannenhero jedem ohnbefangenem Gemüthe um da befremdlicher vorkommen, wie Ihro Hochfürstliche Gnaden über Dinge, die Sie selbst als damals mitverordnet-gewesener Statthalter in Oeconomicis und Cammer-Präsident nach Zeugnus des super Actis Interregni geführten Capitular-Protocolls haubtsächlich veranlasset, und verfüget, und die sie von Zeit dero Regierungs Antritt bis anhero, nemlich binnen sechszehen ganzer Jahren gutgeheissen haben, nunmehro erst Dero Domcapitul, welches inzwischen fast auf die Helfte ausgestorben, und woran denen successivè neu eingetrettenen Capitularen nicht der mindeste Antheil beyzulegen ist, dergleichen Vorwürfe und Ausstellungen machen wollen, oder mit gutem Fug und Grund machen können.

Soll es aber eine blosse Besorgnus vor künftige Zeiten heissen, wie dann auch effectivè der Innhalt dieses Hochfürstlichen Exhibiti vom 8. Jan. 1759. nicht so wohl de præteritis als vielmehr de futuris Contingentibus zu handlen scheinet, so ist es eine altbekannte und ausgemachte Wahrheit, quod ad futura Contingentia, utpote incerta, officium judicis non interponatur.

Card. Tusch. Pract. Concl. Tom. 4. Lit. f. Concl. 568.

Es ist weiters unstrittig, daß, gleichwie ein zeitlicher Bischof und Reichsfürst, weder von seinem Vorfahrer, noch von seinem Capitul sich die Hände zu künftiger Regierung, in so fern solche von denen Canonischen Satzungen und Reichs-Constitutionen nicht abweichet, niemals binden lasset, also auch durch ihn dem Capitul auf künftige Sedisvacanz die alsdann

dann vorkommenden Umständen nach erforderliche Art und Weiß der zu führenden Administration nicht zum voraus vorgeschrieben, vielweniger beschränket werden könne.

Nebst diesem veroffenbahret sich ganz handgreiflich, daß, wozumahlen sothane Befugnuß samtlichen Capitulis des Heil. Röm. Reichs durch uralt hergebrachte allgemeine Observanz und durch die ausdrücklichste Gesetze beygeleget ist, Ihro Hochfürstliche Gnaden, einfolglich hierunter nicht dero Domcapituls besondere, wohl aber der gesamten hohen Erz- und Dom-Stifteren (wovon jedoch Höchstdieselbe ein Mitglied waren, auch verschiedene aus Dero Familie noch seynd, und künftig zu werden verlangen, ganz ohnlaugbar gemeinsame Jura anzutasten, und vor künftige Zeiten, wo nicht gar, zu vernichten, doch sehr herunter zu setzen, sich bevgehen lassen, dann die samtliche in mehr berührtem Hochfürstlichen Exhibito recensirt werdende Puncten seynd indeterminatè ad Capitula gerichtet, und eigentlich ein Extract aus jenem Impresso, welches unter dem Titul: Disquisitio Canonico-publica de Capitulorum Metropolitanorum & Cathedralium, Archi- & Episcopatuum Germaniæ origine, progressu, & juribus, regimine præsertim territoriali intermistico Sede vacante, ejusque Usu & Abusu: im Jahr 1758. zum Vorschein gekommen ist; wessen Author aber, indem er sich dem Publico zu erkennen zu geben, nicht getrauet, allschon zum voraus sattsam verrathet, daß er vom Geist der Partheylichkeit eingenommen ex mero odio contra Capitula geschrieben habe, und seine weder mit der Hierarchia Ecclesiastica, weder mit der Analogia juris Canonici übereinstimmende irrige Principia nec asserta, ja ganz offenbare selbst eigene Contradictiones vor der unpartheyischen Welt viel weniger in dem Fall, wo es in facto zur Gerichtlichen Discusion Episcopos inter & Capitula kommen sollte, zu defendiren, wahr zu machen, und rechtlich zu behaupten, nimmermehr im Stand seye. Weswegen dann auch ein sicherer tiefleuchtest einsehender geistlicher Reichsfürst und Patriot, Höchst welchem dieser ungenannte Scriptor die in fine seiner Præfation bemerkte andere Disquisitionem de juribus Capitulorum circa Capitulationes &c zu dediciren, dem sicheren Verlaut nach Vorhabens gewesen, sothanes Anerbiethen summa cum Indignatione von sich gewiesen, und solcher Gestalt ganz andere Gesinnungen gegen die teutsche Stiftere geäussert haben, als Seine Hochfürstliche Gnaden zu Speyer gegen Dero und andere Capitula erproben. Da Sie dieses Impressum, wo es kaum an das Tageslicht gekommen, einem Hochwürdigen Dom-Capitul als eine künftighin, si Diis placet, zu befolgende Normam mittelst einem ganz besonders darnach eingerichteten Hochfürstlichen Schreiben, zu communiciren sich angelegen seyn liessen.

Dieser Anonymus nun, und ex illius ore der Hochfürstlich-Speyerische Schriftsteller querulirten pag. 46. contra Capitula.

1mo.) Würden gemeiniglich alle Briefschaften in dem Cabinet und denen Canzleyen von einer besondern Domkapitularischen Deputation durchsuchet, ohne Jemanden von der Landes-Regierung darzu zu nehmen, woraus dann zu entstehen pflege, daß die geheimeste Correspontien mit Kayserlichen und anderen Ministris, wie auch die verborgene Familien-Sachen kundoffenbar gemacht würden, desgleichen geschehe auch mehrmalen, daß allerhand Pieçen bey derley Durchsuchungen deren Cabineter und Canzleyen zum größten Nachtheil des Hochstifts auf die Seite gebracht würden. rc.

Anwalds gnädige Herren Principales gewärtigen allvorderst von dem Hochfürstlichen Gegentheil rechtlichen Beweis dieses injuriosen imputati, mit welchem aber derselbe um da weniger aufzukommen vermag, als die tempore Interregni geführte Protocolla Consilii Ecclesiastici, Regiminis, Cameræ, und andere bey denen Hochstift-Speyerischen Dicasteriis und Archiven verwahrlich liegende respectivè Befehle des damals regierenden Dom-Capitals auch vielfältig erstattete Berichtere deren Dicasteriorum, Räthen und Beamten das grade Gegentheil verificiren.

Wollte aber mit dergleichen Assertis vagis dahin abgezwecket werden, ob stünde denen

Capitulis

Capitulis Sede vacante nicht zu, nach denen Brieffschafften in denen Fürstlichen Cabinettern und Canzleyen sich zu erkundigen, solche einzusehen, und das Nöthige darauf zu verfügen, so würde sämtlichen teutschen Ertz- und Dom-Stifftern die Besorgung deren Reichs- und Crayß-Angelegenheiten, die Administrirung der Justiz, in Summa aller Gewalt, tempore Interregni das mindeste verfügen zu können, kurzum abgeschnitten, und benommen seyn müssen; welches aber ein ganz ungeheurer, ausser dem obscuren Authore Anonymo sonst weder von Canonisten noch Publicisten jemals hazardirtes Systema ist, dann diese seynd alle provocando ad
Concilium Tridentinum Sess. 24. C. 16.
C. cum olim de Majoritat. & Obedient.
C. 1. & 2. ne Sede vacante aliquid innov.

Darinn einig, quod Capitulis Sede vacante pleraque jura statibus Imperii qua talibus communia, præsertim verò ea, quæ Jurisdictionis ordinariæ sunt, nec non Regimen & Administrationem territorii concernunt, qualia sunt: interesse Comitiis, dare suffragium, exercere Justitiam in causis civilibus & criminalibus &c. competunt, & in his omnibus ea facultate & potestate gaudeant, qua Princeps Episcopus Sede plena pollebat, prout hanc Thesin per adductu multifaria Exempla stabiliunt
supra Allegat. de Bassis Disput. jurid. de jurisdict. thes. 44. n. 2.
Gall. Pract. obser. Lib. 1. obs. 30. per tot.

Von der nemlichen dahin fälligen Beschaffenheit ist das adversantische
2dum. und das daraus gefolgert werdende
3tium Imputatum. Dann gleichwie Capitulum Sede vacante Jurisdictionem und Administrationem Justitiæ hat, so muß es auch befugt seyn, sich die gerichtliche Protocolla vorlegen zu lassen, und einzusehen, ob die Räthe und Referenten ihrem Amt und Pflichten ein Genügen gethan, und denen ihnen ad referendum ausgestellten Sachen fleißig, auch der Justiz gemäß gearbeitet, votirt, und judicirt haben, wornach alsdann diejenige, so wider Pflichten und Gesätze gehandelt zu haben, befunden werden, von dem Dom-Capitul eben so wohl, wie von dem Regenten, als dessen Stelle es Sede vacante vertritt, bestraft, oder befindenden wichtigen Umständen nach gar ab officio amovirt werden können. Daß aber die Einsicht deren Protokollen zu dem Ende bey letzterer Sedisvacanz genommen worden, um zu wissen, wer etwa in causa seu causis Capituli referens, und eines contrarii voti gewesen seye, auch daß daraufhin die Hochfürstliche Räthe mißhandelt, und auf das äusserste prostituirt worden, dieses ist wieder ein blosses aus dem Authore Anonymo pag. 47. & seqq. der reholtes, in facto nicht zu probirendes Assertum, cui ei, qui allegatum, facilitate contradicitur; auf gleichen wichtigen Schlag heißt es weiters ꝛc. ꝛc.

5to.) Wird Domkapitularischer Seits nicht verabredet, daß bey letzterem Interregno verschiedene Räthe und Bediente angenommen worden, als wozu dieses (es mag auch der Author Anonymus pag. 54. 55. & 56. dargegen nach seiner corrumpirten Einbildungskraft zu Papier bringen, was er will) auf alle Weiß befugt, und gleichsam necessitirt wäre, gestalten bey Regierung weil. Sr. Hochfürstlichen Eminenz, die Regierung und Cammer nur in zwey biß drey Räthen bestunde, zu welchen zur Beförderung der Geschäften, besonders in Justiz-Sachen bey der Regierung noch einige währendem Interregno à Capitulo regnante ausersehen, und bestellt wurden, die welche Ihro Hochfürstliche Gnaden wegen ihrer besitzenden Fähigkeit, Fleiß und Diensteifer nicht nur mit ganz besonderen Gnaden angesehen, sondern nebst diesen in manifestum signum, daß die Dicasteria tempore Interregni nicht übersetzt, oder die Cameral-Cassa unnöthigen Dingen mit mehreren Bestallungen beschwehrt werden, noch viele so wohl Hof- als Cammerräthe, auch andere viele Land-Beamte, Hof- und sonstige Bediente weiters recipirt, und mit guten Bestallungen versehen und begnadiget haben, dergestalt, daß dieses kleine Hochstift auch dem grössten und weitläufftigsten geistlichen Fürstenthum an der Zahl hierunter nichts nachgiebt. Daß ꝛc. ꝛc.

ite Imputatum, deßfalls provocirt ein Hochwürdiges Dom-Capitul nochmalen, wie oben bey dem imputato imo. auf die tempore Interregni geführte Regierungs- und Cammer-Protocolla, auch andere bey denen Hochstiftischen Archiven und Registraturen verwahrlich liegende respective Befehle Capituli tunc temporis regnantis; woraus sich im Gegentheil ergeben wird, wie man allen denen von wegl. Sr. Hochfürstlichen Eminenz während Deroselben Regierung erlassenen Verordnungen genauest insistirt, und in vorgefallenen Regierungs-Geschäften, auch Justiz-Sachen, jedesmalen auf vorhero eingeholte Berichtere von demjenigen Dicasterio, wohin die Sachen eingeschlagen, darnach verfahren habe. Sollte aber ein oder andere in der Execution nicht räthlich oder nützlich zu appliciren gewesene Verordnung aufgehoben, und eine mehr convenable und ersprießlichere dargegen eingeführt worden seyn, so haben ja Ihro Hochfürstliche Gnaden diese des regierenden Dom-Capituls billigmäßige Verordnung, gestalten Sie es bey denen Actis interregni völlig belassen, und all solches begnehmiget halten, gar wohl anerkennet, auch den darab erwachsenen Nutzen überzeugend verspüret. Daß man aber Domcapitularischer Seits allerley schädliche Neuerungen aufgebracht, und eingeführet habe, ist nimmermehr erweißlich. Es ist halt hierbey wiederum, wie in all übrigen Punctis dem Authori Anonymo von Seiten des Hochfürstlichen Schriftstellers gefolgt, und was jener in seinem impresso pag. 44. & 45. contra Capitula widrig dissertiret, extrahirt worden, jedoch muß eben dieser Author pag. 46. invitis licet dentibus eingestehen, Capitulis, flagrantibus ita circumstantiis, Statuta & Leges intermisticas condendi facultatem denegare haud posse, addita ratione: quia Capitulis Metropolitanis & Cathedralibus intereà temporis incumbit, ut quæ salus tum Ecclesiæ tum territorii & Imperii postulat, provida cura ordinent, ideo proficuas in hunc finem constitutiones promulgare possint. &c. &c.

Es gelanget solchem nach an Euer Kayserliche Majestät Anwalds gnädiger Herren Principalen allerubmissestes Ansehen und Bitten: Euer Kayserliche Majestät geruhen in allermildester Beherzigung daß die von Sr. Hochfürstlichen Gnaden zu Speyer contra Capitulum vorgepiegelte sämtliche imputata durchaus unbegründet, und lediglich in der gefährlichen Absicht angebracht seynd, um das Domcapitul auf solche Art coram Throno Cæsareo zu denigriren, und dergestalt gehäßig zu machen, damit diesem in rechtlichem Verfolg seiner contra Celsissimum eingeklagter sehr vieler das Domcapitularische Eigenthum, Ortschaften, Unterthanen, Immunitæten, Jura, und Gerechtigkeiten betreffender Gravaminum der Weeg abgeschnitten, oder doch erschwehrt werden möchte, auf derley weder erwiesene, weder zur Gerichtlichen Discussion als vaga & de incertis ac futuris contingentibus imaginata asserta, gehörig- oder admissible adversantische Insinuationen allergerechtest nicht zu reflectiren, auch nicht zu gestatten, daß ein Euer Kayserliche Majestät allergetreüest- und devotestes von Allerhöchst Dero Vorforderen am Reich fundirtes Kayserliches Domstift von dem Hochfürstlichen Gegentheil um alle seine Prærogativen, Rechten, Eigenthum, Privilegien, und Immunitæten ganz und gar gebracht, und gleichsam in die letzte Klasse eines bloßen Hochstift-Speyerischen Unterthanens herunter gesetzt werde, sondern aus Allerhöchster Kayserlicher Authoritât, als supremus Advocatus & Protector aller teutschen Stifteren im ganzen heil. Röm. Reich Anwalds gnädige Herren Principales, Dombechant und Capitul des Domstifts Speyer bey ihren wohlhergebrachten Gewohnheiten, Gerechtsamen, und Freyheiten, auch deren possessione vel quasi kräftigst zu schützen, und zu handhaben, besonders aber in gegenwärtigen Umständen, wo des Hochfürstlichen Gegentheils Molimina nicht nur gegen das Speyerische, sondern in der Folge gegen alle andere hohe Erz- und Domstifteren in öfters bemerckter jenseitiger Anzeige vom 8. Jan. a. c. gerichtet seynd, das gemeinschädliche Uebel in Zeiten allergnädigst abzuwenden, und aus Reichs-Väterlicher Vorsorge die nachdrucksamste Rettungs-Mitteln allergerechtest vorzukehren. Hierüber ic. ic.

Euer Kayserlichen Majestät

allerunterthänigster
Zifer 8.

(171)

Zifer 8.

An den Bischoffen zu Speyer, in Sachen zu Speyer Dhom-Capitul
contra
den Herrn Cardinalen und Bischoffen daselbst

Punéto turbati Juris primæ Inſtantiæ.

Carl der Sechſte, von Gottes Gnaden, erwehlter Römiſcher Kayſer, zu allen Zeiten Mehrer des Reichs. ꝛc.

Bey Uns hat das Dhom-Capitul Euer Lbd. anvertrauter Cathedral-Kirchen zu Speyer, nach Ausweiß beyverwahrter Abſchrifft allerdemüthigſt angebracht, was maſſen dieſelbe, oder vielmehr dero geiſtliches Conſiſtorium gantz ohnvermuthet, und neuerlich geſinnet ſeye, bemeldtes Dhom-Capitul in ihrer uralt-hergebrachter bey allen Ertz- und Dhom-Stifteren des teutſchen Vaterlands allenthalben üblicher Jurisdictione primæ Inſtantiæ, in ſuos Concapitulares & perſonas Chorales, und in der von erſt ermeldten Dhom-Capitul von undencklichen Zeiten her ruhig gehabter, auch von Euer Lbd. ſelbſten vor ohnſtreitig erkannter poſſeſſione vel quaſi zu beeinträchtigen, und ſich ſelbſten ſolche erſte Inſtanz quæſtionis neuerlich privativè zuzueignen, und zu Rom occaſione der vom Chur-Maintziſchen foro metropolitano wegen des Johann Lamberts Sexpræbendarii dahin gebrachter Appellations-Sache bey einer Congregatione Cardinalium particulari per modum conſilii an Ihre Päbſtliche Heiligkeit eine Reſolution in ſubſtantia dahin ausgewürcket, daß in prima Inſtantia die Juriſdictio ordinaria in præfatos Capitulares & Chorales Euer Lbdn privativè zuſtändig ſeye; welches alſo, wenn man nicht in Zeiten vorbieget, alle ihre bißherige Jurisdiction, und Poſſeſſion auf einmal über den Haufen werfen, und nicht nur Ihme, Dhom-Capitul zu Speyer, ſondern auch per conſequentiam allen Dhom-Capitulis im gantzen Römiſchen Reich ein ohnwiederbringliches Nachtheil zuziehen würde: Wie dann zu deſſen Abwendung zugleich bey Uns die meiſte Capitula, als in ſpecie von denen Ertz-Stifteren Mayntz, Cölln, und Trier, dann von denen Dhom-Stifteren Worms, Paderborn, Münſter, Hildesheim, Eichſtett, und Augſpurg mit beweglichen Interceſſionalien eingekommen ſeynd, und um ſchleunigſt allergerechteſte Hülfe allerunterthänigſt gebetten haben.

Gleichwie nun wir Uns als *ſupremus Advocatus & Protector* aller teutſchen Stifter im gantzen Heil. Röm. Reich, vermög der geſchwornen **Kayſerlichen Wahlcapitulation** Articulo decimo quarto verbunden erkennen, erſtberührte teutſche Stifter und Kirchen, bey ihren wohlhergebrachten Gewohnheiten, Gerechtſamen, und Freyheiten, auch deren poſſeſſione vel quaſi kräftigſt zu ſchützen, und zu handhaben, mithin nimmermehr zulaſſen können, noch werden, daß Selbige, und in ſpecie dermalen obenwehntes Dhom-Capitul zu Speyer, in ihren alten Gerechtſamen durch ein, und andere von Rom aus, zumalen nicht in foro ordinario, & abſque ſufficienti actorum Inſpectione, auswürkende Reſolution benachtheiliget werden ſollen.

Als ermahnen wir Euer Lbd. hiemit Reichsväterlich, und ſetzen anbey zu Dero Gemüths Billigkeit, das gnädigſte Vertrauen, dieſelbe werden ſi.? durch Dero Geiſtliches Conſiſtorium, oder durch die obgedachte ohnſtatthafte Reſolution nicht zu einer ſolchen Beeinträchtigung, ſo in Effectu ein allgemeines Gravamen aller Dhom-Capitulorum im gantzen Röm. Reich wäre, verleiten, ſondern vielmehr mehrgedachtes Dhom-Capitul zu Speyer in ſeiner von unfürdencklichen Jahren ruhig hergebrachter, und von Euer Lbd. ſelbſt realiter & verbaliter jurato & iterato, auch ſchrifftlich vielfältig agnoſcirter juriſdictione primæ inſtantiæ in ihre Concapitulares und Chorales, auch deren rechtmäſiger poſſeſſione vel quaſi weder jetzt, noch künftighin (zumahlen, da Euer Lbden die Landesfürſtliche Superioritæt, das jus appellationis von dem Dhom-Capitul, und Caſus excepti frey verbleiben) beunruhigen, ſondern um ſo gewiſſer obgekränkt tränkt dabey laſſen, als wir ſonſten (bevorab da es hier nicht nur um dieſes Dhom-Kapitul allein, ſondern wegen der Nachfolge, um aller Dhom-Capitulorum im Heil. Röm. Reich uhralte Gerechtſame, und Freyheiten zu thun iſt, Uns unumgänglich bemüßiget finden werden, zu deren gerechteſten, und nachdrücklicher Aufrechthaltung auf weiteres förmliches Anrufen, die behörige Reichs-Conſtitutions mäßige Mittel vorzukehren.

Wir ſeynd aber der gnädigſten Zuverſicht, daß es Euer Lbde nicht dahin werden kommen laſſen, noch in einer ſolchen, der conſuetudini univerſali totius Germaniæ zuwider laufenden, und aller Dhom-Capitulorum im Heil. Röm. Reich Juriſdiction, und deren ohnlaugbarer Poſſeſs betreffender Sache zu Rom, allwohin auch die behörige nachdrückliche Vorſtellung unter heutigem dato abgehet, keine weithere, ohnedem, geſtalten Sachen nach, von keiner Würkung ſeyn könnende motus machen, ſondern vielmehr, wie dieſer unſer Kayſerlicher, gerechteſter, und billigmäßiger Verordnung nachgelebet worden, innerhalb zwey Monathen, von Verkündigung dieſes den nächſten gehorſambſten Bericht erſtatten werdet. Und wir verbleiben bepnebens Euer Lbden mit ꝛc. Wien den 1. Martii 1731.

Zifer 9.
Jovis 28. Novembris 1782.

Zu Speyer Herr Fürſt-Biſchof contrà das Domkapitel daſelbſt, die anfechten wollende Landesfürſtliche Gerechtſame, in ſpecie die wegen der Probſtey Weiſſenburg entſtandene Irrungen betreffend.

Publicatur Reſolutio Cæſarea.

Ihro Kayſerliche Majeſtät haben gehorſamſten Reichs-Hofraths-Gutachten allergnädigſt approbiret, deme zu Folge:

1mo.) Ponatur des Herrn Fürſt-Biſchoffen zu Speyer allerunterthänigſter Bericht de præſent. 17. Aug. a. c. ad Acta, und kan derſelbe dem Speyeriſchen Domkapitel ad Notitiam vet. abfolget werden.

2do.) Reſcribatur erſagtem Domkapitel: Nachdeme Kayſerliche Majeſtät nicht fänden, daß durch den auf die Allerhöchſtderoſelben von dem Herrn Fürſt-Biſchoffen vorgelegte Obſervanz gegründeten 2ten Artikel des am 6. Dec. abgewichenen Jahrs mit dem Weiſſenburger Kapitel getroffenen Vergleichs der Reichs-Lehenbarkeit, oder der zwiſchen dem Hochſtift Speyer ſubſiſtirenden Union und Inkorporation der Probſtey Weiſſenburg zu nahe getretten, auch des Domkapitels Konkordat-mäßiges Wahlrecht, und hergebrachte ohnſtrittige Befugnis bey der durch den Tod eines zeitlichen Biſchoffen zu Speyer erledigten Weiſſenburger Probſtey auf Reichs- und Kreiſstägen das Probſteyliche Votum zu führen, im mindeſten benachtheiliget werde; ſo könnten Kayſerliche Majeſtät vorwaltenden Umſtänden nach, und unter der ohnabweichlichen Bedingnis, daß von dem Weiſſenburger Kapitel in Anſehung der ſämtlichen bisher dieſsfalls vor den Königlich-Franzöſiſchen Stellen obgeſchwebten Irrungen ausdrücklich Liti & Cauſæ renunciret worden ſeye, oder zuvorderſt annoch renunciret werde, geſchehen laſſen, daß erſagter Vergleich durch Ertheilung des Domkapitliſchen Conſenſus zur Vollſtändigkeit gebracht werde.

3tio.) Fiat hujus Reſcriptum notificatorium an den Herrn Fürſt-Biſchoffen zu Speyer dahin: Herr Fürſt-Biſchof werde zwar aus dem Anſchluß des niehreren entnehmen, in was für Maaße Kayſerliche Majeſtät das Domkapitel zu Ertheilung ſeines Conſenſus zu dem mit dem Weiſſenburger Kapitel eingegangenen Vergleich angewieſen habe, Allerhöchſt Dieſelbe könnten aber Ihme Herren Fürſt-Biſchoffen hiebey zugleich Ihro Allerhöchſtes billiges Beſtremden darüber nicht bergen, daß Herr Fürſt-Biſchof bey dieſem Vergleichs-Geſchäfte, wo bey die Gerechtſame des Speyeriſchen Domkapitels ſo weſentlich verflochten geweſen, nicht

nach

nach dem Beyspiele seines Herrn Vorfahrers mit dessen Vorgängigen vertraulichen Beyrath zu Werke gegangen seyn, sondern erst nach gänzlich vollendetem Geschäfte von demselben schlechterdings die Consens-Ertheilung zu gestatten, für gut gefunden habe.

Johann Peter Söhngen,

Zifer 10.

Copia.

Wir Karl von Gottes Gnaden Römischer Kayser zu allen Zeiten Mehrer des Reichs, und Kunig zu Behem, bekennen, und thun kundt offentlich mit diesem Brieff, allen denen, die ihn sehen, oder hören lesen, daß der Ehrwürdige Lamprecht Bischoff zu Speyer unser lieber Fürst und Andechtiger, unser Keyserliche Würdigkeit mit Vleiß gebeten hat, daß wir jm, seinem Stiffte, und dem Capitel zu Speyer geruchen zu bestetigen eine Süne, die seliger Gedechtnisse Kunig Rudolff unser Vorfar an dem heiligen Römischen Reich zwischen den Prälaten und der Pfaffheit zu Speyer an einem Theil, und den Burgermeistern, dem Rate und Burgern gemeinlich von Speyer an dem andern Theil gesprochen, und versiegelt, beiden Theilen gegeben hat, die von Wort zu Wort hernach geschrieben ist. Wir Rudolff von Gottes Gnaden Römischer Künig ein Scheidman erkorn. ꝛc. ꝛc. Dieser Brieff wart geben vor Walbeke an der Eilff tausent Mägde Tag, do von Gottes Geburt waren Tausend, zwey hundert, vier und achtzig Jar, an dem zwelfften Jare unsers Künigreichs. Des haben wir gnediglich bedacht des vorgenannten Lamprechts Bischoffs zu Speyer redliche Bete, und Besunder, daß das Stifft von Speyer ein alt ehrwürdiges Glid des Heiligen Reichs ist, do unser Vorfaren an dem Reich Römische Keyser und Künige ir Begrebde erkoren und erwelt haben, und daselbst begraben liegen, und daß man ir Gedechtnuß in der Kirchen zu Speyer, mit Messen und Vigilien getreulich begehet, und haben darumb die vorgenante Süne in allen ihren Punten, Artikeln und Meinungen, wie sie davor geschrieben seyn, mit rechter Wisse und Volkommenheit Keyserlicher Macht bestetiget und ernewert, bestetigen und ernewen dieselbe mit Kraft dieses Briffs, und gebieten darumb allen Prälaten der Pfaffheit, den Burgermeistern, dem Rate und Bürgern gemeinlich und besunder, die zu Speyer seyndt, und zu dem Stiffte und der Stadt zu Speyer gehörendt, daß sie die obgenante Süne unverbrüchlich in allen iren Punten, Artikeln, und Meinunge solten halten, und in keine Weiß krenken, noch übersaren, als lieb sie unser und des heiligen Reichs Ungnad wolten vermeiden, und darzu wer sie übersären, und nit genzlich hielte, als offt das geschehe, der soll mit der That verfallen seyn ein Pen hundert Marck lodiges Silbers, die halb zu unser Kammern, und das andere Theil dem Ueberfarern, und die Süne gebrochen wirdt, solten gefallen, und solten darumb nit mehr verbunden seyn, die Süne unverbrüchlich zu halten. Mit Urkundt dieses Briffs versiegelt mit unser Keyserlicher Majestät Ingsiegel. Geben zu Union nach Christi Geburte, dreyzehen hundert Jar, darnach, in dem fünff und sechzigsten Jares, des Freytags in der Pfingstwochen, unser Reiche in dem Neunzehenden, und des Keyserthumbs in dem Eilfften Jare.

Per Dnm Imprem

Henr. de Wesalia.

Zifer 11.

An die Römisch=Kaiserlich=auch in Germanien, und zu Jerusalem Königliche Majestät Allerunterthänigste fernerweite Parition=Anzeige juncto petito humillimo pro clementissime declarando Conclusum de 28. Augusti 1781. quoad membrum II. & IV. Art. X. Lit. A. In Sachen des Hrn. Fürst=Bischofen zu Speier contra das Domkapitel daselbst

pto. vorgeblich anfechten wollender Landesherrlich= und Bischöflicher Gerechtsamen.

E 3   Aller-

Allerdurchlauchtigster!

Eure Kaiserliche Majestät verlangen von dem Domkapitel zu Speier durch das jüngere Konklusum vom 11. August des laufenden Jahrs eine anderweite Parition, so, wie sie bereits in den vorderen Allerhöchsten Verfügungen vom 28. August 1781. und 30. April 1784. vorgeschrieben ist.

Nichts in der Welt kan ersagtem Domkapitel überhaupt näher angelegen seyn, als die genaue Befolgung all jener Anordnungen, welche das Allerhöchste Reichs-Oberhaupt zum Urheber haben.

Aber auch bey dieser allgemeinen Ergebung siehet dasselbe sich noch in dem geängstigten Zweifel verwickelt, ob es glücklich genug seyn werde, den eigentlichen Sinn jener Verfügungen durchaus zu treffen; Da ihme hie und da nach allen möglichen Durchforschungen gleichwohlen noch immer ein unauflösliches Bedenken übrig bleiben will, wie diese oder jene Stelle im Grunde verstanden gewesen seyn dörfte?

Vor allen Dingen werden Euer ꝛc. dahero alleruntertänigst gebeten, dort, wo das Domkapitel die Absicht der Weisung etwann nicht erreicht, einiges Nachsehen allergnädigst eintreten, sofort selbes (wie es wenigstens de Praxi nach dem Zeugniß Deckherii in Land. jur. Cum. lib. 3. tit. 2. §. 32. bei mangelhaften Supplikazionen zu geschehen pflegt) durch eine nähere Bestimmung darüber belehren zu lassen;

Unter dieser Voraussetzung erbietet sich demnach das ermelte Domkapitel zu Speier ad Membr. III. Conclusi vom 28. August 1781. ejusque Lit. A. & B. daß es bei dem erledigten Fürst-Bischöflichen Stuhl bis zu dessen Wiederbesetzung die innerliche- und äußerliche Regierungs-Geschäfte niemal anderst, als Reichs-Grund-Gesäzmäßig besorgen — Daß es bei jeden Vorkommenheiten jene Gegenstände, aus deren Versehub quoad interna Principatus vom Hochstift oder dessen Unterthanen ein wesentlicher- oder unersetzlicher Schaden zuwachsen, die Justiz-Administration gehemmet, oder sonst die allgemeine Ruhe und Sicherheit gestöret, quoad externa aber ein bedenklicher Aufenthalt verursachet werden könnte, von anderen gemeineren Gegenständen immerhin sorgfältigst unterscheiden, daß es nach eben diesem Maaßstaab sich in Ansehung deren schon bestehenden- oder pro re nata zu erlassenden Verordnungen, und zwar jedesmal unter dem Beirath deren einschlägigen Stellen und Depatementarien bemessen, daß es nicht minder bei der Aenderung der Dienerschaft die Fälle der Gefahr, der Noth, und einer schnellen Erheischung genau einzuhalten ohnverfehlen; mit einem Worte: Daß es seine Regierungs-Verwesung mit Vorsicht, Anstand, und Mäßigung auszeichnen werde.

Euer ꝛc. erfordern sodann unter der wiederholten Verwerfung des Domkapitlischen Grundsazes eines Fürst-Bischöflichen Raths die gebürende Folgleistung.

Unmöglich kan das Domkapitel sich überreden, daß es Allerhöchst Dero Willens-Meinung gewesen seyn möge, das, in den kirchlichen Sazungen unwidersprechlich radizirte Principium Senatus auch sogar in pur kanonischen Fällen, wo es um das Eigenthum des Kirchen-Guts, um dessen Veränderung oder sonstige Benachtheilung zu thun ist, und wo sie nach Gestalt der Umständen entweder das ausdrückliche Domkapitlische Mitbelieben, oder doch wenigstens dessen gutachtliche Berothung vorbehalten haben, gänzlich aufheben zu wollen.

Unfaßlich ist es aber auch zugleich demselben, warum eben jener Grundsaz des Fürst-Bischöflichen Senats in Ansehung deren, auf die Kirche übertragenen Temporalien und Regalien dem Namen nach nicht bestehen solle: da er doch in der That selbst nicht nur durch das allergerechteste Konklusum vom 28. Nov. 1782. in der Vergleichssache mit dem Kapitel zu Weissenburg, und die darinn wider Seine Hochfürstliche Gnaden zu Speier vorgekehrte Ahndung, sondern noch überhin durch das membr. VI. Conclusi vom 30. April 1784. ejusque Num. 4. gerettet, gut geheissen und bestätigt worden ist; Da der nemliche Grundsaz zu allen Zeiten bei jeden Handlungen zwischen den Vorstehern der Metropolitan- oder Kathedral-Kirchen, und Kaisern, Kur-

und

und Fürsten als eine vollgültige Regel und Bedingniß, sine qua non, gegolten hat; Und daher Umgebung dieses Grundsatzes noch in der Achts-Erklärung wider den Kurfürst Joseph Clemens zu Kölln vom 29. April 1706. so hoch aufgenommen worden ist.

Das Domkapitel hat allerdings Ursach, neben den sonderbaren Benehmungen seines Herrn Fürst-Bischofen alle nur erdenkliche Vorsicht zu gebrauchen. Es würde aber gewiß niemal vorsichtig genug seyn können, insofern Euer ıc. nicht allerhuldreichst geruhen sollten, auf seiner Seite die Eigenschaft, in welcher ihm der Einfluß in die Angelegenheiten des Hochstifts offen behalten seyn soll, auf der Fürst-Bischöflichen Seite hingegen die Gränzen der vorläufig einzuholenden Domkapitlischen Konsens- oder Berathungs-Schuldigkeit durch eine bestimmte Zergliederung der Fällen näher zu erläutern.

So und nicht weniger glaubt das Domkapitel, daß auch der, demselben eingebotene Mitgebrauch des Ausdrucks: Erb- und Grund-Herrschaft, noch einer genaueren Erklärung bedörfen möge.

Bekanntlich hat das Wort: Grund-Herrschaft: pro substrata Materia verschiedene Bedeutungen. Lindens pud. Differt. de succeff. Cap. 10. n. 165. Wehner Obs. pract. Lit G. Speidel in Spec. Var. jurid. obs. n. 178. verstehen darunter den Landesherrn. Mynsinger Consil. 28. n. 20. und Besold thes. pract. schliessen darauf auf das Dominium directum. Rosenthal de feud. Cap. 1. Conclus. 6. und Erthel in prax. aurea pag. 365. sehen es für eine Art der Gült- oder Sack-Herrschaften an, quæ Dominium directum tantum involvit.

Von allen diesen Meynungen ist jene des Domkapitels getrennt. Es verlangt kein Coimperium, kein Condominat, keine Theilname an dessen thätiger Ausübung. Es begränzet den Sinn jenes Ausdruks lediglich darinn: daß die Güter und Regalien nach dem Buchstaben der Schankungsbriefen, nach dem ausdrüklichen Willen der Stifter, nach dem Ton der Belehnungs-Urkunden ein Eigenthum der Kirche, und ein Gesamt-Eigenthum ihrer Repräsentanten seye, dergestalten jedoch, daß nur der oberste Kirchenvorsteher solches zweckmäßig zu verwalten habe. Es verstehet darunter nur ein solches Recht, welches bei dem etwaigen Verschulden seines Vorstehers seinem Heimfall unterworfen ist.

Verdient dieses Recht den Namen der Mitgrundherrschaft nicht; so geruhen wenigstens Euer ıc. zur Sicherheit der Kirche, und zur Beruhigung ihrer Mitrepräsentanten, weil doch immer in dem menschlichen Leben auch noch unter den Vorstehern selbst Fehltritte möglich bleiben, diesem Recht eine nach obigen Äusserungen angemessenere Bestimmung zu geben.

Nicht minder bestehen Euer ıc. fortbin darauf, daß in Gefolg membr. X. Conclusi vom 30. April 1784. über die von der Fürstlichen Hofkammer geschehene Konfiskazionen, Okupirung Herrnloser Dinge, auch Erwerbung verpfändeter Güter, und daß solche wirklich der Schatzung entzogen worden seyen, der Rechtsbeständige Beweis vorgeleget werden solle.

Das Domkapitel muß aber hierauf allergehorsamst bemerken, daß es in diesen Augenblicken ausser Stande seye, dieser Auflage das Gnügen zu leisten. Denn eines Theils sind die, dessen ehrvorigen Syndico hiervon in Geheim zugegangene Nachrichten, und die, von ihme zu seiner eigenen Sicherstellung persönlich darüber eingezogene Erkundigungen mit ihme abgestorben, und eben darum legen sich anderer Theils einem neuerdings zu sammelnden Beweiß manche unübersteigliche Behinderungen dermalen in den Weeg. Den richtigsten Beweiß würden

A) die Fürstliche Kameral-Rechnungen,

B) die Lokal- und Personal-Erkundigungen, und

C) die Einsicht der ält- und jüngeren Steuer-Registern liefern können.

Allein zu der ein und anderen Beweiß-Gattung ist dem Domkapitel der Zugang theils erschweret, theils ausdrüklich untersaget.

Zwar fanden Euer ıc. selbst ad A) in der Entschliessung vom 28. Aug. 1781. für

billig

billig und erklärlich, daß dem Domkapitel nach der Abhör deren Hochstiftischen Kameral- und Landschafts-Rechnung ein Exemplar davon zur beständigen Verwahrung ausgefolget werden sollte; und Allerhöchst Dieselbe verwarfen sogar noch per paritoriam plenam vom 30. April 1784. die, von dem Herrn Fürst-Bischof der großen Weitschichtigkeit und des Kosten-Aufwands halber dagegen gemachte Vorspieglungen als unerheblich.

Gleichwolen aber mußten Seine Hochfürstliche Gnaden unter dem ungleich erborgten Vorgeben, als wenn die Domkapitlische Deputati bei der Rechnungs Abhör ohnehin von allem die vollkommenste Kenntniß nehmen, die unerwartete Abänderung zu erschleichen, daß dem Domkapitel sein, aus einem beschworenen Geding, und Zweien vis à vis des Herrn Fürst-Bischofen Rechtskräftigen Urtheilen erworbenes Recht ohnweiters wieder entzogen, und selbes zur Begnügung mit der bloßen Einsicht angewiesen worden ist.

Die Abhöre deren Hochstifts Rechnungen ist nur dem Namen nach eine Abhör, in der That selbst aber kein Geschäfft, wobei sich Kenntnisse von der Einnahm und Ausgab in ihren einzelnen Teilen sammlen lassen.

Sind diese Rechnungen gestellt; so pflegen sie vorher notaminirt, die Ausstellungen von dem Berrechner beantwortet, die genüglich beantwortete Posten erlediget, und nur jene, so etwann noch einer näheren Erläuterung bedörfen, zur sogenannten Rechnungs Abhör vorgesparet zu werden.

Ungleich über alle Maßen ist es also, wenn Euer ꝛc. der Herr Fürst-Bischof bereden wollte, daß schon bei jener Gelegenheit das Domkapitel durch seine Abgeordnete von der Verwaltung der Hochstifts Einkünften hinlänglich orientiret ist.

Soll es dabei bleiben, daß das Domkapitel sich mit der Einsicht der Rechnungen in Bruchsal zu begnügen habe; so ist in dem untergedenen Fall die Orientirung schon bei dem ersten Beweiß-Mittel äusserst erschweret.

Tausend Bitterkeiten würden nicht klaken, welche die Abgeordnete zu verdauen hätten; wie es jene bei der Vorlegung des Interregnums-Protokolls empfinden mußten, und wie es Männer von Rang und Ansehen in Euer ꝛc. allerhöchsten Diensten von jedem Falle bezeugen können, wenn man entweder auf der Stelle nicht weicht, oder etwann gar eine Mine macht, dem Fürst-Bischöflichen Systeme entgegen zu seyn.

Wären aber auch diese Besorgnisse noch zu heben, so würde sich das Domkapitel ad B) in dem Verfolg des Beweises schon wieder gestöret finden, da Euer ꝛc. den Gebrauch der Urkundspersonen, und die Ergreiffung anderer Belehrungsmitteln per membr. VII. Concl. vom 30. April 1784. schlechterdings zu verwerfen für gut gefunden haben.

Ist dieses Nebenmittel Anmaßung, so kan das Domkapitel sich auch ad C) schon zum Voraus die Rechnung machen, daß ihme die Einsicht der Steuer-Register noch weit weniger erlaubt seyn werde.

Bei diesen Umständen geruhen Euer ꝛc. entweder dem Domkapitel sothane Mittel zum Beweiß zu öfnen, oder dasselbe von dem Beweiß selbst los zu zehlen.

Ohnehin hatte es in der Domkapitlischen vorderen Parizions-Anzeige die Meynung gar nicht, sich hiermit mit einem Beweiß zu beladen; und noch weniger beschuldigte man allda Seine jetzt regierende Hochfürstliche Gnaden einer wirklichen Bedrückung der steuerbaren Unterthanen von dieser Art.

Die Absicht des Domkapitels gieng §. 20. lediglich dahin, jene Stelle des zehnten Artikels der jüngsten Fürst-Bischöflichen Wahl-Kapitulation, nach welcher der allenfallsige Abgang an der einfachen Schatzung von der Fürstlichen Kammer übernommen werden sollte, zu rechtfertigen.

Wären also auch wirklich auf den schlimsten Fall hin die Anzeigen, daß schatzbare Güter unter den vorigen Regierungen, als wohin sich der Passus Capitulationis respectiviret, zum Laß der übrigen Unterthanen dem Steuerstock entzogen worden seyen, als der Anlaß zu sothaner Erinnerung ungegründet gewesen; so würde zwar der Artikel des Wahlvertrags in Ansehung dieses

Punkts

(177)

Punkts für das Verflossene hinwegfallen, die Erinnerung selbst aber dennoch immer eine ganz unschuldige reine Vorsicht bleiben, damit nicht etwann in der Zukunft eine solche Art der Belästigung von dem Hochstifts Regenten seiner Rentkammer zugegeben werden möge.

Und solchemnach darf das Domkapitel allerdings hoffen, daß ihme gegen die Möglichkeit hierunter ein weiteres nicht werde zugemuthet werden wollen.

Allenfalls aber, und da das Domkapitel bei allem deme noch immer seinem verstorbenen Syndikus das Zutrauen zu schenken Ursach hat, daß er die befragte Erinnerung zum Fürst. Bischöflichen Wahlvortrag gewiß nicht ohne Grund gemacht habe; so möchte es wohl der geschwindeste Weg seyn, durch eine, von Allerhöchsten Amts wegen anzuordnende Kommission hierüber Einsicht und Kenntniß nehmen zu lassen, wobei sich ohne Zweifel auch unter der dermaligen Regierung unzählige andere Konsistazionsfälle von einer, nie zurechtfertigenden himmelschreienden Art entdecken würden, wodurch bereits so viele lehenbare Unterthanen ohne alle Rechtmäßigkeit an den kläglichsten Bettelstab gebracht worden sind.

Um Euer ꝛc. hievon nur einen geringen Vorgeschmack zu geben, nimmt das Domkapitel die alleruntertänigste Freyheit, einige Muster solch aussererordentlicher Strenge vorzulegen.

Franz Pfeiffer, ein lediger Burgerssohn von Oestringen, trat aus einer jugendlichen Unbesonnenheit im Jahr 1776. in Kurpfälzische Militairdienste, kaufte sich aber, da er von der vorzüglichen Pflicht, seinem Landesherrn zu dienen, näher belehret wurde, nach einem Verlauf von a 1/2 Jahren von solchen wieder los; stellte sich zu Bruchsal, wurde enroullirt, und diente mit Zufriedenheit daselbst zwei Jahre, ein Monat; Erhielte demnächst, da er nach dem Tod seines Vaters, zur Besorgung des ruckgebliebenen Vermögens zu Haus unentbehrlich war, auf geziemendes Anmelden seine Entlassung, stellte abermal für die übrige Zeit einen diensttauglichen Mann aus seinen Mitteln, und bat nach einer Zeit um die Aufnahme zum Burger, so, wie um die Erlaubniß zu heurathen. Aber beedes wurde ihme nicht nur abgeschlagen, sondern auch wegen denen vorderen Kurpfälzischen Militairdienste sein gesamtes väterlich - und mütterliches nach den mittleren Erbanschlag in 1201. fl. 53. kr. bestehendes Vermögen konsistiret.

Gleiches Schicksal traf auch den ledigen Burgerssohn David Friderich Satti von Bruchsal. Er erfüllte die verordnungsmäßige Schuldigkeit vollkommen, diente die bestimmte Jahr hindurch bis auf den letzten Augenblick, und erbote sich bei dem verstorbenen Major von Euler freywillig zu ferneren Diensten, wurde aber nicht beibehalten, sondern verabschiedet. In der gänzlichen Ueberzeugung, daß ihn nun nichts mehr hindern möge, auch in Kaiserliche Kriegsdienste zu treten, die er unmöglich für fremd halten konnte, da sie vorzüglich zum Schutz des Reichs gewidmet sind, ließ er sich zu solchen ohnbedenklich unterhalten; verpickte jedoch bei all dieser Ueberzeugung sein ganzes Vermögen, welches ad fiscum gezogen wurde.

So weit gehet der Herr Fürst - Bischof tagtäglich gegen alles Gefühl einer empfindsamen Seele, und selbst gegen die vernünftige Vorstellungen seiner nachgeordneten Regierung, worüber der, in Euer ꝛc. geheimen Staatskanzlei angestellte Sekretarius Schraut, als ehemaliger Speierischer Kanzleidirektor in dem Weg einer geheimen Erkundigung helles Licht aufzustecken im Stand seyn dörfte.

Dieses seye nun einsweilen genug, damit man sich von dem vorgesetzten Zweck der dermaligen Obliegenheit nicht zu weit entferne. Nur muß das Domkapitel hiebei zugleich noch die alleruntertänigste Freyheit nehmen, die weitere Rückfrage zu stellen, ob es auch sogar die Meynung habe, daß Selbes sich nicht minder für die Zukunft mit der bloßen Einsicht der Kameral- und Landschafts - Rechnungen begnügen müsse?

Dem Domkapitel zu Speier, oder eigentlich dessen betheiligten Kapitularen ist es fernerweit durch das jüngere Konklusum zur Schuldigkeit aufgeleget, die bei der letzten Sedisvakanz bezogenen Interregnums - Gelder zurück zu erstatten.

Auch dazu sind dieselbe nunmehro gänzlich bereit, in der zuversichtlichen Hofnung jedoch,

das

daß Euer rc. in Ansehung der Heimzahlungsart einige Milderung eintreten zu laßen, allergnädigst nicht abgeneigt seyn werden.

Die einstmalige Zahlung des ganzen Betrags würde bei manchen Kapitularen die gesammte Präbenden-Einkünften auf einige Jahre hinaus vollkommen aufzehren, bei anderen hingegen nicht ohne beträchtliche Schmälerung der Kompetenz geschehen können; und eins und das andere dörfte folglich mit der deutlichen Vorschrift der Gesäzen nicht übereinstimmen.

Euer rc. werden daher allerdevotest gebeten, die Zielart sowohl, als die jedesmalige Heimzahlungs-Quote von Amts wegen zu bestimmen, maßen es hierinfalls auf das Wollen oder nicht wollen des Herrn Fürst-Bischofen nicht ankommen kan, welcher in diesem Belang nicht als ein legitimer Kontradiktor, sondern altermäßig als fax & Tuba des unterloffenen Bezugs, mithin als das Haupt desselben zu betrachten ist.

Schlüßlich hat das Domkapitel aus dem IVten Absaz des jüngeren Konkursums vom 21. Aug. a. c. mit Erstaunen und innerster Wehmut zu entnehmen gehabt, daß es von seinem Herrn Fürst-Bischof auch in der Neidsheimer Kirchen-Bausache anmaßlicher Eingriffen in die Landesherrliche Gerechtsame beschuldiget, und ihme damittelst ein neuer harter Schlag vorbereitet werden wollen.

Ob nun zwar Euer rc. denselben damit ab- und zur allenfallsigen Einklagung sub separato rubro allergerechtest angewiesen haben; so muß dem Domkapitel dennoch daran gelegen seyn, Allerhöchst Denenselben dieses gefährdebvolle Anbringen nach seinem wahren Verhalt näher bemerklich zu machen.

Vorausgesezt, daß Seine Hochfürstliche Gnaden zu Speier bald nach dem Antritt ihrer Regierung, nemlich unterm 10. Junius 1770. sämtlichen Ober- und Aemtern des Hochstifts zur beständigen Nachachtung anfügen laßen: Gestalten sie bei vorkommenden Domkapitlischen Kirchen- und Pfarrhaus-Baulichkeiten die eingepfarrte Unterthanen zur Frohnleistung, an solchen Orten und Enden aber, allwo eine Frohbardienstliche Konkurrenz als eine Schuldigkeit rechtlich nicht hergebracht seyn würde, nur in Gefolge einer, sich allerdings wohlgeziemenden Anständigkeit, und mit möglichster Ueberheb- und Erleichterung anzuweisen hätten, beschloß das Domkapitel, so bald ihm von dem Speierischen Vikariat über die Nothwendigkeit des Neidsheimer Kirchenbaues die Eröfnung geschehen ist, auf der Stelle sich seiner Schuldigkeit zu unterziehen, und rescribirte des Endes seinem dasigen Schafner, die nöthige Akkord zu schließen, auch zugleich der Gemeinde Neidsheim zu bedeuten, daß sie sich zur Beifuhr deren Baumaterialien anschicken möge.

Gleichwie aber auch sogar der Schatten aller Domkapitlischen Handlungen Seine Hochfürstliche Gnaden zu irren pflegt: so nahmen Sie auch von daher den Anlaß, das Domkapitel unterm 1. Dec. 1784. mit dem Vorwurf thätlicher Eingriffen in ihre Landeshoheit (weil es nur Ihnen zukommen soll, Frohnbbefehle in das Land zu erlaßen) zu überfallen.

Das Domkapitel erwiederte schon unterm 17. des nemlichen Monats darauf: daß jene Weisung an den Schafner lediglich eine vorläufige Mahnung an die Gemeinde in sequelam der Landesfürstlichen Verordnung zur Absicht gehabt habe, und daß seinem Gedünken nach es erst alsdann, wenn die erfagte Gemeinde dagegen Schwürigkeiten erregen sollte, an der Zeit gewesen seyn würde, die höhere Befehle nachzusuchen.

Deme jedoch ohngeachtet beharrte der Herr Fürst-Bischof in einem anderweiten Erlaß vom 27. ejusdem unter einer angenommenen durch und durchforschenden Allwissenheit unabweichlich darauf: daß es nicht so, sondern wie sie davon dächten, gemeinet seyn könne; daß Sie sich zwar ihrer Verordnung erinnerten; daß aber auch die Gemeinde Neidsheim sich zum voraus keine Mäßigung in der Frohndleistung zu versprechen habe, weil sie dagegen wirklich bei dem Vikariat beschwerend eingekommen seye.

Da man aber auch hierauf zu erkennen gab:

Daß nur das Domkapitel der eigentliche Dollmetscher seiner Worten und Meynung

Meynung seye; daß die Aeusserung, gestalten die Gemeinde Reidsheim sich keine Mäßigung zu versprechen habe, aus Abgang der Kissen und Ueberschlägen, woraus allein der Frohnblast sich berechnen liesse, viel zu voreilig seye: daß zufolge zuverläßiger Nachrichten die ersagte Gemeinde sich bey dem Vikariat darwider nicht beschweret, sondern nur um die Weisung ihres Verhaltens angestanden habe, und von gedachtem Vikariat zur anderweiten Rathserholung verwiesen worden seye; daß man Domkapitlischer Seits in Ansehung der Frohnbleistung zu Reidsheim Recht und Besitz vor sich, und folglich auf den unbegränzten ersten Theil der Landesherrlichen Verordnung, wenigstens in solang, als die Gemeinde keinen Abfall erweisen würde, einen gerechten Anspruch zu machen habe; und daß man somit die Landesfürstliche Handhabung reclamire &c.

so fanden Seine Hochfürstliche Gnaden für gut, sich hierüber nicht weiter zu äusseren, den Kirchenbau selbst aber lieber auf sich erliegen, als die Gemeinde zur aufhabenden Schuldigkeit anweisen zu lassen.

Eben dieser Erfolg, und das tiefe Stillschweigen, welches der Herr Fürst-Bischof nunmehro seit dem Verlauf eines Jahrs auf die Domkapitlische Antworten beobachtet hat, mögen die vollgewichtigste Bürgen seyn, daß er, von seinen ungleichen übertriebenen Beschuldigungen betroffen, die aufgesteckte Sturmfahne wieder eingezogen; und daß zugleich die Allerhöchste Kaiserliche Zurechtweisung vom 30. April 1784. auf seine Leidenschaften bis hieher keinen Eindruk gemacht habe.

Indessen bleibt es doch immer für das Domkapitel unendlich schmerzhaft, blos zu wissen welch geheime Nebenwiege sein eigener Kirchenvorsteher bei jeder Gelegenheit suche, selbes allenthalben auf der gehäßigsten Seite zu karakterisiren.

An Euer &c. ergehet solchemnach des Domkapitels zu Speier allergehorsamste Bitte, diese Parizions-Anzeige in Ansehung der intermistischen Regierungs-Verwaltung, und deren bezogenen Interregnums-Geldern für hinlänglich auf- und anzunehmen, in Belang deren Senats-Rechten, auch Erb- und Mitgrundherrschaft hingegen die gebetene nähere Erklärung allergnädigst zu ertheilen, übrigens aber das Domkapitel von dem, ihme per membrum VIII. Conclusi nuperrimi auferlegten Beweis, wenn nicht der Weg einer Untersuchung von Amts wegen aus den angeführten Ursachen vorzüglich gewählet werden wollte, die Mittel zur Möglichkeit zu öfnen, und endlich auch zu gestatten, daß bei der Heimzahlung jener besragten Geldern die auf 100. Rthlr. bestgesetzte wenige Trauer-Summe abgezogen werden möge.

Desuper &c.

Zifer 12.
Martis 29. Augusti 1786.
Zu Speier Herr Fürst-Bischof contra das Domkapitel daselbst, die anfechten wollende Landesherrliche, und Bischöfliche Gerechtsame betreffend.

Absolvitur Relatio & Conclusum.

1mo) Ponatur des Herrn Fürst-Bischofen anderweite alleruntertähnigste berichtliche Anzeige de præsentato 7. Januarii Anni currentis samt der impetrantischen Documentatione insinuati mandati Procuratorii ad Acta.

2do) Mit Verwersung der abermaligen unzulänglichen Parizions-Anzeige, und des überflüßigen Deklarations-Gesuchs, detur dem impetratischen Domkapitel, in Ansehung der von Kaiserlicher Majestät zur unabweichlichen Richtschnur bestgesetzten Gränzen der Domkapitelischen Potestatis administratoriæ sede vacante und des untersagten gänzlichen Gebrauchs der Ausbrüche — gebohrner Senat, auch Erb- und Grund-Herrschaft — ex Officio Terminus duorum Mensium, um innerhalb desselben Kaiserlicher Majestät bestimmt anzuzeigen, wie Capitulum dem wörtlichen Innhalt der Kaiserlichen Vorschrift vom 28. August 1781. durchaus nachzuleben bereit seye, unter der Verwarnung, daß ansonsten die angedrohete Sequestration der Präbendal-Revenüen wirklich erkannt seyn, und dießfalls Commissio Caesarea auf den Herrn Fürst-Bischofen expedirt werden solle.

3tio) Quoad Punctum restitutionis spolii rescribatur dem Herrn Fürst-Bischofen : Herr Fürst-Bischof habe in Ansehung derjenigen Domkapitularen, welche durch Restitution der Spolien-Gelder den kaiserlichen Anordnungen bis anher die schuldige Folge nicht geleistet hätten, bis zu derselben gänzlichen Successiven Abtrag an der- einen jeden betreffenden Rata der Domkapitelischen Präbendal-Einkünften jährlich den dritten Theil, jedoch dergestalten, einzuziehen, daß hiebei vorderfamst von der ganzen Summa restituenda eines jeden die- von Kaiserlicher Majestät allergnädigst bewilligte Trauergelder à ein Hundert fünfzig Gulden abgezogen, und respective denjenigen, von welchen die ganze Rata bereits an die Kammer restituiret worden seye, zurückgestellt, und endlich in Ansehung des Domkapitularen von Greisenklau, als ehemaligen Statthalters annoch nebst obigen Trauergeldern sechs hundert Gulden in Abzug gebracht werden können.

4to) Nachdem einerseits Herr Fürst-Bischof kaiserlicher Majestät allerunterthänigst versichert hat, daß die von seiner Fürstlichen Hofkammer erworbene Güter niemal anderst, als mit dem darauf haftenden Last der Steuerbarkeit acquiriret worden seyen, und Capitulum anderseits den ihm in membro X. Conclusi de 30. Aprilis 1784. auferlegten Beweis herzustellen nicht vermocht, als wird nunmehr, mit Verwerfung des auf eine Local-Untersuchung gestellten impetratischen Begehrens, und nach ernstlichem Verweis, des den Erbhuldigungsprotokollen widersprechenden ungegründeten Vorgebens, womit Capitulum kaiserliche Majestät behelliget hat, der Articulus Xmus der Fürstlichen Wahl-Kapitulation auch in Rücksicht der darin der Fürstlichen Kammer im Falle der Unzulänglichkeit einer einfachen Landesschatzung Reichs Gesetzwidrig aufgebürdeten Uebernahm von Obrist-Richterlichen Amts wegen anderwärts annulliret und aufgehoben.

J. G. v. Hofmann.